牟宗三先生全集㉕

牟宗三先生早期文集（上）

牟宗三　著

《牟宗三先生早期文集》全集本編校說明

李明輝、黎漢基

　　本書所輯錄者為牟宗三先生在1949年赴臺之前所發表之論著，但已輯為專書或包含於其他論著者，以及屬於譯述性質者均不收。牟先生的單篇譯述另編成《牟宗三先生譯述集》，其未刊手稿則編成《牟宗三先生未刊遺稿》。

　　本書所收牟先生論著共六十八篇，依其類別分為「論邏輯」、「論知識」、「論哲學問題」、「論時勢」、「論文學」五編，各編論著依年代先後排列。其中，〈公孫龍子的知識論〉並非完整的論文，刊於《百科雜誌》第1期（1932年7月）。但編校者託人遍查中國大陸、臺灣、香港及各地圖書館，並查核各種書目，均未見此刊物之第2期，推斷此刊物可能僅出一期，致此文成為殘編。

　　這批論著蒐尋不易，在訪求過程中曾得到鄭家棟、羅義俊、鄧小軍、權相佑、李維武、王興國、陳明等友人之協助，特申謝忱。

目　次

第一編：論邏輯

辯證法是真理嗎？

一

　　在現在要對於辯證法發生疑問，似乎有點愚。但純粹地客觀地研究眞理者解析事實者，似乎不當顧忌。所以就草了這篇東西，以就質於高明。辯證法在英語爲 dialectical method，因其是解析進化之過程的，故又名此過程曰："dialectical process"，此可譯爲「辯演過程」，因此「辯證法」可譯爲「辯演法」。因爲所謂dialectical method 乃是意謂解析世界之演化的一種方法，所以當注重其動的方面，當注重具體事實之進化方面，不當以「辯證」兩字了之。此意要明。明其意義，名曰亦可從俗。至於其方式，爲正、反、合。其根本觀念在發見矛盾。這都是人人都知，不必多說。

二

　　討論到是否是「眞理」，就當顧忌到「眞理」與「眞實」之別。眞理爲 truth，眞實爲 real。眞實是指具體事實之有無而言，

其中並無所謂眞妄。事實本身無眞妄，然而它卻是眞實的。物理現象、心理現象是眞實的，而「眞理」不是眞實的。故所謂「眞理」者，乃是指人對於眞實之現象所下的判斷而言，即因判斷而起；或者可說因意謂那眞實事實而起，即因對事實表示態度而起。故眞理多半是屬於人的。所謂屬於人者，離了人沒有眞理可言，但事實卻是有的。主張屬於人，並非就不承認絕對眞理。這是兩件事。眞理問題是哲學中最重要的問題。專書論之，亦難得結果。茲不多述。只將眞理與眞實分開，以便判斷辯證法是否爲眞理。於是，先把我的結論引於下：

㈠辯演的事實是眞的，即在具體世界中確有相反相成的眞實情形；

㈡但是，在西洋說統下辯證法是妄的，即由辯證法而引出的階級鬥爭之辯證觀是妄的；

㈢在中國意謂下的辯證法是眞的，而其成爲機會主義者是在另一步錯誤的意謂，而不在如郭沫若所謂誤用辯證法之錯誤。

這是我的三個結論，且解析之如下。

三

我們看世界，第一是要承認變，齊同不能變；故第二要承認歧異，歧異不是一個；故第三要承認多元，多元而能發生關係或因緣；故第四要承認生成，生成由於因緣；故第五要承認因緣之生成。由此而觀，世界的變是生成，而生成由於關係。此種關係，可

名之曰「相配關係」。所謂「相配」也者，即是化學上所謂「化合」，物理上所謂「攝引」是也。這是自然科學所掘發的事實。我們再看西洋對於相反的事實怎樣意謂。

相反相成的事實，從希臘早期哲學家希拉克里托斯即有認識。但他第一步即意謂錯了；所以說：「戰爭是一切之父，是一切之王。」（War is the father of all, and king of all.）相反相成是戰爭嗎？戰爭能有生成嗎？兩虎相鬥，必有一傷。傷是生成嗎？此必不可。這是由於把事實意謂錯了，事實不錯，但意謂錯了。即把相反意謂成相爭。殊不知相反乃只是歧異的多元世界而已，乃只是性質不同的東西而已。不同並不必須相爭，矛盾亦並不必相爭，相反亦仍不必相爭。誠以相爭沒有生成。相爭可以引出事實來；但那事實不是生成，更說不上進化。例如兩軍相敵，可以引出一種事實來；但此事實則爲死傷爲破壞，不是生成。一集團軍隊之生成是由於相配，兩軍相拚，不能是生成。一個爆竹之生成，可由相反的原素配合起來，但一個爆竹之炸，雖可以引出破碎之事實，但此事實不是生成，可以說是變，不能說是生成，更不能說是進化。所謂「進化」，是步步向上之意，是較好之意。所以由相反而意謂成相爭，是不能解析進化的。假若以生成與死傷破壞一般看待，那眞是「一生死」「齊彭殤」，莊周哲學重現於今世了。在科學的世界中，如何能允許這樣腐朽的理論存在？所以可有三原則如下：

㈠相反而相交相配相容，才能有生成；

㈡相反而相爭相抗相拚，只有死傷與滅亡；

㈢我們以爲生成不等於滅亡，故相爭的相反不能解析進化。

希氏雖意謂錯了，但其影響卻很大。西洋的辯證觀全由他的錯

誤意謂而走，眞是培根底於無窮了。如中世紀的宗教，及一切的宗教戰爭，全是如此。各認自己是上帝是至善，認他人爲魔鬼爲至惡。上帝必要克服魔鬼，至善必要打倒至惡。所以戰爭便起。這種絕對的對立，絕對的反正，絕對的差異，全由錯誤的意謂而出。這在人生上，許是一種轟轟烈烈很熱鬧的事；但在事實上邏輯上，是說不通的。這只可以解析戰爭，不足以解析生成。而所謂「戰爭」也者，大半都是人類社會的事，在自然現象裡是沒有的。後邊再說。

辯證法到黑格兒系統始完成，但黑氏只解析相反相成，而並未說相對相爭。他只以爲起始有一個正（thesis）底普遍概念，這是抽象的，「正」又發生出一「反」（antithesis）底抽象概念，而此「正」「反」的矛盾概念又消融於一第三概念之中，此第三概念便是一個綜和，是一個具體的東西，他名此具體物曰「具體的共相」（concrete universal），即旣具體且抽象，旣特殊且普遍，這是殊相與共相之凝一，因辯演過程而凝一。即由普遍的抽象概念而趨向具體的共相。這便是實現。他所謂抽象也者，並不是眞先有一個「正」及一個「反」然後再到「合」，乃是說由具體的「合」中發見出歧異的原素，爲解析起見，因而把它們抽象地提出之謂。不然，則世界中何物不是一具體的存在？那裡有單獨存在的抽象的「正」與「反」？這是解析的過程生成的過程，並不是本體論上的存在問題。沒有一個「正」與「反」能脫離「合」而存在，即沒有一個「正」與「反」能脫離具體物而存在。「正」「反」是解析的抽象，「合」是具體的存在。世界裡只有具體的存在，「正」「反」于其中顯露之。「正」「反」混融於「合」中，內在於具體

物中。反過來說，具體物即由於「正」「反」之融化而成，「合」由于「正」「反」之交配而成。「正」「反」不能獨立分存乃由解析而出，故爲抽象；「合」由于相反之融成，故爲具體之存在。故黑氏只講動的、進的、生成的之過程，並未引出相反而相爭的進化觀。

四

　　馬克司的階級鬥爭是由黑氏的辯演法而推出，唯物、唯心在此不論，故馬氏之顚倒黑氏亦不管。只論辯證法這一個概念。假若馬氏眞是由辯證法而引出階級鬥爭以解析社會的進化，則他又是錯意謂了，即把相反相融而相成意謂成相反相爭而相成。其實只有相融而相成，決無相爭而相成者。事實是沒有錯誤的，當對事實起意謂時，眞妄始生起。與事實相符合者爲眞，否則爲妄。西洋人由相反的事實而加上以必爭之錯誤的意謂，於是演成馬克司階級鬥爭之社會進化觀。以爲社會的進化是按照辯證的鬥爭式的，其實在自然事實上講來，這並不是眞理。鬥爭是事實，但這是進化過程中的失了腳，失了腳，馬上得要抽回來以就正，決不是生成的原因，乃是生成過程中的歪現象，它可以是事實，但它不是進化的原因。所以，從階級鬥爭中找進化是錯誤的；認階級鬥爭就是進化，更是錯誤；以階級鬥爭爲能事，以致階級鬥爭爲目的，乃是自速於滅亡。

　　階級這事實是有的，階級鬥爭是革命工具中之一，不是唯一的工具。且是錯誤的工具，因由辯證而引出鬥爭本不是眞理故。鬥爭既非唯一的工具，則自有其他方法以代之。

　　社會是人組成的，其一切現象——政治、法律、經濟——也由人類意識而組成。人的意識意謂什麼樣，便是什麼樣。好待這是屬於人而不是屬於自然界的，故可扭天別地假造事實。所謂「人定勝天」者在此；同時，錯誤亦在此。階級之成，也是由於錯的意謂，自然事實中沒有階級，沒有高下，是一色的。有相反而沒有階級，有差異而沒有高下。階級鬥爭也是由於錯誤的意謂而造成。如謠言之傳播因而造成事實者然。階級及其鬥爭即是這樣的一種見解造成的。由之而引出鬥爭的辯證法，也是這樣造成的。並非自然事實。

　　現代的社會，階級是有的，用階級鬥爭革命也並非不可以。由錯誤來，再由錯誤回，這也可以。但這種社會現象，既由人意而造成，也未始不可再由人意而改造之。故並不能看成是絕對的，非如此不可的。故階級鬥爭只可一時地應用於社會現象，並沒有什麼先天的必然。若知這種社會現象的性質是由錯誤的意謂而造成，則未始不可改錯誤的意謂爲真的意謂，而另造成一種新局面。若喜歡社會日趨於文明而進化，則未始不可把這種偏見改過來，而另造成一種合理的事實。故馬克司腦子裡的辯證法及階級鬥爭，即在社會科學裡也不是必然的真理。因其本不是由真理而來故。然而世人趨之若狂者，何也？也許是一種莫名其妙的純粹欲望衝動吧！

　　既把事實意謂錯了，所以解析不了進化。胡適之先生謂辯證法與進化論根本不相容，以我的解析亦然。但我不知適之先生怎樣解析。既解析不了進化，所以在物理、化學、生物學中，皆引不出那樣的辯證原則來。在近代思潮中進化論，層創進化論、生成論、套化論、整全論中，亦引不出那樣的辯證原則來。諸自然科學錯了呢？還是馬克思錯了呢？請各自思之。

我今歸結三點如下：

㈠相反相成的事實是有的，且是一種很簡單的觀念，用不著把它看的怎樣高，也用不著盡畢生之力去研究之。

㈡自然科學中用不著那樣的辯證原則，也能解析事實。

㈢社會科學中也不是必然的非用它不可。錯誤的意謂是要改造的。

五

在中國的《周易》中，也有相反相成的見解，但他的意謂是對的，即注重相反相配相容而生成的，它沒有說相反相爭而生成。郭沫若先生先入爲主，成見自不能少，故㈠未明生成的道理，㈡未明《周易》中的辯證之意謂與西洋不同。故一起便用馬克司派的辯證觀解《周易》，及至解不通了，就說儒家爲趨附資產階級統治階級而轉變了其辯證以成爲機會主義。郭氏說：「《易傳》的作者把《易》的辯證觀展開了，他是約略探尋著自然的理法。假使他向前更進一步，他可以導引出一個必然的革命的實踐，就是順著自然的理法，扶植弱者被支配者，促進戰鬥，促進變化；然而他沒有走進這一步，他卻把方向轉換了。」（《中國古代社會研究》頁80）要使《易傳》的作者進一步是不可能的。因爲他對於相反的事實之意謂，一起便與郭沫若心中所意謂的不同。他只意謂了相反而相成，他沒有意謂到相反而相爭，所以不能促進戰鬥，自然的理法沒有相爭而生成，只有相配而生成。《易傳》的作者滲透了自然的理法，而郭氏以及馬克司等卻沒有看清楚。

他的轉變是由自然的理法轉到倫理的理法，並不是由郭氏心目中所謂相反而相爭的理法轉到相反而不相爭的理法。因為他本來就是相反而不相爭的。他第一步看明了自然的理法，但及至倫理，則因著特殊社會的環境，即因著那相反而相成的自然理法，意謂成陰為小人、陽為君子、男尊女卑、君貴臣賤等等的錯誤意謂，並且還要引出安分守己、樂天知命等觀念。這也是由於錯誤的意謂，在自然事實上是沒有的。這是特殊的倫理法則。倫理命題是人間的，是主觀的意謂，在自然界裡是沒有的。自然事實是其所是，然而在倫理上卻因時因地而引出不同的判斷來。故倫理是可改造的。意謂錯了，可以使其對，可以另意謂。

中國的機會主義之成立，是因為以下三點：

㈠一方面認定了相反而相配。

㈡一方面又認取了男尊女卑、君貴臣賤的錯誤意謂。

㈢一方面又想就相配之事實而調和尊卑貴賤間的不平。

有此三點，機會主義便造成了。但第一點是自然事實的理法；第二、第三是倫理上的錯誤意謂。自然事實是不能變的，而錯誤的意謂則是可以改造的。設把第一點除消了，第二點的結論也沒了；再就第一點的自然事實重新建設合理的倫理，則機會主義馬上取消。並且尊卑貴賤的階級意謂馬上取消，而階級鬥爭也無存在之必要。

所以一切真妄皆由判斷由意謂而起，倫理又是如此，古今中外都然，真的能造成事實，妄的也能造成事實，但其流毒卻很大了。故人間倫理雖屬主觀，然也當明鑑事實，以為基礎而建設合理的倫理，不可純任主觀隨意妄造也。

六

由上所論歸結五點以作結束：

㈠西洋人直接錯意謂了相反事實，於是演出階級鬥爭的倫理觀，而階級鬥爭不足以解析生成進化。

㈡中國的《周易》間接地錯意謂了相反事實，於是演出機會主義、折衷主義、調和主義的不平的倫理觀，而機會主義的倫理是沒有出息的倫理。

㈢除消了西洋的直接錯誤，而認清了相反而相配的自然理法以建設生成哲學，解析一切自然現象的生成進化。

㈣除消了中國的間接錯誤，就著生成哲學而建設新道德哲學，即生成哲學的道德哲學。

㈤革命不必用階級鬥爭的錯誤觀，在馬克司手中的辯證法不是真理。換言之，在生成哲學下的辯演法才是真理。要認清了事實，不要作錯誤的判斷。

這自然是我個人的見解，有發見我的錯誤者，就請道破我所以錯誤之由。

一九三一、五、廿八。北大東齋

原載《北平晨報·北晨學園》第162／163期　1931年9月7／8日

矛盾與類型說

A. 「凡有」與「變易」之正的解析

A.1 「凡有」與「非有」

A.11　此問題必須溯源于古希臘的巴門里第。巴氏首先提出一個「凡有」（being）來以指謂這個充實的世界。

A.12　其論證的方法是：吾人的思維必有所指，有所指始有內容，這個所指或內容即表示世界是「有」而非「無」。思維無所指即無內容，也即是「非有」（non-being）或「無」，「非有」的思維是不成其為思維的，所以「非有」是不可思維的。

A.13　這樣有兩個很顯明的結果：

(i)思維與現實合一，或思維與「凡有」合一，黑格爾的「合理的即是現實的，現實的即是合理的」即由此來。

(ii)「非有」並不能與「現實」合一；所以「非有」乃直是思想之所造，而不能有對象為其所指。吾人以為某特定物不在此，所以就說「非有」；其實某特定物不在此，而其他卻在此，所以仍是

「有」而不是「非有」。普通以爲某物「不在」或「缺」，因而就
說「非有」，其實這是錯的。所以「非有」特爲思想之所造而無實
物爲其表象。

A.14　這樣一來，我們也可以得兩種啓示：

(i)正概念即有「凡有」爲其所指者。此種概念表象外物，即有
所及之思維。

(ii)負概念即思想所造之「非有」是。此種概念不能表象外物，
即無所及，無內容之思維；也即巴氏所謂不能思想之「非有」是。

A.141　這兩種概念非常重要。這是本文的思想線索之根本所
在處。

A.2　「變易」與「凡有」

A.21　此問題也必須溯源于古希臘的海臘克里托斯（Hera-
clitus）。海氏首先提出一個「變易」（change）來以指謂這個充
實的宇宙。

A.22　他這個「變易」並不是物理科學中所謂運動。它乃是
一個根本之轉化。

A.221　運動是由此到彼，其間必有空；然而作爲宇宙之根本
實在的轉化的火，似乎是無間可言，似乎是無此之始無彼之終的。
所以他的「變易」不是運動。

A.222　運動必有運動之物，即有物而動而移置；然而他這個
「火」的轉化變易似乎並不表示有物在動，而乃是表示即轉化即物
實。如是，他的變易決不是運動。

A.23　他的變易旣不是運動，則變易所指謂之世界當然也是

「充實」的，當然也是無所謂「空」與無所謂「間」的。

A.231　既然是充實的，是無空無間的，則他這個宇宙自然也是不能夠有「非有」的。「非有」在轉化變易的過程之大流中是找不出來的，因之也是不能被思維的東西。

A.24　因為不能有「非有」，所以所謂「不變」乃只是感覺上的普通現象，並不是實際之眞如。

A.241　有了「非有」才有所謂「空」所謂「間」，因而也就才有所謂「變」與「不變」，而此時之「變」與「不變」即是所謂「運動」與「不運動」之謂。可是運動，上面已經說過，並不是海氏所謂轉化之變易，那末，「非有」自然在海氏的思想中也是沒有地位的。

A.25　如是，海氏之「變易」與巴氏之「凡有」，其所指謂乃是一個東西，並不是相衝突的兩個絕對相反的見解。他們乃直是一個東西的兩個看法，而決不是相反相成的一種無聊的調和。

A.251　巴氏是從「總」的方面看，所以就提出「凡有」這一方面的性德；因為主張了「凡有」，所以就必須反對「非有」，「非有」乃直是不可思維的東西。

A.252　海氏是從「縱」的方面看，所以就指出「變易」這一方面的性德；因為主張了「變易」，所以就必須反對「不變」，因而也就反對「非有」，「非有」乃直是不可思維的東西。

A.253　譬如海水，若從總的方面看，他即是一個充實的「凡有」，「非有」當然是沒有地位的；若從縱的過程或動蕩方面看，他即是一個轉化變易之大流，無空無間無物無運動，乃即轉化即物實，即動蕩即大海。結果仍是一個「凡有」而不是「非有」，只不

過于「凡有」以外加上一個「變易」之性德而已。此例恰合，並非妄舉。

A.26　海氏所反對的「不變」並是巴氏「凡有」中所主張的「不變」。他反對的「不變」乃只是在普通經驗上所覺察到的運動中之不動。這個運動中之「不動」顯然不是巴氏所主張的「不變」；因爲若巴氏的「不變」就是這個運動中之「不動」，則在其思想中應有空，有間，有「非有」存在，可是這顯然與其所主張的「凡有」不相合的。在另一方面，同樣，海氏所主張的「變易」也仍不是巴氏所反對的「變易」。巴氏所反對的「變易」乃正是海氏所反對的「運動」，即有空、有間、有駐定、有運動、有換位，這種運動才是巴氏所反對的，而並不是海氏所主張之「變易」。

A.261　世人不察，不知海氏所反對者並非巴氏之所主張，巴氏所反對者也並非海氏之所主張；所以也就不復知他們指謂之所同一，因此就說他們乃是絕對相反的兩種見解。其實何嘗如此！這種錯誤，到現在爲止，據吾所知，還沒有一個人見得到。

A.3　芝諾之反對運動

A.31　芝諾（Zeno）繼承巴氏的「凡有」世界觀，並進而完其未竟之志以反對「大小」「衆多」以及「運動」等事實。現在只解析其反對運動，其餘俟 B 段述之。

A.32　若照上邊的理論看來，則芝諾之反對運動乃是必然的結果，而亦是很有理由的，並不是玩戲法的詭辯。

A.321　因爲世界是「凡有」是「充實」的，所以不能有空有間。

A.322　因爲不能有空有間，所以也就不能經過一個固定的空間（fixed space）而運動。

A.323　因爲不能有空有間，所以也不能有始有終，有運動的極限或範圍（movable limit），因此也就不能有這樣有範圍的空間而爲其運動。

A.324　因爲無空無間而爲絕對之充實，所以每一瞬之時間都是充滿了「凡有」的，這個「凡有」若與海氏的「轉化」結合起來，那所謂運動量簡直是無限之充實而不可分割。你若加以分割，也必是無限之小而永得不著「間」之存在，那末仍是無所謂「運動」。這即是有轉化而無「運動」；每一時間即是空間，而每一空間即是「凡有」，即是擴延的物實，結果是「不動」。芝諾的例子即是「飛矢不動」。其實，這種不動正足以表示那個轉化之凡有，正足以表示所謂「非有」是不存在的。這種思想決非詭辯，淺人不深思耳。解者每以空間點之無限分割而證其不動。殊失轉化之意，無奈太死太板乎？此蓋皆由其不知海氏與巴氏兩者所指相同之故也。

A.33　旣然只有轉化而無運動，那末，則所謂科學中之運動是什麼意義呢？這是一個大問題。希臘哲學，據我看，只有兩個大問題：一是本文所討論的問題，即「有」與「非有」而至于矛盾的問題；一是運動與其推度格（referent scheme）的問題。據以上所論，無疑地，這兩個問題是互相膠結著的，而同時又同爲希臘人所發見。

A.331　這兩個問題是西洋文化的所在地，它們支配了整個的科學思想和哲學思想。本文所討論的即是支配哲學思想的問題；那

個運動的問題即是支配科學思想的問題，吾將專文論之。

A.4　柏格森的創化論

A.41　柏格森即是發見了海氏所指出的那個「變易」之性德。不過，柏氏從「心力」上起推廣出去以至於全宇宙，而海氏則還是從自然界出發。

A.42　柏氏名這種「變易」曰「創化」（creative evolution），其言創化之主旨，也不外以下三點：

(i)全宇宙整個是充實的，沒有空處。

(ii)從時間方面說，全宇宙整個是向前創化而無一毫間斷。

(iii)從空間方面說，全宇宙整個是互相滲透而分離不開的。

A.43　從這三點要義看來，則柏氏所謂「創化」，自無異于海氏之「變易」，並也無異于巴氏之「凡有」。

A.44　因此，芝諾所反對的運動，在柏氏的思想中，自然也是不可免地要承認其有據。

A.441　可是，因為柏氏也未曾明白海氏與巴氏二人所指謂的是同一個東西的兩種性德，所以極力反對巴氏所主張的「不動」，以為一切都在創化，芝諾所證明的「不動」，其實是把「動」空間化，如活動影戲者然，全是抽象的，智慧的無限分割，這不是真實本相。所以「不動」純是虛幻而不是「真如」。須知這純是一曲之見。巴氏所主張的「不動」正是你所主張的「創化」；你所反對的「不動」也正是巴氏所反對的「運動」。結果是一樣的。

A.45　如是，柏格森的創化也仍是「變易」而「凡有」。普通所謂運動，不能承認，所謂不動也不能承認，而思想中所造的

「非有」更不能承認。

A.46　他所謂創化正是不動義，這個動與不動的同一正是「變易」與「凡有」的同一，而不是原子論者所主張的原子本身不變而變者爲原子間的關係這種變與不變的結合。因此，他所謂動與不動，也不是在空的空間中有空有間有始有終的動與不動。

A.461　原子論者所結合的變與不變，與科學中所論謂的動與不動，皆非海氏、巴氏、柏氏所主張的凡有與變易之同一的意義。他們乃是另一個問題，即運動與推度格的問題；而凡有與變易乃是「有」與「非有」的問題。

A.462　這個「非」字最重要，它是一切知識之起源，它又是一切矛盾之所在處。本文所以要溯源于「有」與「非有」的問題，就是爲此。

A.5　懷悌黑之自然流轉說

A.51　懷悌黑（Whitehead）據其數理邏輯的底子，承受現代物理科學的新發見，而形成其有根有據有機有神的科學底哲學之創發，其整個的系統在此不能詳說，只述其于「凡有」與「變易」這個問題上有關的「自然之流轉」。

A.52　懷氏言流轉，其出發點與海氏同，同爲從自然界出發，而不從心力上出發。

A.53　「自然之流轉」（passage of nature）亦名「事素之流轉」（passage of events）。這種事素之流轉，據懷氏之意，是最具體的東西，因而也就是最眞實的東西。

A.531　這種流轉決非思想之所造，亦無一點抽象作用于其

內。

A.532　因此，他把歷來所認為最根本的「物」（ matter ）就看成是抽象的東西，把這種抽象物認為根本存在就是犯了他所謂「誤置具體」之錯誤的。

A.533　再如空間上的「孤獨」「單純位置」之設立，都不是具體的流轉之實相，而都是抽象的東西。若認為它是根本的存在，那也即是犯「誤置具體」之錯誤的。

A.54　如是，由懷氏之認流轉為具體，則我們也可說海氏的變易也是具體的；由其反對抽象之孤獨，則我們也可知海氏所反對的不變，巴氏所反對的運動，乃正是在那裡反對抽象之孤獨而證明是具體的，並由此我們也可知巴氏所主張的「凡有」與「不變」也正是具體的流轉了。

A.541　反之，我們也可以說，在懷氏的具體流轉中，「非有」是不能有的東西，也是不能被思想的東西。

A.542　既然如此，則懷氏的流轉，從「總」的方面看，自然也可說是「凡有」而「不動」的了；從「縱」的過程方面看，自然也是「變易」而充實的了。

A.55　「凡有」這個名詞在懷氏思想中不常見；但「不變」（即不動）這個意思卻為懷氏親所指點。這是懷氏看穿了這個問題的所在處。

A.551　事素的根本關係是「擴及」。每一事素擴及其他些事素，而每一事素也被其他些事素所擴及。

A.552　擴及關係，從其空擴關係（ spatial relation ）方面看，可以顯示出事素永遠是「實現的」（ actual ）；若從其時動關係

（temporal relation）方面看，則可以顯示出事素永遠是「成為的」（becomingness）。

A.553　這種永為現實或「實現」，永為「成為」，就是事素的流轉或「創進」（creative advance）。

A.554　由其永為「實現」，所以它不能有「可能」；由其永為「成為」，所以它不會「再」。

A.555　事素恰如其所是：是其所是，時其所時，而處其所處。

A.56　由上所述，「事素從未變遷。自然是發展的，即是說，一件事素 e 變成事素 e' 底一部分，而此事素 e' 即內含（或擴及）e 並且也擴張成為將來而超出 e 之外。這樣，在某意義，事素 e 是在那裡變的，即是說在其對于那些在自然之創進中曾不實現而變為實現的事素之關係中而變的。一件事素 e 之變遷，在『變遷』這字底這種意義中，將被叫做是『e 之流轉』，而『變遷』這字將不被用。如是，我們可說事素是流過的，而卻不是變遷的。一件事素之流轉即是它的流過而成為某一其他事素，此事素即不再是它了。」（從 A.551 到此條止，可參看懷氏的《自然知識之原則》，第2分第5章第14條。）

A.561　變遷是在其「成為」或「流轉」，不變是在其永為實現而無「可能」亦無「再回」。如是，他所謂變遷即是海氏所謂變遷，而他所謂不變也即是巴氏所謂充實的「凡有」。

A.562　如是，所謂不變決不可認為「停止」，而「凡有」亦決不可認為「死板」。懷氏能把「凡有」與「變易」看穿了，融一爐而治之，的是偉大。並能與人以具體的解析，而不空泛言變，神

秘言化。

A.6　羅素的緣起三型說

　　A.61　更能給我們以具體的解析，更能遵守科學之發見而說話者，則為羅素。羅素之觀點與懷氏同，其名最具體的東西亦曰「事素」。他這事素或亦名之曰「物理緣起」（ physical occurrence ），猶之乎懷悌黑亦名之曰「物實」（ actual entity ）或「實緣」（ actual occasion ）一樣。

　　A.62　羅素在其《物之分析》第3分第 XXXIV 章中曾把物理緣起分為三型：

　　(i)穩靜事素（ steady events ）。據羅素說，這種穩靜事素是由于「穩靜運動」（ steady motion ）而來的，但這穩靜事素卻不必有運動之意。

　　(ii)節奏（ rhythms ）。此所謂節奏，即是一個整個的周期過程（ periodic process ），也即是一個繼續的系列是，如電子之放射及吸收及其繞軌道之自轉皆是。

　　(iii)轉變（ transactions ）。此所謂轉變是量子跳躍的變動。在這種變動裡，動力可以從這一個系統轉到另一個系統。節奏是那放射之繼續的波動幅，轉變則是那原子的一躍一躍地量之放射。

　　A.63　羅素以為這三種緣起型都各有其不同的規律以管轄之。

　　A.631　節奏為周期過程，為轉變之間的變遷，如是節奏即是繼續。管轄此種緣起型的為「內在微分律」（ intrinsic differential law ），或曰「內在因果律」（ intrinsic causal law ）。這內在因果

律亦叫做「因果線」（causal line）。

A.632　轉變是量子跳躍，是不繼續。管轄這種緣起型的為「量子律」（quantum law），或亦曰「外在因果律」（extrinsic causal law）。

A.633　穩靜事素也是繼續的。此可與節奏相似，但無動意。我們可以使節奏與穩靜連結起來，連結它們的規律，羅素名之曰「諧和律」（laws of harmony）。

A.64　羅素將緣起分為三型，有繼續有轉變，好像他所指示的世界是有始有終，有空有間似的。其實不然。他這種分法純由于相對論與量子論而來。相對論證明繼續，而量子論證明非繼續。這兩種理論正證明一件事之兩面——跳躍與波動。然而，跳躍卻不必有空有間，即「非有」是不能夠在物界存在的。

A.641　羅素說：「牛頓的攝引律即供給出一外在因果律之完全例子，然而愛因士坦，則一見便知其不能。」（《物解》，3分，XXXI章。）

A.642　牛頓所以能供給出一種外在因果律來，乃是因為他承認有絕對的空間、時間與運動，並有所謂因致之「力」。所以，他這種外在因果律乃實是有空有間的「外在」。而羅素的外在因果律則顯然不是牛頓之意，而顯然乃是受了相對論的影響之後，並有了量子論之後的意義。所以，他的「外在」乃是由量子論而來的。

A.65　相對論中的攝引律，說神秘一點，顯然是一攝一切，一切攝一之意；所以有場合（field）這個概念被引出來。

A.651　並且，相對論中的攝引律也不承認有所謂因致之「力」，更也不承認所謂絕對空間及絕對時間。因此，距離間的運動，

及有力爲之因致的運動都是不可能的。這個結果，乃爲羅素及懷悌黑所樂道者。

A.652　既然如此，則所謂「非有」，所謂「空」，所謂「間」，都是不爲現代科學所能證明者。然則羅素所指謂的世界自然也就是「凡有」而「充實」的了，同時，自然也就是轉化而變易的了。

A.7　本段的總結

A.71　巴門里第只空泛地指出一個「凡有」，而否認「非有」，而並未指出這個「凡有」是何等性質。但我們從其辯論，從其所反對，並與海氏合觀，則知他們兩派所主張的乃是同一東西。只因語焉不詳，後人不察，乃把巴氏所說的「凡有」看成是一個絕的神秘的東西。錯誤即由此出，下段述之。

A.72　柏格森把他們兩派的見解，論謂的稍微具體了，但仍是不科學而神秘性大。及至羅素與懷悌黑，才把它們具體化了，精密化了，詳細化科學化了。

A.73　你若要眞實明白他們所謂「凡有」、所謂「變易」到底是什麼，就請你細讀懷氏、羅氏的書，並讀幾本物理學即可。

A.731　柏格森與懷悌黑有幾分相似，這是人所承認，也是懷氏自己所承認的；但是柏氏與素卻未見有謂其相同者，即羅素自己亦深反柏氏。今列于一支，不亦異乎？曰：無足異。其所反對者是方法，其同者是眞理。用不同之方法，不妨得同一之眞理。兩人之不同：一爲玄妙，一爲科學；一爲神秘，一爲精密。其實，這種不同全由其不同之方法而來，于最後的眞理無關大局。譬如對此流

水，一人用其藝術的天才，說得天花亂墜，一人卻用其無情的邏輯
而淡然地把它陳述出來。其方法固然不同，然其結果正不妨同一指
謂。

A.74　本段最大的目的在指示世界是充實的，世界只是「是」
而沒有「非」，只是「凡有」而沒有「非有」。

A.75　「非」這個東西不能在世界裡存在。「非」只是思想
所造的一個概念以輔助來解析「是」者。

A.751　「非」這個概念不推及外物，不指示外物，不表象外
物。因爲世界裡沒有「非有」存在。

A.752　我名這種概念曰「負概念」，A.14條已論及之。

A.76　本段所叙的一支思想家，對于「凡有」與「變易」都
能看成是同一指謂。或至少把它們統一起來，與所述的各家思想不
相違背。

A.77　這一支思想家都不能把思想上所造的東西看爲外界之
實在，因而也都不能承認有個「非有」在外界存在。此自巴氏自己
已然。故吾名此支的思想曰「『凡有』與『變易』之正的解析」。

A.78　這種「正的解析」有以下幾點當注意：

(i)事實與概念之區分。

(ii)「是」與「非」，正概念與負概念，不是同一儔類中的兩個
同等的東西，不可認其爲「兄弟也」。

(iii)「非」不在外界存在，而在思想的運用上存在。

(iv)「是」表象或指示外界的存在；而「非」則不指示任何東
西。

(v)外界無論怎樣有條理合理性，但總不能有個「非」存在。無

論黑格爾怎樣說：「凡合理的即是現實的，凡現實的即是合理的」，然「非」不能踏入那個現實而合理的世界中。

B. 「凡有」與「非有」之負的解析

B.1 芝諾之辯證的方法

B.11 從上段可知，我們必須將「變易」與「凡有」合觀，始可把握「凡有」之真性，始可明了芝諾反對運動之根據。並且，由上段也可知，巴氏之所以主張「凡有」，乃純是為反對「非有」而然。我們決不可把他的「凡有」看成是超世界的，看成是絕對理念的，看成是所謂普遍的、永恆的、先在的、理性上的法模。他的「凡有」是具體存在的真實世界，他正在指出「非有」之為思想上的作用，而不能與「凡有」並列。可是，大部分都是誤解了這個意思。而其結果，把「凡有」認為是空無所有的理性上的絕對法模、絕對理念，而把思想上的「非有」也拉雜進去，糾合于一起而造成了所謂矛盾的世界觀。這一支的解析，吾名之曰「負的解析」，因非其本意故。

B.12 而所以能糾合于一起，即在乎芝諾的辯證方法之應用。

B.121 芝諾既承認了世界是「凡有」，反對了運動，並進而再用辯證的方法反對「多」。

B.122 其反對的步驟從兩方面看：

(i)從量之大小方面看：他以為從這方面看，你若承認「凡有」

是「多」，則必一方面爲無限小，一方面爲無限大。爲無限小是因爲那些多的部分可以無限的分割，直至分之不可再分，則所謂部分也即是無限小，而近至于無大小，結果也就無所謂「量」，無所謂「小」。爲無限大是因爲「多」的部分之間必預設一個連結之界限，而此界限本身也必有量；如此，它本身又必須與其他相連，相連之間又必有界限部分，依此類推，可至無窮，所以又是無限大。所以，你若說「多」，則必于「多」自身中含有一個矛盾的情形，即無限小同時又是無限大。既然如此，所以「多」是不能主張的。

(ii)從數目方面看：從這方面看，若說是多，則必一方爲有限（limited），一方爲無限（unlimited），有限是因爲部分可以無限分割，結果有多少部分即是多少有限。無限是因爲兩部分之間必有一第三者，而此第三者與其他兩者相分離，中間又必有一個第四者，推而至于第五、第六以至無窮。結果是無限。所以若主張多，必又是個矛盾，即一方爲有限，一方爲無限，同時發生。

B.13　芝諾之反對「多」即是反對當時的原子論者。他以爲世界決不是顆粒性的多數的小原子所組成。他這種反對，正足以證明世界是「凡有」的轉化或緣起。

B.14　可是，世界無論是否是原子之組合，然而芝諾用辯證的方法以反對多，使它們相矛盾起來以至于不可能，這卻是犯了一個嚴重的錯誤。

B.141　這個錯誤即是概念與事實的混擾，把事實上的「有」與思想上的「非有」糾合于一起而同認其爲客觀存在的事實，因而發見出它們的矛盾而即宣布了它們的不可能。

B.142　思想上，可以將一個東西，無窮的分；但在事實上，

不容你那樣的分割。思想上的無窮分是邏輯層次。不能把邏輯層次的無限而應用于事實上。

B.143　思想上，可以將一個東西，無窮分之，同時又可以無限地合之；但在事實上不能這樣作。也許一經化分，就可以消散；也許一經化合，就可以生一整體。無限地分合，不是具體事實，而是邏輯上的，數學上的。

B.144　在思想上，可以把分、合兩個概念糾合在一起，而使其同時發生矛盾。但在事實上，你施行化分，可以有限，你施行化合，也是有限，而且也並不在同一時空裡。

B.145　所以，無限的小與無限的大之矛盾，有限與無限的矛盾，全是由于把那個不存在的思想上的「非有」拉進來而作成的一種思想的辯證。須知轉化的凡有世界是並不在那裡停止著，等候你那樣的分，等候你那樣的合，並等候你作起那樣的矛盾。

B.146　即便世界是原子之「多」，也不能有無限的小大無限地分合之矛盾。因爲它們根本就是這樣存在的了。所以，使其矛盾者，思想上之辯證作用也。事實非眞有然。

B.15　所以，芝諾的目的在乎證明「凡有」之爲一而不多，爲同而不異；但其攻守之方法則是錯的。一、同、多、異，乃是事實問題，不能純用概念的辯證即可以反駁或極成。

B.151　若純用概念的辯證以施行，則結果不但否認多，連一也得否認，最後即是一無所有，即是說不能夠有所主張。下邊所述的三家思想即是如此。

B.2 黑格爾的矛盾世界觀

B.21 芝諾既用了辯證的方法以證明或反對某種問題；但不過仍以爲這是一種思維方法而已，還未曾把它投之于外而以之爲元學上的發展過程。作這步工作的就是黑格爾。

B.22 黑氏不但把它看成是思想上的作用，並且因爲他主張「思即有」，所以簡直還把它看成是元學上的存在，看成它是世界發展的過程。

B.221 固然，有些人土張黑格爾的元學只是本體論上的，而不是宇宙發生論上的，只是邏輯範疇的繁衍論，而不必看成是世界創造論。此意誠善，因這樣可以免去其辯證應用之錯誤；但黑氏的思想卻並不如此。黑氏的野心並不限于邏輯範疇之繁衍，也並不只限于思想方法之運動。假若如此，則所謂派生之自然、精神以及最後的綜和，並所謂具體的共相都是無意義的。而何況黑氏所反復證明的即是「思維與存在」合一，「現實與理性」合一。上帝即是絕對，即是理念，即是現實（actuality），其他一切存在也都是現實，也都是理念。哲學的主要任務即是在諧和「現實與經驗」（即理念與存在是）。

B.222 修改黑氏者實有見于黑氏這種辯證之應用是有缺陷的，所以把它只限于範疇之推演上，然而「理念與世界合一」這是黑氏的唯一目的，也是德國唯心論的主要任務。若只限于邏輯上，還成其爲黑氏嗎？可是，不成其爲黑氏，也就不能有錯誤了。

B.23 黑氏把思想上的辯證要元學化，第一先得改變巴氏的「凡有」之面目。因爲不然，「非有」不能拉進去。

B.231　他先把「凡有」看成是一個絕對理念，空無所有的絕對理念。這是最高最普遍的範疇。

B.232　這個絕對理念，它自身是要發展的，而發展的唯一原因，是要它自身起矛盾。矛盾的唯一表示是因「凡有」中反映出「非有」以與之相對。這樣，本來是思想上的「非有」，本來是不存在的東西，也摻進去而成為是實有的、必然而有的了。

B.24　因為自身起矛盾，所以一說「有」馬上同時即反射出一個「非有」。並非昨天是「有」，今天才是「非有」。所以這種矛盾的發展，並不佔有時空。

B.25　有了反射，即有了限制。互相反設，互相限制，範疇即漸漸地推演出，而每一範疇也就漸漸豐富其內容。結果，愈豐富，愈具體，而又愈離不了那些以往的（邏輯上的）範疇之彙集，此即所謂「具體的共相」是。

B.26　因為有矛盾，所以每一範疇即是一個無窮的正、反、合，也即是一個無限地小和大，無限的有限與無限，無限地分與合。莊子所謂「是一無窮，非亦一無窮」，正是如此。

B.261　無窮的限制與無限制，而最終歸于一個絕對的「合」，此即所謂的上帝、絕對理念是。

B.262　所以結局，起于「凡有」而終于「凡有」。其實，「凡有」本身即是一個無窮的矛盾，無窮的限制。它本身即是一個辯證的繁衍，不過為說明起見，把它弄成一個過程而已。

B.263　在這個過程中，自然、精神都被繁衍出來。而這個辯證之普遍的方式即是「在自身同時又對自身」，簡約之，即是「在而對之自身」（in and for itself），矛盾的世界觀即是如此。

B.27　可是，請你觀察自然之事實，請你觀察轉化之自然，那裡有個「非有」存在？那一個「有」反映出一個「在而對之自身」而不佔有時空？

B.271　所以，一察事實，馬上就露馬腳來，也正因此，所以有人只將其哲學限于範疇之推演。須知黑氏並不如此。

B.28　黑氏之錯誤正在其：

(i)誤認巴氏之「凡有」。

(ii)誤認巴氏的「凡有」與「思維」之一致關係。

B.281　巴氏之「凡有」並非「理念」，「凡有」與「思維」之一致乃是指其指謂關係而言，並非「同一」（identity）。

B.282　黑氏既認「凡有」爲「理念」，故將「凡有」與「思維」弄成同一，既然如此，則本來即爲思維上所造之「非有」自然也可以看成理念，使其與「凡有」合一了。須知，這是經不起具體事實之印證的。

B.283　矛盾之起源在乎將「是」與「非」兩概念在思想上加以辯證之糾合，而矛盾的世界觀即是這種辯證的糾合之客觀化、元學化。

B.3　Bradley 的無限之全體

B.31　黑格爾應用芝諾的方法而使其客觀化，遂即主張了世界是矛盾的。布辣得賴用芝諾的方法解剖一切現象，結果發見出每一現象都是自相矛盾，所以都是不可能的，因而也都不是實體而只是現象（appearance），實體必無矛盾，必能消融矛盾而諧和之。凡矛盾者皆爲現象，凡一致而圓足者皆爲實體。

B.311　黑格爾不說矛盾者爲現象，而說世界自身，「理念」自身，根本即是矛盾的，根本由矛盾而向前發展的。由矛盾而趨于合，始爲矛盾之消融，始爲絕對。步步絕對，步步矛盾，如此無窮，但無止境。

B.312　而布辣得賴以爲凡矛盾者皆非眞實自性，皆是虛幻，故不以矛盾爲根本存在。但其所謂實體亦非在現象之外。所謂實體，即是總攝一切現象而超越之之「無限全體」（infinite whole）也。如是，無限全體即足以消融一切有限之矛盾現象，而此矛盾現象在此全體中，因矛盾消融，亦得爲部分之眞。

B.313　如是，布、黑二人著眼點雖不同，而結局則一。其理論之步驟不同，而根本精神則一。我們且看布氏怎樣使一切現象成爲矛盾。

B.32　他說一切性質，無論初性次性，皆依關係。離了關係而言性質，根本無意義；但是關係（relation）即是不可能的東西。

B.33　他否定關係的方法與芝諾同。且引一段話以證明之：「讓我們以關係爲相關之屬性，並使其多或少成爲獨立的。『有一個關係 C，在其中 A 與 B 是關係者；並且此關係 C 與它們倆都生關係。』此關係 C 被承認與 A 及 B 都不相同，所以決不會對于它們有所論謂。但是，似乎有某種物事來陳說這關係 C，並也陳說 A 及 B。這個某種物事並不是成爲把這個東西歸屬于那一個之上。因爲假設如此，則必現有另一關係 D，在此關係 D 中，C 在一邊站立著，A 及 B 在另一邊站立著。但是，這樣一來，馬上就可引至一無限之進程。此新關係 D 也決不會有方法來論謂 C，以及 A 與

B；所以，因此，要使其有所論謂，我們必須又引出一新關係 E
來，使其居于 D 與 C 及 A, B 之間。但是，此又必須引出另一關係
F；依此類推，以至無窮。」（《現象與實體》，21頁）。

B.331 這樣否認關係，其方法與芝諾反對「多」同。但是，
此方法之對與否姑且不論，其首先誤解關係則須注意。他竟認「關
係」爲一「實體」而使其爲「關係者」，這是莫大之錯誤。把關係
看成是「東西」，而以 C 表之，以與 A, B 居同等之對待地位，寧
非怪事！

B.332 關係者（relatum of term）可以發生關係，但關係者
與「關係」不能發生關係。關係複合體（relational complex）可以
爲關係者，但關係不能爲關係者。

B.333 設以 R 代「關係及」，A, B 代關係者，則能有
"ARB"，也能有"CR' ARB'"，然而不能有"ARr"，此 r
代表「關係」。

B.334 因爲「關係」乃是兩個東西之間發生關聯的一種「表
意」，而不能把它具形化以使之成爲一個死的東西。它是看不見摸
不著的。

B.335 布氏所以錯誤，即在人不察事實，只注視概念與符
號，旣可同以符號表之，則皆可視爲獨立存在。其實這是錯的。那
裡有那末一個看不見摸不著的關係，在那裡獨立存在，而來攝持
A, B 並論謂 A, B 呢？

B.336 須知關係乃是由關係者之活動而發生之，而並不是由
「關係」來攝持「關係者」。我們能說由關係及作用以使它們連
結起來；但不能說以「關係」來論謂或陳說「關係者」。我們能說

「關係者」因它們有關係而有特種之意義；但不能說「關係」來歸屬某種事物給「關係者」。

B.337　以上是布氏對于關係的誤解；假若把這錯誤糾正了，則決不會有「關係」與「關係」間的無限關係之謬論。

B.34　我們再看他用矛盾的方法以否定關係。他以爲離了關係無所謂性質，但是關係中之性質與離了關係之性質也是一樣地不可解。同樣，從關係方面說，他以爲沒有性質之不同不能發生關係，但有性質而發生關係與無性質而有關係也是一樣的不可解。

B.341　先從第一方面說：「因此，性質必須被關及。但是，有一種歧異性（diversity）落在每一性質裡邊。每一性質有一種雙重品性（double character），這雙重品性同時來支持這關係，同時又被這關係所造成。我們可以把它看成一方是條件（condition），一方是結果（result），而問題則是如何去把這種歧異之幻化結合起來。因爲，必須要結合之，但是同時你又不能結合之。A 被關係造成它所是的樣子，同時又是不被關係造成它所是的樣子；這些不同的方面或面相，旣不是互爲（each other），也不是或 A 或非 A。假設我們把這種不同的面相叫做 a 與 α，則 A 一部分是 a，一部分是 α。從 a 這方面說，它是『區別』之所根據的不同（different）；從 α 方面說，它是因連結而有的『區別性』（distinctness）。A 即是這兩方面的聚和，可寫爲 A（a-α）。但是，上邊說過，若沒有一個關係，那是不可能的去論謂 A 之變幻或幻化性。但是，在另一方面，若是一個內在關係（internal relation），則 A 之統一性即消失了，而它的內容也被浪散于無底的區別過程中。A，第一步，在與 α 的關係中，首先變成 a，但這

些項（即 α，a 等關係者）本身又同時都落于無希望的分離中。我
們所得到的，不只是一個面相，而是一個新的性質 a，這個 a 自己
即是在關係中；因此，它的內容必須是多端的。當其進入關係中，
它本身即是 a^2，而從關係之結果看，它本身又是 $α^2$。它想結合起這
些屬性來，但同時又不能結合起來。總之，我們落在一個劈分原則
裡，此原則使我們無有終止。每一性質在關係中，結果是有一種歧
異性在其自性裡，而這種歧異性又不能直接地被說是性質。因此，
性質在一種內在關係上必須改變了它的統一性。這種歧異性即是每
一個之內在統一的致命傷；它需求一種新關係，以至無窮。總之，
性質在關係中其不可解與無關係之性質同。」（同書，31頁。）

　　B.342　這是從性質方面而有兩難。再從關係方面看：「從關
係方面，可以得到同樣的兩難。關係無論與性質俱或不與性質俱，
都是不可解的。」無性質，即無關係者，因此也就無關係可言。
「但是，關係與性質俱何以亦不可解呢？因爲，假設關係對于性質
無所增加或改變，則它們即終于未關及；若然，則它們即不能成爲
性質，而它們的關係也是虛無。假設關係對于性質有所事事，則顯
然將又需要一新的連結關係。因爲，關係很難是其關係者中之一個
或兩個的形容者。若要是，則又似乎是無窮。」（32頁）在此布氏
加了一個注說：「關係不能是一個關係者底形容，因爲，若然，它
即不能相關。同理，關係也不能是互相分離的每一關係者之形容，
因爲它們之間仍然沒有關係故。關係也不是它們的公共特性，因爲
如此什麼東西能使它們分離呢？所以，結局，它們不是兩個關係
者，因爲不分離故。」

　　B.35　以上是布辣得賴反對關係的根本原則。他說若把握住

了這個原則，則以下所反對的就不必花時間去看了。可是，我仍費些時間，去讀了讀。果然，他用同一方法來否定時間、空間、因果、變動等一切現象。

B.351　他這個原則可以從兩方面看：

(i)連之又連的無底止之原則，此即芝諾所謂無限大無限小，是無限又是有限者。

(ii)一物之雙重品性原則，此自然是由上原則而昭示出的。

B.352　黑格爾乾脆即從一個絕對的單一起，而此單一自身起矛盾起反射而有雙重之幻化；布氏則從關係起，凡關係至少有兩關係者，所以他隨著芝諾從「多」方面而發見其各個分子自身是雙重，是矛盾，是無底止。黑氏無須用關係，布氏藉關係而否定關係。結局是一樣。

B.36　我們要知這種無聊的變戲法，無什麼眞理，也並無什麼艱深。若把它看穿了，則馬上顯出其毫無所有。布氏自己說：「元學即是給我們本能上所信的找壞理由者，但是去找這些壞理由也還仍不過是本能的。」這是布氏甘自承認元學是無理取鬧；但又發見不出這種無理取鬧有什麼錯處，所以結局只好歸之于「本能」。假若我們不承認哲學是給本能找壞理由，則必須把他這種無理取鬧的壞理由的元學定死刑。假若哲學就是他的無理取鬧的元學，則哲學雖是壞理由，毫無容易；可是，哲學不純是布辣得賴的天下啊！

B.37　把這種辯證的矛盾法用來反駁一切自然現象都是錯的，唯一的理由，就是轉化的凡有世界沒有矛盾，沒有「非」。假若世界不是「多」的，那末你假設個「多」來反對之，這是你反對你自

己造的，而不是反對世界；假若世界是「多」的，則不是你所能反對的，世界不容許你用那種矛盾的無底止方法來否定它。假若世界是矛盾的，則它就是矛盾的，而不能于它的「是矛盾」中反映出一個「非矛盾」，結果仍是不矛盾，仍是不允許你來否定它。

B.371　黑格爾倒聰明，他不用矛盾的方法否定世界，他根本承認它是矛盾。而他所以認爲矛盾的原因就在把「非有」之「非」與「實有」之「是」看成同類而客觀化，即是說，把思想上的作用看成具體世界之作用，此誤不在小。容下段論之。

B.372　因爲有黑格爾的承認矛盾，所以就有布辣得賴的否定矛盾。他們兩人實在是在那裡表演雙簧。

B.373　布辣得賴一誤解關係，二誤用矛盾。其錯誤又加上一層。夫關係不能作關係者，則當然它不能與關係者對待而站在一邊，既不能對待而站在一邊，則當然不能發生連之又連的無底止。布辣得賴于說關係者發生關係時之「關係」，其意與普通同，至其說這個關係對于關係者有所影響或形容時，則馬上又把「關係」看成是一「實體」（entity）而與其關係者相對待。這是布氏無底止原則之所出生，也是根本錯誤之所由在。至于所以如此錯誤，吾意是吃了文字言語的虧了！

B.374　無底止原則既尋出其致錯之由，則雙重原則亦易消滅。因爲雙重品性之所以發生正在其連之又連的無底止之關係上。譬如，按布氏無底止原則看來，A 當其與 B 生關係時有性質 a，可以寫爲 A^a，由此 A^a 始可以言與 B 有關係；但此 A^a 之質 a 根本又是由關係而來，所以一說 A^a 要與其他生關係，則此 A^a 馬上即變成 A^{a2}。這即是說，每一個性質都有其歧異劈分的雙重性而無底止，

無關係，無性質。可是，若把關係的誤解取消了，則即不能有這種無底止的劈分，也不能有這種無底止的矛盾。

B.375　所以布氏的謬論、壞理由，全是由于誤解關係而並參加「非」字于其中所造成的。結果，你所發現的矛盾是你自己所造的，你所否定的也是你自己所造的，與世界本身無關。

B.38　此外，在佛學中，龍樹之《中論》也用了同樣的方法來否定世界以顯示世界是空。舉凡因緣、時空、因果、變動、一多、同異等問題，皆用了雙重性的矛盾法以破之。

B.381　不過，龍樹是從「不是，不是」方面言，而布辣得賴則是從「是既又是」方面言。從前者，則所得爲「空」，其絕對爲「虛無」，吾名之曰「負的無限全體」（negative infinite whole）；從後者，則消融一切矛盾，而皆承認之，其「絕對」爲「有」，吾名之曰「正的無限全體」（positive infinite whole）。

B.382　無論是正是負，其方法皆妄，所以結果皆不極成。其辯論之過程皆爲戲論。不過，《中論》之方法，因爲與布氏同，所以在此不耗費時間了。

C.　矛盾之起源

C.1　事實與概念

C.11　事實與概念的不同，似乎是顯而易見的，然而好找壞理由的哲學家們卻又不自覺地把它忽略了。其不同，雖然是淺顯，然而嚴重的戲論，卻時常由于忽略他的不同而發生。上段所述思想

家們即是忽略了這個不同的例子。本段把這個問題想作一個徹底的
考察。

C.12　先論「事實」。此可從三方面說：

(i)當前五官所覺的事實；

(ii)歷史上的事實；

(iii)非官覺所及的概念事實。

C.13　當前五官所覺的事實，即是在當下發生而存在，並可
為官覺所及。此可從兩方面說：

(i)自然現象：存在于特殊時空中的「桌子」，它雖然是一個物
體，但也是一件事實。物理、化學、生物、心理、生理諸科學所對
付的事實都是這一類。雖然有人說，電子並沒人看得見，但它總是
由官覺藉儀器而實驗出而發見出的。有人分為粗野事實及科學事
實，這種程度上的分別大可不必。

(ii)社會現象：政治、經濟諸現象都是。這種現象也是佔有一特
殊時空而可以為人所覺。張學良下野、汪精衛上臺、蔣介石北來、
于平津銀行發公債、工場工人罷工等都是。

C.14　歷史上的事實。此即上兩種事實之已成為過去而在歷
史上存在者是也。

(i)自然的歷史上的事實：自然現象總是在時空格內緣起而流轉
的，所以每一件事實總有其以往之歷史跡的。他以往的諸歷史跡，
現在雖然不佔時空，不為所覺，但他在過去，當其為現在時，總是
存在的，可以覺察的。這種雖不為所覺而曾存在被歷史記下來者，
吾人亦認其為事實。諸科學所對付的雖為時空現存之事實，然總不
能只顧現在。它總是要流過的，人們的經驗不能把它把住而使其不

流，所以科學所對的事實，總有歷史性的。

(ii)社會的歷史上的事實：此即當前的社會現象已成爲過去而被歷史記載下來者。此雖不爲所覺，不在現在存在，然它總發生過來，所以仍認其爲事實。如陳涉揭竿而起、滿清入關等都是。這種事實，固然有可靠與否的問題，但只要它一被記載，它即有成爲事實的資格，可以把它看成客觀的而討論之。

C.15　以上所說的兩類，其差別只是在一個時間問題。還有一種概念事實則與此不同。它既不佔特殊時空，它又不爲所覺。這種事實即是把「概念」看成事實，此亦可以名之曰「文化事實」或「思想產物事實」。本來，文化事實也可以歸于社會歷史上去，但在此吾願限制其意義與範圍。

C.151　概念不是與事實不同嗎？怎末概念又可以爲事實呢？曰：可。雖可而不礙其爲不同。這也並不是一種什麼矛盾，也並不是矛盾之諧和。譬如我造「鬼」這一個概念以指謂事實上的「鬼」。你可以把這個「鬼」概念取來作爲你討論的對象。它在你思量它的時候，它即是具有事實之資格。其所以爲事實，即在吾會眞造這個概念來，即這個概念，它曾經實在一度出現。但是，它雖出現，它卻不佔時空，它也不曾在時空存在，它也不爲汝所覺知，也不爲吾所覺知。當然，這個概念之出現是有其一定之特殊時空，我主張這個概念也有其一定之時空。但是，這概念本身卻無一定之時空。其所以不佔時空，即是因爲它是概念故。「但是，一旦它成爲客觀存在，此存在不佔時空，它即具有事實之性質。這也即是『事實』與『物體』不同之處。」這類事實，吾即名之曰「概念事實」。康德的哲學、朱子的思想等都是。

C.152　這一類的事實也可名之曰「派生的事實」，至于前兩類則可說是「固有事實」。

C.153　「派生的事實」乃是吾人用概念來對付固有事實所得的結果，這種結果是思想上的產物。

C.154　我們討論「派生事實」時，總時常要涉及固有事實，所以易于混擾，但不可不分。

C.16　再論概念。在 A.14條，吾已分概念為二：

(i)正概念：即表象或指示外物之概念。如人、桌子、物等都是。

(ii)負概念：即不表象或指示外物之概念。此只有一個，即「非」是。

C.161　正概念可以是「是」這個概念。總之，「是」指示外物，有外物與之相應；「非」則不指示，亦無外物為其所指，故亦無與之相應者。所以這兩種概念，雖為對待，但不同類。

C.162　「是」概念與事實混，不容易發生錯誤；但「非」概念若與事實混，則為害不淺。「是」概念與事實不易見出其不同，但「非」與事實則易見。若認「是」、「非」同為概念，而遂混而同之以與事實混，則大誤矣。

C.163　「非」在邏輯上以 " ～ " 這個屈曲表之，在數學上以 " — " 表之。實在說來，數學中之 " ○ " 也應是負概念。因為「凡有」的世界就沒有一個零與之相應。因此，數理邏輯中之「空類」（ null class ）也應是個「負概念」，空類以 " Λ " 表之。

C.17　概念是由人類對于固有事實加以解說論謂而生出。

C.171　正概念是由事實而抽成；負概念則是思想之作用，由

於人之思想對于「事實」之了別而造出，可以說，它是思想的功能（function）之表示。當然，人之思維過程是一種作用；但「非」並不表示這種「過程」，因爲這過程是充實的、緣起的，它只表示在那過程中，當思維時所起的對于外物之反復指謂間的那種「外距態度」。

C.18　事實之存在具有時空，概念則否。事實之變取有時空，而概念之發展推演則不取時空；事實之變有始有終，其間之過程爲時間的、空間的，而概念之發展過程則爲邏輯的，其先後始終亦爲邏輯的而非時空的。事實是客觀的，概念是主觀的。因其爲客觀，故不能隨人意而變更，但概念則可隨人意而變更。

C.181　概念是人們解說事實時所用的原則或範疇。它們若不適用了，那就是它們的改變時候。所以概念之變，不是事實之變，乃不過是拋舊的換新的，人的態度之變而已。

C.182　事實不可改變，人們解說它總不能完全舉盡其品性，總有所遺漏；但這不是事實的改變，而是人的知識之發展，也是人的知識之缺陷而時常修改其自己。修改不是修改事實，而是修改你對于事實的解說。

C.183　每修改一次，概念就要變更一次。這種概念變更即是路易士（Lewis）的「概念唯用論」（conceptualistic pragmatism）。

C.2　思想律之發生

C.21　思想律固然可以只從邏輯上列舉之，但也可以使其與外界發生關係以考察其發生之起源及其實際之效用。

C.22　先說第一個律，即「同一律」是。在此，我贊成金岳霖先生的說法。他把同一律的說法分成三種：

(i)「一件東西與它本身相同」。一件東西含有多方面的屬性，故此容易發生誤會。

(ii)「甲是甲」。此小容易發生誤會。現代辯證邏輯家們反對形式邏輯大半是把同一律看成以上兩種說法，或甚至怎樣說之使其有毛病即怎樣說之，易于攻擊也。黑格爾與布辣得賴似乎也即是把同一律如此說之而使其客觀化以否定世界。

(iii)「如果 X 是甲，它就是甲」。「這樣說法對于 X 沒有肯定的主張；X 可以是也可以不是甲；X 在一時是甲，在另一地可以不是甲。對于 X 雖沒有肯定的主張，而對于甲有肯定的主張；那就是說甲總是甲。」（參看他的〈思想律與自相矛盾〉一文，《清華學報》第7卷第1期。）

C.221　X 有時空上的變遷，並含有多種性質；但同一律不是籠統的總持 X，而是嚴格的特指「甲」。

C.222　反對同一律者總是喜歡以總體與特體對舉以顯示同一律之不能遍舉。其實這是錯的。認識事物的總體之方法與同一律根本不是同性質、同範圍、同類型的東西。同一律是最根本不過的，反對它即是承認它，它不能與「總體」這個概念對舉，「總體」概念先慢慢引進來！沒有同一律，「總體」還不知在那個世界裡打旋風哩！

C.223　「同一律」最大的作用，就是思想之啟蒙，就是思想之開荒。它是思想對于外界的發動，而不是外界分子與全體的對舉關係。

C.224　「同一律」最大的功用就是在指出外界。它先指示出外界而使我們造成「是」的概念。

C.225　這個「是」即表象同一律所指示的外物的。指示出外物，我們對外物始能表示態度。

C.226　「同一律」只負指示之責，被指出的外物之內容它是不能告訴我們的。對于內容的認識，則有待于將來的發展。

C.23　再說「矛盾律」。矛盾律是人們把一切東西分為是、非兩類以後才成立的，即是說，把「二分法」引進了思想中以後才建設起來。而二分法的成立，其唯一的原因是「非」這個概念之引出。「非」怎樣生起，下節再說。

C.231　「矛盾律」的說法是：「X 不能是甲與不是甲」。此乃隨著同一律而來的。同一律用一個命題來指示出外界，譬如說：「這是紅的」。「這」（this）即是那個命題所指示的外界，以 X 表之，「紅的」即是我們所肯定的東西，以甲表之。同一律即要規定這個「是」字，即要把「這是紅的」規定成「如果這是紅的，它就是紅的。」這種規定即表示我們對于所指示的東西之肯定的態度。有了這一步態度以後，才能往下說話；所以它乃是思想發展的問題，而不是外界屬性之總體與分子的對舉問題。

C.232　「矛盾律」既是二分法引進以後的東西，所以它所禁止的矛盾也是兩個「命題」間的矛盾。它這一禁止益發增加你肯定的態度。所以，「矛盾律」乃是規定「是」的另一種高級的方法。

C.233　它所禁止的是「這是紅的」（X 是甲）這個命題與「這不是紅的」這個命題之同時主張。所以結局，我們不能說：「如果這是紅的，它就是紅的，同時它又不是紅的。」而我們當該

說：「如果這是紅的，它就不能是紅的與不是紅的。」因為我們只主張「紅」，而不是主張那個「這」的全體。「紅」以外的事，我們一點都不知道，所以我們不能以那個以後了別的「全體」來與現在所規定的「紅」對舉而說「同一律」，不能周延而遍舉。同樣，也不能說「矛盾律」不周延而有所遺漏。因為「矛盾律」也只是規定那個「是」的方法故。

C.234　矛盾律既是人們對于外界的主張問題，而不是分子與全體對舉的問題，所以它不能說為：「X不能是甲與非甲」。這說法就等于說：「X不能是甲與是『非甲』」，也就等于「X是甲」與「X是非甲」的禁止。可是，這顯然是錯的。因為這兩個命題都是指示命題，而不是否定命題。所主張的，即謂詞，都是肯定的異類東西。「甲」代表一類，「非甲」即甲以外的又代表一類。所以你主張「甲」，我主張「非甲」都不衝突。因為「甲」與「非甲」（＝乙）可以同時存在。因此，「X是甲」與「X是非甲」也不衝突，所以你就不能禁止它們的合併，所以「矛盾律」寫為「X不能是甲與非甲」是錯的。因為一件東西可以既是「紅」的又是「非紅」的，「非紅」的即是紅以外的無量東西，所以「既是又是」並不能以矛盾律來禁止。反對矛盾律的人都是把矛盾律看成「既是又是」的禁止的。其實，「既是又是」並不矛盾，而矛盾律所禁止的乃是「既是又不是」。

C.24　再說「拒中律」。拒中律也是引進二分法後而成立的。它的作用也在規定「是」，即從另一種方法規定「是」。

C.241　拒中律的說法是：「X一定是甲或者不是甲」。「X一定是紅或者不是紅」。如果它是紅，它就是紅，它不能不是紅；

如果它不是紅，它就是「非紅」（紅以外的無量數），它不能夠是「紅」。所以，「是紅或不是紅」＝「是紅或是『非紅』」＝「是此或是彼」＝「非彼即彼」＝「非『是此』即『是彼』」。

C.242　所以，排中律即是藉著「非」字來規定「是」字，決不能既非此又非彼。

C.243　這個律既證明世界只是「是」而沒有「非」，只是「凡是」而沒有「非有」。「空」是不可能的。

C.244　既然只有「是」，而沒有「非」，所以那個「是」中也是不能有矛盾的。

C.25　所以，總上而觀，思想律不是別的，只是來指出「是」，規定「是」，解說「是」，證明「是」的。

C.251　世界千變萬化，不過是只是一個「是」，即「凡有」。

C.252　人們千說萬道，不過解說一個「是」而指出其內容。

C.253　思想律即是解說時所用的反復論謂這個「是」的一些方法。

C.254　人們的思想過程即充滿了思想律的反復應用。

C.255　思想律是不可駁的。概念可變，學說可變，而思想律（當然指這三條而言）不可變。

C.3　「非」之生起與「矛盾」之造成

C.31　世界既只是「是」，然則「非」從何而起？「矛盾」從何而成？這是本節的問題。

C.32　在上節 C.223條，曾說同一律是思想之啓蒙，是思想

之開荒。「非」之生即是由啓蒙而發展，由開荒而光明。

C.321　「非」之引出，始有二分法。「非」從何而起？不過說是從思想而起。爲何能造「非」？吾說這是天生的。

C.322　人類知識中，只有這個「非」是天生的。人能造「非」是天生的本能。

C.323　「非」不由于經驗而來，因爲有了「非」始可言經驗。「非」不由外界而輸入，因爲外界沒有「非」。因而「非」也不表象外物，而只爲解說外物而引起。

C.33　凡先天都是解說上或界說上的。「非」是最根本的先天成分。

C.331　由「非」而引起許多可能的概念或原則。這些原則也是用來解說或分析外界的，所以這些原則當也有其先天性。

C.332　「非」這個負概念固然是先天的，即便正概念也是由于先天地解說事實而形成。先天全在解析事實上顯示出，並亦在分析概念上顯示出。

C.333　解說事實之所爲先天，即在解說時是有立法性的、設準性的。

C.334　先天的「非」永免不掉，而先天的「立法」也是永免不了；然而所立之法，雖爲先天，卻時常改變以適應。

C.335　因此，先天的並不是已成之直觀形式，或先驗範疇，也並不是這些範疇之先驗的來限制經驗；經驗不須先天範疇之限制，經驗須由對于事實之加以先天的解說而成。經驗是無限的。

C.336　外界事實並不須在何等先天範疇條件之下始成爲可知。事實根本是可知的；但解說之，必有先天的成分在。「物如」

是沒有的。

C.337　先天並不改變事實，也不限制事實。先天不是已成之架格。

C.338　架格乃是後起的，乃是由先天的解說事實而形成的。架格可以無限，架格可以改變。它的改變即是它的適應性。

C.34　「非」不可界說，因爲它是最根本的。因而，在《算理》中，「非」是根本觀念之一。然而解說事實時，都需要它。

C.341　由「非」而解說事實，而引出許多概念。這些概念一經成形，即有必然性、絕對性。這種概念不會有矛盾。因爲思想解說事實時，其發展即按著矛盾律而前進的。

C.342　事實本身也是絕對的，不會函胡的。它也是無所謂矛盾。

C.343　概念本身之發展推演而成系統，也是必然的、絕對的。它也沒有矛盾。這個系統即是思想律之先天地、純粹地推演。一部《算理》不是完全可以歸約于一個「非」字嗎？這是尼構的發現。

C.344　矛盾不容許于邏輯界，也不容許于事實界。然則，矛盾在那兒存在呢？

C.35　矛盾起于思想之混擾，在你混擾的腦子裡存在。凡矛盾必妄。

C.351　矛盾是眞妄問題，而不是「事實本身」問題。眞妄是在人們對于事實之解說這個關係上存在。矛盾也應在這裡出現。

C.352　我們現在就直接以是否合乎思想律爲眞妄標準。凡合乎思想律的思想，則所謂系統、一貫、相應、證實等都有了。

C.36　前邊曾提到同一律所指示的「這」（this）。這個「這」即是當前之「所與」（given），也即是當前之「凡有」。我們對于「這」下解說。按著思想律說，我們的合乎這種思想律的思想不會有矛盾，合乎這種思想律所解說的「事實」也是不會有矛盾的。

C.361　可是，布辣得賴仍舊把它弄成是矛盾的。事實既弄成是矛盾的，所以他的思想也是不按著思想律而解說的。

C.362　他以爲“this”這個字所指示的兩種意義：

(i)是正的：在此，「這」是絕對的、純粹的、無矛盾的，是他所謂「實體」（reality）。在此，「這」是在一切關係與觀念之下的「純一」（unity），即是說，它沒有關係與區別。

(ii)是負的：在此，是其所是的「這」就有「外拒性」（exclusive）。「這」可以外拒出「那」（that）。「這」可以是「這一個」以與「那一個」、「其他個」相區別。在此，「這」即表示出一種外拒面相，它本身即包含一種外在的而且是負的關係。這種外在的關係由它反映出。可是，這樣關係與本身相衝突的，即既是「這」又不是「這」。所以從此即開始矛盾下去。

C.363　如是，「這」若是一個純粹的直接經驗，則它即是正的意義。若只是看成它是一種外拒，而沒有其他的普遍關係，則它即是負的。若對于它而施以內容之區別、關係之分裂，則它即是自殺。但是，這個自殺是它本身自有的。由此自殺乃可以起矛盾，超越自己，以至于最後的諧和與統一。（參看他的《現象與實體》第19章〈「這」與「我」〉〔“The This and the Mine”〕。）

C.364　須知這解法是錯的，乃是在造矛盾，而不是那「這」

有矛盾。

C.37　其所以造矛盾，即在其把那個思想上的先天的「非」賦與外界。

C.371　我們解說「這」而發現其內容其關係，乃是我們用「非」以幫助思想律而反復解說的結果。「非」並不是「這」自身所具之自殺工具，乃是我們解說所用的工具。

C.372　由「這」而外拒「那」，乃是我們的看法，乃是「非」的應用、解說上的應用，而不是「這」本身所自具。

C.373　我們這樣反復的解說，所發見的外界其內容隨之亦愈多，而知識亦愈富。並不是「這」自身超越自己而否定自己。

C.374　布辣得賴所發見的矛盾，乃是他的思想不按思想律而前進，乃是他將「是」與「非」糾纏于一起而造的「矛盾」。

C.38　矛盾不是自然的事實，乃是人造的。如果他是自然的，它應不會有解決；如果它是人造的，它即是錯覺所有的「妄」。妄是可以解決的。

C.381　矛盾的造成是在思想上的「非」與事實上的「是」的混一。

C.382　矛盾的造成是在解說的看法與事實的混一。

C.383　矛盾的造成是在概念與事實的混一。

C.384　矛盾的造成是在「凡有」與「非有」的混一。

C.385　矛盾的造成是在不按思想律而思想。

C.386　矛盾是不在邏輯次序內的「妄」。

C.4 「存在即被知」、「凡眞實即合理」與「非」

C.41　若有人說，你這種解析矛盾不過是以一派哲學攻擊另一派哲學而已。若然，則汝之所謂即或持之有故，言之成理，然亦不礙人家之各是其所是。吾曰否否。此不是哲學派別問題，乃確是一個公共的眞妄問題。

C.42　張東蓀先生常說西洋哲學始終只有理性主義與經驗主義之對立，而沒有唯心、唯物之爭持。這話實是代表大部分眞理。並說若以爲心造世界，世界在心裡存在，這還成何說法？這也有道理。

C.43　譬如柏克萊的「存在即被知」，一切皆觀念。其意即是反對一個不可知的世界而已。即言一切事物，它只要存在，它即是被知，決無一個東西能不被知或離開了心的關係而能獨立存在者。此意並不是說你一閉眼，山河大地都不存在了。他主要的意義是在證明一個現實的具體世界，即凡一切東西，只要存在，它即是顯現。他所反對的只是那個不可知的抽象的托子（substratum）似的物質（matter）。所以在柏克萊思想中最反對「抽象」。

C.431　至于他所謂一切皆觀念，即是一切皆顯現之意。所以他的「觀念」（idea）即等于「事物」（thing）。所以用「觀念」而不用「事物」這字，即在表示無物不顯現而能存在者。不顯現而存在即是不被知。這樣東西柏氏是要反對的。他在當時引出一個「神心」來以總攝一切，以補其個人之心不足。人們以爲「心」佔滿了他的全思想領域，所以以爲一切東西都在心中了。因此也就有人以腳踏石，以試驗石究竟是否是觀念。以這種方法來反對柏克

萊，槍斃了他，他也不承認。其實，我們現在實斃他的目的是在否
認那抽象的不可知的「托子」，而證明現顯的具體世界。

C.432　所以他的存在即被知、一切皆觀念，並不是無理取
鬧。其詳處，吾已專文論之，在此不多說，只不過證明張東蓀先生
的話有道理而已。

C.44　再如「凡眞實即合理」也是如此。這是德國理性論者
的主要意義。其努力所證明者亦即是此。

C.441　他們總是認世界爲有條理爲有理性，一切東西總是合
理的，可理解的；所以總認爲世界有一個大理性在背後支持著一
切。這個理性，他們總名之曰神（God），所以凡眞實總是合理
的，凡實在總是可理解的。

C.442　康德不問科學能否的問題，而問如何可能的問題。這
種如何可能的問法，最後即承認理性與實在合一。黑格爾更不容
說，也是如此。

C.45　可是，無論「存在即被知」或是「凡眞實即合理」皆
不過是世界觀而已。我們可以承認這兩個命題所表示的世界，然我
們不能承認在這兩個命題所表示的世界中能有個「非」存在。

C.451　世界無論是怎樣合理的，也不允許有個「非」于其
中，理性也不能以「非」來使世界互相矛盾。

C.452　張東蓀先生說：「于此請先一言理性與思想之區別。
普通所謂思想，大抵指吾人之思維作用而言。此種思維作用起于吾
人心內。故凡思想必有所屬：非我的思想即爲汝的思想或他的思
想。而理性不然。謂吾人之思想依理性而成則可，謂理性爲吾人思
想所創造則不可。是以，理性可爲屹然自存者。特其存在非由于吾

人耳聞目見，謂之無形的存在可矣。理性之無形存在乃在于吾人思
想以先。吾人之所以有思想，思想之所以合于理性者，正以此故；
換言之，即吾人之思想不過理性之一種表現而已。」（《道德哲
學》，476及477頁。）

C.453　這段話可以幫助我們解析「理性」與「非」之不同。
大概英國經驗派哲學只習於耳聞目見之思想，而不去討論這個無形
先在之理性。大陸理性派是專門討論這個無形先在之理性。所以他
們的知識論，簡直不是知識論，而是理性論。所以他們的問題範圍
皆不相同。

C.454　唯其如此，所以你討論的問題是一回事，你討論時的
方法與過程即你的思想過程又是一回事。並不因討論的問題是「理
性」，你的思想即全是合理的；也並不因你承認世界是合理的，則
你的思想也隨之即是合理的。

C.455　所以你要討論理性，不可不先考察你的思想作用。你
須要承認思想與理性不同。思想雖爲理性之表現，然思想不等于理
性。不然，則所謂理性即應爲思想所創造。思想雖依理性而成，然
它可以合乎理性，也可以不合乎理性。若純合乎理性，則思想應無
眞妄，办無歧異，結果，思想與理性等，隨之，理性也即可以由思
想而創造。然而其實不爾。所以理性與思想定須區分。

C.456　然而，黑格爾與布辣得賴卻正未注意這個區分。其錯
處也正在這個「思想」與「理性」的混擾上。因而他們所謂矛盾也
正在這個混擾上出現，隨之，也就把理性錯解了。

C.46　「非」這概念顯然是思想上所造的東西。其出生是在
解說事實（理性也可），而並不在理性上存在，更也不在事實上存

在。

C.461　黑格爾把這種思想上的「非」而與概念「是」糾合于一起，以使其客觀化、元學化，以造成矛盾的世界觀，而並謂這即是理性的發展，這顯然是錯的！

C.462　同樣，布辣得賴把思想上的「非」與「是」糾合于一起而作成矛盾以否定一切現象，也是錯的。

C.463　我們要承認黑氏的矛盾世界觀是對的，必須承認神（God）不但是理性，而且還得承認他會思想，並還要承認他的思想方法與黑格爾一樣才可。但這不是講哲學！

C.464　若不是這樣看「神」，則理性的神決不會使世界矛盾，決不會「既是又不是」以否定一切現象。不然，則科學根本無意義，康德的問題也無意義。但顯然，科學又是有結果的。

C.465　我們看大千世界，有條有理，各個並存而不悖，並毫無一毫矛盾以互相否定。然則，理性錯了呢？還是黑先生的思想方法錯了呢？

C.47　我可以承認世界有理性，我不承認那理性會有「非」以造矛盾。我承認「非」是思想上的，是思想發展的主要條件；我不承認「非」是「理性」的必具條件。

C.471　「非」在思想的發展上，即便按辯證的前進，也不是矛盾的。由此概念反映出那個概念，並不是此概念否定那個概念，也並不是自相矛盾，乃是我們的「非」的應用。由此到彼，乃根本是一邏輯次序（logical order），並不是互相否定。

C.472　世界不會矛盾，用懷悌黑的話說，世界是層疊的。他名之曰「自然之層疊」。

C.473 概念也不會矛盾。「概念系列」乃是邏輯條理或邏輯類型（logical type）。這種系列之成乃是「非」的應用。

C.474 所以，黑格爾把矛盾應用于世界固妄，即退而把它應用于概念上也是妄的。以爲概念範疇自身會這樣矛盾生出，這是解說與事實的混擾，理性與思想的混擾。

C.475 吾如證明了「非」是不在事實上、理性上存在，則黑氏與布氏的哲學，無論怎樣高深，也是戲論。他們決絕是錯的！

C.476 可以承認理性主義不必是唯心論；然而唯獨黑氏與布氏這種思想與理性的混擾的理性主義是決不可饒恕的唯心論。其所以不可饒恕，即在其以思想等理性，以思想造理性，即在乎其錯是眞妄問題，而不是「事實」問題。

C.477 如果事實上是「心」，「心」是重要的，則唯心論即是一幅事實論；如果事實是「物」，物是重要的，則唯物論即是事實的一幅圖象。所以唯心、唯物乃是事實問題，唯獨黑格爾一流的客觀唯心論則是眞妄問題。

D. 類型說（Theory of Types）

D.1 類型之意義

D.11 類型說是《算理》（*Principia Mathematica*）用來解決矛盾的一種學說，並因之，丟圈子的毛病也因而取消。

D.111 關于類型說，現在已有一種不同的解釋，即剛死去的拉謨塞（Ramsey）的學說是。拉氏的學說其主要目的雖在數學之

性質的討論，然而關于矛盾問題也隨之有一種解決。所以在此文也願把它並述出來，以與《算理》的解析相比較。不過我將指出，這種類型說雖能使思想弄清楚，但對于矛盾問題不是根本解決法。

D.12　在此，先說類型說之意義類（class）與型或「基型」（type）看成是一個東西。每一類是一型，每一型也是一個類。

D.121　類或型由命題函數規定。假設以" ψx "表示命題函數，則類或型即以" ψx "的變化範圍而規定。

D.122　每一命題函數有其眞理值。這些眞理值即是那命題函數所能變的一切可能的命題。這些可能命題也叫做「眞理可能」，所以每一基型即是某一命題函數的「眞理可能」之範圍。

D.123　只言" ψx "是無意義的，成爲眞理值始有意義。所以每一基型也就是" ψx "底表意之範圍。

D.124　其範圍若是全體的、無遺漏的、永遠眞的，則此基型即是普遍型，或名之曰邏輯積（logical product）。我們以"（x）· ψx "表之。此式等于說： ψx 永遠眞或總是眞或說 ψx 之一切值皆眞。在"（x）· ψx "此式中， ψx 中之 x 是眞實變量，（x）是顯現變量或曰貌似變量。其實它的作用不是變量作用，而是表示那眞實變量之範圍的。所以（x）即可規定範圍之大小，至于 ψ 則是規定那基型之性質的。

D.125　同樣，其範圍不限于永遠眞，而亦不是無一眞，但表示有些眞，則此型即是特殊型或曰存在型，或亦曰邏輯和（logical sum）。此型以"（∃x）· ψx "表之。"∃"表示存在。故此型之範圍乃是有限的。

D.13　由此，進而規定一個「類」。每一類由一命題函數而

規定之。

D.131　每一命題函數之外延函數（extensive function）即是每一命題函數所規定的類之函數。

D.132　外延函數可以從其命題函數中引申出，且其特性亦並不變（此即因還原公理而然。此下邊再論）。如是，假設 ψx 是一命題函數，則其引申之外延函數可以寫成 f（ψx）。同理，據 D.131條，則此外延函數也即是 f｛$\hat{x}$（ψx）｝。此函數即是命題函數所規定的類之函數。

D.133　在 f｛$\hat{x}$（ψx）｝中，$\hat{x}$（ψx）可以讀爲「滿足 $\psi\hat{x}$ 的那些目數類」。本來，ψx 中之 x 即亦或名之曰「目數」，今特于（ψx）之外再加上一 $\hat{x}$，即表示滿足 "ψx" 之目數的全體分子。

D.134　于是，$\hat{x}$（ψx）即是一個類，此類即被命題函數 "$\psi\hat{x}$" 所規定。

D.135　設以 α 名某一類，而以 "Cls" 代表類，則類之界說如下：Cls =（$\hat{\alpha}$｛（ $\exists\psi$ ）・（ $\alpha = \hat{x}$（ψx）｛　　　Df.

D.136　如是，命題函數規定基型，而每一基型即是一個類。不過基型範圍有大小，而類則是純從外延方面講。此其不同。

D.2　類型之次序

D.21　類型之次序（order of type）或亦曰類型之層次（hierarchy）。矛盾問題即由這種類型的層次而被解決。

D.211　上節論類與型純從 "$\psi\hat{x}$" 上說，其它成分還未加在內，故類之界說與《算理》所列亦稍有不同。

D.22　最簡單的函數不能以命題爲其「目數」（argu-ment）

，因爲命題是命題函數之值（value）；也不能有一個函數以其自己爲目數。

D.221　因此，最簡單的函數必以個體（individual）爲目數。個體旣非命題，亦非函數。

D.222　個體可以自存，不能以分析而消滅之。

D.223　個體之綜合組成最低之函數層。命題之最低層亦必只預設個體之綜和。

D.224　假設以 a，b，c......代表個體，則個體函數即爲 " ψa "。再設個體之綜和爲 x，則 " $\psi \hat{x}$ " 即代表最低之函數層。設以 " ψx " 爲 " $\psi \hat{x}$ " 之任何值，則 " ψx " 即代表最低之命題層。這些函數式命題即皆以個體爲其目數。

D.225　最低層之每一命題可以有四種論謂：

(i)論一定的個體之命題：ψa，ψb，ψc......。

(ii)論任何個體之命題：ψx。

(iii)論某些個體之命題：（∃x）· ψx。

(iv)論一切個體之命題：（x）· ψx。

一切這些命題都可以看成是最低函數的些眞理值。

D.226　在此，一個命題函數要變成一個眞命題，必須按以上所述的那四種目數範圍而定。

D.227　ψa，ψb，ψc，......ψx 可以名之曰「原素命題」，而（∃x）· ψx，（x）· ψx 則名之曰「推廣命題」（generalized proposition）。

D.23　如是，最低層之函數將亦曰「原素函數」（elementary function），其目數爲個體。" $\psi \hat{x}$ " 即表示這種函數。在 " x " 上

加以 " ^ "，表示其爲函數本身。

D.231　這樣的函數亦曰個體的「指謂函數」（predicative function）。當其名曰個體的指謂函數時，即以感歎號 " ！ " 列于 $\hat{x}$ 之前，而寫爲 " $\psi ! \hat{x}$ "。

D.232　指謂函數亦曰「模胎」（matrix）。因一切其他可能的函數可由之而推出故。

D.233　其推出之方法曰「推廣化」（generalization）。推出的函數皆以「模胎」爲底子，其目數與之同。

D.234　最低層的目數可以無限，但必爲個體，必爲眞實變量而無現量變量。

D.235　" $\psi ! \hat{x}$ "，" $\psi ! \hat{x} \cdot \hat{y}$ "，" $\psi ! (\hat{x}, \hat{y}, \hat{F})$ " ......等都是最低層的指謂函數，亦即是「模胎」。

D.236　(i)由 " $\psi ! \hat{x}$ "，可以推出 $\psi a, \psi x$ 等命題函數。

　　　(ii)由 $\psi ! \hat{x} \cdot \hat{y}$ 可以推出 $(x) \cdot \psi(x, \hat{y})$，$(\exists x) \cdot \psi(x, \hat{y})$，$(y) \cdot \psi(\hat{x}, y)$，$(\exists y) \cdot \psi(\hat{x}, y)$ 這四個函數來。前兩者是 y 之函數，後兩者是 x 之函數。

　　　(iii)由 $\psi ! (\hat{x} \cdot \hat{y} \cdot \hat{z})$，則推出的函數更多，今簡舉如下：$(y, Z) \cdot \psi(\hat{x}, y, Z)$，$(\exists y, Z) \cdot \psi(\hat{x}, y, Z)$，$(y) : (\exists Z) \cdot \psi(\hat{x}, y, F)$，$(x, y) \cdot \psi(x, y, \hat{z})$，$(\exists x) : (y) \cdot \psi(x, y, \hat{z})$ ......。

D.237　由模胎函數可以推出任何可能的眞理函數，並也可以推出任何可能的眞理命題。今由上邊 D.235條中之模胎函數推廣命題如下：

(i)由" $\psi ! \hat{x}$ "，可以推出" ψa "，" ψx "，"（∃x）·ψx "，"（x）·ψx "四個命題來。而兩者雖曾爲函數，但因爲它的目數只爲一個個體，所以仍可爲命題。

(ii)由 $\psi !（\hat{x}, \hat{y}）$ 可以推出（x, y）·ψ（x, y）及（∃x, y）·ψ（x, y）兩命題。

(iii)由 $\psi !（\hat{x}·\hat{y}·Z）$，可以推出（x, y, Z）·$\psi$（x, y, Z）及（∃x, y, Z）·$\psi$（x, y, Z）兩命題。

D.238　由上，可知要從模胎函數變爲命題，只須將其一切目數變爲現顯變量即可。若模胎含有 n 個變量，則將 n 個變量即目數變爲現顯變量即成爲該模胎所引申出的命題。蓋如此，即表示那個模胎所有的一切可能的眞理值之範圍。眞理值即爲命題，故那樣變即爲該模胎之命題。至于要成任何可能的函數，則不能盡變。

D.239　如是可說：

(i)最低層之模胎只以個體爲目數，個體之數可以無限；

(ii)最低層之函數（模胎也在內）也只以個體爲目數，其得之法是用推廣法于模胎將其某些目數變爲現顯變量而來。

(iii)最低層之命題也是以個體爲目數，其由來是用推廣法于模胎而使其一切目數盡變爲現顯變量。

D.24　最低層亦曰第一層或第一序（first-order）。我們再進而論第二序。第二序由第一序推廣而來。其推廣乃是由我們對于某一對象之看法的擴大而定。

D.241　譬如以第一序之模胎函數" $\psi ! \hat{x}$ "爲例。當我們認其爲第一序之模胎時，乃是因爲我們只注意于它的個體目數 x 而然。即是說，只注意個體" x "有特性" ψ "，而對于 ψ 則未在注意之

列。若再進而討論 ψ，即把 ψ 也放在考察之內，則我們的對象即不只是個體 x，而還有特性 ψ。即是說，我們所注意的不只是個體，而且于個體外，還加上了一個命題函數，即是說，還有命題成分在其內。我們已知道，最低層的函數不以命題爲其目數，現在有了命題爲其目數，所以我們此刻所對付的函數即不是第一序，而倒是隨著我們的看法之擴大而變成第二序了。

D.242　設以"ψ！x̂"爲模胎函數，以"ψ！x"爲其任何值。此任何值當然也是一個命題函數。設對此函數作一整個的考察，則此包有一個個體爲其目數的命題函數，現在即變成包有兩個變量爲其目數的了。此兩變量是：

(i)　個體 x，我們仍不要忘了個體成分。

(ii)　函數 ψ，此 ψ 不能孤獨地存在，必附於一個個體上，此個體當然也在 x 範圍中，我們暫且以"Z"表之，則此函數即可變爲命題函數"ψ！Z"。

D.243　如是，"ψ！x"即含有一個命題變量爲其目數而隨之即變成第二序的函數了。

D.244　于此，可以造成第二序的模胎函數：f！(ψ̂！x̂)。即是說，經過擴大的考察以後，"ψ̂！x"又加上了一種特性"f"了。

D.245　由此模胎函數應用推廣法，照上面第一序之方法，仍可得其他任何可能的函數，以及其他可能的一切命題。茲不錄，可參考《算理》原書及姚格森（Jørgenson）的《形式邏輯》。

D.25　由第二序再進一步攷察可至第三序，依此類推以至無窮。

D.251　設以"f！（φ！x̂）"爲模胎函數，"f！（φ̂！x̂）"的任何値。同前，設對之作一整個的考察，即把"f"也在考察之內，則"f！（φ！x̂）"變成三個變量：

(i)函數"f！（φ̂！ẑ）"；

(ii)函數"φ！ẑ"；

(iii)個體"x"。

D.252　如是，"f！（φ！x̂）"經過這一擴大，它即含有第二序函數爲其目數，如是，它馬上即變成第三序函數了。

D.253　依前寫法，可把第三序的模胎函數寫爲 L！∤f̂！（φ̂！x̂）∤；而其任何値即爲 L！∤f！（φ̂！x̂）∤。

D.254　其命題與函數依樣可以由此模胎推出來。符繁不錄。

D.26　以上把類型之次序推出三層，由此三層，可以得一總原則：任何式子若包含一個現顯變量爲其目數，則此式子即爲另一類型而高于那個變量。

D.261　如是，矛盾或繞圈子這一類的困難問題皆因此類型說而解決了。

D.262　這舉一實例把上面說的類型層次表示出來。

(i)不矛盾的命題：「孔子是人」。

(a)「孔子是人」是第一序，相應于"φ！x̂"。

(b)「『孔子是人』是會死的」是第二序，應于 f！（φ！x̂）。

(c)「『孔子是人是會死的』是中國的聖人」是第三序，相應于 L！∤f̂！（φ̂！x̂）∤。依此類推。

(ii)矛盾的命題：「無命題」。

(a)「無命題」是第一序。

(b)「『無命題』是命題」是第二序。

(c)「『無命題是命題』即是有命題」是第三序。

第一序與第三序是矛盾；但因爲其層次不同，不能糾纏于一起，故沒有矛盾。

D.263 我們將見這個解決法，並不很好。金岳霖先生已見及此，他以爲不能只注意于外延方面，當還注意于內包方面。金先生的方法下段再論。

D.3 還原公理

D.31 《算理》中的類型說是從外範方面說，並也是從對象方面說。但有些情形並不因對象的外範之擴大而其內容或本性即也隨而不同。

D.311 並且，《算理》中的類型之規定，據拉謨塞所解，並據我們上邊所規定類之界說，乃是注目于對象之品德的。例如：假設有一組品德，它是一定種類底一切品德，設名此種類曰 A。于是，我們可以問任何東西是否它也有類型 A 之品德呢？假設有，則此品德即是它的另 種品德，而我們也可以問，這種它所有「A 類的品德」之品德其本身是合也是 A 類中的呢？假設是，則它即是矛盾的。可以，據類型說，它不能夠是。因爲它是較高層，其中所函的變量不同于其前一層，所以它所指示的也不能是低層的一切品德。這樣矛盾便可以沒有。

D.312 並且，這種層次的規定，是以對象之品德而決。所以，關于個類之陳說即實在是關于規定那個類的品德之陳說。這樣毛病就發生了。

D.32　普通，以數學上的第低金節段（Dedekindian section）爲例來說明其毛病。例如：假設以些實數，把它分成兩個類：一個是上限類，一個是下限類。在此兩類中間必有一個分割數，它或是上限類之最小者，或是下限類之最大者。這樣一分，可把實數看成是合理節（sections of rational），而所謂合理節即是合理數類（classes of rational）之特種。因此，據 D.312之意，則關于實數之陳說即是關于一個合理類之陳說，也即是關于一種合理數底品德類之陳說。此品德類可以把它限制于一定的次序上。

D.321　如是，假設 E 是實數類，是合理數底品德之類。再假設 ξ 是 E 底上限，以合理節規定之，而此合理節即是 E 的一切分子之綜和。此即是說：ξ 的一切分子即是 E 的任何分子之一切分子，也即是說：ξ 的一切分子之品德即是 E 的一切分子之品德。

D.322　據層次說，則 ξ 之規定品德即是比 E 之分子所有的品德爲較高層。因此，假設實數是一切合理節而以一定的層次品德規定之，則此實數之上限將是一切合理節而爲較高層之品德所規定。因此，它將不必是一個實數。如是，這即是一個矛盾。

D.323　《算理》上爲免此矛盾起見，所以又引出一個還原公理（axiom of reducibility）來。此公理意謂任何較高層之品德可以等于其較低層之品德，即是說，對于較高層之品德，這有一種較低層之品德與之相等。相等之意是任何東西爲此有亦爲彼有。因此公理，它們即可規定同一類。因此，高層品德所規定的合理類之品德也即等于規定低層類的那低層品德，因此也都是實數，而可以無矛盾。從 D.311到本條是拉謨塞的解析，可參看他的《數學基礎》一書中第二章〈數理邏輯〉。

D.33　上邊拉氏的解析，于類型說不一定對。關于實數的矛盾乃是一種誤解。此不可歸罪于類型，亦不可求援于「還原」。

D.331　把實數分成上下限，根本不是對象上的兩個層次，乃實是一個層次的分解看法。此種看法的不同，不是《算理》上的類型說，而倒與拉氏自己的意思合。拉氏類型說的意義後邊再說。

D.332　低層高層的區別是在變量之多寡上；也就是在對象的品德之多寡上。一類實數並不因分上、下限而有層次之不同，猶如「孔子是人」並不因分爲老年、少年而就不是人。所以此矛盾是不能造成的。

D.333　即便，我們認爲它是層次的不同，則它也不過是內容的增加，而並不能有矛盾以否定其自己。例如說：「實數類」是一層。「實數類的上限即爲上限實數」這是較高層。認其爲矛盾者是只取了「上限」而忘了「實數」之故。殊不知，經過分爲上下限以後，乃于「實數」上又加上一種「上限」的性質，而結果成爲兩個變量，故爲較高層，而亦不矛盾。

D.334　因此，還原公理亦並不爲此而引，而此實數類之分爲層次亦不必求援于還原公理。還原公理是在同一層次上爲指謂函數即模胎及引申的其他函數之間而建設的。每一指謂函數可以引申好多可能的函數。這些引申函數與指謂函數屬于同一層次，而類型不同，即是說，各有其自己之眞理值的範圍。但是，這些不同的範圍同屬于一個類，所以皆可還原而不能改變其眞理值。

D.335　「我們必須找出某種方法把某一序命題函數使其還原而還不能影響其眞理值之可能。」「特定任何命題函數 ψx，不論是那一序，在 x 之一切值上，則這個 ψx 是等於陳說：『x 屬於類

α』之形式。」「救住類的唯一方法是供給出一種方法能將某一序命題函數還原。」而還原公理即是：「每一命題函數，在其一切值上，是等于那同樣目數底某一個指謂函數。」「一個變量底每一函數，在其一切值上，是等于那與之同一目數底某一指謂函數。」即是說，任何函數，其變量爲一，則其所等于的那個指謂函數之變量也必爲一。于此始可言還原。

D.336 譬如：Fu 是目數 u 底一個函數，任何序不管，而 u 本身也可以是個體，也可以是任何序之函數。因此，假設 F 是一模胎，我們可寫 F！u 爲模胎函數指謂函數，而 Fu 或 ψu 即是它的任何引申函數，而在其一切值上是與 F！u 相等的。此即還原公理。在《算理》＊12，以符號記之如下：

$$*12.1 \vdash: (\exists f): \psi x. \equiv x.f!x \qquad Pp$$

$$*12.11 \vdash: (\exists f): \psi(x, y) \equiv xy \cdot f!(x, y) \qquad Pp$$

Pp 表示根本命題（primitive proposition）。＊12.1應用于類，亦名曰類之公理；＊12.11應用于關係，亦名曰關係之公理。而總名曰「還原公理」。所以，還原公理乃是表示「模胎」與其「引申函數」間的關係的，而並不是兩個層次間的還原。

D.337 有了還原公理，一個類始能成立，不然，即有繞圈子的矛盾情形。並且，因此公理，對于一個類始能作好多樣法的陳說，而不能改變那個類之值。譬如以「孔子」爲一個類。以"x"表示孔子，以"ψ"表示孔子所有的性質即一切眞理值。如是，以"ψ！x̂"爲一模胎或指謂函數。由此，可以引出很多其他可能的函數來，如「孔子是人」以"fx"表之；「孔子是春秋時人」以"ψx"表之；「孔子是儒家之首領」以"xx"表之；「孔子是君

子」以" Gx "表之。依此類推，直至舉盡孔子的一切特性而後已。然這些引申函數皆可等于" $\psi!\hat{x}$ "。

D.338　並且，我們從" $\psi!\hat{x}$ "這個模胎，也可以推概其範圍之大小而不變其值。若變爲（ψ）‧ψx，則表遍舉孔子之特性而無遺漏；若變爲（ $\exists\psi$ ）‧ψx，則偏舉孔子之特性。但並不因爲偏舉即改變了孔子之性質。所以無論（ $\exists\psi$ ）‧ψx 或（ψ）‧ψx 都可還原于 $\psi!x$ 而不變其值之可能。

D.34　由以上的討論，在本條作一特性之簡舉的綜結：

(i)類型說爲解決繞圈子及矛盾的問題而引出。

(ii)類型以命題函數而規定，即以對象之品德而規定。

(iii)關于類型之陳說即是關于規定那個類型的品德之陳說。

(iv)每一類型可以有好幾種說法，每一說法皆可還原于表示那個類型的模胎函數。

(v)還原公理應用于模胎函數及其引申函數上，而不應用于不同層次上。

(vi)類型之層次由命題函數之變量的多寡而定其高低。變量之多寡由對象之品德的範圍之大小而定。

(vii)層次是類型的發展，其序數可以無限。

D.341　關于這種類型說之不能解決矛盾，下段再說。

E.　拉謨塞的類型說及金岳霖先生的解決法

E.1　還原公理底取消

E.11　拉謨塞在其《數學基礎》一書上，其主要的目的是在討論數學之性質，討論《算理》中的缺陷，討論《算理》中所假設的三個公理，而其主要的是在取消還原公理。並因而建設一種新學說以代替之，隨而對于矛盾也有一種解決法。本節先述還原公理之取消。

E.12　拉氏採取維特根什坦的觀點以爲數學盡是套套邏輯，邏輯命題盡是妥沓的，盡是必然的、無所說的，總之純是形式而非實際，純是外延而非內函的。如「p 或非 p」即是一個套套邏輯（tautology）。它對于我們的知識毫無所增加。它不指示任何事實，它不是一個眞正的命題。再如：「天或下雨或不下雨」都是這一類的命題。數學即是這末一種邏輯而演成的。

E.121　但是，還原公理，據拉氏所解，不是一種套套邏輯，它是以使邏輯命題成爲事實的，成爲經驗的、或然的，而不是必然的。所以，此公理也是一個經驗的，而不是必然的。因爲照上段所說，那公理是表示：一切從模胎函數普遍化出來的個體函數或原子函數都應等于那與之同樣目數的根本函數。又因爲照上段所說，類由其品德而規定，陳說類即是陳說其品德，如是，等與否得看對象實際的品德如何而定，因此二故，我們必須盡知道了那無限的品德始能說其等，也必須一個一個地知道了始能言還原，並且也必須那些個體數及個體的原子函數之數都應是無窮的，始能主張此還原公理。但是，照《算理》中所意謂的類與還原公理，則此絕爲不可能，因爲它限于經驗問題上去了。經驗無論怎樣多，但不能使此公

理成爲套套邏輯，成爲邏輯的必然，而只不過是事實的偶然或實然。

E.122　因此，拉謨塞說此公理既非矛盾，亦非套套，乃是經驗的。他指示如下：

(i)此公理不是一個矛盾，但可以眞：因爲顯然可能必有一個規定任何個體的原子函數。在此情形，所以每一函數必應不只等于一個根本函數，且也等于一個原子函數。

(ii)此公理不是套套邏輯，但可以假：因爲也顯然可能必有一無限數的原子函數，並且也必有一個個體 a，而不管我們取那一個原子函數，必有另一個個體契合于 a 而關于一切其他函數，但不相契合而關于我們所取的那個函數。因此，（ψ）·ψ！x≡ψ！a，但並不必等于 x 之任何其他個體函數。

E.123　譬如 "α" 這個類，若照《算理》上那樣解析，則必有一個函數所指示的契合于它，亦必有一個不契合于它。所以如此，即是因爲是經驗故，是事實故，契合者表示那個公理可以眞，不契合者表示那個公理可以妄。但是，邏輯命題都應是妥沓的，所以還原公理，在數學中，沒有假設的必要。

E.13　還原公理，在《算理》中于解決「矛盾」及規定「等」（identity）都是很重要的，若取消了，怎樣對付這兩個問題呢？關于前者，俟以下論之，關于「等」，吾願于下節即稍微論及，以便指示數學之一般的性質，並于下邊所論的亦有補助。

E.2　拉謨塞的類說

E.21　在《算理》中，類以命題函數規定之，以對象之品類

規定之，並以此藉還原公理而規定「等」。其界說如下：

　　*13.01 x = y. = : （ψ）: ψ! x∃ψ! y　　　Df

　　此即說：當每一指謂函數被 x 所滿足並亦被 y 所滿足，則 x 與 y 相等。可是這種界說，因爲有還原公理的緣故，能使" = "成爲經驗問題，而不是邏輯的必然。維特根什坦想把" = "號去之。但此殊不方便，而 x = y 也決不會在規定有限類裏成爲一個命題函數；而我們所能討論的類也只是那些被指謂函數所規定的了。

　　E.22　拉謨塞不贊成以「指謂函數」規定「等」。「等」是類間的東西，而不是指謂函數間的東西；即是說，我們只可從外範上觀之，不必從內含上觀之。

　　E.221　因爲，若主重內含，則兩件東西雖然可以在一切原子函數或一切指謂函數上相契合，但是它們究竟是兩個東西，而不是一個東西，如等之界說所包含的。

　　E.222　所以外範（extension）這個觀念在類上是必須的。並且，因爲有些是命題函數而不必是指謂函數，所以「外範」又有了一個需要的根據。

　　E.2221　拉氏舉兩個函數以明之。

　　(i)F（x, y）= x 與 y 以外的某種東西滿足 ψẑ。此函數本身不是指謂函數，但是以兩個指謂函數而組成：

　　(1)x≠y：則 F（x, y）即是

$$\psi x \cdot \psi y : \supset : Ne\ '\hat{z}\ (\psi z) \geq 3 \therefore$$

$$\psi x \cdot \sim \psi y \cdot v \cdot \psi y \cdot \sim \psi x : \supset : Ne\ '\hat{z}\ (\psi z) \geq 2 \therefore$$

$$\sim \psi x \cdot \sim \psi y : \supset : Ne\ '\hat{z}\ (\psi z) \geq 1 \therefore$$

Ne 表示基數（cardinal number），z（ψz）表示被命題函數

"ψz"所規定的類。假設 x≠y，則第一類情形即表示其數爲3或大于3，第二步則表示爲2或大于2，第三則表示爲1或大于1。所以這是一個指謂函數，因爲它是 ψx, ψy 之眞理函數，而那不變之命題如 Ne'ẑ(ψz)≧1,2,3，又不包含有 x, y。

(2)x = y；則 F(x, x)即是：

$$\psi(x).\supset. Ne'\hat{z}(\psi z)\geq 2：$$
$$\sim\psi x.\supset. Ne'\hat{z}(\psi z)\geq 1。$$

此也是一個指謂函數，但是 F(x, y)本身卻不是一個指謂函數。因爲我們不能找出一個特定的個體 a 來滿足之，我們只能把它分析成兩部分指謂函數。

E.2222 (ii) 再以"x = y"爲例。此與 F(x, y)同，其本身不爲指謂函數，但以兩部分指謂函數組成之。

(1)設 x≠y，則"x＝y"可以看成是：

$$(\exists\psi)\cdot\psi x \exists \sim\psi x；$$
$$(\exists\psi)\cdot\psi y \exists \sim\psi y。$$

這兩步是矛盾的。

(2)設"x＝y"，則"x＝y"可以看成是：

$$(\psi)\therefore\psi x\cdot v\cdot\sim\psi x：$$
$$\psi y\cdot v\cdot\sim\psi y。$$

此兩步是套套邏輯。無論套套或矛盾，皆是指謂；但"x＝y"本身不是指謂函數。因爲不能有一特體 a 滿足之。

E.223 于是，"x＝y"旣非指謂函數（以後簡稱指函），即當需要一種非指函的命題函數以解之。非指謂函數，拉氏名之曰「外範函數」(a function in extension)。

E.23　外範函數之得出由于把命題函數外範化，把一切命題函數看爲是數學函數。

E.231　外範函數可以 $\psi\hat{x}$ 表示之。「外函」由「指函」之外範化而引申出。每一類將被「外函」所規定，而不爲「指函」所規定。這是與《算理》大不同處。

E.232　外函之全體即是數學中所需。指函不用于數學，但用于一切「指謂」（all predicates）、一切特性（all properties）。

E.233　外函應用于類。不須規定函數間之「等」，但須規定類間的「等」。但此類之等可以還原于函數之等。

E.234　我們也不是論函數，而是論類之類。在類之類上用不著指謂函數；但在函數之函數上，則須用指謂函數。

E.235　在個體函數之範圍上用外範函數；在函數之函數上用指謂函數。這兩種合起來，即是一個完全的類說。

E.24　由外範函數可以規定「等」，使其成爲套套邏輯而用不著還原公理。

E.241　設以 $(\psi_c)\cdot\psi_c x \equiv \psi_c y$，爲例。此亦可從兩方面說：

(i)假設 $x = y$，則它即是套套邏輯，即是 $p \equiv p$ 之值底邏輯積。

(ii)假設 $x \neq y$，則它即是矛盾。因爲在某種關係裡，某 p 與 x 相聯，而 p 則可以與 y 相聯；如是，則 $(\psi_c)\cdot\psi_c x \equiv \psi_c y$ 即是矛盾的。

E.242　如是，假設 $x = y$，則 $(\psi_c)\cdot\psi_c x \equiv \psi_c y$ 即爲套套邏輯；假設 $x \neq y$，則即爲矛盾。如是，我們很合適地可以規定 $x = y$ 如下：$x = y . = : (\psi_c)\cdot\psi_c x \equiv \psi_c y$　　　Df

E.243　如是，$x = y$ 即是兩個變量底外範函數，而不是指謂函

數。其值，當 x 與 y 有同一值時，則爲套套邏輯；若有不同值時，則爲矛盾。矛盾爲不可能，爲不等；所以結果必爲套套邏輯。如是，「等」可以用不著還原公理。不然，x＝y 必非邏輯之必然，必爲實然；因此，即可以爲兩件東西，即可以有不同的值，因而也就可以。或眞或假而爲經驗命題。

E.244 如是，《算理》上的界說（ψ）·ψ！x≡ψ！y 爲指謂函數，而不是「外函」；所以當 x＝y，它雖可以爲套套邏輯，而 x≠y 時，則卻不必矛盾。因爲它是眞實問題，經驗問題故。

E.3 拉謨塞指謂函數說

E.31 在上節論指謂函數與外範函數。外範函數由個體函數之範圍而來，指謂函數由函數之函數而來，個體函數是量的，故可化爲外範而規定類；函數之函數是質的，故爲指謂函數而不足規定類。

E.311 指謂函數是拉謨塞建設類型層次之根據，本節即要述之。

E.32 拉謨塞採取維特根什坦的命題說。維氏以爲每一命題都是表示合于或不合于原子命題底眞理可能。依此，我們能建設多不同的符號而一切都表示合于與不合于同一眞理可能組。

E.321 每一原子有兩個可能，即眞、妄二價是。兩個原子命題發生關係有四個可能，若有 n 個，則有 2^n 個可能。四個可能普通以下格表之：

p	q	（＋表示眞，－表示妄）
＋	＋	
－	＋	
＋	－	
－	－	

用代數邏輯的方法，此亦可寫爲(i)$\overline{pq}$，(ii)$p\overline{q}$，(iii)pq，(iv)$\overline{pq}$。用《算理》上的方法寫，則爲(i)" p・q "，(ii)" ～p・q "，(iii)" p・～q "，(iv)" ～p・～q "。

E.322　設" p⊃q "爲一命題，此命題其界說爲" ～p∨q "。如是，此命題即表示合于或不合于那個可能組，即合于(i)、(ii)及(iv)，但不合于(iii)。

E.323　並且，還能作其他些命題使其合于或不合于那個可能組。例如：(i)p⊃q，(ii)～p.∨.q，(iii)～：p.q，(iv)～q⊃～p。即皆合于(i)p.q，(ii)～p.q，(iv)～p.～q 這三個可能，而唯不合于(iii) p.～q 這一個可能。

E.324　這種合于或不合于，那可能組的些命題即是具有那可能組的那個命題的些例子。譬如，" p⊃q "有三個可能即：(i)p.q，(ii)～p.q，(iii)～p.～q，而合于這三個可能的那些命題即表示是" p⊃q "這個命題的些例子（instances）。即符號不同，而其意謂的對象同。即雖有不同的意義，而卻有同一的意謂。

E.325　再以根本命題爲例。據維特根什坦的意思，根本（elementary）與不根本（non-elementary）並不是命題型底形容詞，而是它的些例子。同一命題既可以根本地表示之，又可以不根本地表示之，猶如一個字既可以「說」，又可以「寫」。例如，舉

一串個體如 a，b，c，……以至成爲 x。假設 $\psi\hat{x}$ 爲一根本函數，而 ψa，ψb，……必是些根本命題，但是 "（x）·ψx" 卻是不根本命題。但無論根本與否，都是表示合于或不合于那同一可能組，所以它們也都是同一命題。再以實際存在爲例，如 "ψa" 是一根本命題，"（∃x）·ψx" 是一不根本命題。但這兩個是同一命題，因爲（∃x）·ψx 對于 ψa 實在毫無增加。

E.33　由上邊根本觀念，可以進而討論個體之函數及個體之函數底函數的構造與不同。個體之函數以 $\psi\hat{x}$ 表之，函數之函數以 $f(\hat{\psi}x)$ 表之。據拉謨塞的意思，這兩種函數並不相同，並不可以類比。因爲個體函數以東西爲目數，而函數之函數以符號爲目數。前者以個體之名字代 x 而成爲命題，後者以個體函數爲符號作爲它的變量而成爲命題。

E.331　並且，個體函數之值的範圍是被個體範圍所規定，其整個的範圍即是一個物觀的整體。但是，函數之函數底目數範圍是符號之範圍，而不是客觀之住定，而只依于我們的構造法而定。

E.332　因此，在 $f(\hat{\psi}x)$ 上就有不同的方法發生，即主觀法與客觀法是。主觀法是《算理》中所採用的，其意是：一切函數之範圍都是那些可以以一定的方法而構造起的東西。因此，它可以需要還原公理客觀法是拉謨塞所用的。由此法，可以無須還原公理。

E.333　客觀法是想以論個體函數之方法來論函數之函數。兩者可以用同樣的方法論之。在個體函數，以個體之名字代 x 而作爲那個體函數之目數，這些個體名子用來表示個體，其規定因其意義而定。同理，在 $f x(\hat{\psi}x)$ 這函數之函數上亦然，即以符號作爲 $f(\hat{\psi}x)$ 中之目數，這些符號之決定亦不因其構造法而決定，但因

其意義而決定。

E.334　主觀法注意其構造，客觀法不注意其如何構造，而注意其意義或報告而決定它們的類型。這樣，我們可以有些已成之命題，無法可以構造之，恰如 ψx 命題之值底範圍，你若沒有個體之名子來代替那被討論的個體，則即不能表示之一樣。如是，我們不以如何構造而規定函數之範圍，但以意義之摹狀而規定之。

E.34　他由此客觀法，進而規定指謂函數（predicative function）。此指謂函數不同于《算理》中之指函，《算理》中之指函是模胎，由此模胎引出之任何其他函數皆非指函，然藉還原公理可使其與之相等。拉謨塞的「指函」乃是一切任何目數底真理函數（truth-function）。指函不關于類，因此，也不關于等，但關于指謂或特性。一切關于特性之函數皆為指函，非指函是沒有的。非指函，在拉謨塞，即是上節所說的「外延函數」，此用之來規定「等」者，而非《算理》中之「非指函」。凡此皆于上節論之。

E.341　拉氏規定指函從兩方面說：(i)從個體上說，(ii)從函數上說。此兩方面實即由上面剛才所說的個體函數與函數之函數之不同而來的。但此不同可用客觀法以使其同，即可類比地而依此造出。

E.342　于是，個體底指函即是目數底任何真理函數。此所謂目數其數可以無限，而一切都是個體的原子函數，或是原子命題。承認無限即表示我們不以如何構造而規定函數之範圍，而以它們的意義之摹狀而規定之。並且承認無限，則目數不必是實際存在，因此也不必是經驗問題。指函之為原子函數或原子命題之真理函數並不在其外表之現象，而在其表意。

E.3421　假設 ψ (x̂, ŷ) 是一原子函數，p 是一原子命題，則 ψ (x̂, ŷ),ψ (x̂，ŷ)‧v‧p,（ y ）‧ψ (x̂, y) 等，都是指函。顯然，在《算理》（ y ）‧ψ (x̂, y) 不認其為指謂函數，但在拉氏則認為是。因為它是原子函數 ψ (x̂, y) 在不同的 y 之值上的邏輯積。並且，據以上 E.325條中所說，則（ y ）‧ψ (x̂, y) 與 ψ (x̂, y) 符號意義雖不同，但其意謂是同的。同理，如是，（ x ）‧ψ (x, ŷ) 也應是「指函」。它是原子函數 ψ (x, ŷ) 在不同的 x 之值上底邏輯積。

E.343　函數之函數底指謂函數亦可如此類推而規定為：個體的指函之指謂函數也即是些目數之真理函數，此所謂目數一切都是命題，或是個體函數底原子函數，或是個體的原子函數。依此類推，可至無限層。

E.344　依此，f (ψ̂x),（ ψ ）‧f (ψ̂ẑ, x) 等都是指謂函數。總言之，用推廣法，無論貌似變量之類型是什麼，我們決不會造出非指謂函數來。因為推廣即是它的些例子之真理函數，假設其例子是指函，則其真理函數也是指函。

E.3441　因此，《算理》中之一切個體函數在拉氏之意都是指謂的，並且都含在變量 ψ 中，因而還原公理也就無用。

E.4　拉謨塞的類型與層次或次序說

E.41　以上的討論，無非說明拉氏的類型與《算理》中之類型的不同之根本所在處。即一是主觀法而注重如何構造，一是客觀法而注重其意義之報告。至于層次之遞進，其作法是相同的。

E.42　每一類型（ type ）是一函數依其目數而函的真實品德。

函數或命題之層次或次序則不是真實品德，它是皮亞諾所叫做的「準函數」（pseudo-function）。兩命題 p, q 可以是同一命題的例子，但不能因此即說 p 之層次那等于 q 之層次。層次只作為某一命題或函數之例子的那特殊符號之品德。

E.421　命題本身沒有層次（order）；它們之不同恰如不同的原子命題之真理函數之僅依于那原子命題之所是。

E.422　層次只是發生在我們用不同的方法以符號象徵事實上。命題層次不是對象之性質，而是符號之性質。同一命題能以不同次序而表示之。其次序之不同不在其所意謂的，而是在所用的符號上。

E.43　于是，層次或次序即在意謂對象的不同樣法上。一切層次都由因不同的樣法用不同的符號來意謂對象而生起，層次即由那些符號而表顯。

E.431　此種層次與數學、或邏輯、或類、或外延函數都無關，而只與「意謂」有關。

E.432　《算理》中的層次都是類或數學成外延函數上的層次。這種層次只能解決類與分子的繞圈子之矛盾。

E.433　我們可說，《算理》中之層次即是拉氏所說的外延函數，而拉氏的層次則是他所謂指謂。

E.434　拉氏以為「類是其自己之分子」這一類的矛盾《算理》上的解決是對的；但如「我說謊」這一類的矛盾則皆有意謂上的、心理上的及認識上的成分在，而不屬于外函或類、或數學、或純粹邏輯。

E.4341　這一類的矛盾只發生在他所謂層次上，只發生在用

不同的符號以象徵事實之意謂關係上。

E.44　由此種根本的改觀，拉氏主張一切矛盾皆發生在意謂的混擾上，與數學無關。

E.441　他以為矛盾之起是因為我們不能得到一個包括一切意謂底關係。我們所取的命題無論是那一層，總有一種方法構作一種符號去意謂那不包括在這個命題的意謂關係中。

E.442　譬如「我說謊」這個命題。照拉氏的層次說，也就不會有矛盾。因為「我說謊」這個意謂關係其意義是有一定的層次的。設我們名此層次曰"n"序，如是，「我說謊」即是說「我說了一個假命題是 n 序的」。如果推到「我真說了一個假命題，我就不說謊」，這至少是在"n＋1"序裡。即是說，我在"n＋1"序說"n"序的命題。其意謂關係又跳出去，而並不包在「我說謊」這個 n 序的命題中。所以「我說謊」這個命題也就不會與自己相矛盾。

E.45　這情形，再從繞圈子方面看更顯然。拉氏以為繞圈子也是意謂層次的混亂。

E.451　譬如以"（ψ）·f（ψx̂）"為命題 f（ψx̂）底邏輯積，即是說就 f（ψx̂）的全體範圍而言。再以 Fx̂ 表示命題 f（ψx̂）的一切可能值之整體（totality）。如是就有 Fx̂＝（ψ）·f（ψx̂）的情形。如是，（ψ）·f（ψx̂）是否可以為 Fx̂ 中的一分子呢？若可，則豈非繞圈子？

E.452　拉氏以為此不然，他以為 Fx̂ 在其表意上即是說在其所陳說的那事實上並不包含那一次函數之全體，只在符號上看之，似乎是包含著。（ψ）·f（ψx̂）是表示 f（ψx̂）的另一種樣法，它

可以是 F$\hat{x}$ 中的一分子。即是說，它可以是 f（$\psi\hat{x}$）之一切可能值中的一個分子。也即是說，表示最後的遍舉的那個命題也是那全體可能的命題中的一個。此恰如一個人是某一群中之最高者，也可以是該群中之一分子一樣。

E.453　（ψ）·f（$\psi\hat{x}$）可以爲一全體中之分子，猶如" p·q "是 p，q，p∨q，p·q 等的邏輯積。而它本身也是其中的一分子一樣。不過，其唯一不同處是在（ψ）·f（ $\psi\hat{x}$）不能如" p·q "一樣能單獨地被表示出來，而我們又不能無限地寫下去，所以最後必須把它表示成是一組命題而其自己也爲其中的一分子底邏輯積。假設我們能無限地寫下去，其中必有一個是它們一切的邏輯積。現在我們不能直接地表示之，只能間接地表示之而寫爲（ψ）·f（$\psi\hat{x}$）爲一切可能之邏輯積而它自己也是其中的一分子。此雖是一個圈子，但並不可惡。可惡者意謂層次未能清楚也。

E.454　拉氏的層次論是根據維特根什坦而來，其根本思想亦相同。結果都以層次來解決矛盾。維氏說：「 3.332　沒有命題能在自己身上陳說什麼，因爲命題符號不能含于自己裡頭。此即全部類型論。 」關此，要徹底了解，可參看他的《名理論》從3.1直至3.333。

E.46　一切矛盾都起于意謂次序之混擾上，我們必須將每一意謂關係固定其次序之準確性。

E.5　窮盡類與層次類

E.51　《算理》只注意外延的層次，拉謨塞以爲層次只在意謂關係上。拉氏似已注意到《算理》的層次不能解決矛盾問題，在

中國，有金岳霖先生亦感覺到其不成。

E.52　本節叙金先生的方法，將見金先生的方法與拉謨塞的方法都不能解決這個問題。金先生關此問題曾發表了兩篇論文：一篇在《哲學評論》第一卷第三期，一篇在《清華學報》第七卷第一期。本節之叙述根據後一篇。不過，我覺得對于他並不見得十分了解。姑且據我所見的述如下。

E.53　他以為純注重外延層次並不能解決矛盾。因為外延雖不同，而內包的相同的共相仍同。例如：「無命題」與「無命題是命題」層次雖不同，但均以「命題」見稱，即可推到「有命題」。

E.531　他以為如果不承認這個內包的共相，則反正的推論如 ～（～p）＝p 即不可能。如是，他認層次只能引用于外延，而不能引用于內包。層次不同並不是說沒有相同的共相。

E.532　他因為注意了內包方面，所以產生了以下的解決法。

E.54　他以為現行的邏輯是二分法的邏輯。即肯定與否定或是非兩分的邏輯。

E.541　能夠引用二分法的類稱，就沒有矛盾。不能引用而引用之的「類」，于引用之時，就均各自矛盾。

E.542　能引用二分法的類，即是彼此窮盡而無遺漏，故名之曰窮盡類，金先生亦名之曰「普通類」。

E.543　不能引用二分法的類，即是彼此不必窮盡而亦不必無遺漏，這種類金先生亦名之曰「層次類」。

E.55　普通類沒有問題，層次類即是發生矛盾情形的類。「無命題」、「無真理」等都是自相矛盾的情形，都是不能引用二分法的。「不引用二分法，無命題可以不是一個命題，〔……〕引

用二分法，它們就均各自相矛盾。〔……〕不引用二分法，它可以
旣眞且假，引用二分法之後，它就不能旣眞且假。這類的命題不僅
是層次與類稱兩方面所能解決的，它們根本就違背普通二分法的論
理學。我們可以想一方法使這類命題不自相矛盾，但這類命題不自
相矛盾的時候，二分法至少也就要受一種新的限制，而二分法的論
理學也就不是敎科書的論理學了。」

　　E.551　他又提示論理學的符號不必有系統外的意義。在系統
內，有些命題是不能肯定，也不能否認。自相矛盾即是肯定那不能
肯定，否定那不能否定的命題。「無命題」即是不能肯定與否定
的，「無命題」之爲矛盾即是偏肯定或否定之而發生的。

　　E.56　他的解決方法是承認外延之層次，又承認內包之共
相。

　　E.561　層次不同，內包共相同，這樣的結合即是一個層次
類。層次類是其分子可以包括這一種的本身。

　　E.562　層次類有層次的分別，但不必有內包的不同。N 層分
子，不屬于 n - 1 層，但不同層次的分子有普遍的性質。

　　E.563　N 層之分子不必都有 N 以前各層所有的分子所都有的
性質，也不必都無 N 以前各層所有的分子所都無的性質。

　　E.564　二分法引用于普通類稱一定普及于所有的分子，若引
用于層次類稱則不普及。二分法受了新的限制。

　　E.565　「無命題」即是層次類中的一個分子。我們不能完全
肯定或否定之。因爲「它所否認的雖是像這個命題這一類的東西，
而它不必都有這一類東西所都有的共同性質，也不必都無這一類東
西所都無的性質；所以世界上可以沒有命題這類東西，而可以有它

這一個命題。」如是，可以不矛盾。

E.57　以上是金先生的解決法，如果我述説的不錯時，則顯然這個方法是不成的。其中有幾種誤解。

E.571　(i)矛盾雖不能以外延層次來解決，但與內包共相也無關。內包共相是形成類的必具條件，矛盾並不是普遍性質與其分子的關係。

E.572　(ii)矛盾不可以層次類解析之，也不可以層次類解決之。一個類，除去空類（ null class ），若沒有分子，不能成為類；若沒有普遍性質，也不能成為類。層次類與窮盡類實是一個類的兩種看法。從此類之普遍性質對彼類之普遍性質而言，則它是窮盡類；從此類本身之分子的系列看，則它即是層次類；從此類本身所已抽出的普遍性質對其他所未抽出的性質而言，則它又是窮盡類而不是層次類。

E.573　(iii)所以二分法並不是因層次類而受限制。二分法可以無限地應用。矛盾非層次類所能解決。

E.574　(iv)矛盾根本不遵守二分法。矛盾是不能肯定與不能否定的；它並不是有些可以肯定，有些可以否定，不能全否定或全肯定的；所以並不可以把它歸之于層次類。它的背景不是層次類，層次類根本就不是矛盾的。

E.5741　金先生説：「自相矛盾一定有一種論理學作它的背景。」什麼背景，金先生沒有明白指出來。但是言外看來，他似乎以層次類，二分法不能完全普及的類，為其背景。假若如此，則又錯了。據吾所見，它的背景是辯證邏輯（ dialectical logic ）。

E.575　(v)還有一種誤解即是把矛盾認為邏輯的問題。矛盾根

本不是邏輯系統內的東西，其意義是邏輯系統外的。它是實際問題，而不是邏輯問題。

E.58　《算理》的層次不能解決矛盾，也即因爲把矛盾看成爲邏輯或數學問題了。邏輯根本是層次的，無論在內包或外延方面。如果矛盾了，並不因爲邏輯層次而即不矛盾。

E.581　拉謨塞似乎見到了它是個實際問題；但是他又用意謂層次來解決之，此亦不成。我們同樣可說，我們的邏輯意謂根本是層次的。既然是邏輯，其意義即不能不一步一步地排出來。所以「意謂層次」所對付的只是混擾而不是矛盾。如果矛盾了，並不因爲層次不同即不矛盾。

E.582　金先生似乎注意到矛盾並不因爲層次而即不矛盾。但他牽涉到共相以至於層次類，那就與矛盾無關了。

E.59　《算理》與拉謨塞以層次不同來解決；金先生以二分法所不普及的層次類來解決。三法都不極成，其故都在未認清矛盾問題之所在。

E.591　邏輯層次，無論是內包或外延，都是在時空外的，都是邏輯系統，都是套套邏輯或無所說；而矛盾則是實際問題。這是根本關鍵，下段再說。

F.　矛盾之起源

F.1　問題的所在

F.11　矛盾問題，也可倣照拉謨塞反對還原公理的方法而說

明之。它不是邏輯或數學上的,而是經驗上的。

F.12　普通認為已經矛盾的命題或言語成理論,這只表示它是錯,它否定了它自己。如果他覺得了,他可以不再如此說。此不成問題。

F.13　成問題的是那句可以說的話或命題,而可以推到它有矛盾。此如「我說謊」、「無命題」……等都是。

F.14　這一類的命題如果只看成它是空架子,是無所說,那它就是無意義。你把它弄矛盾了,也不過是玩概念上的花圈而已。你若藉矛盾而否定它,而規定它是妄,則這一類的命題即是經驗上的,有所說的。它的真妄,它的成立與否,可以從經驗方面規定,不能從矛盾方面否定之。

F.141　你把它弄成矛盾是你犯了一種戲法上的錯誤。

F.142　矛盾是邏輯系統外的東西。矛盾命題是實際命題,不是命題函數。

F.15　上面所述的三種方法都是忽略了這個。

F.2　邏輯層次與自然之層疊

F.21　邏輯系統是父沓的,邏輯過程根本是層次的,根本是在時空外的。

F.22　邏輯層次可以從三方面說:

(i)外延方面:隨著變量的加多而擴大。

(ii)內包方面:隨著變量的加多而擴大。

(iii)意謂方面:隨著我們的思維前進而前進,如影隨形一樣。

F.221　這三方面的層次都不會有矛盾。層次說之出現最大的

貢獻是證明邏輯次序本身不會有矛盾，它不能解決矛盾。矛盾是外
于邏輯次序的。從「無命題」推到「有命題」而使其矛盾，這只是
用邏輯次序從不屬于邏輯命題推到別的一樣地不屬于邏輯命題（套
維特根什坦語，參看他的《名理論》6.21，6.211諸條）。並且，
如果它眞矛盾了，決非邏輯次序所可使其不矛盾。因爲邏輯次序不
取時空，無所說，所以即便其次序可以列成系列，但仍不害那個命
題自身同時發生矛盾。

F.222　普通以爲外延愈廣，內容愈少；外延愈狹，內容愈
多，其實這只指抽象與捨象而言。如果我們從層次方面看，我們也
可使其隨著範圍而擴大。雖有共相，不妨其爲邏輯層次。

F.23　如是，《算理》的層次固不能解決矛盾，而拉謨塞的
層次也不能解決之。

F.24　除去邏輯層次，我們顧及到事實方面，名之曰「自然
之層疊」（stratification of nature），這是自然之層次，此名爲懷
悌黑所用。

F.241　自然之層次是取有時空，是緣起流轉。這樣的層疊也
沒有矛盾。

F.242　矛盾的背景是辯證邏輯，而辯證邏輯即是邏輯次序對
於自然次序之應用，具體點說，即是思想上的「非」之應用于自然
上的「是」。

F.243　辯證邏輯若看成是人對于自然之解析時的方法，則並
無毛病。辯證的方法並不必使一切事物都矛盾，但使一切事物成爲
矛盾的那背景卻是辯證邏輯。

F.3　矛盾的解決法

F.31　矛盾的條件：

(i)凡矛盾必須同時；

(ii)凡矛盾必須自身；

(iii)凡矛盾必須消滅──自己否定自己。

F.311　時間上的剎那生滅，不可認為矛盾；空間上的對立，也不可認為矛盾。總之，事實不會矛盾。

F.32　矛盾的成立。

(i)事實與概念的混擾，即是「是」與「非」的混擾。此種矛盾為「非」之應用于事實。

(ii)概念有矛盾的可能，此為「非」應用于概念。

F.321　此兩種互有關係，因為要講矛盾非在概念上不可，非把一切概念化不可。

F.322　還有一個重要原素，即是「非」，講矛盾非用「非」不可。

F.33　黑格爾與布辣得賴的矛盾世界觀，即是事實與概念的混擾，即是「非」之應用於事實。

(i)概念不同于事實；

(ii)「非」雖可用來作解析之助，但不能把它客觀化，即是說，辯證法雖可用，但不能使其客觀化。

F.331　把這兩點記住了，就算解決了這一派的矛盾。層次說是不能解決它的。因為它根本是一種對于事實的看法，不是層次問題。

F.332　譬如布辣得賴的「這」（this），它的矛盾，是由于把它概念化，再把辯證客觀化而附著它身上去。你若說這是層次問題，布氏如何能承認？

F.34　「無命題」，在 F.1 已經說明它是經驗問題。如是，「無命題」這個命題即是指示一定的事實的一個實際命題。它根本沒有矛盾，它只有真妄。如果它妄了，它的指示即不能與之相應。只能以經驗來決定它，不能以矛盾來否定它。

F.341　「無命題」之成爲矛盾也是由于：

(i)觀念與事實的混擾；

(ii)「辯證」的應用于其上。

F.342　人把它造成矛盾，若不尋其何由成而解決之，是永遠解決不了。

F.343　「無命題」是描寫一件事實的命題，「『無命題』是命題」這是把「命題的界說或定義」附于它。它是命題與它所陳說的那件事實根本不相及。人們把它們弄在一起而辯證化之概念化之，以造成矛盾，這根本是事實與概念的混擾與辯證的客觀化。即是說，把「無命題」、「有命題」這兩個概念藉「是命題」這個概念爲媒介連結在一起而造成矛盾。其實，這是兩個世界的混擾。

F.344　既然如此，層次說是解決不了它的。因爲它成爲矛盾，並非由于它不遵守層次而來。矛盾與混亂不同。矛盾的背景是辯證邏輯。

F.345　如是，我們作兩條規則如下：

(i)事實不可混同于概念。

(ii)辯證不可客觀化。

這樣便可禁止矛盾之成立，也可消滅其已成之矛盾。

F.35　至于「我說謊」都是如此，都可用同樣法解決之。

F.351　其實「無命題」與「無桌子」都是同類的性質。我們不見「無桌子」為矛盾，然則「無命題」亦太不幸運了。它乃眞是適逢其巧！「無眞理」也是同樣的不幸！

F.36　總之，矛盾問題不是純粹邏輯上的，乃是經驗上的。

F.361　經驗上的命題不可從純邏輯概念上把它弄矛盾。

F.362　弄成矛盾的那個「無命題」決不是指示一件事實的那個「無命題」；從「無命題」推到「有命題」這只證明指示事實的「無命題」是個命題，而推到「有命題」的這個「有命題」決不能否定了「無命題」所陳說的那件事實。因為這根本是兩個不同的世界故。上述三種方法均未注意這種分別。

F.363　「無命題」是指示事實的，當把它弄成矛盾時，則它即已成為不指示事實的抽象概念了。

F.364　概念不可混于事實。無所說的「命題函數」決不可混于實際化了的「眞實命題」。

F.365　辯證法不可客觀化。辯證之能客觀化全由于事實之概念化，事實之概念化全由于事實與概念之混同。

F.366　指示事實的眞實命題本身決無矛盾，只有眞妄。矛盾是人造的。

F.367　矛盾是經過兩層誤置（即事實之誤置與辯證之誤置）後在那裡玩概念上的花圈，玩迷人的九巧的把戲。

F.37　把它說穿了，解決法是很簡單的。

F.4　辯證邏輯

F.41　辯證起于兩分法，即「是」、「非」兩分。

F.42　「非」這個角色在知識中佔必須的位置。

F.421　「非」為邏輯過程或邏輯系統之必要成分。邏輯系統之發展由之而造成。例如有一" p "與一" ～p "可作如下推：

$$\sim (\sim p) = p, \sim \{ \sim (d) \} = \sim p$$

F.43　由「非」而成為辯證邏輯乃是對于事實之反復解說。辯證即是反復解說，邏輯系統無所解說。

F.431　用辯證解說「事實」，則事實為對象，而其內容亦因之而益明。若把辯證客觀化而賦與事實，則一切皆矛盾。以此觀世界，吾名之曰無聊的瞎吵鬧。

F.432　用辯證解說「概念」，則概念為對象為事實，而其意義亦因之而益明。若把辯證客觀化而賦與概念，則作為對象之概念即起矛盾。此種概念，吾名之曰保暖生閒事在那裏玩九巧之戲法以迷人。

F.44　邏輯系統無矛盾，自然層疊無矛盾；一件事實無矛盾，一個真實命題亦無矛盾；而用辯證的方法來反復解說事實亦不會有矛盾。

F.441　矛盾唯在辯證之客觀化。

F.442　使其客觀化，即是辯證法之真用處，也即是所以名為「辯證」之真意義。這是辯證法的復位。

F.45　辯證法若復了位，則在知識中，其用之大，莫與之京。

F.451　辯證法若復了位，則對于世界的說法是：這個世界既可以是 A，又可以是 B, C……；但不能說這個世界既是 A 而 A 又不是 A。

F.452　辯證法若復了位，則自可以引出一種相當的知識論來，即什麼樣的知識論，知識中有什麼成分，但在此可以打住。

F.46　吾這篇論文的根本觀念是在「非」之不外在。如有人能證明其為外在，則吾這數萬言全部倒塌，而矛盾的解決法也就無用，而矛盾也就根本成為不可解的謎，而黑格爾與布辣得賴的戲論也即是眞諦。

原載《哲學論評》第5卷第2期　1933年11月

邏輯與辯證邏輯

A. 邏輯之定義

A1　記得哥德曾勸人好好學邏輯，而李季先生於其大作《辯證法還是實驗主義》一書之末又藉哥德之言以勸胡適或甚至一切人。我在此很願以李先生之美意反而勸李先生也好好學邏輯，省得薄責於己而厚責於人。我所謂好好學邏輯是要徹底認識邏輯之本性或意義，並不是要宣傳某種特殊的方法，也並不是說學了邏輯就會思索，也並不是說一切學問都可由邏輯推出，都可用邏輯解決。我的意思是：如果要了解一切科學的性質或一切問題的性質，不妨以邏輯為起點，不妨以認識邏輯為先著。由認識邏輯之本性，進而認識其他學問，劃分其他學問，我想結果必能得一清楚的概念，決不至一塌糊塗，混淆不清。從這方面而進行哲學工作的是現代哲學的特性，也是主要的趨勢。我現在要討論邏輯與辯證邏輯這個問題，所以也願把邏輯弄清了，再回來看看辯證邏輯究竟是個什麼東西。

A2　邏輯，我們先籠統地可以把它看成是藏於人類思維中的東西。這東西有它的客觀性、絕對性，我們認識它解說它，猶之乎認識自然解析自然而從其中發見自然律一樣。無論人們有多少不同

的認識，有多少不同的界說，有多少花樣的邏輯，我們只可以看成他們是那個客觀東西的論謂，因為它只是論謂，所以就有對或錯，有見或蔽，猶之乎自然科學家發見自然律一樣，有時對有時不對，有時近似地對有時概然地對，然而這卻不能說邏輯這個客觀而絕對的東西就沒有了自己的特性，而完全變成了主觀的、相對的或多元的選替的（alternative logic）。如果我們能先確定了邏輯的絕對性、一元性及客觀性，則我們就可以把它表示出來而藉以批決其他。

A3　在此我先把邏輯的特性表示於下：

(i)邏輯是客觀的、絕對的。

(ii)邏輯是普遍的、可能的。

(iii)邏輯是公共的法模（form），邏輯就是法模，稱為「法模邏輯」乃是床上架床，毫無意義。

A3.1　這三種特性不十分容易了解，且於下邊詳細解析之。近來講邏輯的都喜歡與數學合講，講數學基礎的也必講邏輯。此風集大成於羅素，因為羅素對於數學就有了三種不同的解析。在此，我願藉這三種不同見解的略述，以期明白邏輯是什麼，並可以說明數學是什麼。

A4　這三派主張是：

(i)邏輯派，以羅素為代表。

(ii)型式派，以希伯德（Hilbert）為代表。

(iii)直觀派，以布絡維（Brouwer）為代表。

A5　直觀派或亦曰直覺派（intuitionism），並亦稱有限論（finitism）。這派思想是繼承康德而來的。康德把數學或幾何建

基於純粹直覺之上，但康德哲學的目的是在從認識方面把經驗所得
的材料與理性的先驗方式打成一片，他總不使這兩種東西分開，並
且他以爲這是分不開的。分開乃不過只是我們解說上的方便，事實
上並沒有這末一會事。但康德以爲理性又有兩方面的意義：(i)超越
的用法（ transcendental use ）；(ii)超驗的意義（ transcendent ）。
前一個意思是說它在經驗中而爲組織經驗之主宰分子，也就是說，
它居在優越的地位，但卻不是超乎經驗以外。所以在此把它譯爲
「超越的」，我覺得是很妥當的。有人想把它譯爲「超驗」，實在
是不合原意，令人一見即有超乎經驗之意，因爲「超」爲動字，
「驗」爲名字，「超驗」正恰是超乎經驗。須知康德之意並不如
此，而吾仍從「超越」之譯亦實有理據。「超越」乃形容字，即形
容某一東西的優越德性之意。言優越皆是指在某一世界或團體中之
優秀分子，居優秀地位而言，並非指兩個世界彼此隔離而言。在同
一範圍中，始可比較而言優越與服從。優越者爲主宰，服從者爲被
主宰，主宰與被主宰兩不相離而互相顯示，此即所謂相反相成之
意。吾人嘗言優秀之人，中堅之士，其意皆謂此等人在某一團體中
爲中堅爲優秀，並非指於此團體而外爲中堅爲優秀。這是最顯然的
道理。康德所謂「超越」，正是此意。他的「超越的攝受」
（ transcendental aesthetic ）及「超越的分析」（ transcendental
analytic ）皆是在那裡討論。經驗之成立這個範圍中的優秀分子與
中堅分子，此恰如言團體中之優秀分子一樣，故康德的知識論可總
名之曰「超越的經驗論」。因爲康德特重視知識中之形式一方面，
而形式或範疇又是先驗的（ a priori ），而此種先驗的形式在經驗
之成立上又實居主宰的地位，組織的地位。這種居在主宰或組織的

地位，即是那先驗形式在經驗中的超越的主宰的機能
（function）。因爲康德特主重這個超越的機能，所以名他的經驗
論爲「超越的經驗論」。「超越」這字的引用，蓋即意謂先驗的形
式在經驗中之優越地位也，並非既超且驗之超驗。「超驗」是我們
上邊所提出的那後一個意思。先驗（a priori）、超越（trans-
cendental）、超驗（transcendent）這三個字的意思，在康德完全
是用來論謂理性之意義與作用的。先驗是指示理性之本性，言其不
由經驗得來；超越是指示理性在經驗中之作用，言其有主宰之機
能；超驗是指示理性之在經驗以外，言其不參加組織經驗之責。這
三層意思是理解康德哲學的關鍵。康德所謂理性的先驗方式，與經
驗所得的材料之不可分，就是指理性的超越意義而言，並非其他兩
個意義。在這層意義下，理性與經驗打成一片，經驗的知識也是清
楚的、必然的，因此他反對了來本之等人的理性與經驗之分，也反
對了休謨的經驗知識之偶然與懷疑，並因而建設了數學的基礎，幾
何的基礎。這樣，我們的知識皆可從直覺得來，從直覺得來的知識
始爲不空，而理性也必須與直覺所供給的材料發生關係始爲有效。
數學就是這方面的知識；但康德對於理性又有一個看法，即是上邊
所列的超驗的意義。

A5.1　他以爲理性在經驗中與直覺所供給的材料發生關係始
有妥當性、有效性或實在性。這種理性之實在性，即是理性之應用
於現象界、經驗界或可知界。他這個現象並非普通所謂虛幻與眞實
之分，也並非初性、次性之分，也並非主詞的托子與謂詞的屬性之
分。他這個現象界，用懷悌海的話說，就是實緣世界或具體的緣起
世界（concrete occasional world）；用維特根什坦（Wittgen-

stein）的話說，就是事實的世界（factual world）。這個世界就是
經驗界或可知界。理性應用於這個世界就是理性的實在性、有效
性。這種主張，康德名之曰：「經驗的實在論」（empirical
realism）。他說實在論非是經驗的不可，這是反對柏拉圖的超越的
實在論。既反對超越的實在論，則不得不承認超驗的理想論
（transcendental idealism）。超驗的理想論，即是指示理性之出乎
經驗以外而不應用於這種現象界。不應用於現象界，故無實在性，
而只有理想性。不應用於現象界的理想性的理性之施行的所對，即
是「非現象界」（nounmena）。這個非現象界，即是指理性的超
驗的意義而言。他的用處是在劃分經驗界與非經驗界，可知界與不
可知界（神秘界）。他這個現象與非現象之分，上邊已說過，完全
不是原子與光、光與色之分，我們簡單言之，可說即是事實界與理
想界或價值界之分。非現象界即是這個理想界、價值界，換言之，
即不是科學的世界。這個價值界即是超驗的性理所施行的世界，康
德名之曰「非現象界」。若要說康德劃分世界，那末就是這個劃分
法了。世人不察，愈講愈糊塗，愈神秘。其實康德所以這樣劃分實
在是最客觀、最科學的，他一方面救住了科學，一方面爲宗教道德
留餘地。非現象界即是預備著將來講宗教講道德的根據，他決不使
牠同於現象界。所以我以事實與理想或價值來說明他的現象與非現
象實在是最淺顯、最通達，而亦無不恰合。

A5.2　康德指示出他的非現象界有兩層意思：(i)消極的意思
（negative sense）；(ii)積極的意義（positive sense）。消極的意義
是說：它不是我們感觸直覺（sensible intuition）中的一個對象
（object），即是說，我們不能經驗著它。積極的意義是說：它可

以作一個非感觸直覺中的對象（an object of a nonsensible intuition），即是說，不可經驗的對象。這種不可經驗的對象即是宗教道德所思維的對象。非現象界的必須就在這裡，而其不同於現象界也就在此。這種非現象界的領會，康德名之曰「智慧的直覺」（intellectual intuition）。智慧的直覺與感觸的直覺正相對，由這兩種直覺表示理性之不同方面的應用。

A5.3 這不同方面的應用表示出理性之辯證性、相反性，即有名的二律背反（antinomy）是。從現象界這方面看，是有限的、機械的、無始的、無神的；從非現象界這方面看，則是無限的、自由的、有始的、有神的。康德對於這種相反性要想加以最後的綜和，所以就引出一個「神」來。這是實踐批判與判斷批判中所討論的問題。我們在此不能再述說下去了。在此，我們所要注意的，就是康德並沒有把理性分說得清楚，也並沒有調和好。第二點我們當注意從康德這個觀點來論數學，則我們的理性就要受限制，好多理性上可能的東西都變成不可能了。這個結論即是直覺派或有限論的結論。

A5.4 為什麼說康德沒有把理性弄清楚呢？康德對於理性的認識，我以為只有兩點很重要的：(i)理性的先驗性，即指明其不由經驗得來；(ii)理性的機構性（organization），此在經驗之成立上是很重要的。第一點是理性的起源問題，第二點是知識的可能問題。除此兩點而外，他再沒有進一步的發揮與指證。他所謂理性之普遍與必然，乃是對經驗之成立而言，也就是對知識之可能而言的；即是說，有了它，我們的知識始有必然性、普遍性，而我們的經驗亦始有可能（possibility），而他所謂可能亦就是現實

（actuality）之謂。這樣，他所謂普遍與必然，並不是指理性本身
的發展過程間的普遍關係與必然關係。他只注意了理性的應用，而
未注意理性本性的特性。再進一步說，他沒有把邏輯與知識論分
開。這一點十分重要，我們的知識無論怎樣合乎邏輯，無論怎樣應
用邏輯，但我們不能說邏輯就是知識或就是知識論。這最是近人所
分不清的一點，我們必須承認一個公共的客觀的標準，不然我們就
不能說話。這個公共標準就是理性自身的形式方面的發展或推演，
也就是邏輯。我們論理性之先驗普遍必然以及有限無限可能或不可
能等問題，當從理性本身的形式推演方面論，不當從其應用方面
論。理性的形式之應用，即成為真正的命題，有真假可言的命題，
而不是普遍的無真假可言的命題函數（propositional function）。
命題只有真妄二值，凡稱為命題都是現實，現實裡面沒有可能，並
隨而亦無所謂先驗、普遍、必然、有限、無限等問題。這些問題都
當從命題函數間的關係方面論，即是說，都當從理性本身的發展方
面論，不當從命題方面或理性的應用方面論。康德就是從應用方面
論的，隨之，也就是從命題方面論。他把一切學問都劃入一組命題
中，而把那個公共的標準的命題函數的學問忘記了。這部學問就是
理性本身的學問，就是邏輯。

　　A5.5　從應用方面論，所論的是命題，是命題所指示的對
象；隨之，你所論的也就有真假可言，是你個人的見解而不是公共
的，是特殊的而不是普遍的。我們不能從命題所指示的對象方面來
劃分理性，來指謂理性的有限與無限。這樣的有限與無限是對象方
面的，不是理性本身的，是學問的不同，不是理性的不同。康德所
劃分的就是學問的境界：有科學的世界，有宗教的世界，有道德的

世界，有藝術的世界。這些差別不是理性的差別，這全是性格學上差別，是生活的基型（types of life）上的差別。那個作爲標準的理性本身是公共的、普遍的、齊同的。這樣，康德的現象界與非現象界雖可以分，而理性卻不可因之而有分別，隨之，理性的辯證也完全用不著。我們不能以兩個不同的世界作理性辯證之基礎，理性不能因這兩個世界而有辯證，而那兩個世界自己也無所謂辯證。這樣，我們對於康德作以下的結束：

(i)康德沒有認清理性本身。

(ii)他沒有明白數學，隨之，也沒有明白邏輯。

(iii)理性之有限無限，可能不可能，不能從不同的世界方面論，隨之，理性的辯證也就無謂。

(iv)他的劃分世界，我們可以承認。他講知識之可能，經驗之成立，思想之機構，我們也可以承認。但這是知識論方面的問題，我們對於他的理性論既不贊成，當然在講知識論時，也須要全部的改作，他講的時空格式、十二範疇等都是要不得的。此當專文論之。

A5.6　明白了康德這一套理論，我們再述說數學的直覺論或有限論的理論。這一派的見解可以從兩方面說：(1)能構作與否；(2)能直覺與否。先說第二點。布絡維以爲凡能直接覺察得到的就有其存在，否則就不能存在。數學是直覺上的東西，所以凡是直覺的可以承認其存在，否則即不能承認其存在。數學上的「無限」（infinite）這個概念，據此，就是不能存在的，因爲它是不能直覺的。因爲他除消無限，所以他這見解又可稱爲「有限論」。這樣以來，數學上的好多東西都將要被除消，數學的範圍很側狹，這就不啻于把現在所已有的數學上的結果推翻了。這種直覺論完全契合于

康德的知識論。康德以為時空方式與先驗範疇應用於經驗中始有其實在性、有效性，但是隨之也就有了牠的限制，即是說只能應用於現象界。但是，我們的理性有時又可以超越了現象界而擴大其範圍，康德於此不知注意理性本身的學問，而卻引出一個非現象界以安置這種理性的擴大，而這非現象界又只為宗教道德而預備的；可是，這種宗教道德的世界，我們前面已經說過，決不能表示理性本身的無限發展，不過只是生活基型上的个同境界而已。對於許多直覺上不能存在的東西，而又不是宗教道德範圍內的，康德未曾予以適當的安置，亦未加以適當的解析，所以康德的數學論的觀點是不能採取的，而所以不能採取的原因，就在他沒有認清理性本身的獨自發展或推演。布絡維取了他這種觀點，必然的即是除消數學上的許多概念，因為他亦沒有注意理性本身的獨自推演，所以布絡維也不能解析數學，他也不能解析我們的理性之所以擴大。其唯一的毛病就在他如康德一樣，也不從理性本身的形式方面的發展著想，而只從其應用方面著想；即是說，他不能從命題函數間的關係之發展看理性，而是從命題函數之變為命題這方面看理性。這樣以來，他所看的數學只是些有真假可言的「命題」而不是命題函數。既是命題，當然只是直覺上的東西，當然也不能有普遍、必然、可能、無限等概念。可是，這完全是錯的。數學不是命題，乃是命題函數間的必然關係。維特根什坦說：我們日常生活中完全用不著數學，我們所用的只是數學的應用，即是說，我們所用的只是數學的命題函數之變為一個一個的數學命題。康德、布絡維完全把數學的應用當做數學了，所以直覺派沒有明白數學。

A5.7　我們再論構作與否的問題。這是上面所舉的頭一點。

這一點是關於邏輯方面的一個問題，即是關於除消排中律這個問題的。布絡維以爲凡能構作的，或說凡能以式子擺出來的就可以存在，否則不能存在。例如排中律，他以爲就是不能構作的，因爲我們不能用一個式子把它列出來。「A一定是B或者不是B」，這是排中律的說法，這個說法的意義我們不能以式子表示出來，它好像是我們思想中最根本的一種運用而不是一個體。因爲他不是一個體，所以很難構造它。既不能構造，所以他的數學與邏輯就是沒有排中律的數學與邏輯。沒有排中律，就是除消了二分法的表示。二分法就是眞妄的二價邏輯，就是眞妄彼此不相容而又彼此窮盡的二分邏輯。沒有二分法，排中律當然也用不著，因爲可以有第三者存在。這種見解也是不成立的。其毛病也是在不從理性自身方面著想，而是從其應用的、外表的結果方面看。排中律之不能構作只能表示說：在你的邏輯與數學中，沒有排中律這個式子。構作與否是一回事，有沒有又是一回事。不能構作只能表示：你在邏輯範圍以外所說的話，二分法的取消也是站在邏輯範圍外所發表的另一種見解。這都不是從邏輯本身或邏輯範圍內所說的話。在邏輯範圍以外，你當然可以建設好多不同的系統，但此不同的系統卻不能代替了那邏輯本身，倒反必須以邏輯本身作根據作底子。這樣，二分法與排中律都是不能取消的，布絡維說的也有理，但他只是站在邏輯範圍以外所發表的另一種系統，而不是邏輯本身，也不是理性自身的發展。於是，他對於邏輯也沒有搔著癢處，其原因就在不著重邏輯本身，而著重邏輯本身的實際應用。我們可綜結直覺派的見解如下：

(i)不從理性自身而認識數學，而以數學的命題函數之變，爲數

學命題，為數學。

(ii)不從理性自身而認識邏輯，而以邏輯的命題函數之變，為邏輯命題，為邏輯。

A5.8 這見解顯然是錯的，其錯誤即在採取直覺的觀點，所以直覺論不能解析數學，也不能認識邏輯。我們以下再述說型式論派（Formalist School）的見解。

A6 此所謂「型式」與普通所謂「形式邏輯」（其實這種說法就不通）之「形式」意義不相同。邏輯根本就是型式的、普遍的、必然的，而不是實質的、特殊的、實然的。型式論派之型式，含有以下三種意義：

(i)約定俗成的觀念（conventional idea）。此即說：只要在社會上為通俗所承認、為慣例所允許即可，數學或邏輯都沒有非如此不可的意義在。

(ii)隨意選擇的規則（arbitrary rule）。此即說：數學或邏輯不過是按照幾條隨意選定的規則而推演罷了，只要不違悖這規則，並且其間無矛盾即可。而那規則之定，是可以隨意的、多元的，並且不是非如此不可的。

(iii)無意義的公式與無意義的記號（meaningless formula and meaningless mark）。此即說：按照那規則而造成的公式是沒有一定的意義的，而公式中之記號也是無意義的記號。數學知識完全是在按照一定的規則而知道這一個公式如何從那一個公式推演出來，公式與記號之意義卻不必一定。所以我們只要謹守其間無矛盾即可，完全不用顧及到這個推演系統以外的意義，數學是一種遊戲，是一種智慧的鬧玩意，所以這一派又稱為遊戲的數學論。

A6.1　型式論派的意義就是指以上三種特性而言的。這學說有其極強的理由，並也有其合乎眞理之處。所以這學說在現在很風行一時；不過照以上所述的三點看來，其中有對的有不對的，在根本的有不是根本的。譬如約定俗成這一點，其意義就不是根本的而是表面的、枝葉的。我們不能把數學或邏輯當做社會上的公認或慣例，猶如風俗習慣之成立一樣。雖然月球上的人類之思維不必同于地球，但究竟這是屬于六合之外的東西，我們也難斷定它們必不同于地球。這就表示說，人類的思維法則或過程不只是約定俗成，它乃是有其普遍性、公共性、必然性的。約定俗成只是那個理性本身的應用或表達，即是說，約定俗成這觀念只表示我們可以用不同的樣法，把理性本身的發展表達出來。表達的方法，表達的記號，表達的設準、假設或規則，這都可以說是約定俗成的，並沒有非如此不可的意義在。第二點的隨意選擇也只是指這方面而言，這完全是表面的、枝葉的，我們不能認爲邏輯就是如此。邏輯就是理性本身的發展，我們表達的時候，可以依方便，依慣例，依約定俗成。但理性本身的發展不是約定俗成。由邏輯之應用而形成些命題組，即各門科學，可以是約定俗成，但邏輯本身不是約定俗成，不然我們就不能有一個共同的是非標準。約定俗成是邦嘉雷（Poincaré）及唯用論的最大發明；但這道理卻不適合於邏輯本身。邏輯是一回事，「爲用的邏輯」（logic for use）又是一回事，此決不可混同。唯用論者就把這點忽略了，而現代所謂辯證法的邏輯或克服邏輯，乃實在是一竅不通，對於邏輯還是大門以外的孩子，大門二門，升堂入室，更不容說了！

A6.2　所以，約定俗成與隨意選擇雖然在知識中爲一實然之

真理，但對於邏輯本身不能應用。我們批評形式論者與直覺論者，其方法其觀點是同一的，而這兩派也實是犯了同樣的毛病，即不從理性本身來論邏輯或數學，而從其應用或表達方面來論。從這方面論，其爲有限論，爲約定俗成，爲隨意選擇，乃是必然的結論。但因此，我們也可知，若我們明白了邏輯本身與邏輯應用之不同，則關於一切邏輯理論與派別都可以得一相當的解析，與以相當的位置，而包括於一個大系統之下。如是，一切爭執都是沱然的；這決不是雜拌的調和，乃實是一個有機的整體，特爲人們的固執所蔽耳。

A6.3　約定俗成與隨意選擇不是邏輯或數學的本性，乃是它們的表面或枝葉。型式論者特注意其枝葉而忘了根本，這是未觸著邏輯之本性的。但第三點卻爲邏輯之本性，即邏輯實是一種無意義的公式與無意義的記號之無矛盾的、必然的推演。此處所謂無意義，是指沒有邏輯系統以外的意義而言，並不是說系統內的意義也沒有了。這就是說，其意義完全不是實質命題所具有的意義，而是意義不定的命題函數間的必然關係所具有的意義。實質命題的意義是有眞假可言的，關於外界所說的話，是經驗的，是有所指示的，因而也就是邏輯系統以外的意義，所謂無意義即是無這種意義。這樣，邏輯全是普遍的、形式的、意義不定的命題函數間的必然的推演關係。關於這一點，形式論者是對的，我們用不著反對，我們當取而消化之，只是前兩點則須將其意義弄明白，不可視爲邏輯之本性數學之特質。

A6.4　隨著型式論者而發生的新見解，在此也有說明的必要。這派新見解就是最近美國新進哲學家兼記號邏輯家路易氏

（Lewis）所倡導的「選替邏輯」（alternative logic，此名最難譯）。這見解是說：邏輯是可以有好幾個系統的，每一系統都可存在，都可通，而最後的決定則在適用。這種情形也叫做邏輯之相對性（relativity）。這好像幾何學一樣，有歐幾里得幾何，有非歐幾里得幾何，所以也有亞里士多德邏輯，有代數邏輯，有數理邏輯，也有路易氏的選替邏輯。在此，我仍是本著以前的觀點來批評他的選替邏輯與邏輯之相對性，並指出邏輯不可與幾何同論。

A6.5　自從羅素與懷悌海出了《算理》（*Principia Mathematica*）這部經典以後，路易氏就繼續研究著記號邏輯（symbolic logic），到現在止已經發表了兩部名著：一是自作的《記號邏輯通覽》（*A Survey of Symbolic Logic*）；一是與朗佛德（Longford）最近合作的《記號邏輯》。在這兩部書裡，他提出了一種與《算理》不同的主張，而其不同的主要關鍵則在關於「含蘊」的界說這個問題。《算理》裡面的含蘊是「實質含蘊」（material implication）；而路易氏所用的是「嚴格含蘊」（strict implication）。因著關於含蘊所下的這兩種不同的意義或界說，就有了兩個不同的系統。因為有了這兩個不同的系統，所以就有了「選替邏輯」這個名稱。這兩個系統我們在此不能詳細的具體的擺出來，並且也不為本文的性質所允許。因為他們都是用符號寫的，如果不細讀他們的書，在此只提出其中幾個命題來，一定不易領會。所以在此我仍願用普通的言語把他們的主要概念解說明白就得了。

A6.6　含蘊是兩命題間的一種關係，這關係我們叫它是推斷關係。這個推斷關係我們可說它是推斷的基礎，即是說，在什麼樣的情形下才有推斷，推斷始可能。所以，含蘊是最根本的一個關

係。它雖爲推斷關係之基礎，但對於這個關係卻有不同的解析與界
說。《算理》以⊃代表含蘊，其界說是：

$$p \supset q = \sim p \vee q$$

假設一個命題以二分法的眞妄或是非分之，則兩個命題間的眞妄關
係就有四個可能：(i)p 眞 q 眞；(ii)p 妄 q 眞；(iii)p 眞 q 妄；(iV)p 妄 q
妄。這四個可能在含蘊上唯第三可能即 p 眞 q 妄不適用，所以上面
那個界說又可寫爲：

$$p \supset q = \supset p \vee q = \sim p \sim q$$

～代表「非」，∨代表「或」，p 含蘊 q 即等於說：「不是 p 妄就
是 q 眞」；或者說：「或則 p 妄或則 q 眞」，也就等於說：「p 眞
q 妄是妄的。」爲什麼說：「p 含蘊 q」等於「或 p 妄或 q 眞」而
不等於「p 眞 q 妄」呢？且分五步解析如下：

(i)如 pq 兩個命題，如 p 眞則 q 眞，則 pq 爲連帶眞，由此連帶
眞我們可說：

(ii)p 之反面若錯，則 q 必對，由此也可推知：

(iii)p 之反面與 q 之正面不能同時都錯，此即等於說：

(iv)p 之反面與 q 之正面至少有一爲對，而兩者至少有一爲對爲
「析取」（disjunction），可以寫爲「～p∨q」，由此故知：

(V)p 之反面與 q 之正面至少有一爲對，可寫爲「～p∨q」「p
含蘊 q」等於「或 p 妄或 q 眞」，那表示說：「p 含蘊 q」在「p 之
反面與 q 之正面至少有一爲對」時，才可以成爲推斷關係，而推斷
也只要在這種情形之下就可能，用不著再規定其間的關係是一種什
麼樣的形式。這是《算理》上的實質含蘊之意義，所以用「實質」
一詞其意是表示只要在這種關係之下就可以推斷。至於推斷之爲何

種推斷，前提結論之爲眞爲妄。爲妄爲眞等問題，則要訴諸經驗看實際情形。我們此時用不著先確定其推斷之爲何種推斷，也不用著規定前提結論之爲眞爲妄或爲妄爲眞。可是路易氏就未認淸楚這一點，他就要把那含蘊關係規定成一種較狹的形式關係，以爲只有在此種形式關係之下才可推斷，這就是把推斷已規定成爲何種推斷了。

A6.7　他的含蘊以 " $\prec$ " 代表，名之曰「嚴格合蘊」。其界說如下：

$$p \prec q = \sim \Diamond p \sim q$$

$\sim \Diamond$ 表示「不可能」（impossible）。此即說：「p 嚴格含蘊 q」，等於說：「p 眞 q 妄是不可能的。」他這個含蘊的意思是「p 可以從 q 推出」（q is deducible from p），q 可以從 p 推出，當然 p 眞 q 妄是不可能的，它這不可能很重要，其意義十分嚴格而準確，故 q 眞 p 妄不可能，即表示 p 與 q 必須一致（consistency），必須相融洽。p 與 q 一致，即表示 p 與 q 俱是可能的，也即表示 q 可以代嚴格含蘊 q，q 可以從 p 推出 。路易氏就這樣規定了含蘊而爲推斷之基礎。他由這種含蘊的界說再進而規定命題間的一致關係：

$$poq = \sim (p \prec \sim q)$$

此即是說：「p 與 q 一致」等於「p 含蘊 q 之妄是非的」。如是，他的含蘊關係必須有一種一致關係始可成立，如是也可以寫：

$$p \prec q = poq$$

由這種一致關係，他又進而把眞妄的程度規定成四種說法：

$$\Diamond p = pop = \sim (p \prec \sim p)$$

(1)可能，以 $\Diamond$ 代之，$\Diamond p$ 即表示 p 是可能的，其界說如下：

$$\Diamond p = pop = \sim (p \prec \sim p)$$

(ii)不可能，以～◇表之，此亦可說：「可能是非的」，～◇p
即表示：p是不可能的，或者說：「p之可能是非的。」其界說如
下：

$$\sim \Diamond p = \sim (pop) = p \prec \sim p$$

(iii)不必眞，也可以說妄是可能的，以◇～p表之，此即是說：
「p之妄是可能的」，也即是說：「p不必眞。」其界說如下：

$$\Diamond \sim p = \sim po \sim p = \sim (\sim p \prec p)$$

(iv)必眞，也可以說：「妄是不可能的」，以～◇～p表之，此
即是說：「p之妄是不可能的」，我們也可以加上括弧而寫爲～
〔⊃（～p）〕，此可讀寫：「p之妄是可能的是非的」，此即是
必眞，其界說如下：

$$\sim \Diamond \sim p = \sim \supset \sim po \sim p = \sim p \prec p$$

這四種眞妄的程度上的不同語氣，都是從他的嚴格含蘊與一致關係
而來的。他以爲這種分別是實質含蘊系統中所沒有的，因此這兩個
含蘊各自成一系統，有相同者，有不相同者，結果嚴格系統能包括
了實質系統，而實質系統卻不能包括了嚴格系統。此即說，凡實質
系統中所能有的命題，嚴格系統中都能有，反之，卻不能。詳細情
形在路易氏書已說得很淸楚，讀者可以細讀原書。因爲由他這種眞
妄的程度上的四分法，所以就有些人以爲我們的邏輯不必二分法，
三分、四分、五分以至無限都可。這樣以來，我們怎樣分著，就有
怎樣一個系統隨著。如是，邏輯是相對的，是多元的，是選替的，
而最後的選擇則歸於便利與適用。這是最近很時髦的一種見解，我
以爲這見解當有指正的必要，當有弄淸楚而賦與以適當位置之必

要。

A6.8　關於路易氏的嚴格含蘊，羅素曾有詳細的答辯，並指出路易氏的界說中所含的意義都是爲他因經濟的理由所拋棄的些見解。關此我不願多論列，我要說明的就是：無論他們這兩個含蘊是什麼意思，無論誰方便誰不方便，誰根本誰不根本，誰的含意廣，誰的含意不廣，這都不能證明說：這有兩個邏輯，或證明說邏輯是選替的是相對的。就單憑對於邏輯的不同界說，是不能證明邏輯之相對性的。這相對性、選替性是在我們的表達上、界說上，而不在邏輯本身上。對於含蘊有不同的界說，這猶之乎對於一個對象有不同的看法一樣。你從這方面看是一個系統，他從另一方面看又是一個系統，而各系統其實都是表達那個對象的。表達法雖有很多，但那個對象總不會隨著也成爲多元。並且，這些系統雖然很多，然因爲對象是一個，所以總可以互相配合互相引出的。那兩個含蘊系統正是如此，路易氏的含蘊總可以由《算理》的含蘊漸漸推演出，即是說，《算理》的含蘊若漸漸嚴格化、狹義化，加以許多界說、許多規定，也可以推出嚴格含蘊，不過《算理》未向前作就是了。所以，這兩個系統總不是相衝突的，也總不能使其成爲兩個邏輯。譬如嚴格含蘊所恃以與《算理》不同的，即在：可能、不可能、不必眞、必眞等概念的規定，但這些概念決不足以表示邏輯之相對性、選替性。它乃完全是表面的，都是每一系統中所能含有的，從《算理》中並不是不可以規定可能、不可能、必眞、不必眞等概念。在邏輯中，任何概念都可用邏輯方法順邏輯次序而規定之，只要凡是「可能的」，邏輯都能規定之。所以邏輯是可能的科學，只是講可能。但這不是說只有一個可能，只講可能；與只有一個可能不同。

只講可能是邏輯的本性，不只有一個可能是表示可以有很多的表達法與解說法。所以「選替」「相對」完全是在表達解說上，而不在邏輯本身。路易氏等人或許以為有好幾個可能，所以隨著就主張有好幾個邏輯了。其實這全是錯的。如是，以真、妄、零三分或以至無限分來推翻二分法而主張邏輯不必二分以造成選替邏輯，其毛病同應此駁。須知所謂三分、四分，完全同於路易氏所提出的可能、不可能等概念的，也只是邏輯中的些可能概念，其成為另一系統也是表達解說上的一個可能的說法，而不能是另一個邏輯。所以，這種三分、四分是不能同于二分法的。在字面上、數目上，以為相同；但在意義上，我們所謂二分法實有其必然性、不可否證性。有了是非二分的邏輯，我們才有真、妄、零、負、可能、不可能等分別。所以，二分法在我們人類中是居在基礎的地位，孳乳出來的東西，那能與它相提並論？二分法既取消不了，排中律、矛盾律也取消不了。你總不能不按著一個是非標準而說話，這個標準就是二分法的邏輯系統，其餘的三分、四分都是站在這個標準系統以外而所說的話，但雖然站在這系統以外而說話，他卻仍含著那個系統作他說話的標準。這就是二分法的邏輯系統之根本處，不可否證處。這個不可否證的系統，就是我們的理性自身、邏輯自身。這個系統就是我們所謂客觀的、公共的、絕對的邏輯，只有這末一個邏輯，除此而外不能有第二個邏輯。這就是《算理》上的主張。這種主張，他不能不用一種方法表達之，界說之。界說時的規則說法，不能不有他的自由性、隨便性，這就是選替相對的所在。

A6.9　因此，我們可知邏輯也不能同於幾何學，幾何學是空間之學，現在的幾何學幾與物理學打成一片，所以如果我們的物理

世界是非歐克里得的空邊，則即需要一個新空間學以摹狀之，這完全是一個經驗問題。固然，經典的歐克里得幾何學是由幾個設準而推演出來，但這即是幾何的邏輯化、數學化。這並不足以證明只有一個幾何學，但邏輯卻只有一個。

A7　我們再稍述邏輯派（logistic），這即是羅素所主持的。關於這派，我們用不著多說，因為以前的批駁與主張已經可以明白個大概了。所以名曰邏輯派，乃是表示以邏輯解析數學，使數學盡化為邏輯，由邏輯推演出來，即是以數學投降邏輯。但是一方面，邏輯也必須大改舊觀，其意義其認識也必須與前不同。關此，可以從兩方面說：(i)邏輯的新界說；(ii)邏輯的數學化。前者是關於邏輯本性的認識，後者是關於邏輯形式的表示。而這兩點中重要的，要屬第一點。因為對於邏輯有了新認識，所以才有邏輯派的名目，所以也才有以邏輯解析數學、數學的邏輯化等主張。所以綜括說來，這派的主張不外數學的邏輯化、邏輯的數學化兩言而已。邏輯的數學化在來本之與布爾（Boole）已有此企圖了；但因為他們對於邏輯沒有新認識，仍舊是亞里士多德傳下來的說法，所以結果還是數學是數學，邏輯是邏輯，只不過用代數符號把邏輯格式表示出來，使得稍微嚴格點罷了。所以邏輯之為絕對為客觀，決不在符號與否，符號不過是表達的工具而已，亞里士多德也是用符號來表示。符號的不同，不能區分了邏輯。最重要的還是邏輯的新認識。所以數學的邏輯化，倒是邏輯派的主要主張。

A7.1　數學的邏輯化一方面表示數學由邏輯推出，一方面表示數學得到了邏輯的特性。這特性就是所謂套套邏輯（tautology），即是說，一切數學命題都是無所謂的命題函數間的形式推

演。這一個意思即表示說：數學命題不是指謂外界的眞正命題，乃是無眞假可言的命題函數間的必然關係。一部《算理》除去還原公里（axiom of reducibility）而外，完全都是這種必然關係的推演。維特根什坦與拉謨塞（Ramsey）就是修正《算理》中的缺陷而使數學完全歸化於套套邏輯者。關此，我在〈矛盾與類型論〉一文中已有詳細的論及，在此不多說。

A7.2　所謂套套邏輯，就是我們所謂那個絕對的、客觀的、普遍的邏輯自身、理性自身。邏輯不是眞正命題間的實際關係，乃是無眞假可言的、命題函數間的、形式的、普遍的、必然的推演關係。在以前，把邏輯認爲工具，認爲思想的規範，認爲得到正當思想的格式或規律。這完全可說是邏輯的應用，這樣以來，邏輯成了有所指的眞正命題間的實際關係了。其實，我們人類完全用不著先練習這種工具或格式才會思索。中國人沒有邏輯學，但所思索卻也未必不合邏輯；反之，西洋人有邏輯，卻也未必都是對的思想。這正足以證明人類本是理性的動物，邏輯就是指謂這個理性自身的必然發展的，所以我們規定邏輯首先在認識邏輯本性而指定那理性自身。至於所謂工具規範等，那全是另一問題，那全是邏輯的表面認識，那是邏輯的應用問題，不該佔住了邏輯界說這個位置。

A7.3　以前的邏輯界說既然是錯的，我們現在就當按著理性自身的發展而界說邏輯。邏輯既然是理性自身的發展而不是關論外界的應用，所以邏輯不是實際的，不是有眞假可言的眞正命題，而是形式的，而是無眞假可言的命題函數；因而邏輯也不是特殊的、實然的，而是普通的、必然的。理性自身就是不關論外界的那普遍的、形式的人類理性。這個理性全是法模，全是架子，這架子間的

推演關係就是所謂套套邏輯。套套邏輯的推演完全是先天的，不依靠經驗的。凡個前提一確定，就可以推出全部的邏輯世界。所以邏輯只講可能，而不講實際。實際是它的應用。邏輯只是客觀絕對，主觀相對或選替乃是它的表達或應用。這樣，邏輯派能解決那兩派所不能解決的問題，並且我們在起首所列的邏輯意義，經過這長的討論，也完全證實了。我們本著這個邏輯的定義來看辯證法究竟是個什麼東西，那自然是很容易決定的；並且可以再反觀那些罵形式邏輯的，又是怎樣的不通與可笑！

A7.4　我爲什麼關於邏輯就說這末多時間？這完全因爲中國人對於邏輯沒有徹底明白的緣故。一切邏輯教科書都是展轉相抄，千篇一律。我眞不明白他們爲什麼這樣樂意動筆墨費精神。一切錯誤的說法一點不知道改造，如果有人說不應該這樣作，他便聊以自慰那是派別不同。派別！派別！你眞是給偷懶人作了擋箭牌了！邏輯不明，辯證法當然也乘機而入，自稱起什麼辯證邏輯以與形式邏輯相對抗，並且，還說有人是克服了形式邏輯。這種混淆的情形，當然需要一個徹底的根本明白與批抉。本段的討論，固然可說太專門不普遍，不易懂；但我說眞理這種東西本來就不是皮相之流、耳食之輩所能夢見的。中國人如果肯虛心問道，決不至鬧到這步田地！但中國人所求的，卻只是皮毛、口號、標語、字眼與望文生義！

B. 辯證邏輯之歷史的叙述

B1　根據以上的討論，在本段之先，我先要提出邏輯與方法學（methodogy）這兩種東西以區分之。方法學，普通亦常以特殊

邏輯（special logic）或應用邏輯（applied logic）名之；而對於前所謂絕對的公共的邏輯，則以普遍邏輯（general logic）或純粹邏輯（pure logic）名之。這種分法本無不可；但我以為既然只有一個邏輯，則所謂特殊、應用等邏輯，其實就不是邏輯，乃不過是個人的見地與觀點，個人的系統之出發點而已，所以最好還是以「方法學」名之。世人不察，每將邏輯同於方法學，隨而亦將邏輯同於知識論，這完全由於不明白什麼是邏輯，什麼是知識論與方法學之故所致。現在我們明白了這種區分，我們再看：所謂辯證邏輯究竟是邏輯呢？還是方法學呢？還是什麼也不是呢？要決定這個問題，我們且作一步史的述叙。

　　B2　辯證法之成為方法，其典型的意義實已完成於巴門尼第（Parmenides）及其弟子芝諾（Zeno）。他們兩人所以引出這種方法，實是因為他們要否定一種主張，並肯定一種主張而於無意中引出的。他所否定的是希拉克里圖（Heraclitus）的「變」與當時原子論者的「多」。對於他們這兩派變與不變的主張，我曾在〈矛盾與類型說〉一文中有詳細的討論。在那篇文中，我曾指出他們兩派所指謂的世界並不衝突，乃實是同一世界的兩種看法；我又指出他所反對的變不是希拉克里圖的「變」，而他所反對的不變，也不是巴門尼第所主張的不變。詳細理由在此不說；那篇文章將在《哲學評論》上發表，讀者可以參看。在此我只說明巴門尼第與芝諾辯論時所用的方法即可，至於問題的內容則不暇述及。他否定「變」（即運動）與「多」所用的方法，我曾以兩個原則盡之：

　　(i)無限的劈分原則；

　　(ii)無底止原則。

這兩個原則合起來，就是辯證法之成為方法的真意義。何謂「無限的劈分」？譬如以「多」為例，他說世界如果是多的，則在多的數目中可以成為無限的多，同時又是無限的少。再以大小為例，如果有大小，則一個東西必為無限的大，同時又為無限的小。這種情形就是說在多數或大小之中它自身起矛盾：無限大，同時又是無限小；無限多，同時又是無限少。它自己否定了自己，所以不能主張多或大。這就是用了一種辯證的方法，使對方所主張的自身起矛盾。不過，這方法我曾指出是不成立的，它有一個根本的錯誤在，它是可以說穿的，凡此都當參看〈矛盾與類型說〉一文。但無論它成立與否，它卻是一個方法，它是用來攻詰人的一種工具。這種方法時常被人用著，佛教中的龍樹以及近代的布辣得賴（Bradley）都是善於使用這個方法的人，但也都是可以用同一方法揭穿之的。

B3　以上所述，乃是辯證法之成為方法的典型、意義，還有一種意義，也可以使辯證法成一個方法，這即是柏拉圖與亞里士多德的辯證法。這個意義或用法與伊利亞學派大不相同，但同可謂一種方法。在柏拉圖即是詰問對答之意，也即可說是談話式的辯論。他以為要得到一個正確的主張或命題，用對話式詰問或辯論是很好的。這樣一步一步地詰問下去，必能得著最後的真理而不可否認，因為這最後的真理已是由證幾何似的或剝蕉似的一層一層而得到的。於是，這也是一個求真理的方法，不過這種方法乃是十分普遍而平常，並不像芝諾所用的那樣專門而特殊。所以在柏拉圖與亞里士多德，這辯證法並不惹人注意，但它卻也可以算是一種方法。

B4　至於說到康德的辯證法，乃是指理性的應用於不同的世界所發生的不同意義。他所舉的背反，全是兩個世界的不同意義。

這樣算不得什麼辯證，更也不能算是一種方法。這點已在 A 段中詳細說明了，在此不再重複。

B5　我們再說黑格爾。典型的辯證法黑格爾已經不是方法學，而是客觀化、元學化，變成本體論（ontology）了。所以辯證法在黑格爾已變成本體論上的辯證過程了。但是，在此須知，他這辯證過程不是具體事實的變化過程，乃是邏輯概念的推演過程。因為它是概念的推演，所以結果並沒有時間性與空間性，乃只是圓盤式的在那裡丟圈子而未曾前進一步。在此，黑格爾的辯證法其意義同於芝諾，不過在他手中已不是一種否定人的方法，而是成為主張上的本體論之辯證過程。因為他同於芝諾，所以他就把這個世界看成是自己矛盾、自己否定而總期超越這個矛盾以達於絕對，這個絕對即是他所謂「凡有」及「絕對理念」。從凡有到絕對理念，其間因為辯證過程的施用，一切概念都引出了，但結果凡有與絕對理念總是一個，所以我們可說他乃一步也未走。他是靜止，在那裡以受這無限的劈分與無底止的矛盾的。這是辯證法的真意，也是典型辯證法的特色。這樣的辯證法只是靜的無限劈分，而不是動的時間演化。所以，說辯證法能對付動的現象，這完全是莫名其妙的皮相之見，而「動的邏輯」這名目也是毫無意思的空名詞。

B5.1　這個道理只要打開他的《邏輯學》（ Science of Logic ）一看就可以曉得的。他從「凡有」（ being ）到「所以」（ essence ），到「總念」（ notion ），再到「絕對理念」（ absolute idea ），其間雖然產出了兩大本書，把一切世界一切概念都引出了，但在時間上他卻一步也未走。這就因為辯證法的本意就是如此的。

B5.2 復次，黑格爾的辯證法也不是方法，也不是邏輯，它乃是本體論的概念辯證過程。他的書雖然叫做「邏輯」，但黑格爾的邏輯卻不必就是邏輯；他的邏輯雖即同於元學，但是邏輯卻不必同於元學，而元學也不必同於邏輯。如是，你如果說黑格爾的邏輯是動的邏輯，則吾即可說它乃實是一種靜的本體論。

B5.3 黑格爾這種世界觀本來是由於他的心之現象的研究而引出。他看出心的現象都是前後相貫、互相滲透而不可分離，他因著這種事實，於是就造成他那樣的邏輯系統，因而也形成了他的元學論。可是，他所出發的乃是具體的事實，而邏輯系統卻不能與之相應，即是說，由具體的互相關聯的事實並不能使其邏輯化而成為矛盾的世界觀；同時，他的邏輯化、矛盾化的元學系統也並不能表示那個互相關聯的具體事實。活的世界教他因著辯證法的引用殺死了，而現在的人卻又用著它來證明動的世界！

B6 現在的唯物辯證法既不是一種方法，也不是典型的辯證法之意義，更不是黑格爾的邏輯化、矛盾化的本體論。但是，有一點卻同於黑格爾，即它也是一種元學上的辯證過程，所以它也是一種本體論或宇宙論，但它這本體論卻不同於黑格爾的本體論。黑格爾的是邏輯概念內推演，而唯物辯證法卻是物質或具體事實的演化。這樣，黑格爾的世界觀可以是矛盾的，而唯物辯證法的世界觀則不是矛盾的。黑格爾的世界觀是靜的、圓圈的而未進一步，但唯物辯證法的世界觀卻是動的、時間的而永遠變化的。

B6.1 這樣，唯物辯證法其實就不是方法，乃是物質的演化或演化的物質的一種元學主張。它既不是一種方法，而所謂辯證又不同於芝諾與黑格爾，則「辯證法」這個名詞從何說起？

B6.2　所以，唯物辯證法不能成一種方法，不過是一種元學主張而已。成為方法的辯證法，與它完全沒有關係。在此我就要問：要使唯物辯證法成為一個方法，則這方法從何而來？如果從具體世界得來，那末它就是世界的真相，你怎樣認識了這個真相？以擧狀世界的主張或以世界的真相為方法，這真是奇事奇論。須知你這唯物辯證法是指謂世界的一種主張，實不同於芝諾所用以否定變與多的方法，即方法與主張不同。在黑格爾不得為方法，在馬克司亦不得為方法。

B6.3　唯物辯證法既不是方法，更也不是邏輯。我們解剖出事物的相關，發見了事物的變動，這不能說是我們用了辯證法才如此的。從變的、從全的、從發展的、從關聯的看事物，這並不能說是用了辯證法的方法。古今中外，就沒有一個人不會這樣思維的，然則辯證法是個什麼方法？

B7　由以上所述，辯證法可以成為方法的有兩派：

(i)芝諾、龍樹、布辣得賴；

(ii)柏拉圖、亞里士多德。

辯證法不成為方法的亦有兩派：

(i)黑格爾的本體論；

(ii)馬克司的本體論。

於是，現在所謂唯物辯證法既不是邏輯，也不是方法學，乃是什麼也不是，而是一種元學主張。人們所鼓吹的乃是「世界是相關共變的」這個命題；但這有誰還不承認呢？所以它不但不是方法，而且也不是辯證方法。不但不是辯證方法，而且也不是黑格爾的邏輯學。辯證邏輯的意義既定，我們再進而討論它與邏輯的異同。

C.辯證邏輯與邏輯的根本原則

C1　在 A 段中，我已把邏輯的意義確定了，說明白了。在本段，再從邏輯的根本原則方面以證明邏輯之性質，並指出所謂辯證邏輯的原則是什麼東西，是否能與我們的客觀邏輯相提並論，是否就能克服了客觀邏輯而融化之。

C1.1　邏輯的意義在以往的習而不察中已經埋沒幾千年了，我們現在既發現了邏輯的本性，所以邏輯中根本原則也不得不重新加以界說與注意。可是，這根本原則在中國還仍是展轉相抄，道聽塗說的混沌著。這樣混沌的界說，被人反對，被人指摘，是極可能的事，也是極容易的事；可是，這是邏輯的本性嗎？這樣混沌的界說，如果有人指出說這是錯的，有毛病的，他便反對你說：你這是以另一派來反對這一派，這是派別不同，各行其是好了！嗚乎！絕對邏輯豈可以派別論哉！

C2　邏輯中的三個根本原則也稱思想律，也稱思想中的三個假設或設準。這三個假設的正確界說還是未普遍的被了解，還是在混沌著。在此，我們首先說這三個假設是思想中的東西，不是對象中的東西，是指說對象或確定對象的思想上的運用，不是對象本身的生成變化。這是第一要注意的一點，我們先說同一律。

C2.1　同一律的說法有三種：

(i)「一件東西與它本身相同」。這種說法就是從對象本身上著想，這就是辯證邏輯家反對邏輯時的說法，這也就是錯的說法。一件東西本身有好幾種性質，並且在時空中常常變化，與它本身那種性質相同呢？因此，辯證邏輯家便出來反對，說同一律是不對的，

是與事實不符的，是不能解析對象之關聯性與變動性。這樣輕輕地
便把同一律否定了。不過，這種說法，雖然從對象本身上固然容易
發生這種毛病，但這不過仍是一種不合同一律的本性的一種錯的解
析。須知從對象本身上說，也不是指那對象之總體與其中其一種性
質。同一，與它某一時代或某一空間之本身相同一，其實這種同一
就不是同一，乃是「相似」，相似是兩件具體的東西的關係，其相
似的程度當然是相對的。不過，同一律決不是指兩件具體東西之相
似而言，它是要確定一個東西之自身同一。「一件東西與它本身相
同」，實是說：「一件東西就是它那一件東西。」一件東西有空間
上的關聯，有時間上的發展，把它一切的發展與關聯統攝於「一件
東西」這個總體之下；那末所謂「同一」是指那件東西之總體的
自己而言，並不是指它的某一種關聯與某一種時代而言。但又不可
把同一律所指的總體本身看成是由歸納而得出的普遍概念，同一律
與歸納於沒有關係。同一律只是單純的一個「是」之確立，這個
「是」不是「Ａ是Ｂ」間的「是」，而是「Ａ是Ａ」間的「是」。
這種「同」是絕對的，同一律就是指這個「同」而言。這樣，「一
件東西與它本身相同」之發生，毛病乃是同一律的說法或解法發生
毛病，並不是同一律本身發生毛病。

　　(ii)「Ａ是Ａ」或「甲是甲」的說法。由以上的解析，「一件東
西與它本身相同」即是「Ａ是Ａ」的相同。但「Ａ是Ａ」的說法，
如果不明白同一律的本意是什麼，也可以有毛病發生，即Ａ可以
是Ａ又可以不是Ａ而是Ｂ；在此時是Ａ，在彼時或許不是Ａ，在
此地是Ａ，在彼地或許不是Ａ。這樣以來，辯證邏輯家又可以振振
有辭的反對同一律，但這種反對又是他自己的錯誤的解析。同一律

決不是對象本身各分子間的同一與否，也不是對象本身各時代各地方間的同一與否，它決不禁止事物的變遷與發展，它也決不禁止一個東西有多種性質與多種關係。從這方面來反對同一律，完全不明白什麼是邏輯，什麼是同一律。不但不明白什麼是邏輯，就是辯證邏輯他也未曾明白。同一律不是解析對象諸性質諸關係的命題，它乃是理性開始發展之先在運用（antecedent function），它乃是理性的開荒之先鋒隊。

(iii)上兩種說法容易發生毛病；但所謂發生毛病是指不明白同一律的意義而言，如果明白了它的意義，那兩種說法也是不會發生毛病的。今為免此誤會起見，改說為「如果 X 是 X，它就是 A。」這樣以來，對於 X 沒有肯定的主張，X 可以是 A 也可以不是 A，在某時某地，是在某時某地又可以不是。但對於 X 雖沒有肯定的主張，而對於 A 卻有肯定的主張，那就是說：A 總是 A，所以同一律不是 X 與 A 間的同一；而是 A 與 A 間的同一。這同一又是我們思想進行時的先在確定，不是對象本身的同異問題；它是「是」這個概念的確定，不是對象本身的性質之是此是彼、是紅是白的確定。

C2.2　我們明白了同一律的意義，再看辯證邏輯家怎樣的反對同一律。在此只以陳啓修先生為例，他說：「從表面上看來，自同律的要求是應該而且必要的，但是它有這種缺點。第一點、與實際上的事實不合〔……〕如說農民是農民，這一自同律的命題，可以有種種不同的內容。農民中有地主、富農、中農、小農、佃農、貧農等〔……〕同是農民，隨時代的不同，而其性質也大有變動。又如說：我是我這一命題，我有幼年、壯年、中年、老年、衰年，

今日之我已非昔日之我，身體及知識都有了改變了。所以對於一個的象所反映的概念，要求永遠同一的內容，那是不可能的。」（《社會科學方法論》，221頁）。

C2.2.1　這樣反對邏輯的不只陳先生一個人，眞是千篇一律，「滔滔者天下皆是也」，茲不過以他一個人爲例而已。我們讀過了這段話後，不知不覺就有這種疑問：「你這是說的什麼？」對此眞是雅不欲多所批評，因爲這是人類腦袋的倒退，不足爲批評之根據。你須知同一律並不反對農民中有富農、有中農、有小農佃農等，它也不反對同一農民可以隨時空而不同，它也不反對他有多種性質。我之有壯年老年，同一律也並非不承認，今日之我非昔日之我，同一律也決不否認，它也不否認知識自體之變化。你幾曾見過有人強不同以爲同來？你幾曾見過有人這樣施用同一律來？照你這樣說，好像以前的人都不知道有富農、中農、佃農、小農、幼年、壯年、老年、衰年，等你辯證邏輯家出來才發見了這個眞理似的。照你這樣來反對，則物理、化學一切其他的學問皆可來反對邏輯，皆可來反對同一律。何其謬也！對象之變化與思想之進行尚且分不開，還談什麼邏輯？說是腦袋的退化不算冤枉。說是不明白邏輯，也不明白辯證邏輯，也不算過分。

C2.2.2　我們再看他的第二點：「第二點、依自同律，標誌的總計就是概念。概念既要求永遠同一的內容，就是要求標識的不變；如此，則根本否認了發展，否認新的事象是出現。但在事實上，新的事象是常常發生的。自同律只能認識外部的標識，不能深探內部的關聯；只能認識表面的虛象，不能把握眞正的本質。」（同上，222頁）像這樣的造謠生事，邏輯有知，也要與你起訴法

庭的。同一律與標識的總計所得的概念有什麼關係？他何曾要求概
念的內容永遠不變？他何曾要求對象的標識不變？他也何曾否認事
物的發展與新事象的出現？你須知對象的發展與性質和同一律是兩
回事，你須知解析對象的發展與性質的理論或學問與同一律也是兩
回事的，你就忘記了「說話要合邏輯」這句普通的話嗎？就是你主
張唯物辯證法，你作這部《社會科學研究方法論》不也是有條有理
的嗎？你如果眞正能否認了邏輯否認了同一律，則不但我，就是全
體人類，也早就不知你之所云了。

　　C2.3　我們再說矛盾律。同一律是既不能證明也不能否證的
東西，這就是他的根本處。你不能拿著事物的變化與性質來否定
它。矛盾律是我們人類眞妄或是非二分以後的事。矛盾律不能直接
由同一律推出，其所以有連帶關係者，乃是一起首就有了二分法的
作用。當我們講同一律時，已經用了二分法的作用了。因爲有了二
分法，所以有了「是」便馬上就會有「不是」，有了「眞」便馬上
就會有「不眞」。這是人類理性的先驗運用，不能證明也不能否
證。否證要用它，證明也要用它，除非了你性與人殊，你是沒奈他
何的。

　　C2.3.1　既然有二分法的作用，所以矛盾律就是「是」同時
又是「不是」，「眞」同時又是「不眞」的禁止。這種禁止是禁止
你的思想，不是禁止事物之有多種性質與多種關係，也不是禁止事
物之有時間性、空間性與其發展性。你若以這些東西來反對矛盾
律，那眞是牛唇不對馬嘴，無的放矢。所以矛盾律的說法當該是
「X不能同時是 A 又不是 A。」對於這個律的解析，也與同一律
一樣，是思想方面的，不是對象方面的，是從你的主張方面著想，

不是從這個主張所摹狀的對象方面著想。換言之，矛盾律是兩個命題的矛盾之禁止，不是兩個名稱或兩個對象、兩種性質的禁止。矛盾只能有命題上說，不能在對象上說。對象、性質、名稱根本無所謂矛盾。

C2.3.2　如是，「X不能同時是A又不是A」這句話，是說「X是A」這個命題與「X不是A」這個命題不能同時成立；不然，它們就矛盾，就等於不說。這樣矛盾律就不宜寫成：「X不能是A與非A」，這句話也就等於說：「X不能是A與是非A」。在此，A與非A（Ā）不是兩個命題，而是兩個名稱。前邊說過，兩個名稱可以同時存在，也就是說可以不矛盾；但是命題則不然。所以「A與Ā」（即非A）與「是A與不是A」在意義上實在不同。A與非A可以同時存在，但「是A」與「不是A」不能同時成立。非A即是A以外的東西，A與A以外的東西當然可以同時存在。矛盾律所以不當寫成「X不能是A與非A」，就是因為這個寫法是名稱所指示的對象。普通根本就未想到「非A」與「不是A」的不同，並且一說矛盾律，馬上就可以把它看成是多種性質同時存在的禁止。這是錯到萬分的錯誤。

C2.3.3　這個「非A」與「不是A」的分別是很重要的。如果不注意它，則邏輯中的直接推論常常弄出笑話來。今舉一例以證明之。設有兩個命題：(i)所有的人都是宇宙的分子；(ii)所有的非人都是宇宙的分子。這兩個命題本來可以同時存在，因為人是宇宙中的分子，人外的非人也不能在宇宙之外。但是因為「非A」與「不是A」沒有分別清楚，竟推到使第二個命題不能成立。其推法如下：

（Ａ）「所有的人都是宇宙的分子」，用換質法得：

（Ｅ）「無人是非宇宙的分子」，用換位法得：

（Ｅ）「無非宇宙的分子是人」，用換質法得：

（Ａ）「所有非宇宙的分子都是非人」，用換位法得：

（Ｉ）「有些非人是非宇宙的分子」，再用換質法得：

（Ｏ）「有些非人不是宇宙的分子。」

　　C2.3.4　這個最後的 O 命題，與上邊所列的第二個命題「所有的非人都是宇宙的分子」相矛盾，即是說由第一個命題一直可以推到與第二個命題相矛盾的命題，而使本可以同時存在的命題成為不能同時存在的命題。這個問題是金岳霖先生提出來的（可參看《哲學評論》第3卷第3期〈AEIO 的直接推論〉一文），他並且有一種很繁難的解決法；可是我們若把「非人」與「不是人」弄清楚以後，則即用不著設法來解決它，它根本就推不出一個與之相矛盾的命題。後來，曾與金先生談過，金先生也以為用不著費力氣來解決。只要把界說弄清楚了，不會發生那個個題。「非人」與「不是人」的不同也是金先生指示出來的，我們現在就用這種區分另作推論，看看是否能否定了那第二個命題。

　　C2.3.5　設以 A 代表「所有的人」，以（I-A）代表「所有的非人」，即人以外的一切宇宙分子；再以 A 代表「不是人」，「不是人」只是否定了「人」並沒有否定「非人」，即是說：只否定了 A，沒有否定了（I-A）；再以" V "代表宇宙，以" ϵ "代表「是」，以" ～ "代表「不是」，現在我們可以按照《算理》的方法把那兩個命題及根本觀念表示如下：

　　(i)「（A）øAϵV」此即是說：「所有的人是宇宙的分子」。

(ii)「（I-A）ψ（I-AϵV」此即是說：「所有的非人都是宇宙的分子」。

(iii)「$\overline{（A）\phi A}$～ϵV」此即是說：「所有的不是人都不是宇宙的分子」。

(iv)「ψ（I-A）$\neq$$\overline{\phi A}$」此即是說：「非人不等於不是人」。

C2.3.6　於是，我們再將那第一個命題即「（A）.ψAϵV」作換質換位之直接推論如下：

A：「（A）ϕAϵV」＝「所有的人都是宇宙的分子」，用換質法得：

E：「～{（A）.ϕA$\epsilon$$\overline{V}$.}」＝「所有的人而是不是宇宙的分子是非的」＝「無一是人而是不是宇宙的分子」。用換位法E命題變為：

E：「～{Vϵ（A）ψA}」－「凡不是宇宙的分子是人是非的」＝「無一不是宇宙的分子而是人」。此再用換質法得：

A：「$\overline{V}_\epsilon$$\overline{（A）.\phi A}$」＝「所有不是宇宙的分子都是不是人」。此再用換位法得：

I：「$\overline{（∃A）.\phi A}$$\epsilon$$\overline{V}$」＝「有些不是人是不是宇宙的分子」。此再用換質法得：

O：「$\overline{（∃A）.\phi A}$～$\epsilon$$\overline{V}$」＝「有些不是人不是宇宙的分子」。

C2.3.7　這樣以來，最後的O命題與第一個A命題在意義上並不衝突，而亦不能否定了第二個A命題，即「所有的非人都是

宇宙的分子」。凡換質換位，無論怎樣換法，總不失原命題的意義才可。C2.3.3條中的推論是沒有顧及到「非人」與「不是人」的區別的。在那段推論中，最後的 O 命題與原命題即「所有的人都是宇宙的分子」意義不同。從原命題只能推到「不是人就不是宇宙的分子」，並不能推到「非人不是宇宙的分子」。在「所有的非人都是宇宙的分子」這個命題中的「非人」，本來是指人以外的東西而言，可是在從「所有的人都是宇宙的分子」這個命題作推論時，就忘記了「非人」這個特殊意義了。因為在推論中沒有注意「非人」與「不是人」的區別，所以及至推出「有些非人不是宇宙的分子」時，就說它否定了那第二個命題了。其實你所推出的這個「非人」乃實是「不是人」，不可與那第二命題中的「非人」相提並論也。「不是人」只是否定了「人」，並沒有否定人以外的「非人」，所以「不是人不是宇宙的分子」，並不是說：「非人不是宇宙的分子」。所以若把界說弄清楚了，便不會發生矛盾。非人與不是人必須弄清楚，以後凡邏輯中的命題，都當牢守這個區分而清楚地會陳說之，決不可再事混沌。對於矛盾律的說法亦復如此，我們不當說：「X 不能是 A 又是非 A」，我們當說：「X 不能是 A 又不是 A」。

C2.3.8　我們明白了這個道理，再看辯證邏輯家怎樣的反對矛盾律。在此仍以陳啓修先生一人為例，他說：「矛盾律是自同律向反面表示，它的公式是『甲非非甲』或『甲不能同是乙又是非乙』。這個原則要求同一主辭不能有兩個相矛盾的賓辭；反過來說，它要求同一的賓辭，對於同一的主辭不能同時又被肯定又被否定。矛盾律表面上很合理，仍是不合事實。譬如社會主義的蘇聯，

一方反對帝國主義，進行世界革命，一方又與帝國主義各國相依存，如通商關係。這種事實上矛盾的存在是形式論理所無力處理的。」《社會科學研究方法論》，222頁）。這段話又是造謠生事，一竅不通。照以上所論，他這矛盾律的說法根本就有毛病，這且不提因爲他這種混沌皮毛的腦子是難期其顧及這種細微的道理的。只是矛盾律何曾要求同一主辭不能有兩個相矛盾的賓辭？（其實在此所謂矛盾就是不通的，辯證邏輯家每以一物之具有數種性質、數種關係爲矛盾，眞是不明白矛盾爲何物，不通已極！）它又何曾要求同一的賓辭？矛盾律與物體之多種性質有什麼關係？它何曾禁止物體之多種性質、多種關係？以物體之多種性質同時存在來反對矛盾律，眞是荒謬絕倫，這沒有別的，只是表示腦袋的倒退而已。這不是矛盾律的表面上很合理，乃是你的表面的皮毛的錯誤認識。這也不是形式論理的無力處理，乃是你的荒謬不通的解析。蘇聯一方反對帝國主義，一方與帝國主義相依存，這正是它的多種性質與多種關係，這與矛盾律有什麼關係？矛盾律何曾否認了它的多種性質與多種關係？矛盾律是兩個命題的矛盾的禁止，並不是命題所指示的對象之多種性質的同時存在的禁止。你總不能說它是社會主義又不是社會主義吧！矛盾律就在這裡。如果那個社會主義社會含著非社會主義的成分，這也只表示那個社會主義社會就含有多種成分、多種性質在其內，也仍不能否認了矛盾律。

　　C2.4　我們再說排中律。排中律也是思想進行方面的，不是對象方面的，是兩個陳說對象的、命題上的拒中，而不是對象或名稱的拒中。因此，排中律的引出也與矛盾律一樣，是由二分法的引用引申出的。二分法不能反對，排中律也是不能反對的。同一律是

指示，是「是」之確定，矛盾律與排中律是規定「是」的兩種說法，思想上的解說與反覆解析由這兩個律起。同一律只負指示之責，有了二分法，引出矛盾律與排中律，我們的思想才能層層連綿而起，如蠶絲一樣愈引而愈長。這種理性本身的無限的引長完全恃著藏在二分法中的矛盾律與排中律。這種無限的引長就是理性的推演，就是邏輯的層次，客觀邏輯、絕對邏輯就是這個。

C2.4.1　排中律的說法是：「Ａ一定是Ｂ或者不是Ｂ」，同樣，也不當該寫成：「Ａ或是Ｂ或是『非Ｂ』。」「非Ｂ」是Ｂ以外的東西如Ｃ、Ｄ、Ｅ等，你所非的是那一個呢？如果是Ｄ，則有第三者Ｃ可以是，這樣便可有第三者存在。所以這種說法仍是名稱上的、對象上的，不是思想上的、命題上的；仍是不合排中律的真意。排中律的本意是「Ａ是Ｂ」與「Ａ不是Ｂ」這兩個矛盾的命題之間不能有第三可能，如果有第三可能，則便不算是矛盾。我們再進一步說，排中律就是表示：「一個命題一定是真的或者不是真的。」一個命題就是有真妄二值的一句直陳的話，如果無真妄可言，那就是疑問，疑問無真妄可言，所以也就不是命題。所以一個命題只能是真的或者不是真的，故排中律只能適用於命題上。

C2.4.2　我們再看辯證邏輯家怎樣無理取鬧的反對排中律。陳啟修先生說：「排中律其公式為：甲或是乙或是非乙。二者必居其一。這個根本原則，只是矛盾律的另一說法，它要求同一概念，如有互相矛盾的判斷，則必有一真一偽。如說，社會主義的社會或是有國家，或是沒有國家，二者必居其一。但是事實上，社會主義社會可以說有國家，也可以說無國家。何以說有，因為社會主義社會也是有強固緊密組織的；何以說無，因為社會主義社會的組織已

經變了質，與國家完全異趣。」（《社會科學研究方法論》，223頁）。這段話仍是與前一樣，仍是從對象的性質上說，仍是把排中律看成是對象的性質之禁止。其實這是辯證邏輯家的造謠，這是妄自加名。你須知邏輯不是一種摹狀對象的特殊學問或科學，它是思想進行間的規則與步驟的學問。

C2.4.3　陳先生在否定了思想律以後，便綜結說：「由上看來，形式論理的三根本原則是經不住批判的。表面上，彷彿是不待證明而自明的真理，但是不合事實。」（同上）。別說你一個陳啓修，就是一千個一萬個你也批判不了，忒經得住批判了，除非你到了地球以外，性與斯人殊。你說「不合事實」，我說他根本就不與物理、化學同其性質的學問。你怎知他不合事實？

C3　我們再看辯證邏輯的根本原則是什麼。陳先生在講根本原則以前，提示出三種客觀的事實：(i)真理的相對性；(ii)差別的相對性；(iii)二律相背性。這三種事實其意義皆模糊而不定。

C3.1　譬如真理的相對性，據陳先生的解析是說沒有永久不變的真理，以牛頓的物理律爲例。如果是這個意思，則真理的相對性於講辯證邏輯沒有關係，因爲我們人類對於外界的知識根本不是萬能的，是常常要修改或改變的；但改變只是改變了我們對於外界的態度或主張，並未改變了世界的真相。這於講辯證法有什麼關係？須知真理（truth）不同於真實（real）。如果所謂真理的相對性是指外界的真實之變化而言，則雖可以與你所講的辯證原則有關係，但你所舉的例則不類，有「真理」混於「真實」之弊。或許，你以「真理」之常變也認爲是辯證事實了吧？

C3.2　如果如此，則所謂真理之相對性還是指我們對於外界

的主張之常變而言，並不是指外界本身變化而言。可是，「差別的相對性」這一點又完全是指外界本身而言了。這一點即是指事物的異中之同、同中之異而言。這一種事實與前一種事實根本不相類，不是同一方面的。你是以那種為講辯證原則之先在事實呢？據其意大概是以後者為有關係。如果前者也要有關係，則當改變說法，即當說：「事實是變化的」。

C3.3　至於第三種，其意是一種東西可以有多種相矛盾的性質，這就是他所謂二律背反（antinomy）。此字本來是取之於康德，所以又以康德的 antinomy 為例。其實這又是望文生義，康德的背反與他所謂背反意義迥不相同，不可胡來比擬，康德之意可以參看 A 段。至於又牽涉到數學上的無限大、無限小，那更是莫名其妙。

C3.4　他這三種事實，如果我們把它的意義嚴格的表示出來，當是這樣：(i)事實的時間上之變化性；(ii)事實的空間上之滲透性；(iii)事實的性質或關係之多種性。這樣清楚得多了，準確得多了。可是，這只是對於世界的解剖或說是一套元學理論，既不能算是什麼方法學，復不能算是什麼辯證邏輯。普通所謂「質量互變」、「對立之統一」、「否定之否定」三法則，其實即是這三種事實的另一種說法，不過用了黑格爾邏輯中的些名詞而已。其實，這些名詞在唯物辯證法的系統下多半是不通的，前兩種猶可說，「否定之否定」則完全用不著。但無論如何，這三法則是描寫事實的律，是元學原則，決不是什麼方法，什麼邏輯。陳啓修所謂三種實觀事實，無非就是這個。他以此三法則只是認識的必要觀點，不是推理律。這就是說這三法則不是邏輯，其實在我們看來，它也不

是觀點，倒是認識上的所得。並且他又認為：「研究現象的關聯發展或運動」，「把現象具體的去研究」，「與人類的實踐關連起來去研究」，這些說法都只能認為是認識的具體方法，不是基本律。這也就是說，這些說法不是推理律，不是邏輯原則。這見解是很對的，由這見解足以證明他所說的三種事實也不是邏輯原則。然則，他所說的邏輯原則或基本推理律是什麼呢？陳先生很聰明，見出普通所講的不能算是邏輯原則，也不能算是基本推理律，為的要使辯證法成為邏輯以與形式論理相對抗起見，所以也造出一個基本推理律即：「相對的同一，絕對的不同一」。

C3.5　其實，這個律仍不是邏輯原則，其性質與前三種事實三法則並無不同之處。它仍是指示一種客觀事實的性質，它仍是一個解析事實的命題，或者說，它仍是一個元學論上的原則，與物理律之性質並無不同。它決不是一個邏輯，與他所說的三種根本事實也並無性質上差別。那三種事實不能成為推理律，這個「相對的同一，絕對的不同一」難道就能成為推理律了嗎？

C3.6　他這個推理律是引用列寧的話來作解析的：「在知識的原始蓄積，我們必須傷害對象之現實的關聯，使它單純化。我們如果不把連續的中斷，不把活的使它傷害，使它分割，使它死；我們即不能把對象表現出來，不能計量，不能描寫。」這種暫時的使對象單純化，使它死，使它中斷，就是所謂「相對的同一」，「而結果，真實的世界還是永遠常變，相互關聯」，「絕對的不同一」。「相對的同一」只是假象，只是暫時的方便，這自柏格森起以直至邦嘉雷（Poincaré）、懷悌黑，誰不知道這個道理？然而他們卻從未說這是形式論理的應用，這是基本推理律，這是辯證論理

克服了形式論理。

C.37 陳先生說：「〔……〕辯證論理固然可以把握全面的動態現象，但非從空間的某一方面，時間的某一段落開始不可。形式論理的用處，即在能把握在關聯及變動中的對象之某一方面及某一時間之安定性，〔……〕此種觀察在思維的進程上是必要的，因為不如此，則思維無從開始。不過，所謂某一時間某一方面的安定性，只有相對的意義，不能看成絕對的；必須把它隸屬於帶有全面性及發展性的較高級較完全的論理。所以形式論理不是與辯證論理相對立，它被辯證論理克服了，而構成辯證論理的一部分。」（《社會科學研究方法論》，219頁）。這段話據說是描寫關於兩種論理的爭論的最有力的一種見解，也就是列寧派的主張，陳先生也是贊成這主張的。所謂基本推理律就是這段話的縮影。可是，這裡有許多不可饒恕的錯誤：

(i)認解析世界之起點為形式論理，錯誤一；

(ii)認客觀的事實為辯證論理，錯誤二；

(iii)認此客觀的事實為論理，並以此論理不與形式論理相對立而卻克服形式論理包括形式，錯誤三；

(iv)認描寫客觀事實之原則為邏輯原則，為推理律，錯誤四。

C3.8 所以，不但三法則、三事實不能成為推理律，就是「相對的同一，絕對的不同一」也不能成為推理律。結果，那就是說，它不能成為一個邏輯，它也不能克服邏輯而包括邏輯。它們倆根本不是一會事，怎麼能說它不是相對立的？你說它克服了形式論理，我說你講辯證法也得用形式論理，你反對形式論理也得用形式論理。你怎樣克服？

C3.9　照顧到 B 段，我們可說唯物辯證法乃是一個辯證過程，或說是一種唯物的元學論，摹狀客觀事實的一種理論，而不是方法學。在本段，我們指出說它只是一種解析世界的理論，它不能成為一個邏輯。它反對邏輯的那些話完全是無的放矢，風馬牛不相及。它不能克服邏輯，包括邏輯。

D. 方法論

D1　上段從純邏輯方面確定了邏輯之不可反駁，並指示了辯證邏輯之不能成為邏輯。現在再從方法論這方面證明辯證邏輯不能成為一個特殊方法，更不能與形式論理相對抗，更也不能有所謂形式論理的思索方法這種不通的謬見。陳啓修先生講完了那兩種論理的根本原則以後，就來論這兩種論理在思索方法上的差異及其關聯。所謂差異，就是兩者的不同，不用說這不同乃實是無理取鬧；所謂關聯，就是所謂克服，不用說，這個克服也是無的放矢。他論這兩種論理的思想方法是從六方面來論：(i)抽象和概念；(ii)判斷和推理；(iii)分析與綜和；(iv)歸納和演繹；(v)經驗和實驗；(vi)科學的預見。從這六方面指出它們的差異關聯，並也說出辯證法有辯證法的抽象、概念、推理、判斷、分析、綜和……等。我起初認為它能脫離了這些東西而獨行其是，不想結果還是在如來佛的掌中。復次，他舉這六方面就是普通所謂科學方法，可是這六方面都是些十分專門的問題，而沒有一個問題是陳啓修先生所能了解的，所謂不得其門而入者是也。

D2　在此，我們首先要指出形式論理的思索方法這句話之不通。形式論理，我們在前幾段已經說明白，就是人類理性的無限的

推演與發展。至於所謂抽象、概念、推理、判斷、分析、綜和、歸納、演繹等東西，完全是我們解析事物時所用的東西，也完全是在我們解析事物時這些東西才表現著。所以我們說，這些東西乃是科學方法中所有事，與邏輯迥乎不同。形式論理的思索方法更是不通。古今中外就沒有一個人當其解析事物時只用了「Ａ是Ａ」這句話。至於所謂科學方法中的那些東西其為根本，其為不可反駁，與邏輯之為根本為不可反駁一樣。

D3　我們先從抽象和概念起逐條作簡單的指正。抽象是人類的思想在解析事物時的一種概括作用，無論那一種學問，無論對於事物說成什麼樣子，都得用它。它不能盡舉事物的真相，它也不即是事物的真相，但我們解析事物的真相時，舉盡事物的真相時，卻不能不用它。概念是我們經驗的成立，是我們用抽象的方法解析具體事物的性質或關係時所得的總念，它是思想上的一個製造用來代表或標誌種類的，無論你怎樣解析事物，也不能離開它，反對它。可是，我們的陳啟修先生卻必須成見在胸地作無知的反對。他說：「人是能造工具能思維能言語的動物」，這個界說便是形成論辯的界說，也便是形式論理的抽象或概念。他以為這不能「表象出現實的完全的人」，而辯證論理的抽象和概念是能舉發了事物的真相的。他以馬克司分析商品為例，從簡單的漸漸到複雜的直至把整個的複雜的社會解剖出來，表象出來。這是辯證論理的抽象和概念，這是形式論理所辦不到的。嗚呼哀哉陳先生！你為什麼不以人種學、生理學、心理學、生物學來反對「人」這個概念呢？吾為中國人哭！

D4　至於說到判斷和推理，更是豈有此理的胡說。他說：

「國家是土地、人民及權力三要素集合而成的團體」這是形式論理的判斷，而「國家是支配階級手裡的工具」這是辯證論理的判斷；「人類的本質是社會關係的總體」是辯證論理的判斷，而「人類是能造工具能思維言語的動物」便是形式論理的判斷。大家請看，說這樣的話還有一分理性沒有，真是不可救藥；至於他論推理，更是罔知所云；吾實不願多費筆墨。

D5　至於講到分析、綜和、歸納、演繹、經驗、實驗、科學的預見，那簡直是一竅不通，令人批評也批評不下去了。讀者不信，請去讀一讀他的大作，只要有一點腦筋，就可以見出這種理論是足以丟中國人之臉的。這沒有別的，只表示腦袋的倒退！

D6　今有一人認識了這是電燈，於是凡不說電燈的都是錯的，都是形式論理的，都是當該克服的。辯證論者千言萬語，都是在玩這一套把戲。

D7　我們由以上的討論，可綜結於下：

(i)辯證邏輯不能成為一個邏輯，它不過是解析事物的一套理論而已。

(ii)辯證邏輯不能成為一個方法學，它所說的話人人都能說出，它的方法人人都會用。

(iii)辯證邏輯也不能自成一個特殊的思索方法，它的方法還仍不過是人人都有的理智的科學方法。我們不能以一門學問的內容來當作方法。

D8　我們普通所謂方法，其實就可分成兩種：(i)科學法；(ii)直覺法。柏格森所說的直覺大概在人類中確是有這麼一種情形的。不過，你要解說還得用科學法。辯證邏輯的思索法也不過是一種普

通的科學法，它不能特成一個特殊的方法。除此兩法而外，大概就是所謂觀點、出發點而已。

　　D9　有些人常以爲邏輯是反對不了的，但一方面反覺得辯證論理似乎也很有理。於是人們徬徨了。讀者若讀過了這篇東西，我想對於你的徬徨不是一點補救沒有的。同時，辯證邏輯家也不要再丟臉了，你何必爲一時的革命就造出這麼些謬論來？將來時過境遷，豈不懊悔有礙於眞理的發見？

原載張東蓀（編）：《唯物辯證法論戰》上卷

（北平：民友書局，1934年8月）

辯證唯物論的制限

A. 辯證唯物論是一種元學理論

A1　關於辯證法的問題，可以從兩方面來討論：(i)方法方面；(ii)元學方面。關於方法方面，我在〈邏輯與辯證邏輯〉一文中已討論得很詳細。在那篇文章中，我已經證明它不能成一個邏輯與普通所謂形式論理相對抗，它也不能成一個特殊方法而與普通所謂科學方法相對抗，它也更不能有如陳啓修先生所謂克服了形式論理的情形。討論這種東西是動不得肝火的，海內明達，如果肯仔細思索一下，必不以吾言為非。然則，風行一世的辯證法究竟是那方面的東西呢？曰：它是一種元學理論。

A2　因為它是一種元學理論，所以辯證法、唯物辯證法、辯證邏輯等都是些無意義的名目，都是用不著的。然而，這風行一世的宣傳鼓吹竟是勞而無功嗎？曰：不然，它唯一的內容，唯一可以殘存的東西，就是一種元學理論，其名目就是辯證唯物論。除此而外，全都是些胡天胡帝的東西，不可以為法。

A3　最足令人噴飯的就是反對形式論理，反對歸納法，而自稱是動的邏輯、高級的論理，吸收了人家，克服了人家等等不通的

話。關於這方面，若始終執迷不悟，還用得著辯論嗎？最好的答辯就是：努力讀書，多加思索。

A.3.1　有人說，雖然不能成一個邏輯，但可以成一個方法；它雖然是一種元學理論，但理論一出即可轉化為方法。我說，理論雖可轉化為方法；但它究是一種理論，不可與普通所謂方法相提並論。所謂以理論為方法，實在乃是以現成的大家所公認的真理為根據來解析另一種事實而已，那裡能成為一個特殊方法？即使承認是一個方法，它也不能代替了形式論理，克服了歸納方法。若說我們當從關聯方面看事物，從發展方面理解事物，這還用鼓吹？誰不知道？就是最剛愎最固執的人，他自己也以為是面面顧到，毫無遺漏。所以，若以此意為方法，那就等於不是方法。古今中外愚夫愚婦沒有不明白的，沒有不承認的，用不著鼓吹，也用不著反駁。

A4　既然在邏輯或方法方面失敗了，所以我們只好回到元學理論這一方面了。

A4.1　不但是現在的辯證唯物論不能成為一個邏輯，成為一個方法，而只是一套元學理論；就是黑格爾的邏輯或元學系統，也不能成一個方法或邏輯；它仍只是一種元學理論。今人用奧伏赫變的方法揚棄了他的系統，採取了他的方法，這恐怕是不可能的事。須知黑格爾的辯證之使用，乃全是客觀理念之自行推演，如果揚棄了他的系統，他的辯證概念也就完了，這兩個東西是分不開的。今人若揚棄他的系統而採取他的方法，結果不是復歸於黑格爾的系統，就是失掉了他的方法的真意義。一個大哲學家的畢生精力之匯萃，豈是容易拆開的！

A4.2　認黑格爾的元學邏輯不是解析具體世界的發展的宇宙

論，而是本體論上的範疇之邏輯地推演，這也是中外黑格爾專家所公認的。唯其如此，所以他的辯證法便不能與他的元學系統相分離。他所以有那種系統而不能把它看成是宇宙的發展論，正因爲他那種辯證活動使然；他所以有那種辯證活動，也正因爲他的哲學見地或元學系統使然。使現在的辯證唯物論之辯證歸復於黑格爾的元學系統必是爲他們所不承認，然則只有改變「辯證」二字的意義了。可是，這樣以來，還來算是辯證法嗎？

A4.3　這種改變意義的辯證法，他們叫做是唯物辯證法，以別於黑格爾的唯心辯證法。所謂唯物的辯證就是物質的辯證，換言之即是「具體事實的辯證」。可是這樣以來，辯證的內容完全改觀了，其改觀不只是唯心、唯物的顛倒，而乃是「辯證」這個概念本身的內包之改觀。這種改觀還仍叫它是辯證法，還有什麼意義呢？

A4.4　須知此處所謂唯物辯證法仍不是指邏輯或方法而言，而仍是那套元學理論的另一種說法。所以，這套元學理論我們可以叫它是「唯物辯證式的辯證唯物論」，換言之，也就等於說是「非黑格爾式的辯證之辯證唯物論」。所以在此，我不名之曰「辯證法的唯物論」而名之爲「辯證唯物論」，同樣，我們也不當名之爲「唯物辯證法」而當名之爲｜唯物辯證論」。兩個題目實是指謂一種東西。它們兩個乃是一套元學理論的兩方面的說法。它不能是一個邏輯，它不能是一個方法，我們不能把理論（theory）當作邏輯。最可笑的是以邏輯爲客觀的反映的見解！

A5　復次我把「唯物辯證式的辯證唯物論」當作元學理論看並沒有惡意。普通有看不起元學的成見，一提到元學，腦袋裡馬上就聯想到玄學鬼。所以辯證唯物論者總說他們是科學的、高級的，

而不肯承認是元學。其實，玄學鬼不就是元學，元學也不必都是玄學鬼。元學乃是一門有特殊性質的學問。元學包含兩部分：(i)本體論（ontology）；(ii)宇宙論（cosmology）。前者討論宇宙的根本存在或最後的實際存在的材料；後者討論這些最後的實在之關係結構及其發展。這兩方面的結合即是一部元學。所以，元學即是居在超然的地位而客觀地摹狀或解剖宇宙一切現象的學問。辯證唯物論最起勁的地方就是元學中的宇宙論一支，所以即便名之為宇宙論上的宇宙理論亦無不可。至於這種宇宙理論的內容是什麼，下段再論。

B. 宇宙論的辯證唯物論或唯物辯證論的內容

B1 當然，在辯證論者自己以為唯物辯證法的內容是很多的方面的，包羅天地，無所不屆；但以我們看來，其他各方面都是誇大其詞，毫無實據。譬如認識論方面乃實是淺陋不堪，關此，將再另文論之；所以現在只把它的內容限於宇宙論方面。

B2 關於這方面，講的最完備最有系統的還是陳啓修先生。他在《社會科學方法論》裡把這方面的內容當作認識的具體方法論看，其實不過是宇宙理論而已。他從兩方面來立論：(i)實際認識上的具體原則；(ii)實際認識上的具體範疇。關於具體原則方面，他列成十個：

(1)質的認識；

(2)量的認識；

(3)質量的推移；

(4)要認識事象內部的根本矛盾；

(5)要認識各種對立的相互浸透性或同一性；

(6)要找出根本矛盾中之主導的方面；

(7)要把握全發展過程上自始至終全體的矛盾運動；

(8)要時時刻刻預期並發見新的東西的發生；

(9)要找出各種相關的發展過程的相互浸透性，即要找出外因；

(10)要在舊的種種矛盾當中找出新事象的出發點。

這十個原則仍不過是那普通所謂三個原則之展開：(1)(2)(3)可以歸并於「質量互變」的原則；(4)(5)(6)可歸并於「對立物之統一」一原則；(7)(8)(9)(10)可以歸并於「否定之否定」一原則。所以在此，我們只以這三個原則為討論的對象即足。

B2.1　關於具體範疇方面，陳先生列出八對：

(1)本質與現象；

(2)內容與形式；

(3)相互作用與因果關係；

(4)根據和條件；

(5)可能性與現實性；

(6)偶然性與必然性；

(7)自由及必然；

(8)鏈與環。

這些範疇之列舉當然沒有固定性，可以隨便引長；並且差不多都是哲學上常見的東西，已經解決了的問題。辯證論者對之也沒有特出的花樣。再有些是本問題範圍以外的東西；所以關於這方面，只須附帶著討論那些與上邊的具體原則有關係的就夠了。

B2.2　在上面三個具體原則方面，又可以引出兩個根本要義：(i)奧伏赫變的精神，(ii)正反合的辯證形式；所以我們又可以列

成五個項目來討論：

　　⑴質量的互變；

　　⑵對立物之統一；

　　⑶否定之否定；

　　⑷奧伏赫變；

　　⑸正、反、合。

這五個可以舉盡了宇宙論的辯證唯物論或唯物辯證論的內容。

　　B3　在此，我先要指出黑格爾與唯物辯證論者的關係。據說辯證法在黑格爾是腳朝上頭朝下，所以馬克司把它倒顚過來而成爲唯物的。其實我們當注意：⑴黑格爾辯證與黑格爾系統拆不開；⑵黑格爾辯證不能倒顚，它也無所謂腳朝上頭朝下；⑶辯證法無所謂倒顚，只是不同方面的應用；⑷不同方面的應用只是形式上的一個空殼，完全失掉了它本身的意義。所以我們在此可以得兩個結論：

　　⑴按照馬克司的唯物論，按照黑格爾的辯證法，則辯證法與唯物論格格不相融；換言之，拘守著黑格爾的辯證意義來解析馬克司的唯物世界是錯的，是與事實不符的，那就是說不能用。

　　⑵如果不按照黑格爾的意義而只取其形式，則唯物辯證論的內容完全投降了另一種東西而不成其爲辯證法。同時，辯證形式也只成了一個空殼，你的應用也不過只是習慣上的一個應用而已，完全是一種無多大意義的舉動。

　　B3.1　辯證邏輯家們，你究竟是承認那個結論呢？據我看，最終恐怕是承認第二個結論，以下即說明之。這兩個結論是我們對於唯物辯證論的批判之總關鍵，就是張東蓀先生的一切言論也無非是說明這兩個結論之不可同日而語。今之人不明白黑格爾的辯證

之特殊意義，而只以馬克司的說法或流俗的見地來說明黑格爾，隨以為黑格爾就是如此，這才是生吞活剝，最混沌不過的思想。張東蓀先生的〈動的邏輯是可能的麼？〉一文實在沒有什麼錯誤的地方，但反對者卻說他是曲解黑格爾，他捏造黑格爾的原義，其實不是他的曲解，而是你不明白黑格爾的哲學，而是你的思想或腦袋之混沌。

B3.2　今之人不明白哲學史上各家術語的函義，但是又離不了牠們，所以只好望文生義，把人家所已經弄清楚了的，現在都重新使之恢復到混亂狀態。如果有人出而釐清之指正之，則說你是曲解，你是捏造，你是反革命，你是資產階級的哲學，儼然世界上只有自己是對的，自己是絕對的，至大無外至小無內的；其實何嘗如此？辯證論者所最起勁的就是世界的變的、相關的。這個道理我敢說無人不承認，雖愚夫愚婦亦盡知之，雖下愚不移一經指點也可明白。沒有一個人反對這個道理的；所反對的就是專門術語之不可亂用。你如果不用專門用語而用平常的言語把它說出來，那倒也罷了；可是你們又不安心如此，你們要牽連到這家，關涉到那派；這樣以來，這不能沒有一個標準了，就不能只知其一，不知其二，隨便亂說了。人家一指正，你就把一切用語不分皂白都混合於你的變的、相關的宇宙觀中，於是津津有辭便罵這個為不懂，誣那個為不通，而一般幼稚無學之淺人即隨聲附合起來；因為誰能反對變呢？誰能反對相關呢？於是自己便吹噓起來以為「真金不怕火鍊」。其實，這種一團茅草亂蓬蓬的生銅硬鐵，實在有鍊一鍊的必要。如果你仍是始終固執，安於混亂，則金剛文化之大流必將捨你而不顧，所謂不焚而自焚，不燒而自燒者是也。縱然你是信徒滿天下，亦不

免曇花一現，豈足以此自豪哉？

B4　現在我們再討論上面所列的那五個項目而證明唯物辯證論之屬於第二個結論。

B4.1　先說第一個即「質量的互變」是。此原則即是摹狀世界上一切東西由質的變化或不同，可以引起量的變化；由量的增減可以引起質的變化。這種淺顯的事實誰不承認？物理學之解析聲色早已證明了，達爾文的進化論、穆耿的層創進化論也都在證明這事實，吾人不能反對；但承認了這個，就算有了一個動的邏輯嗎？這就是辯證法嗎？吾看大可不必！如果這就是辯證法，則無怪世界上辯證法之多，也亦無怪辯證論者之振振有辭了！這不是捨棄了黑格爾的辯證法而投降了人所公認的科學理論是什麼？

B4.2　再說第二個原則：「對立物之統一。」這個原則是摹狀世界上一切東西之分裂結合而向前發展的。這個原則可以從兩方面說：(i)對立之統一；(ii)一物之對立。前者謂兩個相反的成分而構成同一個東西，如陰陽電之組合電子或原子；後者是一個東西含有兩個相反對的東西，此即所謂內在矛盾自己分裂者是。前者是說明新形態、新階段、新性質；後者是說明舊的東西之分裂，以備向新的方向趨向。這種淺顯的理論亦為物理學、生物學等科學所早說明了，這也用不著我們現在來另賦以新名而大肆鼓吹。關於這種道理，我在〈辯證法之總檢討〉及〈社會根本原則之確立〉兩文中已詳細指正出它不能以矛盾來論，它不能以正反合來論。它不是辯證法，在此不必多說。如果這就是辯證法，則一切科學都是辯證法，因為沒有一門學問能反對變與相關的；然而這再有什麼意義呢？這也無怪世界上辯證法之多了。

B4.3　再說第三原則：「否定之否定。」這原則據辯證論者說是說明一切事物之內部的前後關聯與發展之聯繫的。這原則也是出之於黑格爾的，可是意義與黑格爾完全不同。其意義很顯明的，就是事物間的一種因果關係（causal relation），它所指的意思，用因果鍊子來說明倒很合理，若用否定之否定來解說，那就顯得太無意義。除去是一個公式的應用而外，我實看不出有什麼特別的意義在，我實看不出有非用否定之否定不可的地方。然而，在黑格爾我們卻說它有意義。因爲他的三分法舉盡了一切，到了第二個否定時，就是一個大圓滿大完成；所以否定之否定就是一個始終，就是一個奧伏赫變，就是自己超渡，自己圓滿。所以張東蓀先生說它是一個系統，而不是事實之進化，這完全是對的。即便是進化，也不是達爾文生物學上的進化，這已經是有口皆碑的了。可惜辯證論者沒有了解這種特性，還要說人家曲解，捏造原義；曲解不曲解，最好還是請你仔細讀讀黑格爾的原著吧！如果黑格爾像辯證論者所了解的，則還能成其爲歷史上的黑格爾嗎？可是，反過來，辯證論者所說的否定之否定，其所指完全是具體事實之發展過程，用了否定之否定實在無意義，以之來解析內部的關聯更是無能爲力。如果人類進化史、自然發展史可以用否定之否定說明，則從開天闢地起至現在止，其中各段落皆可以否定目之；有多少段落轉變，當有多少否定，如是我們的否定可以無限，豈止否定之否定而已？所以，這顯然與黑格爾的意義完全不同。所以辯證論者名目上用否定之否定，而骨子裡則實是在講事物之發展的內部因果關係，這是萬難掩飾得住的。我不知因果鍊子怎樣可以成爲否定之否定的辯證法。張東蓀先生把因果性與黑格爾的否定之否定的辯證性分開，實在是很

有道理的，可是不懂得黑格爾哲學的反對者卻只知道罵人。我早知道你們是因果律與辯證過程不分的，你們是骨子裏講因果關係，而以否定之否定爲其外衣的；唯其如此，所以你們才以爲因果律與辯證法是統一的；也唯其如此，所以你們的辯證法才不是辯證法。如果你說這就是辯證法，則我說這種辯證法不足多也，何必多此一舉？這不是除消辯證法投降因果律是什麼？所以陳啓修先生在具體範疇中大講相互作用與因果關係以及根據和條件，這些東西無非因果關係之表示。就是他的(7)(8)(9)(10)四個具體原則，也無一不可以因果關係說明之。唯因果關係始可使你把握住全發展過程上自始自終的全體矛盾，唯因果關係始能使你預期並發見新的東西的發生，唯因果關係始能使你找出各種相關的發展過程的相互浸透性，也唯有因果關係始能使你在種種舊矛盾中找出新事象的出發點。其實，我們在此所說的並不是以因果關係來與你的辯證法相對抗，乃實是你所講的辯證法骨子裡無一不是因果的關係，這不能不說是一個巧遇，可奈何？所以結論：你不是反黑格爾就是黑格爾，徒藉用他的外衣無當也。固然，你們可以說因果關係是講外因，除去外因以外，還有重要的內因，這不能不訴之於辯證法；但照佛家的因緣論看來，你所謂外因正是所謂緣，你所謂內因才是眞正的因果之因，這怎樣能說這不仍是因果關係？況且你所謂內因，若按羅素之《物之分析》而言，正是他的內在因果律；所以結果還是離不開因果關係。但是須注意，所謂內因，所謂內在因果律，與張東蓀先生所說的辯證法之以內在性說明相涵之「內在」迥乎不同；就是現在的辯證論者所謂「內因」也是不同於張東蓀先生所指示的黑格爾辯證之內在的。現在辯證論者所謂內因其實就是因緣合和的內因，在動的

相關的世界裡，就沒有一種東西能無緣無故而自己分裂。所以辯證論者之注重內因也不過是看的周到而已，仍不能脫離因果關係，仍不能因之而即成為辯證法。

B4.4　明白了上述的道理，就可以講「奧伏赫變」了。這個名詞也只是襲用黑格爾的用語而已，其意義也迥乎不同。張東蓀先生說奧伏赫變並不是變（change），這實是合乎黑格爾的奧伏赫變之主意的，此亦不是張先生之私言，乃天下之公言也。可是反對者不能體會這個字的意義，又來主張它就是「變」了。你須知這個「變」字有多方的意義，並不因為這個字是「變」它就是變呵！所謂變，有具體事實的變遷流轉，進化發展；有邏輯層次上的推演，解說上的先後；有人格上的不佔時空的自己超渡，自己圓滿，自己實現，自己成為無限成為絕對。張先生說的不變正指後兩者而言，而這也即是黑格爾的真意，我們不能混沌地概以變名之。他所說的三種變即是指前一點而言，具體言之，即是指物理、生物學上的變化而言，而現在的辯證論者所用的奧伏赫變也正是指這方面的變化而言，這豈是黑格爾的原意？以黑格爾的奧伏赫變解成物理、化學生物之變，真是千古末有之奇！自己不明白黑格爾的原意而以流俗之見甘於混沌，逐望文生義，而以混沌付諸黑格爾，以反對人家之指正，這有什麼是處？所以，黑格爾的奧伏赫變是辯證法，而現在辯證論者的奧伏赫變卻是進化論。這還能再固執下去嗎？你的奧伏赫變之意我們已經明白了，我們也承認；但是我們唯一要指證的，就是你的變不是黑格爾的變，你的變是變，黑格爾的變不是變。黑格爾自己時常警告我們說：他的發展轉變推演都不是時間地、空間地，而乃是邏輯地，難道黑氏自己的話還不可靠嗎？因為他沒有時

間空間，所以他是辯證的，他能說否定之否定，他的奧伏赫變才不是我們普通所謂物理、化學上的變；而你們所謂變是具體事實的，是物質的，因而也就是有時空的，所以也就不是辯證的，也就不能說否定之否定，而奧伏赫變也就是變。所以黑格爾之為辯證法，現代辯證論者之不為辯證法，完全在有無時空為關鍵；而作為其中之內容者，一為理念，一為物質。這一個差別是很重要的，而反對論者卻以為時間反對不了辯證法，這實在未接觸著這些問題或用語的意義，其反對完全是混沌腦袋的表現。所謂反對不了辯證論者，反對不了現在的唯物辯證論者的辯證法，因為這個辯證過程正是指取有時空的物質或事實而言，而也唯其如此，所以才不是辯證法，所以時間才能反對辯證法。如果連這些問題都弄不清楚，據我看，就不配談什麼唯心唯物，總之不配談哲學。

B4.5 辯證論者的奧伏赫變既然是變的，既然不同於黑格爾，則所謂正、反、合之辯證形式亦將同於否定之否定，同為只是一個空殼而成為無意義的東西了。黑格爾的正、反、合只是沒有時間歷程的一個靜的不動。他不是今天有個正，明天有個反，後天再有個合。他是一下子都生起，執持正與反都是有限，必須圓融而消解之以成為無限，所以他每一正、反、合是一套或一系統，而每一正、反、合成又各有其正、反、合，各成其一套一系統。這是我們已說得許多次了的道理，而在黑格爾的邏輯中又無一頁不表示著這種精神；所以我們不願在此多說。反對論者當仔細讀黑格爾的書，體會這個道理，如果始終不明白，那就最好吃佛家的狗棒了。反過來，我們再看唯物辯證論者的正、反、合。這個正、反、合，其實只是一個形式的應用意義，早失掉了。例如以原始共產社會為正，

而以資本主義為反，以將來的社會主義為合，這種以社會進展的階段來表示正、反、合，這實在無意義。這種形式上的套合完全是一時的高興，並沒有什麼嚴重的特殊意義在；可是一到中國來，便神秘起來了！所以我們在此結束說，正、反、合之形式在唯物辯證論者手裡早成具文了，其骨子裡完全不是辯證法的精神了，與我們所謂關係結構層創因果殊無二致。而所以仍堅持其為辯證法者，乃是馬克司受了民族熟習的緣故，輕輕地採取了其祖先的用語而套上去就是了。

B5　我關於辯證法的一切批判，可歸約以下幾點：

(i)它不能克服形式論理，它們完全是兩回事；

(ii)它不能自成一個邏輯而代替或克服形式論理；

(iii)它不能成一個特殊方法，它也不能反對了科學方法；

(iv)它是解析世界的一套元學理論；

(v)它這套理論只取了黑格爾的辯證形式作外衣，而骨子裡則完全不是辯證的意義，辯證法只是一個空殼。

原載張東蓀（編）：《唯物辯證法論戰》上卷

（北平：民友書局，1934年8月）

AEIO 的四角關係

一、原始觀念

茲舉四個原始觀念如下：

1.二分觀念：我們現在以二分邏輯爲標準邏輯，所以在講推理系統時，不能不以二分觀念爲原始觀念。二分是「是」與「不是」的二分，不關乎名稱、類、或對象方面；它是思想方面的東西。

2.同一觀念：這個觀念普通名之曰思想律，在此不把它看成是律，而認它是原始觀念。同一就是關於「是」的一致的肯定，也是思想方面的，不關於外界或對象方面。我們說話之所以有意義，同一是一個必須的條件。一個思想所以能成系統，前後一致，也完全靠同一觀念。所以同一是說話有意義與否的關鍵，不關于對象的變與不變。

3.拒中觀念：拒中觀念是由二分觀念而來的。既然是二分，便不能有中間存在。所以拒中則表示一定「是」或「不是」，決不允許：既是「是」又是「不是」，既不是「是」又不是「不是」。如是，拒中也函有同一在內。故拒中也是思想方面的，不關于對象。

對象方面既無所謂二分，又無所謂拒中。但在思想的運行上，一定要有這個觀念，不然便不能進行。拒中普通亦名之曰思想律，在此則名之曰原始觀念。

4.矛盾觀念：矛盾是拒中的另一種表示，是容中的禁止的表示。它一方面證成同一，一方面證成拒中。當然也是由二分觀念而來的。它是「既是『是』又是『不是』」的禁止，它禁止「是」與「不是」同時主張。這也是思想方面的，不關於對象。對象無所謂矛盾。矛盾是兩個命題的矛盾，矛盾觀念即是要禁止矛盾的命題；若無這個觀念，思想必不能進行，必無結論。所以在思想的運行上，一定要有矛盾觀念。矛盾普通也名之曰思想律，在此則名之曰原始觀念。

這四個原始觀念就是使推演系統成為可能成為有意義的必須而且充足的條件。所謂必須，是說沒有它便不行；所謂充足，是說有了它便行，用不著其他條件。

如果把這四個觀念當作原則看，則一切推演都當遵守這四個原則。所推出的命題是否能成立，只要看它是否能合乎這四個原則。如果為這四個原則所允許，它便可以成立，否則便不能成立，如傳統邏輯中所設立的許多禁律都是不必須的。

二、四種命題的說法

傳統邏輯中 AEIO 四種命題，不是原子命題，乃是遍舉命題。因為他們含有「一切」、「某些」兩個觀念。「一切」與「某些」在此都不牽涉到存在問題，只是思想上的兩個觀念而已。「一

切」是全舉，「某些」是分舉。「一切」固是抽象，無所指示；「某些」也是抽象，無所指示。因為所謂某些並不是特定的某些，是乃任何「某些」，所以便與外界無關。

普通講命題，有說是主謂關係，有說是分子關係，有說是本體屬性，有說是類與分子。在此都不計較，我們只注意是與不是的關係。因為邏輯只講空架子，不問實際；只講理，不講物。如果空架子的理弄得一致無矛盾，便算盡職。至于如何應用架子，材料如何填進架子，那是認識問題。經驗問題，不是邏輯所有事。邏輯只擺出理則而已。所以無論分子或主謂皆不重要。如果是分子，便當只以分子表示一致無矛盾的理則，主謂亦然。而一致無矛盾的理則只是是與不是間的推演關係。所以我們現在只注意是與不是的一致無矛盾。固然，普通以是與不是為主謂命題式，但此處所謂是與不是乃是一般的、二分法上的；如果主謂命題能表示是與不是的關係，我們就用這種命題也不妨。

如是，AEIO 的說法如下：

A：一切 S 是 P；

E：一切 S 不是 P（不當說無 S 是 P）；

I：某些 S 是 P；

O：某些 S 不是 P。

如是，這種說法完全是是與不是，肯定與否定的表示。以後，換質換位中的一切肯定與否定，都當遵守這種說法。但是一般講邏輯的人常不遵守，所以便有問題發生。

三、周延與量化

周延與不周延其實即是有漏無漏。有漏者為不周延，無漏者為周延。有漏亦即窮盡，無漏即不窮盡。窮盡即全舉，不窮盡即分舉。所以周延與不周延亦即全舉與分舉之意。一切 S 是 P，此時 S 便是全舉、周延、無漏；某些 S 不是 P，此時 S 便是分舉、不周延、有漏。

一切 S 是 P，于換位時，為某些 P 是 S。所以在傳統邏輯中，便以 P 為不周延。即「一切 S 是 P」中的 P 是分舉，有漏的。因為「一切人是動物」，但動物卻不都是人，所以在那個命題中，賓詞動物是不窮盡的、有漏的。同理，某些 S 是 P，P 也是不周延的。

但否定命題卻有點不同。一切 S 不是 P，在傳統邏輯中，S 固是周延，P 也是周延。因為在他們看起來，一切 S 既不是 P，則 S 便與 P 脫離了關係，既脫離了關係，則 S 是一個自足的全舉，P 也是一個自足的全舉，兩個全舉互不相屬，所以都可窮盡而無漏。同理，某些 S 不是 P，S 不周延，P 卻是周延。因為 P 與某部分 S 脫離了關係，則 P 與 S 不相屬，自可自成一窮盡而無漏之全舉。

如是，在傳統邏輯中，AEIO 的周延與否如下：

A 命題：主詞周延，賓詞不周延；

E 命題：主詞周延，賓詞周延；

I 命題：主、賓詞俱不周延；

O 命題：主詞不周延，賓詞周延。

我們將見周延與否是傳統邏輯中推理上一個重要禁律。因這個

禁律的阻礙，直接推理事實上可以進行倒變成不能進行的了。在間接推理中，周延與否的禁律成了一個十分死記的東西，甚不一見即明；但是一個直接推理是否能成立，我們的直覺卻很能使我們一見即明。所以周延與否的禁律，在推理中，實在是不必要的。傳統邏輯中所以需要那種禁律，實在因爲一個命題沒有說淸楚。如果說淸楚了，其間的關係都是必然，結論自然流出。用不著當中橫插許多不必須的禁律。

如是，我們不用周延與否當作禁律，我們把它說在一個命題裡面，使著該命題較爲嚴格。這樣，命題間的推理便都是先驗的、必然的，赤裸裸是命題間的關係，可以自由引申，而用不著禁律來限制。如是，AEIO 可重說如下：

A 命題：一切 S 是 P→一切 S 是一切 P→一切 S 是某些 P；

E 命題：一切 S 不是 P→一切 S 不是一切 P→一切 S 不是某些 P（一切 S 不是一切 P，不當說是不是任何 P，「任何」的觀念是不必須的，不當參加在內）；

I 命題：某些 S 是 P→某些 S 是一切 P→某些 S 是某些 P；

O 命題：某些 S 不是 P→某些 S 不是一切 P→某些 S 不是某些 P（不是一切 P，仍不當說不是任何 P）。

這種主賓詞都加上「一切」與「某些」兩個觀念，便是命題的嚴格說法。有了這種說法，周延與否的禁律便用不著，因爲一切結論都可從那些嚴格命題中引申出，周延或不周延都明白地表示出，都呈現在那命題上，所以便用不著它作禁律。

在賓詞上加「一切」與「某些」的觀念，是威廉‧罕密兒頓（Sir William Hamilton）發明的。他叫它是賓詞的量化，成爲八

個命題，于 AEIO 而外，又各與以專名。我以爲這是不必須的。其實仍是四個命題，肯定與否定的性質並未變更，只不過把隱藏的弄顯明罷了。有人以爲這種量化很成問題，加以反對。其實也不必須。因爲「一切 S 是 P」，在換位時，成爲「某些 P 是 S」，這已顯然把 P 量化了。因爲已經預定量化，但未說出來，所以才有周延與否的禁律出現。現在把已經預定的說出來，取消周延的禁律，有何不可？有何問題？因爲這是已經顯然的事情了。並且「一切」與「某些」兩觀念並無理由不許加在賓詞上。邏輯即是藉命題間的關係以表達理則。傳統邏輯家專在那些不相干的問題上爭論，結果是既繁雜又瑣碎。而把邏輯又混同于方法論、工具學、認識論，這是最礙事的地方。

主賓詞都加「一切」與「某些」來限制，則傳統邏輯 AEIO 周延與否的格式便用不著。他們說：「一切 S 不是 P，其中 P 是周延的，但我們也可以看它是不周延的。因爲「一切 S 不是某些 P」，總是可以成立的，我們沒有理由否認它。他們所以肯定地說它是周延的，實在是吃了圓圈的虧。他們用圓圈把 E 命題表示如下：

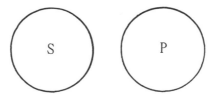

在此圖中，S 與 P 兩不相屬，所以 S 是自足的全舉，P 也是自足的全舉。但是 P 爲何必是全舉？雖然圓圈是整個的，但是分舉又何嘗不在幾何空間上佔一地位，這一地位又何嘗不可以圓圈表之？所以 P 必是周延的肯定不是必然的。圓圈的表示最好不用，

唯一當遵守的原則是矛盾的原則。

四、AEIO 的四角關係

傳統邏輯講 AEIO 的關係也是十分不嚴格的。他們叫 A 與 E 間的關係是反對關係（contrary relation），此名甚不恰。反對亦即相反，然而是與不是明明是矛盾關係，如何能是相反？須知相反與矛盾不同。相反者未必矛盾，然矛盾必相反；相反者可以是對象，然矛盾必是命題；相反可以並存，然矛盾不能並存；相反可以是兩物之存在，然矛盾則是兩命題之真假，不關係存在。譬如紅色與白色可以並存，但這是紅的，與這不是紅的，這兩個命題不能同時為真。如果同時說，便等于自己打自己嘴，便等于無說，算是個零。此即所謂矛盾關係。但相反並不如此。相反可以是一，也可以是二。紅綠相化成紫這是一，紅花綠葉這是二，然都可以相反而並存。「這是紅的」與「這是綠的」可以並存，但「這是紅的」與「這不是紅的」不能同真。是紅與不是紅是陳說的一個對象，這兩個命題不能並真；是紅與是綠是陳說的兩個對象，在命題方面可以並真，在對象方面可以並存。不能並真為矛盾，可以並真並存是相反。如是，是與不是為矛盾，既是又是為相反。是紅與不是紅為矛盾，是紅與是綠是相反。A 與 E 乃是是與不是的形式，不是既又是的形式。故知 A 與 E 的關係是矛盾關係，不是反對關係。

他們又說反對關係的條件如下：

㈠可以同時假；

㈡不能同時真；

㈢由一命題之眞可以推論到第二命題之假；

㈣由一命題之假不能推論到第二命題之眞或假。

這四個條件是 A 與 E 間所具有的，所以他們是反對關係。其實按矛盾關係說，第一條件與第四條件不能成立。他們解說可以同時假如下：一切 S 是 P，一切 S 不是 P，只要有一部份 S 是 P，則一切 S 不是 P 是假，只要有一部份 S 不是 P，則一切 S 是 P 是假。所以 A 與 E 可以同時假。這個解說實在可笑，邏輯家不應有此！既然肯定了一切 S 是 P，怎樣又可以假設一部份 S 不是 P？這根本犯了矛盾關係。我們講的是 A 與 E 的關係，不是 A 包著 O，E 包著 I 的關係。也許他們以爲：一切 S 是 P，是一個假設，若事實上不是一切 S 是 P，則一切 S 是 P 豈不是假？但邏輯實在是只講隨著假設而有的結論，不關乎實際上是否 P。既假設而肯定之，復假設而否定之，這簡直是開玩笑！那裡是講邏輯？同理，既然肯定了一切 S 不是 P，便不應假設一部分 S 是 P 以否定之。所以「可以同時假」這個條件決定是不能成立的。既不能同時假，則第四條件也不能成立。第四條件是說：由一命題之假不能推論到第二命題之眞或假。他們解說道：既可以同時假，又不同時眞。則 A 是假的，E 可眞可假；E 是假的，A 可眞可假。這些解說都是不可思議，根本違犯二分、同一、拒中、矛盾諸原則。他們所以不對，也是吃了圓圈的虧。他們用圓圈表示 AE 關係如下：

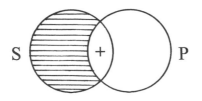

　　＋號表示眞，橫線處表示假。有＋號處爲一切 S 是 P，有橫線處爲一切 S 不是 P。如果一切 S 是 P 爲眞，一切 S 不是 P 便假。這是不同時眞的表示。其他 AE 間的眞假關係也同樣用圓圈表示。但須知用圓圈表示也罷，惟用那樣畫法的圓圈表示則大不對。A 命題是一切 S 是 P，既然一切 S 是 P，怎麼會有一部份 S 不是 P、在 P 外？既然一切 S 是 P，怎麼成了一部份 S 是 P，即一部份 S 在 P 內？這都是開玩笑，不可思議。即使用圓圈表示也當如下：

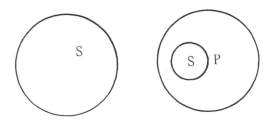

　　這樣表示便是㈠一切 S 是 P 爲眞，一切 S 不是 P 便假；㈡一切 S 不是 P 爲眞，一切 S 是 P 便假；㈢不能同時眞；㈣不能同時假。這樣，才能恰合 AE 的性質的關係。也許他們以爲這樣表示，不能達出他們所謂反對關係，所以用另一種畫法。但須知那種畫法根本抵觸了 AE 兩命題的性質，根本否認了 AE 兩命題，所以圓圈的表示適足害事。

　　因此，我們說 AE 間的關係是矛盾關係。因爲肯定與否定，是與不是，根本矛盾故，非相反故。其情形如下：

　　㈠不能同時眞；

　　㈡不能同時假；

　　㈢由一命題之眞可以推到第二命題之假；

　　㈣由一命題之假可以推到第二命題之眞。

這樣便恰合 AE 的性質，又恰合矛盾原則。若把 A 命題限為「一切 S 是某些 P」，E 命題限為「一切 S 不是某些 P」，其間的關係也是矛盾的。因為這仍是「是」與「不是」的形式。此其一。A 命題只指出某些 P，于某些 P 而外並未指出其他，所以一切 S 只與它所指出的某些 P 發生確定關係，並未與某些 P 而外的未指出的東西發生關係。既然如此，則 E 命題所否定的也只能是 A 命題所指出的，並不能否定或肯定 A 所指出的某些 P 而外的東西。所以一切 S 是某些 P，並未預定一切 S 是或不是某些 P 而外的另一些 P；而一切 S 不是某些 P，也並未預定一切 S 是或不是它所否定的某些 P 而外的另一些 P。這意思是說：A 命題中的「某些」與 E 命題中「某些」同一。所以如果 AE 中的「某些」是同一的，則 AE 便矛盾。表示這種同一，最好以指示形容詞「這個」或「此」加之。如是，A 命題可以寫為：「一切 S 是此某些 P」，而 E 命題則為：「一切 S 不是此某些 P」。不過，如果在「某些」上沒這種限制，在 AE 命題上也不會有歧義。此其二。所以 AE 兩命題，其賓詞無論如何限制，總是矛盾的，沒有歧義。

但是，I 與 O 稍繁雜一點。I 命題為「某些 S 是 P」，O 命題為「某些 S 不是 P」。這兩個主詞的「某些」若是同一的，無論賓詞如何限制，總是矛盾的。表示這種同一，仍以「此」加之。如是，「此某些 S 是 P」、「此某些 S 不是 P」是矛盾的。如果主詞「某些」不是同一，沒有限制，則某些 S 是 P，某些 S 也可以不是 P，IO 兩命題便可以相容、不矛盾。「某些」在主詞有歧義，「某些」在賓詞無歧義。其所以然之故，即在：在賓詞有是與不是的矛盾以限之，在主詞則暗含既是又是的相反並存而並不矛盾。

如是，肯定與否定可以相反並存者曰相容，相反而不可以並存者曰矛盾。AE 爲全矛盾，IO 可爲矛盾，可爲相容。在傳統邏輯，叫 IO 爲下反對關係（subcontrary），也是不對的。如是，IO 的情形如下：

1.若主詞「某些」相同一，則矛盾，眞假關係同 AE。

2.若主詞「某些」不同一，則相容，眞假關係爲並存：

㈠可以同眞；

㈡不能同假；

㈢I 眞，O 可以假，IO 不相干（不是由 I 眞可以推 O 假）；

㈣I 假，O 可以眞，IO 不相干（不是由 I 假可以推 O 眞）。

再論 AO 與 EI 的關係。此兩關係比較更複雜。傳統邏輯名之曰矛盾關係。其實也不然。因爲它們沒有 AE 的情形。A 說「一切 S 是 P」，O 說「某些 S 不是 P」。這是否定了一切 S 的一部，旣否定了一部，一切便不能成立。所以 O 眞 A 便假。O 若假，即表明有些 S 可以是 P，但卻並不能說一切 S 是 P。所以 O 若假，A 可眞可假，眞假不定，這即由部份不能推全體之意。即此一點，已足證明 AO 不是矛盾關係。從 A 方面著想，情形卻不同。A 眞，O 假；A 假，O 眞。從 A 到 O 是矛盾的，從 O 到 A 不是矛盾的。兩不相稱。其關係如下：

㈠A 眞，O 假；

㈡A 假，O 眞；

㈢O 眞，A 假；

㈣O 假，A 或眞或假。

此關係可以叫做半矛盾關係，而其特殊情形，由第四條可以暗

示出：

　㈠OA 可以同假（不是必同假）；

　㈡OA 決不能同眞。

按此特殊情形，可以把半矛盾取消，名之曰「不相容」。

AO 如此，EI 也是如此。先從 E 方面著想：「一切 S 不是 P」若眞，則「某些 S 是 P」必假；「一切 S 不是 P」若假，則「某些 S 是 P」必眞。但從 I 方面著想，便不如此。「某些 S 是 P」若眞，則「一切 S 不是 P」便假；「某些 S 是 P」若假，則「一切 S 不是 P」可眞可假，眞假不定，這也是由部份不能推全體之意。如是：

　㈠E 眞，I 假；

　㈡E 假，I 眞；

　㈢I 眞，E 假；

　㈣I 假，E 或眞或假。

由第四條，其特殊情形：

　㈠IE 可以同假（不必同假）；

　㈡IE 決不能同眞。

此與 AO 同，也可名之曰「不相容」。這種關係，賓詞用不著加限制，「某些」也用不著加限制。

再論 AI 與 EO。此兩關係，在傳統邏輯名曰差等，此沒有什麼錯處。因同質故。A 爲「一切 S 是 P」，I 爲「某些 S 是 P」。A 眞，I 亦眞；A 假，I 亦假。但是，I 眞，A 或眞或假，眞假不定；I 假，A 亦假。E 爲「一切 S 不是 P」，O 爲「某些 S 不是 P」。如是，E 眞，O 眞；E 假，O 假。但是，O 眞，E 不定；O 假，E

假。如是，AI 關係如下：

　㈠可以同眞；

　㈡可以同假；

　㈢I 眞，A 不定。

EO 的關係如下：

　㈠可以同眞；

　㈡可以同假；

　㈢O 眞，E 不定。

　　在這兩對關係上，有一種特殊情形，即 OI 眞，AE 不定，但 AE 眞，OI 卻必有定。如是，從 AE 到 IO 方面說，AE 或眞或假，IO 必眞，這個情形便有似於算理系統的「眞妄含蘊」（material implication）關係。所以這兩對關係，在普通名曰「差等」，此處可與以專名曰「含蘊」，即 A 含蘊 I，E 含蘊 O。所謂含蘊，是被含蘊者的眞妄定値多，含蘊者的眞妄定値少之謂。含蘊者的眞妄定値所以少，即因爲它的外範大。所謂差等，也就是 AE 的外範大，IO 的外範小，所以 IO 隨同 AE 連帶其眞妄，但 AE 卻不能隨同 IO 連帶其眞妄，AE 不能隨同 IO 即表示其眞妄定値少於 IO，所以 AE 含蘊 IO。

　　以上 AE；IO；AO, EI；AI, EO 四種關係，其眞妄值可以格式表之如下。

　　㈠AE 的關係是「矛盾」（A≈E）：

A	E	A≈E
+	+	N
−	+	E
+	−	E
−	−	N

＋號表非眞，－號表非假。N 表示不成立或不存在，E 表示成立或存在。

㈡IO 的關係是「相容」（IVO）（「某些」不加限制）：

I	O	IVO
+	+	E
−	+	E
+	−	E
−	−	N

「某些」若加限制便是矛盾如下：

,I	,O	.I≈.O
+	+	N
−	+	E
+	−	E
−	−	N

㈢AO 與 EI 兩者的關係是「不相容」（A|O,E|I）：

A	O	A|O		E	I	E|I
+	+	N		+	+	N
−	+	E		−	+	E
+	−	E		+	−	E
−	−	E		−	−	E

㈣AI 與 EO，兩者的關係是「含蘊」（A⊃I .E⊃O）：

A	I	A⊃I
+	+	E
−	+	N
+	−	N
−	−	E

E	O	E⊃O
+	+	E
−	+	N
+	−	N
−	−	E

如是，這四種關係可以四角圖表之如下：

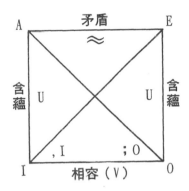

此關係圖既簡易，又均稱，復恰合各命題之性質，也用不著許多限制與補充。以往諸解法俱入魔道。愈修改，愈繁難，愈不通。此關係圖只遵守第一段所述的那四個原則，其餘皆不必須，而亦無不圓融一貫。至于金岳霖先生對于 AEIO 的三種看法，我以爲是自作陷阱，自入火坑，自出火坑，乃是用不著的麻煩。蓋邏輯決不許如此牽涉也。

本文當與本刊17期〈邏輯當以命題表達理則爲對象〉及19期〈論邏輯中之二分法〉兩文合觀。

原載《民國日報・哲學週刊》第20／21期　1936年1月15／22日

略評金著《邏輯》

此書爲清華大學敎授金岳霖先生所著,由清華大學出版部印刷,購買價(因書中無定價)大洋一元五角,比較起來不算貴。內容共分四部:㈠傳統的演繹邏輯;㈡對于傳統邏輯的批評;㈢介紹一邏輯系統;㈣關于邏輯系統之種種。這部書總可說是國內有數的作品,治邏輯的人總當一讀。唯細思之,不妥處仍不少。茲略舉幾點如下:

㈠第一部講傳統邏輯,金先生仍照舊,此不得爲金先生過。唯善于精思的金先生似乎不當不發見其中的乖錯。譬如 ΛE 兩關係顯然不是反對關係,AO 與 EI 也顯然不是矛盾關係,然一般人皆無覺其非者,金先生也不覺其非。書中的解析與圖解及諸關係的證明,表面看之似甚嚴格,其實都是不妥。吾已專文論之,但也不能專怪金先生。第二部對于傳統邏輯之批評,也評其所不當評,批其所無用批。譬如對于 AEIO 的三種看法便是不必須的。金先生的文章每犯此病,其分析之力甚大,但所分析的、所致問的常是不相干的。譬如 A 命題中之「一切」,他也要問及是以往的一切?還是現在的一切?還是將來的一切?像這樣牽涉到時間問題,不但是不相干,簡直是乖妄。

㈡惟認邏輯終與歸納法分家，認二難推論是工具，並非眞正之邏輯，這都是對的見解。第三部介紹算理系統無問題。

㈢第四部討論邏輯系統之種種問題，是金先生個人的學問的發揮，有些是很精到的，有些是不妥的。最重要的對于二分觀念，金先生沒有弄對。他還是把二分限于類上，即認爲是類的二分或對象或事物的二分，這都是不對的。照現在的邏輯講不應有此，照金先生自己的思想講也不應有此。不過有時他也限于命題上。

㈣二分沒弄對，排中也沒講對。他以爲排中是排外，也限于類上。如分爲二類，沒有第三類，分爲三，沒有四，依此類推，直至 N 類。這都有乖二價邏輯之特性的。至於矛盾，也同樣不對。

㈤講到邏輯的對象與工具也未弄清楚。他說對象是必然（即套套邏輯之必然），這也不妥，我已指正過。他說表達必然的原子（即工具）可以有好幾種類，關係、名稱、論域、命題等都可。這個見解，我也不承認，也曾論過了。

㈥邏輯系統中，蘊函（即函蘊）是一個重要的觀念，金先生也同樣沒有弄明白，結果只是一個玄虛，「非同小可」。此點也不能專怪金先生，一般講邏輯的都是未弄清楚。所以金先生才說：「恐怕沒有人敢說事實上蘊函的意義究竟是什麼。」關于函蘊，我有一專文，于下期發表。

以上所提出的幾點都比較是根本的，金先生似乎都未嚴格討論，這是缺陷。金先生的好處在分析，但能發不能收，太沒有綜和力了，結果是瑣碎，支離破碎。有吸收能力的人，讀他的文章是很有好處的；沒有吸收能力的人，讀之適足害事。我是最喜歡讀他的文章的人，但是結果我卻與他不同。再本書，眉目不清，即各節各

段的號數甚爲不顯，這也是批評這本書所應指出的。總之，這是一部最好的參考書、訓練書，但不是一部好的系統書、對的經典書。在此點上，我對此書頗覺失望。

原載《民國日報‧哲學週刊》第22期　1936年1月29日，署名「光君」

主詞存在與否之意義

上　篇

一

　　傳統邏輯中 AEIO 四種命題的四角關係我曾論過。但近來又覺不妥，還有補充的必要。本文想把存在意義弄清楚，找出決定對待關係的標準，以建設一個比較合理的完全的四角圖。所謂 AEIO 的關係是真假的對待關係，而這樣的真假對待是因著什麼標準來決定呢？傳統的對待說法雖不完全，但他們所暗函的標準也許是對的。在其講對待關係時，他們並沒有說出決定真假關係的標準是什麼。但是，肯定與否定，他們是講到的，內包、外延他們是說過的，周延原則他們是注意了的。因此種種，足以暗示出決定真假關係的標準。肯定與否定是決定命題的性質，內包、外延與周延原則是決定命題的範圍，前者是命題的質，後者是命題的量。由質的不同與量的大小即可決定命題的真假關係。於是 AEIO 的對待關係，即可由肯定與否定的質的原則及內包外延的量的原則來作決定的標準。傳

統的對待說法雖多不恰，但是這個標準卻是可以採用的。於是命題間的真假之對待，若問于何處決定，我則曰於肯定、否定之互比，于外範、內包之對待來決定。肯定者為真，則否定者為假，反之亦然；外範大者為真，小者亦真；小者為真，大者不必真，亦不必假。質與量的參互錯綜即決定了 AEIO 的四角關係：AE 與 IO 是同量異質的關係，AI 與 EO 是同質異量的關係，AO 與 EI 是異質異量的關係。由此種種錯綜，遂決定了四角圖的對待關係。我想這兩個標準是足夠的，而且也是足以盡職的，用不著其他原則之侵入。可是現在一般治邏輯的人，念頭越想越多，牛角越鑽越深，遂于質、量二標準以外又牽涉到一個「存在」問題。所以若不弄明白「存在」一問題，則建設任何四角圖，治邏輯的人也必以為是無用，必以為是敝帚自重。所以我現在必須把存在問題弄個明白，給我的四角圖之說法建設一個鞏固之基礎。

二

　　主詞之存在問題本由羅素而發。羅素在他的《算理哲學引論》一書裡曾表示傳統邏輯中全稱與偏稱之不可推。其理由是：用全稱形容的主詞，其所指示可以不涉及存在，但用偏稱形容的主詞，其所指示必涉及存在。由不涉及存在的全稱當然不能推到涉及存在的偏稱。普通以為可推，其實是不可推的。以為可推，是因為由大範圍可以推小範圍，大範圍既能說，小範圍包括在內，當然也能說。但據羅素之意，全稱與偏稱似乎不是泛泛大小範圍之比，全稱不只是大，偏稱不只是小。全稱的說法是「一切」，「一切」的意義不只是在對待中的大小之「大」，其實與「大」不同。偏稱的說法是

「某些」，「某些」的意義也不只是在對待中的大小之小，其實與小也不同。「一切」是抽象的、遍盡的共相，這樣的共相在世界上當然無所指示，其所指示的也不是在世界上存在的。因為世界裡都是時空內具體的、特殊的東西，當然不會有一個抽象的、遍盡的東西與「一切」所形容的主詞相應。所以全稱可以不涉及存在。但是，「某些」，他以為與「一切」不同，它可以指示一個特殊的、具體的東西。「一切」雖泛，但「某些」或「某個」卻不泛；「一切」，在具體世界內，雖空無所指，但「某些」可以實有所指；「一切」所指示的雖不是存在的，但「某些」所指示的卻是可以在世界內存在的。因此，「一切」與「某些」，「全稱」與「偏稱」，不是屬于同一範疇內的東西，不同于大小之比，所以不能相推。因此，傳統邏輯中 AI 之間與 EO 之間的差等關係是講不通的，因為不能推故。

羅素這個說法，在認識全稱與特稱命題之性質上，未始不稍有指點，對于全稱主詞與偏稱主詞之內容，也未始不是發人深省；但這種指點與深省卻只是某一面的，其所指點也只是一些些直覺之所見，其屬近視而表面，並不必十分去固執它，鑽研它。可是自此以後，遂發生了主詞存在問題的討論，結果大都承認了羅素的見解，伊頓（Eaton）把這種見解具體化，將傳統邏輯中 AEIO 的對待關係列成以下的格式：

這個格式與傳統的說法不同。照這個格式看，除去 AO, EI 爲矛盾關係而外，其餘皆爲獨立，即不相干，不可以推，無對待關係而言，各眞其所眞，各假其所假。AE 兩命題，其主詞是全稱，不涉及存在，不含有實際存在的分子，所以即便實際上沒有這麼一個東西，若眞也不礙其爲眞；即便實際上有這麼一個東西，若假也不礙其爲假。所以 AE 本身的眞假與存在問題不相干。既各自眞其所當眞，假其所當假，所以 AE 之間也無對待關係，是各自獨立的。至于 IO 這兩個偏稱命題，卻與存在有關。如果實際上有這麼一個東西，它們可以眞；如果沒有這麼一個東西，它們便可以假。從主詞內容方面說，如果主詞類成了空的，即其中沒有分子，則它們即可以假 ；如果有分子，不是空的，它們便可以眞。所以 IO 本身的眞假是受「存在」的制約的。它們既受「存在」的制約，所以它們之間的眞假也無對待關係，各眞其所當眞，各假其所當假。AE 不受存在的制約，IO 受存在的制約，所以當 IO 的主詞成了空類，沒有分子，可以假的時候，而 AE 並不受其影響，仍可以眞；所以 AE 與 IO 也非傳統的差等關係，其間並不可以推，乃是各眞其所當眞，假其所當假，所以也是獨立。惟 AO 之間與 EI 之間仍保持其傳統的矛盾關係：「一切 S 是 P」與「某些 S 不是 P」相矛盾。「一切 S 不是 P」與「某些 S 是 P」相矛盾；如果「一切」爲眞，則「某些」便假；如果「某些」（其主詞沒有分子成了空類）假了，則「一切」必眞。如是，從這些格式內，所能引出對待關係可以直接推斷的，只有 AO, EI 的矛盾關係，其餘皆不能推。這個格式的決定，以存在原則爲唯一標準。在第一節所提到的質、量二原則，在這個格式上，皆爲無用，也可以說皆未顧及。

在中國，金岳霖先生把這種存在問題的思想線索發展到極點，而結果仍歸于伊頓那個格式。在他承認這個格式以前，對于主詞的存在問題作了三種看法：㈠無論全稱或偏稱，皆不假設主詞的存在，主詞之所指存在與否，與命題的真假無關（這也許是一個對的看法，但被金先生講到莫名其妙了）；㈡無論全稱或偏稱，皆肯定主詞的存在，如果主詞不存在，它們都是假的；㈢無論全稱或偏稱，以假設主詞存在爲條件，主詞存在始有真假可言；若不存在，根本無真假可言。以主詞的存在爲條件，條件滿足之後，才有真假可說；條件未滿足，談不到真假。第三種與第二種似同而實不同。第三種是說有了主詞的存在才能往下說真假，否則不能；而第二種是說有了主詞的存在，它們可以真可以假，若不存在，則它們必假。金先生對此三種看法都以存在原則決定 AEIO 的對待關係，即第一種不假設主詞之存在，也以存在原則決定它們的關係。這三個看法，以存在原則爲決定標準，遂有了三種不同的四角圖。第一種看法，不假設主詞存在，它以 $A_nE_nI_nO_n$ 表示；第二種看法，肯定主詞存在，它以 $A_cE_cI_cO_c$ 表示；第三種看法，以假設主詞存在爲條件，它以 $A_hE_hI_hO_h$ 表示，這三種看法各自成一對待關係，茲圖解如下：

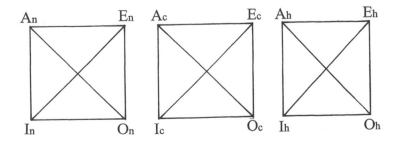

這三個圖中，第三個與傳統邏輯中的對待關係相同，所以金先生說傳統邏輯對于主詞的態度是：既非不假設其存在，也非肯定其存在，乃是以假設存在為條件的看法。但是金先生以為如果用了這個看法，傳統的對待關係固然可以保留，但如果保留了這個對待關係，傳統邏輯中換質換位的直接推論說不通。這表示傳統邏輯前後兩部分不一致。若其他兩種看法能使直接推論說得通，也可以採用其他兩種看法的四角關係，但金先生以為其他兩種看法也無一能使直接推論說得通，所以也不能採用。結果只好採用上邊伊頓那個四角圖，因為照金先生的意思，那個圖對于存在的看法能使直接推論說得通。伊頓那個圖是 AE 不假設主詞存在，IO 肯定主詞存在，即金先生第一種看法與第二種看法之結合，$A_n E_n$ 與 $I_e O_e$ 之合組。但我以為金先生那三種看法的解析法與伊頓那個圖的解析法既同以存在原則為標準，所以如果把存在意義弄明白了，則伊頓那個圖與金先生的三個圖皆可不用。因為這四個圖皆以存在原則為標準來決定對待關係，我們以為這個標準是不妥當的。所以本文下節即討論存在之意義，以抉除伊頓之四角圖，最後金先生的三個圖之解析法自可以不理置之。

三

上節說明了一般人對于主詞存在意義的態度，我始終以為存在與否的意義不當如上節所提到的那樣說法，但我也未想出一個豁然開朗的界止分明的說法。以後無意中讀了《唱詩堂才子書彙稿‧聖人千案》中一條遂頗有所悟。金聖嘆這位才子真是了不得的怪物，上天下地無所不屈，有關的、無關的無不拉在一起，也可以說真是

太通了！太通雖通實未通，結果多不可以為訓，好玩而已。惟〈聖人千案〉中「他心案」一條卻實含至理，講得透闢之極。他所講的「他心」可以幫助我們解析「存在」之意義。何謂「他心」？曰：「一切聖人，咸有六通。六通者：天眼、天耳、他心、宿命、神足、漏盡。」除去天眼、天耳兩通而外，其餘四通皆可有助於套套邏輯本性之說明。「他心」一通恰合於邏輯中主詞存在之意義。所謂「他心」即以我為中心而外的「他」，總可有理由承認它的存在，雖然我們不必知其為何，也不必親眼所見、親手所屬其為何。金聖嘆玄解他心通如下：

> 常記古人有詩：歲歲江南三月暮，鷓鴣聲裡百花香。試問這詩，遙遙百千萬劫，此是說那一歲？江南茫茫，幅員千里，今欲說那一縣之那一封？三月是那一日？暮是那一刻？那一隻鷓鴣？那一樹什麼花？那一朵香？那個人聞？汝又從何知之？只消一問，直得無言可對，無理可伸。雖然，不可謂天下無歲歲，歲歲無江南，歲歲江南無三月，三月無日日之暮，暮暮無鷓鴣聲，村村無樹，樹樹無花，花花不香也。

雖不能確指那一個，然不能說其無。欲證其有，如何解說？他心通于此便大施法力。金才子接著又解說道：

> 昔者聖嘆亦有一詩：「何處誰人玉笛聲？黃昏吹起徹三更。沙場半夜無窮淚，未到天明便散營。」釋弓年小，不解這個事，便謂此詩大佳，只是一字未安。問：何一字未安？答：

既道何處誰人，便不可知其笛之必玉也。這個若論詩，誠可稱法眼；只是汝父那有心情作詩來！因曾爲之解說一遍，正與今日是一副說話，附見于此。何處者，不知其處，然少不得是一處；誰人者，不知其人，然少不得是一人。假使無此處，便無以著此人；無此人，便無從聞此笛。今只據吹笛是實，便信其處其人，須宛然自在。若云我實不見者，夫天下大矣！今亦幸因笛聲，便提起有此一處，與此一人。至於彼無笛聲處，處處人人，有什麼限？彼既不以卿不見而不在，卿又何勞見之而使安？卿既不以不見一一而不安，奈何又以不見此一而不遂？又況不見者，今夜吹笛之人；實在者，今夜笛吹之聲。乃此笛聲，正復無據。試聽工尺五六以上四合，迅疾變滅，喻如暴雨，汝縱欲劇，何處可據？是不獨汝，彼沙場人，從黃昏徹三更，腸在腹中，轉若車輪，淚在面上，滾如豆子，一到天明，分投各還鄉里。當此之時，處處歧路，各有歸人：一一歸人，不知火伴。因而仰天發悲，昨夜猶共住一笛聲中，今日已杳無的據。殊不知火伴何足道！只據自己，腹中車輪腸，面上豆子淚，又何曾前後彼此互知來？只是不因不知，而腸遂缺此一轉，淚遂缺此一滴耳！既自己爲證，便可安心放下。處處歧路，定有歸人，不用我知。猶如我今到此處，彼一一人，悉不用知也。問：既與用玉字之意何涉？答：我亦安知其是竹笛鐵笛？只是彼自有彼之笛，我自用我之玉。人生並處天地之間，豈有我是奴兒婢子，應伺候他竹笛鐵笛來？他若責我，我實吹竹笛，汝何得錯用玉字者！我便責他：我已用玉字，汝何得錯吹竹

笛?總之一刻一刻,了不相惜,我已一時用作玉字,便是既往不咎。于今縱改得十成,在方纔濟什麼事?此爲之聖自覺三昧。〔……〕亦名天眼、天耳、他心、宿命、神足、漏盡通。汝雖年小,不可不知。

此實是一段好文章,故滑筆全抄,以期有目共賞。問:即與主詞存在有何干涉?曰:主詞存在之義亦與「他心通」所證之他心存在義相同。先從「全稱」說起。夫全稱乃總攝一切之謂。總攝一切,個個在內,隨說那個,那個響應。「歲歲江南」即總攝一切之謂。「遙遙百千萬劫」,雖云久矣。然無歲則已,苟其有歲,則即含攝於「歲歲江南」之內,「歲歲江南」必不使一有所脫漏。外界雖只有歲歲相續,迅疾變滅,而並無總攝一切之歲歲外在,然並不能說天下無歲歲,歲歲無江南,無三月,無日暮,無鷓鴣聲,無村樹,樹無花,花不香也。既有此等等,則省卻麻煩,總攝而說之,則「歲歲江南」一全稱便不能說不涉及存在,也不能說不包有分子。在此總攝一切全稱內,所說之歲雖不指一特定之歲,所說之江南雖未指何時之江南,所說之三月、日暮、村樹、花香,雖未指一定之三月、日暮、村樹、花香,然一定之歲、一定之江南、一定之三月、日暮、村樹、花香,卻都聊充一員于此總攝全稱之內。我自管總攝而全稱之,則古往今來便都聚于眼下,不必問古之歲歲、今之歲歲,抑將來之歲歲也,亦不必問蘇州之歲歲、杭州之歲歲,抑揚州之歲歲也。「處處歧路,定有歸人,不用我知」,人人自在。「猶如我今到此處,彼一一人,悉不用知」,我定自在也。如此講來,全稱主詞如何必無分子,如何必不涉及存在?須知全類

（universal class）與空類（null class）並不相同，這原是個兩極，所差只在毫釐之間，猶如鄉愿之于集大成。全稱命題的主詞並非空類，因有所說故。空類無所說，以空類爲主詞，則以空類爲所說，仍不空。既有所說，既不空，如何必不涉及存在？世人以全稱混同空類，殊屬心迷。理本易曉，只因往而不返，故曰心迷。全稱主詞既涉存在，試問究屬何種存在？曰：邏輯中主詞所指之存在都是以我爲主，不爲奴兒婢子之存在。「我亦安知其是竹笛鐵笛？只是彼自有彼之笛，我自用我之玉。人生並處天地之間，豈有我是奴兒婢子，應伺候他竹笛鐵笛來？」邏輯中的存在是主子老爺，科學中的存在才是奴兒婢子，應伺候他竹笛鐵笛，竹名之曰竹，鐵名之曰鐵，不敢稍事倔強。但邏輯中的存在卻可自由安置，正因邏輯不去驗它爲竹爲鐵，而專藉此以講理也。既藉之以明理，則管它是竹是鐵，皆不重要。我既用玉，便是既往不咎；我既用之，便自有其存在 ；他既存在，從此便不必再去問它若在如何，若不在如何。因爲這樣問來，便無法往下說話，名理便講不成。即使這樣問下去能成其爲理，則也是科學之理，伺候它爲竹爲鐵，成了奴兒婢子，便不是邏輯所肯受。所以邏輯中的主詞存在之意義即是隨手拈來，既往不咎。剛來柔克，逆來順受，無往不可。好像孟子對付寡人好勇，便以勇說法；對付寡人好色，便以色說法。此之謂通。世人講的是邏輯，然而在那裡討論經驗知識，頂名爲主子老爺，其實在作奴兒婢子；所以越講越繁雜，越雜越不通，越不通越鑽牛角，往而不返，遂成心迷。

　　全稱主詞涉及存在，而存在之義爲隨手拈來，既往不咎，試問偏稱主詞之存在究屬何義？是否亦爲隨手拈來，既往不咎？抑還是

奴兒婢子伺候它為竹為鐵？全稱主詞既不因無一定之歲，無一定之
江南，無一定之三月、日暮、村樹、花香，而不涉及存在；然則偏
稱之存在為何必屬一定之歲、一定之江南、一定之三月、日暮、村
樹、花香？偏稱之說法為「某些」或「有些」，此固涉及存在矣，
但卻不是「這個」或「那個」之存在。「這個」或「那個」即是步
步追問所欲求之一定之歲、一定之月、一定之縣、一定之村、一定
之村樹、花香也。然這種存在，邏輯決不當問，因為這樣問，便是
奴兒婢子伺候它為竹為鐵，成了經驗知識。所以偏稱的存在也決不
是指謂一定之存在。「何處者，不知其處，然少不得是一處；誰人
者，不知其人，然少不得是一人。」「不知其處」即不是「這個」
「那個」一定之存在；「少不得是一處」，即是定有其處，此言其
存在。雖存在而不定，故云某。所以偏稱之存在也是隨手拈來，既
往不咎；「定有歸人，不用我知」。「彼既不以卿不見而不在，卿
又何勞見之而始安？卿既不以不見一一而不安，奈何又以不見此一
而不遂？」所以汝不必定知其處其人，他少不得是一處一人；汝亦
不必因不見此一處一人而遂謂其不在，因它原不是這個、那個之
在。故除消偏稱之存在固不對，以之為這個、那個之存在也不對。
其為在之義與全稱同。說全稱不涉及存在亦同樣不對，其為在之義
與偏稱同。全稱、偏稱，其為在，同不是這個、那個一定之在，也
不是空類之不在。它乃是不知其處，少不得是一處；不知其人，少
不得是一人。這是偏稱之存在。處處歧路，各有歸人，不用我知，
歸人定在；我雖不知，並非即無其人。歲歲江南，雖不知那歲、
那縣，然不可謂無歲歲，無江南，無三月、日暮，無村樹、花香。
這是全稱之存在。這兩種存在都是由「他心通」而指證，並不由官

覺而覺知。故全是隨手拈來，既往不咎，而不是奴兒婢子伺候它爲
竹爲鐵。兩者既都是同樣存在，由歲歲江南爲何不可推知某歲江
南？由處處歸人爲何不可推知某處歸人？因偏稱爲某些，非空類，
全稱爲總攝，亦非空類也。總攝而歲歲處處統歸眼下，某歲某處豈
不可單提而成偏攝？因全稱爲泛在，偏稱亦非這個、那個之在也。
偏稱若爲這個、那個之在，則由全稱不易至偏稱；然若果如此，則
偏稱非偏稱，乃是一具體之眞正命題了。所以若是全稱、偏稱，必
非這個、那個之在；若是這個、那個之在，必非全稱、偏稱。若是
全稱、偏稱，便不是奴兒婢子；若是這個、那個，便是伺候它爲竹
爲鐵。其中不容相混也。世人心目中以 AE 的主詞爲空類，以 IO
的主詞爲奴兒婢子，把一條線上的東西弄成兩條線上的，且各歪曲
其本性，所以才說不能推，無對待關係。其實都是不了解「他心
通」的。全稱、偏稱的存在意義既明，則伊頓四角圖中以 AI 的關
係及 EO 的關係爲獨立便是不對的。這是第一步。

　　復次，我以「他心通」講主詞之存在，則存在便不是決定對待
關係之標準。存在于講對待關係毫無干係，也毫不重要。對待關係
之成立不受存在原則之制約。所謂對待只是命題間的對待，命題相
待而看其眞假關係之如何，若不與其他相待，則一命題只有眞假兩
值，它只遵守同一、排中、矛盾三原則，無所謂眞妄關係。眞妄關
係只在與其他命題相倚相待之關係間發生。眞妄關係既發生，要決
定其爲何種眞妄關係，只看命題之質與量之關係如何即是，而且也
必須看質與量之關係如何，始可能決定其爲何種關係。所以質與量
兩原則是眞妄關係之成立的必須而且充足的條件。所謂必須是說離
它不行，所謂充足是說有了它即行。既是必須而充足，便當然用不

著存在原則之摻入。但是現在一般人不如此作，他們是以存在原則決定眞妄關係。譬如以伊頓的四角圖爲例。AE；IO；AI, EO；AO, EI；便都是從主詞存在與否來決定它們之間有無連帶的眞妄關係，來決定它們各命題自己的眞假，所以結果，AE, IO, AI, EO各個獨立，了不相干，各眞其所當眞，各假其所當假。而其爲眞爲假之理由IO在主詞之存在與否：存在者爲眞，不存在都爲假；AE不受存在與否之影響，各自有其眞假，而彼此之間也了不相干。似這種講對待關係，吾不知如何能有對待？這種對待實不是命題與命題之間的對待，倒是主詞與其所指之對象的對待。邏輯中的對待關係而若此，不成了奴兒婢子是什麼？不成了經驗知識是什麼？所以現在講對待關係的，照以上的分析，已經有了兩個錯點：

　　1.不明白存在之意義，以全稱當作空類。此錯誤一。

　　2.不明白對待關係之意義，以主詞之存在與否決定命題之眞假，遂成了主詞與其所指之對象的對待關係。此錯誤二。

　　由此二點錯誤，對待關係遂無法可講，本來可以有連帶關係，現在也不能有了，可以推的，也不能推了。但是理性自身的自然發展並不是加以「獨立」即可禁止的！

　　最後，就是伊頓四角關係所保留的AO, EI這兩對矛盾關係也以存在原則來決定。以AO爲例：A爲眞，O主詞存在爲假，A爲假，O主詞存在爲眞；O主詞存在爲眞，則A假，O主詞不存在爲假，則A眞。這個矛盾說法，按存在原則說一方雖是可通，然亦惟因存在原則他方又實不可通。其所以可通者以另有其他原則加入也；然若加入其他原則，矛盾仍不可通。解說如下：

　　1.　A爲眞，則O爲假：「一切S是P」眞，則「某S不是

P」假。但此不必：某S若存在，則某S亦屬一切S範圍之內，故「一切S是P」如眞，則「某S不是P」自然假。此藉外範原則而推者，此藉容易允許。然「某S」如不存在，則「某S不是P」根本假，以主詞不存在而假，並非因「一切S是P」而假，故不可以推。既不可推，則A眞其所當眞，O假其所當假，無連帶關係。故「某S」若存在，則AO爲矛盾；若不存在則不相干，無矛盾。此關係可以圖表之如下：

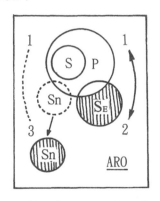

此關係爲A與O的關係。圖1表示「一切S是P」，圖2表示「某S」存在，「某S不是P」，圖1與圖2有連帶關係，圖1之A眞，圖2之O假，有橫線處表示假。1與2之間的矢頭表示有連帶關係。圖3表示「某S」不存在，圓圈以虛線畫之，可以跳出自行其假，與圖1無連帶關係，以虛線表之。

2. A爲假則O爲眞：「一切S是P」假，「某S不是P」眞。此亦不必然：「某S」如存在，則「某S」亦屬一切S之內，故「一切S是P」如假，則「某S不是P」自然可眞。此藉外範原則而推者，此藉亦易允許。然「某S」如不存在，則「某S不是

P」根本假，此假既與 A 假無關，而且與 A 同假。然則 A 假 O 眞者自不必矣。A 假 O 亦可假，矛盾如何存在？O 假與 A 假無關，連帶關係如何存在？故在 A 假 O 眞方面，也是 O 主詞存在爲矛盾，若不存在亦不矛盾。這個關係，可藉 AO 的反面 EI 來表示，這樣既可以表示 EI 的關係，也可以表明 A 假 O 眞的情形，則 EI 便不必再論了。EI 的關係如下：

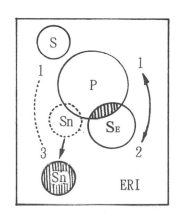

此關係是 E 與 I 的關係。圖1與圖2表示「一切 S 不是 P」眞，則「某 S」存在，「某 S 是 P」便假，有連帶關係。圖1與圖3表示無連帶關係：圖1「一切 S 不是 P」眞，圖3「某 S」不存在，「某 S 是 P」根本假，與 E 命題（圖1）無關。圖1「一切 S 不是 P」爲眞，若看成「一切 S 是 P」是假的，則圖3可以看成「某 S」不存在，「某 S 不是 P」也根本假，此即證明 A 假 O 亦假那個可能。故 E 與 I 的關係可以反證 AO 關係中 A 假 O 假一可能。

3. O 眞則 A 假，O 假則 A 眞，此亦不必然：「某 S」若存在，某 S 亦一切 S 中之一，故「某 S 不是 P」爲眞，則「一切 S 是

P」便假，此亦藉外範原則而推者，此藉亦易許。然「O假則A
眞」又不然：「某S不是P」，如果「某S」不存在，則「某S不
是P」根本假，與「一切S是P」無關。既無關，則A自有其眞
假，不能由O假推定其爲眞。如不管其因不存在而假，直承認其
是假，使其與A有連帶關係，也更不能推A爲眞爲假。因「某S
不是P」假，未必一切S即是P也，也未必一切S即不是P也。故
O主詞存在爲眞則A假，O主詞不存在爲假則A不定。既不定，
如何是矛盾？此可圖解如下：

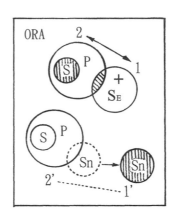

　　此爲O與A之關係。圖1表示「某S」存在，「某S不是P」
如眞，則「一切S是P」便假（圖2）。但圖1表示「某S」不存
在，「某S不是P」根本假，與「一切S是P」無關，便不能定，
圖2爲眞爲假。此圖也可表示上面「A假O眞」一關係，即圖2
假，則圖1眞，有連帶關係；圖2'假，則圖1'也假，無連帶關係。
同樣也可表示：圖2或眞或假，圖1皆可假，此即表示本條O假A
眞之不必然。

可見以存在原則論，O命題主詞若皆從存在方面著想，外範原則易加入，容易有連帶關係，矛盾亦容易造成。但因為O命題是肯定主詞存在的，其真假受主詞存在之制約，故又不能禁止其因主詞不存在而假這一可能。因他們已肯定O命題之真假是受主詞存在與否之制約故也。既可因不存在而假，則AO矛盾關係便不成立。此卻為伊頓及金先生所未注意！他們只注意了O命題的主詞之存在一方面，但未注意不存在一方面。然存在原則並不能只許設想其存在不許設想其不存在也。故存在原則既可以使AO矛盾，亦可以使其不矛盾，然則如何能說其必矛盾？若從外範著想，則存在原則根本當除消。若除消存在原則，則O假A不定，亦不是純矛盾關係。但A真O假、A假O真、O真A假，這三方面的矛盾性尚可說，強似存在原則使其無一矛盾也。（從外範著想，AO的關係下篇再論。）如除消存在原則，有以下的好處：㈠其他諸關係本可以推者今仍可以推；㈡可以使對待關係成為命題間的對待關係，而不是主詞與對象的對待關係；㈢矛盾關係在相當範圍內可以妥為保存；㈣質量原則在對待上決定真假甚自然，存在原則不自然，而亦離不了質量原則，但質量原則卻可以離存在原則；㈤不至使邏輯成為經驗知識論。

下　篇

上篇我說明了邏輯中存在之意義是隨手拈來，既往不咎，既定

之，則安之，便講下文。邏輯中不發生存在問題，一個實際命題或一組經驗知識可以發生存在問題，因此它的真假可以受存在原則的制約，它的內容可以與對象發生對待關係；但邏輯中的命題便不當顧及此。邏輯中的對待是命題間的對待，不是與對象的對待，故存在原則無用。所以伊頓以存在原則決定真假的那個圖便可不要。

再上篇有所謂六通者，今除去天眼、天耳兩通外，其餘四通皆有助于邏輯之理解：

1.他心通可以指證邏輯中主詞存在之意義；

2.宿命通可以指證邏輯命題及其間的關係都是必然；

3.神足通可以指證凡邏輯中皆自足，不假借，不丐題；

4.漏盡通可以指證一切邏輯命題，無論單舉、全舉或偏舉，皆窮盡而無遺漏。

這四個字眼，在佛家中有何作用，指何境界，我不管；只因其有助于我的意思之說明，故用之。本文不是專說邏輯之性質，故于宿命、神足、漏盡不必多說。只是有一點須注意，即四通一貫是也。本文上篇已由他心通說明：

1.存在之意義及存在原則在講對待關係上不佔任何位置。

2.決定命題間的對待關係之原則，只是肯定否定之質與外範大小之量。

傳統邏輯中的四角圖本也只遵守這兩個原則，惟稍有不盡處，且立名亦多不正，名不正則意不顯。我以前所論的四角圖，用名雖較恰當，而論真假關係亦多不盡。在此我願本質、量兩原則，參考傳統的四角圖，重立如下。

先論 A 與 E 的關係。A 與 E 在性質方面說，一為絕對肯定，

一為絕對否定，好像是不兩立，有似于矛盾。但不兩立是說不並
眞，它是否也含著同歸于盡呢？同歸于盡是可並假。只說了「不兩
立」並不能決定是否「可並假」。如果不並假，而有不兩立，則 A
與 E 是矛盾；如果可並假，而亦不兩立，則 A 與 E 不只是矛盾。
所以只說了「不兩立」並不能決定 AE 是矛盾，還要看它是否「可
並假」。那麼，它究竟是否可並假呢？從質方面看，一為肯定，一
為否定，不易看出其並假；但注意到量而觀其眞假之對待，則 AE
可以並假。因為 AE 都是全稱：一為一切是，一為一切不是。在這
種絕對的口氣之下，如果一個假，它們倆都可以假。因為「一切 S
是 P」的主張之假可有兩種假法：㈠一切 S 跳出 P 圈外，即一切 S
不是 P，如是，一切 S 是 P 便假。如果是這種假法，則 AE 為矛
盾。但是除此而外還有另一種假法：㈡一部份 S 跳出 P 圈外，即
一部份 S 不是 P。一部份 S 旣不是 P，則一切 S 是 P 當然是假。可
是一切 S 是 P 雖假，但不能就說一切 S 不是 P 便眞，因為「一部
份 S 是 P」旣可以否定「一切 S 是 P」，也可以否定「一切 S 不是
P」。在這種假法之下，AE 可以並假。這兩種假法可以圖表之如
下：

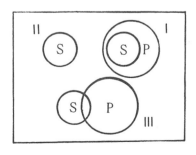

　　圖 I 表示一切 S 是 P，圖 II 表示一切 S 不是 P，如果是這種假法，則 AE 為矛盾。可是圖 III 即足以使圖 I 與圖 II 並假，如果是這種假法，則 AE 並假，AE 不只是矛盾。AE 既可以並假，但並不是說非並假不可。因為 A 既有兩種假法，圖 III 之假可以使 E 也假，但是圖 II 之假，則又使 E 真。所以如果「一切 S 是 P」是假，則「一切 S 不是 P」可以假（從圖 III），也可以真（從圖 II）。如是，由一命題之假不能推知另一命題或真或假，即是說，一命題假，另一命題不定。但是反過來，如果一命題真，則另一命題必假。因為真並沒有兩種真法，只有一切 S 全在 P 圈內（從圖 I），既然全在 P 圈內為真，則全在 P 圈外的自然必假。所以由一真可以推知另一假。如是，A 與 E 的真假關係如按第二種假法則如下：

　　1.不能並真，

　　2.可以並假，

　　3.由一命題之假不能推知另一命題或真或假，

　　4.由一命題之真可以推知另一命題必假。

這四種關係可以格式表之：

A	E	
+	+	N
−	?	E
+	−	E
−	−	E

　　N 表示不成立，E 表示成立（E 非 AE 之 E），？表示不定。所謂不定即可真可假之意。如果真，則格式變為以下：

A	E	A|E
+	+	N
−	+	E
+	−	E
−	−	E

這個格式表示 AE 的關係是「不相容」（incompatibility）。然其中亦函有矛盾，所多者，結果可以同歸于盡。矛盾是不兩立而其結果必有一立，不相容是不兩立而結果可以無一立即同歸于盡。不相容者必有矛盾成分在內，然矛盾卻可以至不相容，也可以不至不相容。所以「並假」是矛盾與不相容的分水嶺，除此而外，其中是沒有什麼分別的，有了這個，它們才有分別。這是「一假則另一眞」的情形，如果一假則另一也假，其格式便爲：

A	E	
+	+	N
−	−	E
+	−	E
−	−	E

→

A	E	A⌐E
+	+	N
+	−	E
+	−	E

這個格式表示 E 的關係是「偏離」，或曰「偏不相容」（partial incompatibility），即一部份不相容之意。一部不相容即含在「不相容」之內，故「一假另一不定」。這個不定者無論爲眞爲假，皆脫離不了「不相容」的範圍。故 AE 的關係，在第二種假法這方面說，可以名之曰不相容，或亦曰偏離。不相容即不相許，你不許我，我不許你，與你眞我假，我假你眞不同，它可以表示「並假」這個重要的可能。而傳統名之曰「反對」（contrary），

實不足以表示並假，其義甚晦。

以上 AE 按第二種假法爲不相容或偏離，若按第一種假法即全部 S 跳出 P 圈外，則 AE 爲矛盾，其眞假關係是：

1. 不能並眞；
2. 不能並假；
3. 一眞則一假；
4. 一假則一眞（假是全部 S 跳出 P 之假）。

故 AE 關係可有三種可能：㈠不相容，㈡偏離，㈢矛盾。必須三方面合觀，始可得其全。這自然以質、量原則爲標準，不以存在原則爲標準的說法。

AE 有三種可能，IO 也有三種：㈠相容，㈡偏取，㈢矛盾。所以如此的主要關鍵也在乎質量。I 命題爲「某些 S 是 P」，O 命題爲「某些 S 不是 P」。關於「某些」可有兩種看法：㈠不加限制，㈡加限制。不加限制，則 IO 爲相容，爲偏取。解之如下：相容（compatibility, disjunction）即相許，或道並行而不背，故可以允許並存，而不允許並假（因不用存在原則故）。某些 S 是，某些 S 也可以不是，可以並存不背。旣並存不背，I 眞，O 可以假，也可以不假，IO 不相干，無連帶關係，即不是由 I 眞推 O 假或推 O 眞；但 I 假，可以推 O 眞，此時有連帶關係，不然 IO 應可以並假，但此顯然不能，故由 I 假可推 O 眞。從 I 到 O 如此，從 O 到 I 亦如此。如是 IO 的關係，按「某些」不加限制，則如下：

1. 可以並眞；
2. 不能並假；
3. 由一假可以推一眞；

4.由一眞則另一可眞可假。

這四種可能以格式表之如下：

I	O	
+	+	E
−	+	E
+	?	E
−	−	N

？表示可眞可假，與 I 無連帶關係，並行不背。這個不定者如果爲假，則 IO 可以並眞，此眞彼假，此假彼眞，是謂「相容」。如果爲眞，則 IO 只有並眞與此假彼眞兩可能，是謂「偏取」即「偏相容」。相容與偏相容是一條線上的，故直名之曰相容亦無不可。相容傳統名之曰「下反對」（subcontrary），此名更不恰，其意更晦。照傳統的名法，IO 與 AE 好像有什麼隸屬關係，其實兩者恰相反：一爲相容，一爲不相容。然而傳統的名稱實不足以表示相容與不相容的性質。從「某些」不加限制方面看，IO 的「相容」與「偏取」的關係，其格式如下：

I	O	IVO	I	O			I	O	I⌐O
+	+	E	+	+	E		+	+	E
−	+	E	−	+	E	→	−	+	E
+	−	E	+	+	E		−	−	N
−	−	N	−	−	N				

若把「某些」加以限制，即某些 S 是 P，某些 S 不是 P，這兩個「某些」是同一的，則「某些 S 是」與「某些 S 不是」便是矛盾的。此時的「某些」指謂同一「某些」，並不是「某些此」、「某

些彼」。上面不加限制的看法，即某些此、某些彼之「某些」。這
是最普通的一個看法。然而指謂同一「某些」，也是容易發生的，
故特指而明之。如果指謂同一某些，則 IO 的關係為矛盾，決沒有
其他關係可能。在全稱 AE 時，可有兩種假法，故因而可以並假；
但在偏稱 IO 卻不能有兩種假法，故不能允許並假；但因為某些又
加了限制，故也不能允許並真。如是，IO 只有矛盾關係存在。其
真假格式如下：

I	O	I≈O
+	+	N
−	+	E
+	−	E
−	−	N

若要表示有限制的 IO，可以將 IO 寫為 ÎÔ：

Î	Ô	Î⌢Ô
+	+	N
−	+	E
+	−	E
−	−	N

由此觀之，AE, IO 俱有矛盾的可能，不過這種矛盾的看法，
較不普通而已。然不能說不可能，而且也最易可能。我以前把 AE
看為矛盾，認 IO 也可矛盾，就是為此。

AO, EI 傳統名曰矛盾。A 真 O 假，A 假 O 真，O 真 A 假，好
像矛盾性很大，不至同歸于盡。然恰巧 O 假 A 卻不定。在這一不
定上，即足以使 AO 不完全是矛盾。如果 O 假 A 真，則 AO 為矛

盾，無問題；如果 O 假 A 假，則允許同歸於盡，是謂不相容。故
AO 關係旣可爲矛盾，又可爲不相容。從 A 到 O 是矛盾，從 O 到
A 可矛盾可不相容。其格式如下：

A	O	A≈O		O	A	
+	+	N		+	+	N
−	+	E		−	?	E
+	−	E		+	−	E
−	−	N		−	−	N

如果不定者爲眞，則 OA 亦爲矛盾；如爲假，則爲

O	A			O	A	O〕A
+	+	N		+	+	N
−	−	E		−	−	E
+	−	E	→	+	−	E
−	−	E				

此即所謂「偏離」，即「偏不相容」。若與矛盾統而觀之，
「偏不相容」亦即成了「全不相容」了。AE 可爲「全不相容」，
可爲「偏不相容」，同屬一範疇之內。兩可者即表示由一假不能推
另一爲眞爲假也。IO 可爲「全相容」，可爲「偏相容」，同屬一
範疇之內。兩可者表示由一眞不能推另一爲眞爲假也。AO, EI 可
爲矛盾，可爲偏不相容，不屬一範疇之內。此表示由 O 假不能推
A 爲眞爲假也。如爲假，則只有 O 假 A 假、O 眞 A 假兩可能，而
無 O 假 A 眞一可能，故曰偏。「偏不相容」亦曰「偏離」，「偏
相容」亦曰「偏取」。所以 AE；IO；AO, EI 這三種關係沒有一
種是單純的完整的關係。不完整，不單純，即表示其推斷是有限

的，不過有大有小而已。

以上三種關係，其對待是互待，故不單純。但 AI, EO 其對待是隸屬，故可以使其成一單純關係。在傳統名曰差等，我曾名之曰函蘊，今仍以函蘊名之。其眞假關係如下：

1. 可以同眞；
2. 可以同假；
3. I 眞 A 不定；
4. A 假 I 不定。

EO 亦如此。A 不能隨同 I 眞，I 不能隨同 A 假，故 I 的可能性大。其所以大是因 A 的外範大于 I。此即外範大內容少，外範小內容多之義，故 A 函蘊 I。《算理》以眞妄值定函蘊，此處即以外範定，而其眞妄關係如《算理》函蘊同。關此，可參看〈論函蘊〉一文。

以上四種關係可以圖解如下：

若 AE 爲第一種假法，IO 加以限制，則如下圖：

這個圖，顧名思義比較恰合一點，而且眞假關係的性質也比較能表示出來。傳統的講法及一般的修改圖都把這些關係看成是完整的、單純的，其實除去函蘊而外，沒有一種是完整的、單純的。這種不完整的性質如果不表示出來，其眞假關係中可推不可推也表示不出來。這個圖，關于這幾點，都能作到，而且也不背于傳統中所指出的眞假關係。惟關于 AO, EI 則稍有補充，對于 AE, IO 又各多了一種看法。至于定名方面，則與傳統大小相同，這些名稱都從數理邏輯命題關係中得來，比較恰當一點。現在可把四種關係所以成立的眞假條件列出：

1.凡兩命題不能同眞，可以同假，而且由一眞推一假，由一假不能推另一爲眞爲假者，則或爲「不相容」，或爲「偏離」：A 與 E 是。若按第一種假法則爲「矛盾」。

2.凡兩命題可以同眞，不能並假，而且由一假推一眞，由一眞不能推另一爲眞爲假者，則或爲「相容」或爲「偏取」：I 與 O 是。「某些」若加限制使其指謂同一，則爲「矛盾」。

3.凡命題不能同眞，由一眞推一假，由一假推一眞，而且又可以同假，由一眞推一假，由一假不能推另一爲眞爲假者曰「矛盾」

與「偏離」：A 與 O，E 與 I 是。

4.凡兩命題可以同眞，可以同假，並可以前者假後者眞，而卻不能前者眞後者假者曰「函蘊」：A 與 I，E 與 O 是。

這是從眞假値方面說，而眞假値是受主詞的範圍與謂詞的性質之制約的，故我們再從量與質方面看：

1.凡兩命題同量異質而全稱者，或爲不相容，或爲偏離：A 與 E 是。按第一種假法爲矛盾。

2.凡兩命題同量異質而偏稱者，或爲相容，或爲偏取：I 與 O 是。「某些」若指謂同一則矛盾。

3.凡兩命題異質異量者爲矛盾與偏離：A 與 O，E 與 I 是。

4.凡兩命題同質異量者爲函蘊：A 與 I，E 與 O 是。

以上兩圖的表示都是在質量原則制約下所應有的可能。至于因存在原則而有的看法則不在此限。質量原則與存在原則之對立不是一個 alternative。邏輯中根本就不當那樣看，不然，邏輯就會不是邏輯，就會變成認識論，討論經驗知識，眼光向外，以外物爲轉移，成了奴兒婢子伺候它爲竹爲鐵。因爲他們是以存在決定命題的眞假，他們的說法是：如果存在怎麼樣？如果不存在怎麼樣？這種說法對待關係是主詞與其所指之對象的關係，可以符號表之如下："SRO"（S 代表主詞，O 代表對象，R 代表關係）。但是如果是這樣說法，我不知能有什麼結果得出，只搞鬼而已。所以存在原則決不能摻入邏輯中。邏輯中的存在是隨手拈來，旣往不咎，旣定之則安之，好講下文。旣不是不假設主詞存在，也不是肯定主詞存在，也不是以主詞存在爲條件。目的在往下講，決不反身再來問主詞存在如何，不存在如何，決不發生這問題。因爲這樣發生下去，

便跳出邏輯的範圍，也沒有結果。我們所講的對待則是命題的對待：在質量關係下，如果 P 假，Q 如何？如果 P 真，Q 如何？如果 Q 真或假，P 如何？這種對待可以符號表之如下："PRQ"。PQ 發生關係是命題間對待關係，SO 發生關係不是命題間對待關係，所以不是邏輯中所有事，伊頓的凹角圖以存在原則來決定，故無是處；金先生的三種看法中也以存在原則來決定，亦無是處。傳統的看法不以存在原則而以質量原則這是對的，本文遵守這個立場。唯有補充者三事：㈠把存在意義弄個明白，傳統邏輯沒有說明；㈡對於關係間的真假可能有所補充；㈢對於關係的專名有所改變。

四角關係以質量原則決定，換質換位的直接推論也以質量原則決定，無不通的地方，金先生所設的直接推論中的困難，我以為都是沒把邏輯中的基本觀念（如「二分」、「非」等）弄清楚。如果把這些概念弄清了，一步一步推下去，無不通者，困難是沒有的。關此我曾在他處論之。在此不必多說。

原載《民國日報‧哲學週刊》第28/29/30期　1936年3月11/18/25日

論析取與絜和

一

　　在算術中，有幾個根本的運算件曰加、減、乘、除，並有一根本觀念曰等。加法所得叫做「和」，減法所得叫做「餘」，乘法所得叫做「積」，除法所得叫做「商」，等號表示一個兩端相等之程式。同時減號又可以化而為負號。故加、減、乘、除、等、負便是算學中的基本概念，由此諸概念可以開始運算。算學如此，現代的邏輯進演也是如此。邏輯中有五個基本概念：一曰「負」，即否定，此類比于算學中之減號與負號；二曰「或」，即析取，此類比于數學中之加號，加之所得曰和，故「或」之結果或連結亦曰邏輯和（logical sum）；三曰「與」，即絜和，此類比於數學中之乘號，乘之所得曰積，故「與」之結果或連結亦曰邏輯積（logical product）；四曰函蘊，此為邏輯中所特有，為推斷之根據；五曰等值，此類比于數學中之等，而其意較根本于等。這五個基本概念為邏輯系統所必具，因為藉著它們，推演之進行始可能，好像數學之有藉加、減、乘、除一樣。不過有一特別情形，即：數學中有除

而無函蘊，邏輯中有函蘊而無除。邏輯中函蘊是最重要的一個關係，因爲有它始可言推斷也。函蘊之意義及其所牽涉的問題我已詳細論過，現在再請論「析取」與「絜和」這兩個基本概念。

「析取」與「絜和」所以在邏輯中佔重要的地位，一方面它們是由二分法而來，一方面它們又表示二分法。二分法中否定作用是根本的，現在否定作用即宿于析取與絜和中，而析取與絜和又藉否定作用始可得其表示，所以在思想進行之歷程中，開始的作用就是否定、析取、函蘊、絜和，所以它們在整個的前進過程上是重要的。不但思想過程是如此，即一切事物之發展也類似于這種情形。懷悌海講元學時，即以析取與絜和爲宇宙論上的根本原則，即從析取到絜和之創進是也。不過，這是解析具體世界的一個原則，雖然得之于邏輯，也類比于邏輯中之意義，但究竟不必同于邏輯中之所意謂。現在專從邏輯方面看其意義，我們可先講析取。

二

析取是 disjunction 之譯語，爲分拆不連之意，可以析而單取，不必連而雙取，當然也不禁止你連而雙取。兩個命題間的析取關係，以 " p ∨ q " 表之，讀曰「或 p 或 q」（either p or q），「或」字即表示「析取」之意。析取在現代邏輯中爲原始觀念，不可界說。現在可以把它看成是一個關係，在這個關係上，pq 的眞妄可能是可以完全指出的。指出以後，我們即可由它所具的眞妄可能而規定它的意義。規定它的意義即是說明它的意義，說明與界說不同。界說是在一系統中以已知界說未知，發生有先後。析取在系

統中既是原始觀念，發生最早，再沒有比它更早更根本，故在一系統內說只能界說其他，不為其他所界說。但雖不可界說，其意義卻可以說明。不可界說是說在一系統內不能用它自己界說它自己：雖不能界說它自己，但卻可以用它自己說明它自己。即是說，我們不能再用「或」界說「或」，但可以用「或」的思想說明「或」的意義。在不可界說的「或」上，我們是站在邏輯系統本身之內，在說明「或」上，我們是站在邏輯系統本身之外而說明邏輯系統中的各成分。我們一舉一動皆脫離不了邏輯，我們講邏輯還得用邏輯來講，所以我們當說明「或」的時候，便不能不用邏輯系統本身中的「或」來說它；即是說，當我們說明的時候，這個說明過程即具有邏輯過程于其中。所以我們既在邏輯系統中又在邏輯系統外，既入其內，又出其外；好像空氣一樣，既在體內，又在體外，你不能須臾離。這種不能須臾離的情形就叫做邏輯中心的循環，即你永遠脫離不了邏輯的立場，講邏輯還得用邏輯，始之謂邏輯中心的循環。這雖是一個循環，但卻不討厭，因不可免故，不可離故。只要我們把內外的層次弄清楚就可以不為其所困。如是，「析取」在一個系統內，雖不可界說，但卻可跳出系統外而說明之。

在析取關係上，pq 兩命題的真妄可能有三：㈠p 真 q 真，㈡p 假 q 真，㈢p 真 q 假。所不可能的是 p 假 q 假這個真妄可能，即是說，p 假 q 假這個可能，在析取關係上是不存在的，或說是不能成立的。所成立的只有那一個真妄可能。這種在析取關係上成立與不成立的真妄關係之可能，可以格式表之如下：

p	q	p∨q
+	+	E
−	+	E
+	−	E
−	−	N

「＋」號表示眞，「－」號表示假，E 表示在析取關係上成立，N 表示不成立。按此格式，我們可說只有第一、第二、第三滿足析取，第四便不能滿足析取。滿足析取是說在析取關係上，p 眞 q 可以眞，p 假 q 也可以眞，p 眞 q 也可以假。不滿足的是說，在析取關係上，唯 p 假 q 假不可，即 pq 俱假不可。這即表示 pq 不能兩敗俱傷；但也不表示 pq 非並眞不可。可以並眞，但不必並眞。因爲如此，故有 p 眞 q 可假，p 假 q 可眞，這兩個眞妄可能。在消極方面表示可以並眞，在積極方面表示必有一眞，不能並假。總而觀之，可以表示「道並行而不背」之意。因爲不相背，故可相容，故析取亦名曰「相容」（compatibility）。「相容」允許選擇，故曰「析取」，亦曰「交替」（alternative）。這些專名都表示並行不背之意。故「析取」有容納性，比較寬大。因爲寬大，故于析取範圍所允許內，皆總和而承認之，因此，遂類比于算學中加之所得爲和，故析取亦名「邏輯和」。

意義既經說明，我們可總觀而得一原則。設有 ab 兩類，則兩類之和當如下規定：「兩類之邏輯和，即是包括每類而同時又包括于各個互含之類中的類。」（Logical sum of two classes is the class including each and included in every class including each.）

這個原則以圖表之當如下：

S 表示 ab 兩類之邏輯和，S 亦為類，故 S 為類之類。S 類即 ab 兩類之全體，故包括 ab 兩類；但 S 類即等于 ab 兩類之和，故也可說 S 類包括于 ab 兩類之中；而 ab 兩類又互含，故又說 S 類即包括于互含之 ab 兩類中。

兩類和是兩類中不同分子之和，其同者，重複者，為公共也，只可當一個看。如（A, B, C, D, E）及（A, B, D, F, G）兩類之和當為（A, B, C, D, E, F, G）。又如「祖加父」加「父加子」等于「祖加父加子」，結果還是三輩人，不能有兩個父。故和類有似于算學中的小公倍。

再舉幾個實際的例以明之。

1.「孔子『加』孟子是戰國人」＝「孔子『或』孟子是戰國人」。

這命題可以真，但若改為：「孔子『乘』孟子是戰國人」＝「孔子『與』孟子是戰國人」，這命題卻是假的。這便是「積」與「和」、「與」及「或」的同處。「與」或「積」下段再論。

2.「紅的『加』綠的」＝「紅的『或』綠的」。

紅與綠都有亦可，或只有紅，或只有綠亦可，但不能紅綠俱無。紅綠都有可有兩種情形：㈠紅與綠兩不相干而並存，如圖中之 a 及 b；㈡紅與綠合于一起，或相似或相化，如圖中之 ab。第一種情形不成問題，我們只看第二種情形即可。如果紅與綠在 ab 處為相似，則幾乎紅即是綠，綠即是紅，結果或只有紅或只有綠，成了

一種顏色。莊周與蝴蝶可以使這種情形更顯然。莊周與蝴蝶本為兩物，但當物化時，則不知莊周為蝴蝶，扣蝴蝶為莊周，但無論莊周是蝴蝶，或蝴蝶是莊周，或紅即是綠，或綠即是紅，「ａ或ｂ」（紅的或綠的，莊周或蝴蝶）這個命題仍可真，即是說，都能滿足「ａ或ｂ」這個式子，或說在「ａ或ｂ」之下，這些情形都可有。如果紅與綠在 ab 處為相化，則此時紅綠便為紫，紫亦可滿足「ａ或ｂ」，「ａ或ｂ」仍可真。即是說，在「ａ或ｂ」之下，亦可說紅綠相化之紫。所以如此，即因在析取關係下有 pq 俱真這一可能故也。從 pq 俱真方面相，析取可含「絜和」的成分在內，至于其如何絜和，則當看事實的情形如何而定。我們說它含有絜和的成分，但不純是絜和的成分，故析取終不同于絜和，而絜和卻亦不含有析取。

3.「如果你所遇的是姓張的『或』是姓李的，你遇著了一個熱烈的宗教家」。

這個命題是金岳霖先生在其所著《邏輯》第4分61頁上所舉的例。他說這個命題可以改為：㈠「如果你所遇的是姓張的，你遇著了一個熱烈的宗教家」並且（與，絜和）「如果你所遇的是姓李的，你遇著了一個熱烈的宗教家」。但卻不能改為：㈡「如果你所遇的是姓張的，你遇著了一個熱烈的宗教家」或者（或，析取）「如果你所遇的是姓李的，你遇著了一個熱烈的宗教家」。所以不能這樣改的理由，他以為「這個命題的兩部分是以『或者』聯合起來的。它們雖可以同時真，而它們不必一定要同時真；既不必要同時真，則不能表示原來命題的意義。前一命題的兩部分是以『與』聯合起來的，一定要它們同時真，整個的命題才能真。從這一方面

看，它與原來的命題意義一樣。」（金著《邏輯》第四分六十一頁）按照上面對于析取的解說，我們的意見恰恰相反。我們以為前一個不能表示原來命題的意義，而後一個可以同真而不必同真的才是原來命題的意義。如果是前一個，為必同真，那便不是「或」，不是「析取」，不是「相容」，而倒是「與」、「絜和」或「邏輯積」了。但是原來命題的意義卻是析取，而並不是絜和，它並不必一定要同真。因為，原來的命題明明是說：「姓張的或是姓李的」。兩個中只要有一個即可，兩個都有當然也行，但不必都有。若改為必都有，顯然與原命題相背，怎說相合？金先生所以這樣講，是因為他把《算理》中的「或」看成是「相容」的「或」，除「相容」的「或」以外，他以為還有一種「不相容」的「或」。他舉例說：「或者你或者他到火車站上去一次」，那麼甲可以去而乙不去，乙可以去而甲不去，甲、乙也可以同去，可是，如果我對他們兩個人說：「某學校的校長出缺，或者你去做，或者他去做」，那麼甲可以去而乙不去，乙可以去而甲不去，但甲、乙不能同去，前一「或者」的用法是相容的用法，後一用法是不相容的用法。排中或排外原則中的「或者」是不相容的或者，而《算理》系統的基本概念中的「或者」是相容的或者。這是「或」的用法上兩大分別。金先生說《算理》系統中的「或」是相容的或，殊不知《算理》中的「或」乃是兼有金先生所說的相容與不相容兩者而有之的一種關係，兼有這兩者而成的析取關係才是我們所叫做的「道並行而不背」的相容關係。我們所謂相容一定要含著金先生所說的兩種情形，缺一不可。若缺了金先生所說的相容，則便成了矛盾關係；若缺了金先生所說的不相容，則便成了絜和關係。矛盾與絜和皆非

析取。金先生所說的相容其實是絜和，所以他說一定要同眞：金先生所說不相容其實是矛盾，所以他說必排中。但在我們看來，講矛盾情形時，雖也用「或」，但卻不能因此而成爲另一種「不相容」的「或」。因爲我們所講的是超越一切的「或」本身之意義，在講矛盾時所用的「或」也不離那「或」本身之意義。如是，「或者你或者他到火車站上去一次」，這命題滿足我們所說的道並行而不背之相容，而「某校校長出缺，或者你去做，或者他去做」，這個命題也滿足我們所說的道並行而不背之相容。縱然結果只能去一個當校長，但這是事實上的限制，我們不能因此事實上的限制即說甲或乙失了他當校長的資格。我們說「或者你或者他」即表示你與他都可，其眞妄值相等，至於事實上的需要，那是另一會事，不能牽涉到命題之眞妄值上去。這就好像一個人不被用，我們不能說他不存在一樣。所以這個命題雖表示結果只有一個去當校長，但也仍滿足我們所說的相容之析取，因爲我們所解析的析取明明有三個眞妄可能，並不限于非同去不可也。排中的「或者」是說一個命題或是眞或是假，不能有第三者；析取上的或者，或你去或他去，你他俱可。這表示一個相容的態度，你他之間的關係是相容的關係，在眞妄值上並沒有互相排斥，結果只能去一個，那是事實上的限制，非眞妄值之不相容也。所以排中與析取這兩種的「或者」，情形不能牽涉在一起。同樣，「姓張的或姓李的是宗教家」，也並不必同眞始可爲相容，倒是可同眞而不必同眞始可爲相容；若必同眞，則乃爲絜和，非相容或析取也。

　　4.「如果是鐵路局求事者之一，他一定是姓張的『或』姓李的」。

　　金先生以爲這個命題可以改爲：㈠「如果是鐵路局求事者之一，他一定是姓張的」，或「如果是鐵路局求事者之一，他一定是姓李的」。㈡「如果是鐵路局求事者之一，他一定是姓張的」，並且（與）「如果是鐵路局求事者之一，他一定是姓李的」。㈢「如果是鐵路局求事者之一，他一定不是姓李的就是姓張的，而且不是姓張的就是姓李的」。金先生以爲在這三個改法之中，第一與第二都不能成立，因爲原命題的「一定」是指「姓張的或姓李的」而言，不是指姓張的個人，也不是指姓李的個人。現在第一、第二兩改法都把「一定」分別引用于姓張的與姓李的，故與原來的命題不同。結果，據他的意思，只有第三個可能。但我們以爲第一個與第三個都能成立，惟第二個不能成立。理由不在「一定」之分別應用，而在聯結它們的「或」與「並且」之表達上的不同。用「或」來聯結它們，雖然將「一定」分別引用，也不背原來的意思，也能表示張、李都可，只有張或只有李也可。因爲「一定是姓張的或是姓李的」等于說「一定是姓張的或一定是姓李的」；「一定」之分別引用，並不能使它們非並眞不可。因爲它們是以「或」來聯結故。但它們若以「並且」來聯結，則這命題就表示它們非並眞不可，沒有交替性在內，所以第二個與原來命題的意義不合，不能成立。這個例子，金先生所以用這樣解法是因爲他又把析取「或」看成他所說不相容的「或」了，即向他所說不相容的「或」方面看了。但他這樣看，他又沒明白說出。在前一條的例子中，他以「必同眞」來解析「或」，可以同眞而不必同眞者都不在內；這一條他又以「必不同眞」來解析「或」，可以同眞而不必同眞者都不在內。即按照他的「相容」與「不相容」的「或」而言，他亦無理由

只承認同眞者之「或」爲「或」，不同眞者之「或」便不算
「或」。但是他對于這兩個例子的解法，卻正是在那裡作這種承
認。所以金先生對於「或」的解析並沒有一貫，這完全由於他未根
本了解析取關係所有的眞妄可能。

　　5.「王小姐與姓張的『或』姓李的結婚」。

　　金先生以爲這個命題如有法律的限制，即在不許重婚的國家，
則只可以改爲：㈠「王小姐與姓張的結婚」或「王小姐與姓李的結
婚」，而不能改爲：㈡「王小姐與姓張的結婚」而且「王小姐與姓
李的結婚」。若無法律方面的限制，他以爲這兩個改法都可成立，
即「原來命題中的或可以是相容的，也可以是不相容的」。但在我
們看來，如果我們只論「析取」（或）這個概念本身之意義，則所
舉的例子只能作第一個的改法，第二個改法根本不能成立，更用不
著牽涉到法律問題。法律方面允許了，則原來的命題也只表示那三
個眞妄可能都可存在，都可成立，即與張結可，與李結也可，與
張、李俱結也可。而同時第一個改法也仍可眞，也仍可表示那三個
可能都存在的情形。可是法律方面若允許了，改爲第二個說法，則
它所表示的只是「絜和」而不是「析取」。那三個眞妄可能俱在的
情形便不能表示，同時亦與原命題的意義不相合。所以無論如何，
即無論法律允許或不允許，第二個改法總是不能成立，總與原命題
的意義不合。這就因爲絜和是絜和之意義，析取是析取之意義。雖
然王小姐，在法律的允許之下，可以用「或」來與張、李聯結，也
可以用「與」來與張、李聯結，但是既用了「或」，則爲「或」之
意義（同時「或」之中即含有「與」之成分，因爲有 pq 同眞一可
能故），既用了「與」則爲「與」之意義（而同時「與」之中卻不

含有「或」的成分）。故原來命題既用「或」來表示，我們決不能說它既可以是相容（指金先生的意思而言），又可以是不相容（也是指金先生的意思而言）。我們只能說，在無法律限制之下，原命題乃是十足的相容（即三者可能俱備）之表示，在有法律限制之下，原命題亦不失其為眞，即是說，無論有法律限制與否，原命題皆可毫無增損地同樣成立。雖然，在無法律限制下，你也可以說「王小姐與姓張的結婚而且王小姐與姓李的結婚」，並且這命題與用「或」表示的原命題同樣眞，但卻是另一種說法、另一種關係，不能與「析取」相提並論，更也不能說原命題既可為相容又可為不相容也。

以上五個例子中，關于金先生所舉的三個，都可用來表示析取之意義；但金先生所講的大都不對。這表示他對于析取沒有透徹的了解。金先生說：「羅素在他的《算學原理》（*Principles of Mathematics*，1903年版）一書中，曾舉下許多的例，我們在此可以照辦。」以上所舉的三個，但不知金先生的照辦是照抄，還是照樣的另舉。現在羅素那本書已絕版，不易購得，我無從得見。如果是照抄，而且金先生的解析就是羅素的解析，則也表示羅素也並未透徹明白析取之意義，因為羅素對于眞妄關係也並未十分鑽研也。

三

我們再進而講「絜和」（conjunction）。「絜和」在《算理》系統內是可以界說的，即其發生是後于析取的，析取為原始觀念，負即否定亦原始觀念，此皆不可界說；但絜和卻可由否定與析取來

界說。其界說如下：

$$p \cdot q = \sim\sim pv\sim q \qquad Df$$

這個界說是說，「p 與 q 即等于或 p 假或 q 假是假的」。pq 兩命題中有一個假，譬如 p 假，p 與 q 之絜和即不能成立；同樣有一個假，譬如 q 假，p 與 q 之絜和也不能成立；同樣 p 與 q 俱假，p 與 q 之絜和更也不能成立。所以不能成立者，是因為「p 與 q」之絜和等于 pq 俱眞，故 pq 俱眞即等于「或 p 假或 q 假是假的」。

按照這個界說，pq 的絜和關係，其所有的眞妄可能當只有一個能成立，即只有一個能滿足 pq 的絜和關係。這一個即是「p 眞 q 眞」是。以格式表之如下：

p	q	p·q
+	+	E
−	+	N
+	−	N
−	−	N

「＋」號表示眞，「－」號表示，E 表示存在或成立，N 表示不存在或不成立。于是，在 pq 絜和關係上，只「pq 俱眞」那個可能成立。「pq 俱眞」這個可能若存在，則 "p·q" 的眞假便爲眞；若不存在而其他可能存在，則 "p·q" 的眞假值便爲假。pq 俱眞既然表示 "p·q" 爲眞，則 pq 俱眞必是 "p·q" 的唯一而且必然的條件。所謂「唯一」，是說只有它；所謂「必然」，是說離它不行。既然如此，我們可進而看「pq 俱眞」所表示的「絜和」是什麼意思。在消極方面，它旣不能一眞一假，又不能並假；在積極方面，它可並眞，而且必須並眞。如是，絜和沒有選擇性，也沒有交替

性，甚或可說也沒有相容性。因爲旣並眞，同屬一樣，當然無所謂相容與不相容。相容與不相容必在有異于我者，我對于異于我者允許它存在，是之謂相容；不允許它存在，是之謂不相容。今旣無異只同，自無所謂相容。故金先生以「相容」解「並且」（與），以「並且」爲「相容」是不對的。「相容」屬于「析取」，並眞屬于「絜和」非相容也。因此，也無所謂相容的「或」與不相容的「或」也。

如果我們不站在一個邏輯系統內說話，而站在系統外說話，則可以不受先後的限制。旣不受先後限制，則「析取」也可以給它一個界說，此時我們便可用負即否定與絜和來界說析取（即或）。其界說如下：

$$p \lor q = \sim (\sim p \cdot \sim q) \qquad Df$$

這個界說是說：「p 或 q」即等于「p 假『並且』p 假是假的」。這意思即表示「pq 俱假」是假的，是不能成立的，不能滿足「p 或 q」之析取關係的。除此而外，其餘三個皆可成立，即皆可滿足析取關係。一眞一假，一假一眞，兩者俱眞都可。如是，析取關係只否認 pq 俱假，其餘皆不否認：絜和關係只承認 pq 並眞，其餘皆不承認。在這一否認及一不承認上，我們可以看出析取與絜和所同者在都反對並妄。有並妄者始可言「不相容」，析取無並妄，故析取亦非不相容。金先生以「不相容」解「析取」也是不對的。復次，我們再從析取所不否認者及絜和所承認者兩方面看，我們又可知析取與絜和所異者在一有交替性，一無交替性；一可以並眞，但不必並眞，一非並眞不可。旣非並眞不可，故無析取之容納性，故其範圍之可能小於析取。但範圍雖小，而其所得實多，其成

立之可能性亦實大，因只要參加絜和皆必真故也。故此情形類比於數學中乘之所得為積。遂亦名曰「邏輯積」（logical product）。

現在可用一總原則述明之。設 ab 兩類。我們可以規定 ab 兩類之積如下：「兩類之邏輯積即是包括每類（全體或部分）而同時又被含有兩類（部分或全體）之類所包括的類。」（Logical product of two classes is a class including each and included by every class which including both.）

這個原則以圖表之當如下：

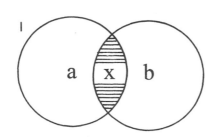
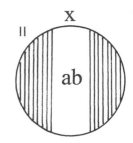

x 表示 ab 兩類之邏輯積。x 亦為類，故 x 為類之類。此類包有 ab 兩類在內，故曰包括每類。但所包括的每類卻不必是每類之全體，也不必不是每類之全體，故有 I 及 II 圖。圖 I 表示包括每類之部分，圖 II 表示包括每類之全體。包含全體或包含部分皆可。只說它包括每類（全體或部分）還不能決定它為「積類」，要決定其為積類必須使其與 ab 所同處發生關係，故曰它又被含有 ab 兩類（全體或部分）之類所包括。含有 ab 兩類之類即 ab 共同處所形成的東西。凡包有 ab 兩類（部分或全體）而同時又被 ab 兩類共同處所形成的東西所包括的類即是 ab 之積類。x 即代表這個積類，無論在圖 I 或在圖 II。

　　邏輯和是不同者之和，特別注意其不同，同者亦只算其中一分子；邏輯積是同者之積，專注意其同，不同者不算。設有（Xa, Xb, Xc）及（Xa, Xd, Xe）兩類，則此兩類之積當爲" XaYa "，故積類有似算學中之大公約。

　　再幾個實際的例以明之。

　　(1)中國人「與」日本人＝中日兩國人都有，缺一不可。

　　這即是並存之意，與絜和不背。這個例子契合于上列原則中的圖Ⅱ。

　　(2)中國人「與」北京人＝北京人＝中國的北京人＝北京的中國人。

　　這表示中國人與北京人之積還是北京人，此乃是 ab 共同處之意，與絜和亦不背，並契合于原則中的圖Ⅰ，這個例決不能表示北京人以外的中國人。如果要這樣表示，則便不是積而是和，不是「與」而是「或」，不是絜和而是析取了。既屬析取，便有交替性，有容納性，範圍當從其大者。如是，中國人「加」北京人＝中國人「或」北京人＝中國人，結果還是中國人，北京人當然也在內，但北京人仍還是中國人，故說中國人有容納性，是之謂相容；但在此若說北京人，那便漏了北京人以外的中國人了。故中國人與北京人，若以「與」來聯結便等于北京人，若以「或」來聯結便等于中國人。

　　(3)中國的日本人＝日本人入中國籍＝日女爲中男之妻＝中國人「與」日本人＝中國人「或」日本人。

　　這個例亦契合原則中的圖Ⅰ。

　　(4)國民黨員「與」大學教授。

這個例既可以表示黨員與教授並存，缺一不可；又可以表示「國民黨的大學教授」，或「作大學教授的國民黨員」。如屬前者，則爲原則中的圖Ⅱ；如屬後者，則是原則中的圖Ⅰ。

(5)中國國旗的顏色是紅「與」藍。（指現在國民黨當權的國旗而言）

這個例子表示紅與藍兩色並存，缺一不可。即是說：既有紅，又有藍，但卻不表示紅與藍化合後所成的「紫」。此便契合圖Ⅱ。

(6)紫色是紅「與」藍。

這個例便表示紅與藍起了化合作用所成的紫。此情形契合圖Ⅰ。

(7)他的溫和「與」智慧征服了她的心。（金先生所得于王遵明先生的例）

這個例表示「溫和」與「智慧」兩者合起來征服她的心，缺一不可，只有一不足以征服她的心。所以溫和與智慧，若以「或」來聯，其力量一定比以「與」來聯小得多了。可見和與積之不同。但此例卻只能契合原則中的圖Ⅱ，因爲「溫和」與「智慧」不容易化在一起，成一個什麼東西也。不過這話也難說，若以「仁」代替溫和，以「智」代替智慧，按照孟子界說孔子爲集大成的聖之時而言，則仁與智豈不合在一起成了一個集大成的金聲玉振、諧和整全的聖之時的人格？從聖之時的人格方面想，豈不是仁且智的化境？豈不契合圖Ⅰ之所指？例中的「他」之征服「她」也恰是如此。從「溫和」與「智慧」之爲「兩」方面說，這個圖例契合于圖Ⅱ；若從溫和與智慧所形成的整個人格方面說，這個例契合于圖Ⅰ。但無論怎樣，總不背于「絜和」。

　　由以上七例，可以完全明白「積」的意思。若與「和」合觀，必可洞然明白兩者之特性。其特性皆契合于其為函值（function）所有的眞妄可能之格式，而此特性亦皆由其各自格式中所引出，無不恰合無間。

　　析取有交替性，容納範圍廣，故結果所得可能少：其可能性大，而實得可能少。絜和有凝聚性，無交替性，容納範圍狹，故結果所得可能多：其可能性小，而實得可能多。在邏輯上說如此，在數學上說亦如此。故

　　5＋3＝8，

　　而

　　5×3＝15。

原載《哲學週刊》第40/41期　1936年6月3/10日

評約翰生的邏輯系統

約翰生（W. E. Johnson）的偉構，署名曰《邏輯》，共分四卷。但不幸只出了三卷，他就死了。前四、五年即聞第四卷已在預備印刷，可是至今尚未得見。至其預備印刷者為完全之遺稿，抑為散見之已刊稿，則亦不復知矣。

從全書〈導言〉來看，可知第一卷以傳統邏輯中之直接推理為主題，第二卷以間接推理及歸納法為主題，第三卷以「非形式概然」（informal probability）即科學基礎為主題，第四卷則是以「形式概然」（formal probability）為主題。這一個討論的過程可以說將邏輯的全幅領域包括無餘，而且西方人之真才實學于此亦可窺見一斑。全書繼承亞里士多德邏輯之線索，綜括肯斯（I. N. Keynes）的形式邏輯及密爾（J. S. Mill）的歸納邏輯，而作一種更深邃更老鍊的哲學的討論。因為是哲學的討論，所以其中常帶有黑格爾派邏輯的術語與色彩；但縱然如此，也還仍不失其英國人之老實嚴格的態度。

他規定邏輯為思想之分解與批判。在這種分解與批判中，遂發見思想有兩方面：一是其本身之形式，他名之曰" constitutive "，一是對外之認識方面，他名之曰" epistemic "。形式方面形成推演

之形式邏輯，認識方面形成歸納之概然邏輯。形式邏輯因爲是思想本身之推演，故必然而妥當；概然邏輯因爲要涉及外界，故概然而不妥當。于是他又說，邏輯即是站在妥當與不妥當的觀點上批判並分解思想之過程。

邏輯雖然有這兩方面，但卻並不能把邏輯同化于各科學而失掉其超越性、公共性、標準性。講到歸納概然及科學之邏輯基礎，總之即認識方面，雖然邏輯形式屈服于經驗或外界，但究竟科學是科學，（認識是認識），邏輯是邏輯，不能混同。所以從認識方面看者，是只看它在經驗方面所有的成果如何，並不是消滅它自己而融化于各科學中。于此可見約翰生對於邏輯之標準性、客觀性之認識，並不像一般人以邏輯爲方法學之俗見。不過他免掉了這個俗見，他又進入了另一個俗見。他說：「邏輯之範圍是已向兩方面而申展———一是後返于元學之領域，一是前進于科學之領域。這兩種趨勢即表示一方面在邏輯與元學之間，另一方面在邏輯與科學之間，並不必須引出一種堅強的嚴格的區別。任何邏輯家對于邏輯所安置的範圍即限制邏輯的領域，只要他的解析能言之成理，持之有故，並顯示出理論之統一，則他的觀點即可成立。所以事實上，在邏輯名目下所討論的東西，把其中的混亂及錯誤加以清理與解消是比畫定邏輯之範圍更其重要。在我這方面，我以爲區分邏輯與哲學，其重要性是比區分邏輯與科學小得多，所以我的討論可以叫做是哲學的討論，以與那些隱或顯將其分解與批判與認識論及本體論分開的人們相比較。」（第1卷〈導言〉第1頁）。

讀者請看，這一段話便表示一種危險的路線。在約翰生，以爲邏輯當與科學分開，不當與哲學、認識論及本體論分開。殊不知與

認識論、本體論不分，結果即是與科學與不分。與認識論混，即是與經驗、歸納、科學方法混；與本體論混，即是與物理、化學、自然哲學、物理世界混。所以邏輯與科學與哲學，雖然表面看之，是兩條不同的趨向，其實是同性質的一條趨向，于邏輯本身都是無什麼好處的。所以我們以爲不畫定範圍，不給邏輯以清楚獨立的領域，則邏輯中的混亂及錯誤是永遠清算不了的，是永遠解消不了的。因爲言之成理，持之有故，理論之統一，是人各一套的。如果只要能各成一套而便可以隨意畫範圍，則根本失掉了清算混亂的標準，混亂與錯誤根本無從解消。你以爲在你的系統下是一貫的清楚的，但在我的這套下，你的一貫便又是混亂，你的清楚便也是不清楚。所以不確定邏輯的獨立領域，一切系統都是戲論，至多不過自成一家言。但學說理論可自成一家言，而邏輯則是公共的、標準的，不允許隨人自成一家言。縱然各人的講法不必同，但其所講的意義總要是同的。這即是說，我們必須承認一個邏輯領域，承認一個標準邏輯。邏輯與科學不分固然不對，與元學、認識論不分也是不對。如是，約翰生所欲尋求的邏輯之超越性，因其趨向于元學、認識論而消失了。我於此可進而略評其內容，以第一卷爲限。

他講邏輯也是從命題起，這是對的。但他的從命題起，不是從命題之眞假值起，而是從組織命題的兩部分起。組織命題的兩部分一是主詞，一是謂詞。這本是普通所謂亞里士多德的主謂邏輯，也就是傳統邏輯。但傳統邏輯的主謂不過是說，他們把邏輯中的命題看成是文法結構的形式——一是主詞，一是謂詞。由這種形式的命題再進而講肯定否定、全稱偏稱所限制的命題間的關係及推論等。這種講法還是以肯定否定之質與全稱偏稱之量爲重要角色，並沒有

向主詞向謂詞大做其文章也。他們有時雖然觀點不清，把邏輯當作工具學，當作思維的規範，但究竟所講的還是些規範，即思想的格式，而這些格式又是由肯定否定之質與全稱偏稱之量規定出來的，所以還不失其為正，還始終認邏輯為科學之科學，即承認邏輯有客觀性、標準性、公共性，並沒有把邏輯前進于科學領域，又後返于元學領域。所以傳統邏輯的主謂形式並不礙事，希臘人的本體觀念雖然由主詞引出，但主謂式的邏輯並不就是本體論，邏輯中的主詞也並不是非使你向本體論方面想不可。你雖然可由主詞引出本體，但這乃是講本體論，終非邏輯中所當有的文章。現在約翰生的邏輯系統，卻是不遵守傳統邏輯的觀點，而倒是向主詞所引出的「本體」方面作文章了。所以他的貫串全書的主線，便是「本體自己」（substantial proper）及附加于本體上的「形容性質」（adjective attribute）。「本體自己」他解析為時間空間中的「存在」（existence），「形容」即是指說存在的些性質。約翰生的邏輯系統即是「本體形容」的系統。所以與其說他是從命題起，還不如說他是從「本體形容」起。這樣一來，肯定否定之質的原則、全稱偏稱之量的原則皆不重要。重要的乃是存在原則，並且作為主線的，不是二分原則下的一條思想律，也不是真妄二價的真妄值，乃是「本體形容」了。

他本「存在」原則及「本體形容」的形式，將 AEIO 四種命題給予了一種新的解析。我們普通對於 A 命題的說法是：「一切 S 是 P」（all S is P）或「任何 S 是 P」（every S is P）。約翰生以為這種說法，主詞只有本體性，並無形容性；但是我們習慣上，主詞中也常有形容性在其上。譬如說，花是紅的，這句話即等于說

「這個東西是花是紅的。」這樣說法，主詞也有了形容性的限制。
如是，AEIO 當作如下說：

A：任何東西是 p 者是 q；

E：任何東西是 p 者不是 q；

I：有些東西是 p 者是 q；

O：有些東西是 p 者不是 q；

主詞之本體性與形容性旣都指出。約翰生又進而將主詞之存在性與不存在性加以討論，但是他以爲「存在」二字頗有誤解，所以改用「事例」（instantial）一字。一個命題之主謂詞若含有事例（instantial affirmation）者，則此主謂詞便算不空，並且其命題之意義亦將不同於不含有事例之主謂詞所形成的命題之意義。有事例之命題，他用$_f$以係之，無事例之命題，用$_n$以係之，譬如 A_n, E_n, I_f, O_f 等是。由這種有事例與無事例之不同，AEIO 的四角關係遂有了五種：㈠$A_nE_nI_fO_f$，㈡$A_fE_fI_fO_f$，㈢$A_nE_nI_nO_n$，㈣$A_fE_fI_nO_n$，㈤$A_fE_nI_fO_n$。這五種俱各有對待關係圖，但約翰生只列出並沒有詳細講，其講法大概同于伊頓及金岳霖先生。因爲他們同是以存在原則來決定其關係故也。關于這種講法，我在〈主詞存在與否之意義〉一文中已詳細論過，並指明其不能成立。對于約翰生的這種講法，亦可同樣批駁，不必重述。不過還有一種缺陷，即在講四角關係時，他顧及到事例之有無，但到講換質換位之直接推論時，又未曾顧及到這個問題，顯然前後極不一貫。不過其關涉卻甚重要。因爲在直接推論中，事例之有無亦足影響且推論之可能與樣法故也。

復次，他這個「本體形容」的系統，于講「等」的關係（relation of identity）及思想律時而益顯，並亦可于此而益證明這

種講法之不可靠。他講「等」，純從元學的立場上講，同異合論，直與邏輯全不相干。「等」的所在旣移了位置，即從邏輯移到元學，故思想律的講法亦全不得要領。普通所講的二分原則及三個思想律，全未一提，吾不知似此邏輯將如何講下去？孟子曰：「是非之心，人皆有之。」邏輯即是由是非之心而引出的眞假二分，並遵守此眞假二分的眞假值之間的些關係之推演與形式。此爲眞正的邏輯自己，其餘皆是在邏輯之外，隱或顯地應用邏輯而成的些非邏輯系統。約翰生這個系統也就是這種非邏輯系統中的一個。

原載《民國日報·哲學週刊》第41期　1936年6月10日，署名「離中」

來布尼茲哲學疏導之一
——論主謂命題與關係命題

一

　　來布尼茲的哲學一往是邏輯的架構。此詞含有三義：一、對於一概念之引出與確定其函義純恃邏輯辨解的逼迫與邏輯分析的規定；二、藉命題的分析與討論以表示其形上系統之建立與夫知識所及之各種領域；三、只有邏輯的構造（因第　義故），而無直覺的或真實的構造，即未能批判地明其所引出之概念如何而可能。（讀者如欲了解批判路數的運用，當讀康德，如欲了解邏輯路數的運用，當讀來布尼茲。）

　　現在就上列第二義以論主謂命題與關係命題。此是其邏輯運用的一個大綱領。假定命題代表知識，則知識的最基本的一類是關於一個對象的特性之了解。對象的最後歸宿是本體，特性就是隸屬於此本體的些屬性。依是，表示最基本的知識之命題是主謂命題。主謂命題必函著哲學上之本體論，而凡論本體的哲學必主張主謂命題。依來布尼茲，所有的命題最後都可還原於主謂命題。依是，主謂命題是最基本最普遍之形式，而且依其形上學之系統，亦是必然

之形式。現在，究是否一切命題皆可還原於主謂形式，來氏所謂還原是什麼意思，關係命題究能客觀地獨立存在否。

復次，依近人羅素的見解，以為凡論本體的哲學，固然一方必主主謂命題，一方亦必主本體是一，即最後必歸於一元論。然而來布尼茲卻主張多元論。羅素以為此是來氏哲學之邏輯的不一致處。依是，渠以為如主多元，必不能主張只是主謂命題，必須承認關係命題。然而來氏卻又不承認關係命題的客觀地獨立實在性。此又是其不一致處。現在，若只承認主謂命題是否必至一元論？假若承認還有關係命題是否必至多元論？即，一元論或多元論是否必以主謂命題與關係命題之單主或合主為關鍵？主謂命題就存在方面似乎容易建立，關係命題則不容易建立。然則關係命題最顯著者當在那一方面？在存在方面，當如何成立關係命題？在非存在方面，即純形式方面，當如何成立關係命題？成立關係命題是否必成立其客觀獨立實在性？

復次，依羅素的見解，以為如只承認主謂命題，則必無客觀的知識，且必無我自己及我的情態以外的存在之知識。依前者言，凡知識皆只是能知之心之內容或情態，必無客觀而公共之知識與對象。依後者言，知覺不能給我以外在世界之知識。前者可偏指關於普遍的或形式的之知識言，後者可偏指經驗知識言。但是，從後者方面想，來布尼茲卻以為知覺能給我以外在世界之知識。此亦是其不一致處。復次，從前者方面想，假若只是主謂命題，則無一主一謂之命題根本即不是命題，必須無意義。但是恰恰在數目（或心子）間的關係這方面的命題為上帝所見所信。依是，上帝必信那無意義的真理。如果他所信的命題真是一命題，則必有一些命題沒有

一主一謂。依是，想把關係命題取消，即把關係歸於一個知覺者（即本體）之謂詞，必有以下兩缺點之一：或者知覺者在無意義的字之方式中看眞理；或者根本無理由假定：眞理依於無知覺者對於眞理之知覺。現在，關於羅素所提之經驗知識方面之不一致以及數目知識方面之無意義的困難，順來氏之系統，是否眞有此不一致，是否眞有此困難。吾人願予以疏導之。

二

來布尼茲云：「兩線 L 及 M 間的比例可以有三種看法：較大的 L 對於較小的 M 之比；較小的 M 對於較大的 L 之比；從兩者中抽出某種東西，即 L 及 M 間的比例，而未考慮何者是先行，何者是後果，何者是主詞，何者是謂詞。在第一種看法，較大的 L 是主詞，第二種較小的 M 是主詞，即哲學家所叫做關係或比例這種『偶然事』的主詞。但是，在第三種則不知其中何者是主詞。我們不能說 L 及 M 兩者皆是這樣一種偶然事底主詞。因爲如果如此，則必在兩個主詞中有一件偶然事（即關係或比例），一腿在這一個，一腿在那一個，此與『偶然事』一觀念相違。依此，在此第三種看法，我們必須說這個關係實在是主詞以外的。但是因爲它既非一本體，又非一偶然事，它必須只是一理想的東西。關於它的考慮，也是有用的。」（見羅素：《來布尼茲哲學之批評的解析》一書第二章，以下所引羅素的話亦見此章。本書乃根據羅素此書而寫成。等於讀羅氏書之筆記，對其批評的解析再予以疏導。）

羅素云：「理想的東西，若再推進一步，我想來氏必說：它是

屬於默想比例的心之偶然事。」

　　「在主謂形式以外，他不能承認任何其他判斷形式，雖然他發見了關係判斷之必然性。」「他想將關係判斷歸於主謂形式。」

　　「關於主斷數目的命題，他以爲『集合』只是一種現象，他名之曰『半心理的東西』。它們的統一（此對於任何數的主斷皆是根本的），他說單只爲知覺所增加。依是，一切皆是主詞與謂詞底『個體主斷』，並且也是作爲知覺者底一個謂詞的『同時知覺』之心理的主斷。」

　　「數目有關係底本性，因此也總是些某種樣式的『有』。但是，關係，雖然發現之於事物之中，而其『實在性』卻是從超越的『最高理性』中引申出。上帝不只看見個體的心子及其種種情態，也看見它們間的關係，而即在此，逐得形成關係底實在性。」

　　「關於空間及時間，來氏總想把它們還原於在時空中的本體之屬性。」「位置，如在前在後，不過是一個東西之模式。」

　　「單位是分離的，理解將它們聚於一起。」

　　「關係雖從理解而得，然並非無根據或不眞實。因爲根原的理解就是事物的起源，而一切東西的實在性，除去單純的本體〔案：即心子〕，只在單純本體中的現象之知覺這個基礎中而始有。依是，關係與聚合只有心理的眞理性。眞的命題就是一個歸一謂詞給上帝的命題，也就是一個歸一謂詞給一切那些覺知一『關係』的主體的命題。依此，來氏要執持其主謂義，必進而爲康德的理論；即，關係雖是眞實的，但卻是心底工作。」

　　「依此，命題因其被信而獲得其眞理性：眞繫於信，所知繫於知。此與從永恆眞理推上帝存在有關。將在該處評之。在時間空

間及數目這方面，將隨時評之。在關係方面，依來氏之觀點，尤有
乖謬，即：關係命題，上帝所知者，必須嚴格地無意義。」

由以上的徵引，可知來氏是想把關係命題還原於主謂式。他化
歸的步驟如下：他承認它的實在性，但不承認它有客觀獨立實在
性。它繫於能知之心之綜和；依是，能知之心便是托載此關係之主
體，此主體即本體，而關係則是此主體的一種情態，因而亦即是此
主體的一種屬性或謂詞；依是，關係命題因而亦即化為主謂命題。
惟此有當注意者，來氏似乎不是把一個關係中的兩端化為一主一
謂，而是把整個的關係化為本體的一種屬性。本體有性質的屬性，
亦有關係的屬性。「Ａ大於Ｂ」是一種關係命題。他並非把此命題
化為以Ａ為主詞，以「大於Ｂ」為謂詞的「Ａ是大於Ｂ」的主謂
式。「Ａ大於Ｂ」，從說話的習慣上，固亦可說為「Ａ是大於
Ｂ」，而此即具有主謂式。但須知此只是言語的連貫，Ａ並不因而
即為本體性之主詞。是以此命題並未化為主謂式。但只說表示「大
於」這個關係的關係命題可以化為一個覺知者的屬性。依是，他所
化除的不是關係，而是關係的客觀而獨立的實在性。依是，羅素的
問題當該不是關係命題之有無，而是關係之是否有客觀而獨立之實
在性。依來氏，它的實在性根源於理解，能知的心。（依康德亦如
此，自然康德言之更有法度。）不管它的根源如何，關係總是關
係，並未化除。依此，羅素冒然謂其否認關係，不可謂非混擾層次
也。如果問題只在一不承認關係之客觀獨立性，一承認其有客觀獨
立性，則問題即不在關係命題之有無，而在從承認其客觀獨立性方
面說，究是否有多的客觀而獨立之最後單位（或實在）足以生關
係。此可從兩方面說。一、從存在方面說，本體是一是多？如是

一，則本體方面無關係可言；如是多，則有關係可言。進一步，從
知識方面想，此多的本體間的關係究依存於能知之心否？如依之，
關係無客觀實在性；如不依之，則有客觀實在性。（若再依康德而
有現象物如之分，則縱有之而不能知。）本體之情態與情態間的關
係亦可如此考慮。二、從數學或邏輯方面說，則可問：發生關係的
項如何成立的？此種關係有客觀根據否？抑或只出於心之綜和？

三

　　根據來氏哲學，我們只可說主謂命題是基本的命題，而關係命
題則是附屬的。此若從存在方面說，原是可以成立的。蓋若講形上
學，則必設置本體。一言本體，必有附屬於本體之情態與作用，即
本體必有其性相用，依其性而呈相而起用。相與用對於本體之關
係，都是主謂式。假定本體是多，則本體與本體之間，依其固有的
特殊之性表現作用，因而發生交互的關係。本體的互相影響是一種
因果關係。甲本體影響於乙本體，則因在甲，而果在乙。我們不能
說乙方面之果是甲方面之因之謂詞，亦不能說甲方面之因是乙方面
之果之主詞。（若依來氏上面「L 對於 M 之比」之例說，亦可謂
因爲主詞，果爲謂詞。但此實無意義。）但因相與果相對甲、乙兩
本體言，都是各該本體之謂詞。依是，因果關係是兩本體之間的東
西。這整個的因果關係既不能單說爲甲之謂詞，亦不能單說爲乙之
謂詞。但此關係之兩端必隸屬於本體則無疑，而此關係之形成亦必
以兩本體爲最後的根據亦無疑。惟此關係既在兩本體之間，則不能
說此關係是何本體之謂詞（雖然關係的兩端是各該本體之謂詞）。

但依來氏，作為本體的心子之間不能有交互影響之關係。是則自個個心子本身方面說，心子與心子間並無關係可言。但個個心子在此世界中步伐整齊，互相諧和，互相一致，就此整齊諧和一致言，似乎也有關係。但此關係，一則基於預定之諧和，一則只為上帝所覺。即在其為上帝所覺，始有關係可言，因而始有實在性可言。此即所謂關係之實在性由於「最高理性」，由於「根源的理解」之意。自此而言，關係都隸屬於一超越之本體而為其屬性。被造的心子之間無自己所創生之關係，但有預定諧和之關係。此關係為上帝所造，亦為上帝所覺。依是，如果客觀地言之，即不自各心子的立場言，則心子間總有關係可言。此關係雖隸屬於一超越之本體而為其屬性，然關係本身並未化除也。關係隸屬於能覺之心，然在能覺中而為所覺，則就其為所覺言，亦可建立其客觀性與實在性。惟此問題，來氏並未詳言之，至康德始自覺地討論之。

以上是就本體之間言。現在再就各本體自身之情態言。個個情態皆為本體之謂詞。然情態與情態之間亦可有因果關係。此因果關係之整個可為本體之謂詞，然此關係本身仍是關係，並未化除。在兩情態間的因果態係或共在關係中，吾人不能說此情態是彼情態之主或謂。此種因果關係，來氏有「充足理由」以說明之，是則充足理由即是此因果關係之客觀根據也。假定不說本體，即不涉足形上學，而只就現象言，則論現象間之關係亦同情態間之關係。惟此時既不論本體，則關係亦必有一托足處才行。此托足處只可說是經驗的個體。個體有謂詞，亦有關係。此個體，無論其有本或無本，但邏輯地言之，它總是謂詞或關係之所預定。但既不言本體，則亦無所謂多的本體或一的本體。依此，就關係言，自亦無所謂隸屬於一

本體而爲其謂詞。此即是實在論者之態度，亦羅素的邏輯原子論之所執持也。然須知，此種態度是不徹底的。縱使就邏輯原子論言，亦只能滿足邏輯的言詞，而不能滿足實在的言詞。此種態度是「順而止之」之態度，即順邏輯分析之展現處而即止之於此處。是以此種多元及多元間的關係是邏輯分析之所置定，而不能涉足於客觀的形上實在也。

　　不管來氏的哲學如何，羅素的哲學如何，吾人以爲如從存在方面想，主謂式必是基本形式，關係式是從屬形式。而單從主謂命題方面想，亦不必是一元論，單從關係命題方面想，亦不必是多元論。一個形上學系統或自然科學（如物理學）的系統，總之任何關於存在的系統，既不能只是主謂命題，亦不能只是關係命題。只能說主謂是基本形式，關係是從屬形式。從關係方面想，只能說其隸屬於本體，或不隸屬於本體。假若有形上學，而且本體是一，則必隸屬於本體。假若本體是多，又無超越的唯一的本體，則關係是本體之間的東西，無所隸屬。此時關係是獨立地實在的。然不能只是關係。關係必預定主謂。否則，關係自身亦不可能。凡存在系統皆然。如不論本體，則雖有關係命題，亦不能負多元之責。雖有主謂命題，亦不能負一元之責。此時無所謂元不元。是即謂：單是命題，無論關係或主謂，與哲學上之主張無必然關係也。但反之可說：如言本體，必有主謂命題；如言多元，必有關係命題。

四

　　來氏是把關係的根源歸於能知之心，所以說它是半心理的東

西。但未說明能知之心究依何客觀理性的根據而成就此關係。如成
就關係的理性根據找不出來，但只說由於能知之心之覺知，則關係
必純爲主觀的、特屬的，因人而異，隨時而異。關此，在存在方
面，他的系統似無甚困難。因爲被造的心子互相間不自創生關係，
則被造的心子亦無所謂覺它們互相間的關係。它們間的關係在預定
諧和中，在上帝的覺知中。而上帝是最高的理性，他覺如此亦就如
此了。上帝的心覺不同於我們的心覺，所以亦不必定是主觀的、特
屬的。（對於上帝的形容，來氏未能善會。但此問題暫不討論。）
至於心子之覺知其本身之情態，乃至其情態與情態間之關係，乃至
物理世界中之關係，則彼有充足理由以至種種管轄世界之律則作根
據，所以亦不至於純爲主觀的特屬的（此屬於其知識論及現實世界
論）。惟在純形式知識方面，如關於時空單位之知識，關於數目單
位之知識等，若只說其間之關係由於能覺之心，而無一理性之根
據，則必流於主觀的、特屬的，而且必不能說明數學命題之普遍性
與必然性。關係命題，在數學方面特別顯著，自然不能化除，但亦
不能只是說由於理解而得，由於知覺之所增加。關此，有兩個問
題，我們須得解答：一、在數學系統中，我們只有關係命題而無主
謂命題。此如何而可能？二、這些關係命題，我們縱然說它們皆隸
屬於能覺之心而爲此心體之謂詞，然除此心覺外，它們有無理性的
根據？

　　一個存在系統，須有主謂命題及關係命題兩者，而且必以主謂
命題爲基本形式。因爲一個存在系統是有體的。此「有體的」一詞
以下列二義定：一、以存在的對象爲首出，此系統中的命題，無論
是關係的或主謂的，皆論謂此對象。此即是說，此中之命題皆有所

說，皆有所意指而爲其內容。二、此存在之對象皆有其特殊之定義，而此定義必指謂對象之「實在之性相」，決不是隨意所賦予的。此等定義即是此存在系統中首出之基本概念，所有的律則或規律皆由此而推出，亦反而論謂此等概念。譬如一物理系統，必有質量、體積、密度、力等爲其基本概念，而此基本概念，雖不指一具體之對象，然必從對象中抽撰而成，故亦可說代表一些存在的對象也。至運動律及萬有引力律，則皆由此而推出也。而此等律則亦皆反而論謂此等對象也。一個形上學系統亦有存在之肯定，亦必有其所論謂之基本實在。依此，凡存在系統皆以實在爲首出，不以規律爲首出。以實在爲首出者，一切命題必皆反而論謂此實在，故必以主謂命題爲基本形式。雖有關係命題，而關係命題不能自足也。

但是一個純形式的系統，如數學系統或邏輯系統，則不然。純形式系統亦名曰非存在系統，此爲「無體的」系統。「無體的」一詞，以下二義定：一、以規律爲首出，不以「項」爲首出。此中的命題皆是關係命題，而每一關係命題皆直接表現一法則或原則，而此法則或原則皆由根本的法則或規律輾轉推演而得，或云皆是根本法則或規律之變形，是以徹頭徹尾皆是一理之展現，皆只是此理此法則之呈現。此徹頭徹尾唯是一理之系統並無所論謂，因而亦無特殊之意指爲其內容。而其中之每一命題亦不是論謂一首出之對象。因首出者自始即爲規律故。二、此中之「項」即所謂「關係者」，並非有性有相有用之存在之對象。孤離言之，直無意義，只是一符號。而且若不在命題的關聯中，則亦無已成的固定之項之可言。即在命題的關聯中，而只表現一律則之命題亦非論謂此命題中之項，亦不能說此項創生如此之關係（是以連結此項之關係實是律則之展

現）。依此二義，故說爲純形式系統，亦曰無體的系統。

　　然則在此無體的系統中，「項」是如何成立的？存在系統中的項是實際存在的對象，然則此種系統中的項是如何出現的？前言此種系統中，若離開系統言，並無已成的固定之項，因它不論謂一眞實對象故。眞實對象不能由我隨意變現。我不論謂它，它也是存在的。而且它的特性也不能由我隨意賦予。但是形式系統中並無如此頑梗之項。譬如邏輯系統中，其中的項是命題。吾人固可對命題下一定義，但此系統中的式子卻並不是論謂此命題的。是以自邏輯系統言，命題只是一個符號，表示關係或律則（邏輯的）的些界限點，毫無意義或作用可言。我們所給命題下的定義，在系統的推演中可全忘記而不管它。一個數學系統中的項爲個個數目或單位。但此單位或數目又不若命題之現成，可自系統外而取來。數目之出現或成立，即是依照規律而出現而成立。數學系統中之數即是在數學系統之形成中形成。我們可自任何單位（此時並不是數）依照規律而產生數。若無規律的運用，單位自身只是一單位，並不是數，而其自身亦並不能產生繼續而來的單位即數。一穀粒可以生長爲穀，但一單位自身不能產生一串單位。是以數的產生及成立惟在依照一概念或規律（譬如劈分律）。數的產生如此，而數間的關係式亦是如此。沒有規律，不能有數（即不能有數學系統中之項），亦不能有數的關係式。是以數學系統自始即以規律爲首出。我們可以說它也只是一大串律則之聯貫。此聯貫中之種種關係命題只是數目規律之展現。關於時空單位間的關係，此中之單位亦是依照規律而成的。一段時間量，不施以規律之運用，決不能出現種種時間單位。時間單位出現後，即可言時間關係，而此關係亦是依規律而成的。

一個空間量，亦唯因概念或規律之運用，而後始能由其中決定出種種空間項，如點、線、面、體等。此種種空間項固有其特性，但此特性亦由規律之運用（藉以產生此項者）而賦與。是以一幾何系統仍以規律為首出，不以項為首出。

　　不以項為首出，故項非本體，非存在對象，故純形式系統中無主謂命題。以規律為首出，而又無主謂命題，故此種系統中之種種式子皆是關係命題。是以凡無體的系統皆純以關係命題組成。而「只是關係」之所以可能，正在此系統之形成自始即只是規律之措施，規律之展現。所以無體的系統皆只是一理之推演，一律則之展現，因而遂可以只為關係也。存在系統，若只是關係，則關係自身亦不可能。故必預定主謂命題為基本形式。然非存在系統，因其只是一理之展現，故亦只表現為關係命題也。而此等關係亦正因其依止於規律或理，故可以停住而可能也。存在系統中之關係依止於本體而始可能，故不能一往只是關係。非存在系統中之關係依止於規律或理，然而那些關係亦即是該規律或理自身之變形，實亦即是該規律或理自己也。故可云這些無體的系統皆只是一理之展現，因而亦可云皆只是關係命題也。而此所謂理或關係命題又不是論謂對象者，所以這些系統皆只是理自己也。唯表示理自己之系統，才是只以關係命題組成之系統。存在系統中之關係可化除或不可化除，容或可有不同之論點，惟此「非存在系統」中之關係，則為必然而定然，決不可化除。世人皆知數學命題為關係命題，此只是事實之指出，而不知其何以能極成其為關係命題也。

五

　　非存在系統中之關係之理性的根據即在概念或規律。惟依此規律，而後關係始有客觀性、必然性乃至普遍性。假若吾人將這些概念或規律統一化，吾人將說最基本而可以爲唯一自足的標準者即是純邏輯。純邏輯表示純理自己。此是一個底據系統。數學系統及幾何系統皆是此底據系統之外在化。依是，數學系統及幾何系統中之概念或規律皆有其純理上之根據。唯吾人說外在化，是依據直覺構造而說的。理性的根據成功它的邏輯構造，直覺構造則表示它之通過直覺之潤澤而實現。而直覺之潤澤之或實現之，是心之活動。心之活動表現而爲直覺綜和之活動。惟直覺綜和是依據概念或規律而綜和，決不只是心的活動即可成關係，而其成關係之客觀根據在規律。心依據規律而綜和之，因而成關係。是以一個數學命題或幾何命題之形成是兼備兩種構造的：一爲邏輯構造，一爲直覺構造。前者只形成其形式可能性，後者則形成其真實可能性。

　　關係的理性根據既建立，然則是否尙可進一步，將此種有客觀性之關係再拉進而隸屬於心覺之體以爲其屬性。要作到這一步，須順表現爲直覺構造之心的活動而前進。然只是此表現爲直覺構造之心尙不足以作爲本體。因此心只是一種用，對關係言，只擔負一種實現之責任，對邏輯構造所成之形式可能性予以核對予以許可，因而形成其真實可能性。它並不能擔負此關係之客觀的形成。而擔負此責任者在概念在規律，即是說在理。依此，吾人須追溯理之根源。理本來是自足的（就成非存在系統言）。此種追溯只是予以真

實之落足處。它的落足處在理解，在超越的統覺。而超越的統覺亦
是心之活動。但此活動不只是活動，亦且湧現規律或理。依是，吾
人必須將「只是用」的主觀的心轉進而為客觀的心或邏輯的心，然
後「作為體」的心始能形成。此體的心既形成，然後關係始能隸屬
之而為其謂詞。此體的心是心理（邏輯之理）合一者、惟心理合一
之心始可為體。既有體，則由之而成之關係自然是它的屬性。整個
的關係為它的屬性，而關係本身並不能化除。來氏並未能作到此，
康德是順此路前進的。

　　吾人為極成無體的形式系統中之命題之只是關係命題，必然至
於予規律以先驗的根據。既必然至於予以先驗的根據，則亦必須至
於邏輯之心之建立。由此又必然須建立作為本體的心。否則，那些
規律全無著落，全無理性的根據，很可以是外在的、隨意約定的。
若如此，雖於關係命題不生影響，然數學系統必無必然性。吾人為
之建立先驗根據，正是由形式主義進至先驗主義。形式主義不足以
極成數學，故必進至先驗主義。如此，又必進至本體之肯定。如
此，而後關係有所隸屬。來布尼茲所言之心只是一種只有「覺的作
用」之心，並未進至心理合一之心。所以羅素得評其為主觀的特屬
的。然就非存在系統中的單位言，此單位自身實不能生關係，因其
本身非有體故。其本身既不能生關係，故它們的關係必由於心覺。
所以來氏說關係是半心理的東西，又說聚合只是現象，又說單位是
分離的，理解將它們聚於一起。這一步內轉是不錯的。然只是此，
則不夠。羅素由此向實在論與邏輯原子論方面發展以補救來氏哲學
之缺點。吾人以為如此固可一貫，然此是下降的一貫。蓋如此，則
必將來氏哲學中的本體、上帝、充足理由，以及時空論中的精義，

與夫此文所述的非存在系統中的關係論之態度，全部廢棄而後可。故吾人不向羅素的方向發展，而向通過康德的那一條路疏導來氏哲學。

六

近人想以關係命題代替以往的主謂命題，以關係邏輯構造關係形上學代替以往的本體形上學。實則從存在方面想，關係命題是不能代替主謂命題的，而關係形上學實即不是形上學，更不能代替以往的本體形上學。凡如此嚮往的人，皆不能認識存在方面的關係命題與非存在方面的關係命題之不同。吾人以為真正純然的關係命題惟限於邏輯系統、數學系統以及關於時間空間的系統，而此種系統又皆是純形式的、非存在的。惟此種系統中的命題才只是關係命題。存在系統則必須有主謂命題，而且必以之為基本形式，然後存在方面的關係命題始可能。故吾人在存在方面，正想建立主謂命題之根據，恢復本體形上學，恢復哲學大統之壯觀，以反近代趨勢之貧乏與空虛。而對於非存在方面的純然的關係命題，則想通過康德的路而予以超越的建立，康德所謂先驗知識、先驗的綜和判斷，以及關於存在的「超越的決定」，吾人亦想純由此非存在的無體的種種系統方面說明之，而且亦將只歸屬之於此種種系統中。外乎此，不能有先驗知識或先驗綜和判斷，而對於存在（現象）亦不能有超越的決定。關於此非存在方面的關係命題，來氏雖是數學家，然並未能正面地自覺地建立之。他只知道它們是必然命題、分析命題，然關於存在的常德或體性的命題亦是分析而必然的命題，他並未能

對此兩者予以區別的注意與領域的畫分。他只籠統地這樣說。復次，他一方說數學命題是分析而必然的命題，然一方又說單位是分離的，理解將它們聚於一起，它們的統一只是知覺之所增加。從此後一方面說，數學命題又不能不是綜和的。這既分析又而綜和的相反特性，他不能融於一，即是說，這些表面是分析的之命題之先驗根據，他並未能積極地建立起，他的直覺力尚未能透至此。然而他已開啓了它們有綜和性這一關。現在那些數學邏輯家索性往外推，只保留「是分析的」一義，由此進而言套套邏輯，只成得一個形式主義，外此一切都不問了，把來氏所開之關又閉了。他們復想從其往外推而牽涉於存在，而構造形上學。（此有種種形態，且不管。）如此一作，使得這些非存在的無體的系統對於存在的關係更糊塗了，更攪擾不清了。他們想繼來布尼茲之統，但把來氏的形上學系統整個擯棄了。如是，弄得一切皆虛浮無根，皆散漫無統。此就是近代哲學之游魂式的靈魂。我們當感謝康德。他順來氏所開之門而勇往前進。雖未能處處妥貼，至於盡美盡善，然大體不錯矣。他救住了哲學，而建立了哲學。現代的人總想拆掉這個大廈。然而哲學亦隨之而亡。

我們現在想恢復這個統緒。所以先從來布屁茲起。從主謂命題說存在方面，看他的系統、形上學系統是如何，將如何調整而貫通之。關此本文不能論及，故前面涉及此方面亦未能盡其詳。從關係命題說非存在方面（非言存在方面即無關係命題）。由此而順通過康德之路以建立數學，此是順來氏所啓之門以前進。來氏對於此方面是未能提得起。這一步提不起，哲學的綱領即不能振。而振起這個綱領，哲學始得重建。以後我們將向存在方面說話，討論他的綜

和命題（偶然命題）與充足理由律。可是，如果那個綱領振不起，哲學不能轉向，則他的關於存在方面的哲學亦只是邏輯的構造，即只有形式可能性而已。

原載《理想歷史與文化》第1期　1948年3月

第二編：論知識

公孫龍子的知識論

一、引論

　　中國人歷來總講實用，而結局總不實用。這乃是無科學的緣故，而所以無科學，則是因爲邏輯與知識論不發達。至於這兩種學問之所以不發達，則亦正有其故，但此則暫且不論。然所謂無邏輯無知識論，則也並非龜毛兔角，毫無踪跡可尋。在戰國時代，一般學者，很有爲知識而求知識的精神，然最深造者則唯公孫龍子。當時辯風很盛，故儒家之孟子亦不免受時代之影響，而以善辯之口聞於世，而與此文有關之辯，則爲仁內義外，故我以此爲此篇之引論。我們將孟子之文一段一段的討論下去，看是否能引到知識論的路上去。

　　　告子曰：「食色，性也。仁，內也，非外也；義，外也，非
　　　內也。」〔……〕曰：「彼長而我長之，非有長於我也。猶
　　　彼白而我白之，從其白於外也。故謂之外也。」

這話怎講呢？焦循《孟子正義》上說：「長大之年，在彼不在我，故云非有長於我。彼在我之外，是長大之年在彼，即是外也。非有長於我，即是從其長於外；從其白於外，即是非有白於我。」告、孟之辯是在性的問題上。我們且不管他們的性，只注意其內、外二字。告子為什麼以「義」為在外的呢？即為什麼是客觀的呢？「義」者「宜」也。一個人所以被敬，必有其被敬的理由，即當該被敬。若無被敬之處，我便不能敬他，猶之乎一個東西必是白，我才說它白；它若不是白，便無法說它是白。故所以被敬，所以是白，在對象上必有其故，不能隨主觀而轉移。其「故」便是其「義」，其故在彼不在我，故義亦在外而非在內。這便是告子的義外之意，照此解析，告子真成了一位常識的客觀論素朴的實在論了。我們再看孟子的回答：

> 曰：異。於白馬之白也，無以異於白人之白也。不識長馬之長也，無以異於長人之長歟？且謂長者義乎？長之者義乎？

焦循又解析道：「所謂白馬、白人，同以為白可也。白無異白，長則有異於長，此長之所以異於白也。〔……〕告子以長為義，而不知以長之為義。故先以白馬、白人不異，別出長馬、長人不同。言長人之長，必用我心長之。分明權在長之者，而不在長者。長之既在我心，則權度悉由中出，安得以義為外乎？長之權全在我，安得云非有長於我也？」孟子之意以為白馬與白人之白，同是白，沒有差別；但是長馬與長人卻有別。這是他反對告子的「生之為性」的主張而推論出的。其實長馬、長人即便同，於其主張義內上，也沒

有什麼阻礙。所以這層意思，不須注意。只要注意其「長者義乎？
長之者義乎？」這兩句即可。其意是義不在長者而在長之者，即不
在客觀而在主觀。何以故呢？孟子的辯論，在現在看來，大概是對
的。試問這「義」是什麼？原來即是「當該」，即是「宜」。宜不
宜與是不是似乎要有區別。宜不宜便是討論到價值科學了。自然科
學是講「是」，價值科學是講「宜」。自然的事實無所謂宜不宜。
故宜不宜總是主觀的成分居多，即依著主觀的某種標準而評衡的。
所以孟子的義內，大半是對的。因為那個人本身，他並無所謂義不
義，義不義也不是那人的必具特徵，沒有了義，他也不能不是人；
有了義，他也不能即變為超人。況且「義」這名與「仁」，我以為
都是一類的東西。若說在外同在外，若照告子之意，他有被敬，所
以我才敬他。但我也可說：因為他有被愛處，所以我才愛他，仁也
成了。但告子卻主張仁內義外；不過他也有矛盾處；因為告子在此
章之首以仁義比桮棬。這又承認仁義都在外了。也許因為記載的錯
誤，便弄成不一貫了。我們再往下看告子的話：

> 吾弟則愛之，秦人之弟則不愛也。是以我為悅者也。故謂之
> 內。長楚人之長，亦長吾之長，是以長為悅者也。故謂之外
> 也。

而孟子又說：

> 嗜秦人之炙，無以異於嗜吾炙。夫物則亦有然者矣。然則嗜
> 炙亦有外與？

焦循解析道：「告子以愛不同，明長同；孟子則以嗜之同，明長同。愛不同，權固由我；嗜炙同，情亦出中。嗜同則情出於中，豈長同而情在於外乎？愛之長之，皆是以我爲悅。秦人之弟非吾弟，以其親不同，故不同愛。楚人之長非吾長，以其長同，故同長。秦人之炙非吾炙，以其美同，故同嗜。……知吾所以嗜之者，由心辨其美，則知吾所以長之者，由心識其長。若謂義之同長爲外，則食之同美，亦可謂之外乎？」

　　孟子這段話，並不足以打倒告子，其舉例之辯亦不甚充足。秦人之炙與吾炙，它們與我都無甚親密的關係；但我何以就能同嗜呢？這豈非美由於永遠美，無論在任何時任何地總是美嗎？即其美有客觀性存在，所以與我不相關的秦炙，我亦仍嗜其美。設美不外在，我何以能如此之開誠布公而同嗜之呢？假若告子這樣追問其來，孟子設不將事實與價值分開而立論，則不但不能屈服告子，且將投降於告子了。故孟子此例不足以證明義內。至於焦循的解析，也不充足。心辨其美，心識其長，這也不過只承認心有辨別之力，也不足以證明義內。況且倒承認了有個美在外界及長在外界存在的意思，故孟子若承認長、美外在，只謂心有辨別之能，這何足以屈服告子？因長、美外在，則吾所以辨別必是由於那長、美使我辨別，不得不說它是美，不得不說它是長。如是，則豈非義在外乎？若只說心有辨別之力，即證明義在內，則告子似乎也不至於不承認心有辨別之力，告子是個常識者的見解，還不至於是極端的感料論。孟、告之辨既終，我們再看公都子與孟季子之辨。

> 孟季子問公都子曰：「何以謂義內也？」曰：「行吾敬，故
> 謂之內也。」曰：「鄉人長於伯兄一歲，則誰敬？」曰：
> 「敬兄。」「酌則誰先？」曰：「先酌鄉人。」「所敬在
> 此，所長在彼，果在外非由內也。」公都子不能答，以告孟
> 子。

在平時敬兄，因兄比鄉人親；在酌時，則先鄉人，因鄉人是客。如
是，則我們之敬不敬長不長，豈非全以客觀之變化為變化乎？豈非
義在外乎？我們再看孟子的話：

> 孟子曰：「敬叔父乎？敬弟乎？彼將曰敬叔父。曰弟為尸則
> 誰敬？彼將曰敬弟。子曰惡在其敬叔父也？彼將曰：在位故
> 也。子亦曰：在位故也。庸敬在兄，斯須之敬在鄉人。」

孟子這例，仍與孟季子的例同。不能屈服他，倒足以為對手張目
了。焦循說：「弟不在尸位，則叔父之敬，無時可易；鄉人不在賓
位，則伯兄之敬無時可易。庸敬，斯須之敬，因事轉移，隨時通
變；吾心確有權衡，此真義內也。」此話更不充足。轉移也，通變
也，權衡也，仍是隨著外界的變化而變化。如是，也不過是承認心
有權變之力，宜不宜之辨而已。至於所以宜所以不宜，仍是因外之
宜不宜而定。仍不足證明義在內。能辨別義不義，與義在內或在
外，是兩個問題，不能混為一談。宜不宜的辨別，乃是辨別宜不宜
的心理活動。孟子以為只要承認了人有辨別之力，即足以證明義
內。這理由怎會能屈服告子？故孟季子聞之曰：「敬叔父則敬，敬

弟則敬。果在外，非由內也。」時而敬叔父，時而敬兄弟，究竟在外而非在內？而公都子則答曰：「冬日則飲湯，夏日則飲水，然則飲食亦在外也？」這又是重彈孟子之調。夏日則飲水，水有適合於夏日之性，我們於夏日不能不飲水。時候變了，物體也換了，我們的飲食也自然要隨之而變。假設氣候不變，我們即無飲湯、飲水之變，且湯與水顯是兩種不同的東西。孟子嗜炙之例，還是同物，且不足以證明義內；湯、水既不同物，何以不能說：吾之所以飲湯是因湯有適合冬日之性，有其必是湯的特徵，唯其有此特徵，所以我才於此時飲之，唯其有此特徵，所以才是湯而不是水呢？故此例更不妥。

原來他們仁內義外之辯，其主題之定義似乎不曾一致，所以辯得無結果。在告子以為：因義在外，所以我才行義。孟子也似乎承認義在外，但承認心有辨別權衡之力，而且即以此為義內之證；所以告子是不能服的，因為承認義在外而心有辨別權衡亦隨之而轉移，與義在外所以我才行義是同樣的意思。告子似乎注重其存在方面，而孟子則注重人心的權衡活動這方面了。至於所以辨別所以權衡，即所辨別的所權衡的仍是依於外界。外界之宜不宜而為我們辨別權衡之標準，這層意思，孟子似乎是承認的。故孟子之義內，結果只是辯得人有權衡之力，至於權衡之對象標準還是承認在外，故不但不能證明義在內，反承認義在外了。若以辨別權衡即是義，則又似乎不當承認外界有被權衡之標準。當該以為辨別權衡即是義，義的標準即是我心的辨別權衡，宜不宜只是依主觀的權衡標準而規定給外界的。外界並非實有這種「義」的東西而為辨別的對象。但孟子卻無這種勇氣，所以一方面既承認人有辨別權衡之力，一方面

又承認所以權衡辨別的外界標準，所以結果辨得一塌糊塗，倒與告子無甚分別。因爲所差者只在辨別權衡之力，而告子我想也不至於不承認心有辨別力。只就「義內」而言，孟子的主張，現在看來，多半是對的。但其辨論之例，卻不足以衛護其義內之主張，故要主張義內非把事實與價值分開不可。不承認價值外在，即外界並無所謂價值，長不長、美不美都是主觀的東西，並無公共的標準。主觀沒有了，它們也沒有了。但這不過只是一派的論點。問題不是這樣簡單的。價值與事實之別並不是很嚴格的。陳大齊先生將事實與價值分爲絕對對立不同的兩種科學，若照此論點，則義內的主張可以成功。但唯用論者則直不承認這種分別，以爲一切只是價值的實現。事實在創造中，本體也在創造中。謂之一切都是價值可，謂之一切都是事實也可；但總是在創造中，在實現中。還有以爲把科學分爲三種：㈠可能的科學（possible science），如數理、邏輯是；㈡自然科學（natural science），理、化等是；㈢價值科學（valuable science），倫理、美學等是，但都不是絕對的。可見這個問題是很重要的，它牽涉的問題很多。孟、告之辯，略見端倪。假若中國學者不作護道之論，從他們的辯論裡研究下去，也許可以漸漸地討論到外界之存在問題、知識問題，進而至於科學的探討，對於自然現象解析它，把捉它；中國或者還不至於這個樣子。可惜一般學者都想配聖廟吃牛腿，對於知識卻即無形告終了。然而在當時，除了仁內義外辯略見端倪外，而講知識問題最完備的要算公孫龍子了。我所以以仁內義外爲引論者，因爲中國向來對於心物主客是不分的。對於外界不發生問題，外界即是如其所是的，用不著討論，用不著問它「是」什麼（what is）。中國的思想是天人合一，萬

物一體，這即是心物主客不分的第一大原因，也即是科學、邏輯、知識論不發達的第一原因。這個「是」字很重要。因為要問它是什麼，所以內外之分也即有了，因而科學也就產生了。心物主客之分，固然不是哲學上最進步、最終極的境地，然而它卻是講「是」的自然流露，也是產生知識論的第一原因，也是知識論必由途徑。在中國書籍裡，「仁內義外」這「內」、「外」二字即是引到講「是」的路上去的絕好先導，也即是知識論的絕好先導，可是所謂儒者為什麼就單單把此點忽略過去呢？因為忽略這個，所以專講此等問題的公孫龍子也就蒙上詭辯的徽號了，不幸也哉！

二、對於景昌極先生的公孫龍子之唯象主義的批評

自從胡適之先生作了一篇〈惠施及公孫龍子的哲學〉以來，一般名流都恭維的了不得，不能絕後也差不多了。所以對於公孫龍子仍是很少的研究，但適之先生講公孫龍子的哲學，為什麼不在公孫龍子的那幾篇文章裡找材料找系統，而偏要在《莊子‧天下》篇的零碎的二十一事中找生活呢？捨本求末，有何是處，就值得那樣恭維！近來景昌極先生在其《哲學論文集》裡載一篇〈公孫龍子的唯象主義〉，我看了以後很失望，他雖知道捨末求本，然所得的精神我以為連適之先生都不如。他從心的方面及物的方面來證明公孫龍子是個唯象主義者，即不承認心及物而只承認感象；或者也可以說，他是以唯識來講公孫龍子。且簡單的述而評之如下：

　　1. 心的方面，景先生以三證打破心的本體：

　　(a)《列子‧仲尼篇》：「有意不心，有指不至，有物不盡。」

景先生解曰：「意指一切心理作用，朱子所謂心之所發而爲意者是也。心指一切作用之體，公孫龍子不承認心有本體。」不承認心有本體，說得過去。原來心是什麼？以羅素的話說，心是心理學所研究的東西，而心理學所研究的也不過只是心理的種種活動而已，所以心就是有機體的活動之總名。它不在五官，也不在臟腑，謂之無本體，自是可以，其本體是活動，活動停止心自無；而活動之所以有，要因事物之互相刺激及反應而已，所以打破了心的本體，不見得即非打破物的本體不可。

(b)《莊子‧天下》篇曰：「目不見。」景先生解曰：「此破『目爲見之官能』之說者也。」只光秃秃的一個目曠子當然是不能見的，即目本身不見，猶火本身不熱是一樣。所以見要藉心神，心神停止，光秃秃的目自不能見。

(c)〈堅白論〉曰：「且猶白以目以火見；而火不見，則火與目不見，而神見。神不見而見離。」此段明說目本身不見，目見必以心神，無神則見自離，雖有目與火亦無濟於事。此明說心神之重要，且因此可貫公孫氏的一貫的主張，毫無矛盾，然而景先生卻解得奇怪了！他說：「人謂目能見物，而目亦因火見；是目不能見，由火乃得見也。然火非見白之物，則目與火俱不見矣，然則見者誰乎？精神見矣！夫精神之見物也，必因火以見乃得見矣。火目猶且不能爲見，安能與神而見乎？則神亦不能見矣。推尋見者竟不得其實，則不知見者誰也？故曰『而見離』。」此種解析明是不曾貫注全篇辯論的主題所在，且此段原文，由上而下，明白得很，卻不聊景先生費了九牛二虎之力，解得目不見，火不見而神亦不見！試問誰見乎？因爲全不見，故景先生便說而見離了。殊知公孫氏之見離

與景先生所解析的見離意迥不同，試問旣不見，何以有白？白從何出？難道公孫氏專發言語道斷之議論乎？公孫首正名分以正實，其精神恐不爾爾吧！景先生明以唯識解公孫，所以要說他不承認心體，其實不承認心體是可以的；難道還不承認心之作用嗎？唯識根本不承認一切實在，只是識現，無心之體，無物之體，一切皆幻，說它全都不見，亦未爲不可。橫豎都不是眞的。眞的是涅槃，是非有非，無不可言詮。然公孫氏敢斷言他不是此意，即便只此一見，此見也是一個活動，也是一切攝一切的一個關係。此活動之關係，必要有一個結果，此結果即是知其爲「白」。此白之見得，明是心的作用之結果。若心之作用止，白也就沒有了。公孫之意是依神而見，若無神，見便離。而景先生則解爲目不見，火不見，神亦不見，結果是一塌糊塗，所解的「而見離」是冥冥涅槃而已。以此而解「神不見而見離。」吾只有謂其不曾貫通全篇原文或信口拈來而已。誠然，目單獨不見，火單獨不見，神亦單獨不見，然景先生精通佛學，獨不聞因緣合和而生乎？此因緣合和而生的結果即是見，即是得有白相。此「白」在佛學裡固然是幻，然世界上不只是佛學，不見得都以爲幻。曾正名正世之公孫氏而以爲幻乎？

　　景先生上舉三證，以解公孫龍子之不承認心體，實則解的結果，連心的作用都沒有了，連感都沒有了。雖然所謂感不必有對象謂其所對；但必有感得，設無得，不成爲感；旣有感，便不能說沒感得什麼。即便唯識也承認感，不過謂其虛幻非實，容易寂滅而已。景先生以唯識解公孫，講得他連感都不承認了，眞是比佛還徹底！嗚呼！此豈其公孫氏之意哉？

　　2.　物的方面。景先生解公孫氏不承認心體，解得這樣糟。再

看其解公孫氏不承認物體，糟到什麼程度。

他說：「石，眾人所謂物或本體也。堅白，眾人所謂物德或現象也。〔……〕公孫龍不承認現象之外更有本體，不認指之外更有物，不認堅白之外更有石；故謂石者祇堅白二現象組成，非於二現象之外更有第三之本體。《公孫龍子》一書大半皆發揮此理，至顯且明。」吾真不知其何所據而云然。吾實看不出公孫氏發揮這無物而只有現象的理論。「石」等於堅白之合，除了堅白便無石。景先生便以為這是承認現象而不承認本體。其實「石」也不是本體，乃是與白馬非馬之「馬」字同類的東西。堅白是品德，是概念，而「石」也是概念，是共名。怎能以概念作本體看呢？景先生不曾明白什麼是本體，什麼是個體，什麼是共相；而以虛幻一切的唯識講公孫，能有當乎？殊不知〈堅白篇〉論的是堅、白這兩種品德究竟外在與否，即是在外實有呢？還是因感而生呢？何曾在那裡論現象而不承認本體？細看原文，自是明白。

景先生解〈指物篇〉更是糊塗，他以為物即是指，指即是物，只有現象，只有識現，只有觀念。明是一個實在論者，叫景先生一解卻成了一位主觀論、唯我論、觀念論、虛無論了。在公孫原文，「指」、「物」二字是有別的，而景先生則視為一而二、二而一的東西，所以解得支離附會，大悖文意。且若照景先生之解，則白馬非馬，便不一貫；且與〈名實篇〉之主旨亦不符；〈堅白論〉亦相違，一無是處！指物不明，公孫龍的思想不能一貫明了，茲略舉景先生所解的〈指物篇〉幾段以明其剌謬。

「物莫非指，而指非指。」解曰：「吾人所經驗所存想之『物』皆是物德，皆是現象，皆是指，故曰『物莫非指』。指乃對

物而言，猶之奴才乃對主人而言，倘令天下之主人盡是奴才，則奴才不得謂之奴才，猶之物莫非指，則指不得謂之指也。故曰『物莫非指，而指非指』。」果如是解，則「天下無物，可謂指乎」怎講？然而景先生有妙解曰：「除卻指外，則無所謂物，則指即物，名之曰物可矣。何必強謂之爲指？」果如是解，則下文「指也者天下之所無，物也者天下之所有」一段怎解？然而景先生仍有妙解曰：「普通人皆以物爲眞而指爲幻現，色聲香味等明明是有，明明即是物，世人偏謂之爲指，目之爲幻，所以未可。」這種解法，叫人仍是不懂原文，大相刺謬，眞叫人無從批評起。原文自是明曉暢達，一氣相順，何必那樣曲講？無已我只有謂其不是解的公孫龍子而已。此外所講的指物及堅白等都不是那麼一回事，實屬不妥。茲不多贅。

三、名實論

在當時的思想可有兩派：一時以爲知識不可能，無公是公非，以老、莊爲代表；一是以知識爲可能，有公是公非，此派很多，儒家不容說，墨子、惠施、公孫龍都然。大家以爲公孫龍這樣巧辯，正是無理取鬧，淆亂是非，故看他不起，其實他正想以正名定是非呢！所以他有〈名實篇〉以論之。此篇是泛論天地間的實體，因此實體而定是非正名實，其中論到「物」「實」「位」「名」等字，其實只是一個東西，即實體或本體或物實。這一個本體分析起來，有方式與質材兩種成分。方式即是他所說的「名」，名即是符號是共相，與〈指物篇〉之「指」字同。名意謂實。實正名便正。名實

永合而為一,這便是本體。有了方式,便是有了關係,便是有了定義,此本體也便有其個性;有了質材,此本體便是實在的、具體的。因為方式是普遍的,若只有方式,則本體便成為概念的而非實在的了。公孫龍不曾有亞里士多德那樣的分析,他不知什麼是方式與質科,他也不曾說出什麼是本體。他只知有物實,此物實有其特性,有其名分,決不能與別的物實相混。他雖不曾說出本體、方式、質材等名詞,但我們看其所論,便與亞氏相暗合了。看其〈名實篇〉便知,他說:

> 天地與其所產焉「物」也。物以物其所物而不過焉「實」也。實以實其所實不曠焉「位」也。出其所位非位,位其所位焉「正」也。以其所正正其所不正,不以其所不正疑其所正。其正者,正其所實也。正其所實者,正其「名」也。

他第一步首先承認有東西,即他所謂物。物是實在的,有其特殊性的,可以說,即是本體。即以此實在的本體為起點。本體自有其實,若不過或無不及焉,是什麼便是什麼,那便是實。各有其實,各有其本質,此實與彼實決不同,各有其諧和的結構,便是有其相當之「位」。牛有牛位,馬有其馬位。牛不能實馬之實,馬也不能實牛之實。牛有其實,便盡其實;馬有其實,亦盡其實。各盡其「實」,那便是各不相同,那便是各有其相當之「位」。既有其位,若出其位,便是失「正」。由「物」而「實」,由實而「位」,由位而「正位」,便是承認了有個「正」的標準。且「物」「實」「位」「正」都是在那裡討論一個東西,即是本體,

並無任何別的材料加在內，不過名目不同而已；若簡一句說話，即是「物」，是其所是，便是「實」，便是「位」，便是「正」了。因為既有個正，既知什麼樣是正，那便可以此正正彼不正了。正什麼呢？正其實也。正其實即是正其「名」也。正名即是正名分，也即是正其正，也即是正其位，正其實。可見此處所謂名，簡直與物實仍是同一個東西，即是本體，即是具普遍性的寓於殊相中。正不正，以何為標準呢？他說：

> 其名正，則唯乎其「彼此」焉。謂彼而彼不唯乎彼，則彼謂不行。謂此而此不唯乎此，則此謂不行。其以當不當也，不當而亂也。故彼，彼當乎彼，則唯乎彼，其謂行彼；此，此當乎此，則唯乎此，其謂行此。其以當而當也。以當而當正也。故彼，彼止于彼；此，此止於此，可。彼此而彼且此，此彼而此且彼，不可。

莊子以彼此之辯而打倒是非。而公孫氏則卻以之而定是非。「彼」即是那個（that），「此」即是「這個」（this），在亞里士多德即是本體，在康德即是覺點（perception），在近代的新實在論即是感覺張本或直接所與（sense data）。彼唯乎彼，決不能是此，彼便正；不唯乎彼，則便不正。彼是其所是，則彼之名正；此是其所是，則此之名正。正即是唯乎彼當乎彼，也即是當其實，當其位；也即是止於彼，止於此，可見彼此是有其真正面目的，正不正、當不當是有標準的。並不因為胡辯，便能淆亂是非，便失了彼此的真正面目。莊子卻看不到此處。他以為爭論是無聊的，是勞而

無功，倒不如莫若以明返於虛無爲好。但是兩兩相爭，固足以常無
結果而散；但一個東西究有其本來面目，究有其實，即當乎彼，唯
乎此，無結果的爭辯，固是事實；而一個東西有其必然之實位，也
是眞的，不能因混亂的爭辯，即說無是非的標準。莊子不曾分別淸
楚，所以即以爲無眞實的實位，一切都是胡爭。而公孫龍子則不
然，他以爲東西有其實有其位；不過不唯乎其實不當乎其位，便爲
不正不是，但不能因爲不正不是，即說無正無是。「無正無是」與
「不正不是」是有分別的，不能混爲一談。又說：

> 夫名實謂也。知此之非也，知此之不在此也，則不謂也。知
> 彼之非彼也，知彼之不在彼也，則不謂也。

本體旣是其所是，即旣有其實有其位，那末必當有正當之名以意謂
之。有名以意謂實，才可以知道：此是否是此，彼是否是彼。若知
不是此，那便是知其實其位不是此，也即是指明「名」不意謂此，
彼亦然。他這篇名實之論，即是講東西之實是（what is），即是
講現於我們前的自然實體。這些實體有名有實，但是這「名」何以
成立呢？「實」何以成爲知識的對象呢？這個問題，即於其〈指物
篇〉詳論之，故〈名實篇〉只是泛論自然中之實體，至於何以有這
樣所知的實體，這實體何以形成，這便是〈指物篇〉的工作，吾即
於下段中論之。

四、符號與本體（symbol and substance）

　　一個具體物（concrete being）就是眞實的本體（real substance），這本體是方式（form）與質材（matter）之混合物。〈名實篇〉之「物」與〈指物篇〉之「物」是指本體而言，指與物我即以符號與本體解析之。〈名實篇〉是講本體之正實，〈指物篇〉即是分析本體之所以，「指」是訓作「意謂」（means），即從〈名實篇〉上「夫名實謂也」之「謂」字而來。因其是意謂，所以即名之爲「符號」（symbol）。一個具體的本體物，即是以質料與方式所合而成的。方式即是本體的屬性，這些屬性即是意謂或符號，也即是共相。這些符號叢即成爲物的品德。這些品德或屬性之集合點即是物實。因此品德我們給物實一個名，此名即是「名實謂也」之名。至於這些品德是外物所固有呢？還是因感而生呢？在公孫龍之意，是由感而生的。何以由感而生呢？我們先把這段理論略微解析一下，再看公孫龍之言還容易點。

　　在亞里士多德以爲眞實的本體是方式與質料之合，兩不相離；但他沒有問這方式是從那裡來的，可以說，他即沒有注意這個問題。至康德才以爲方式乃是內界的東西，以覺點所引起的材料而以方式整理之，始成爲知識中的東西。至於本體，康德稱爲「物自相」（thing-in-itself），那是不可知的，也許它也有方式，但我卻不知，我所知的只是我所造的。在公孫龍之意，似乎有點與康德同，他雖沒有物自相等名；但他以爲物實乃是互相意謂而成的，而這意謂或符號又是內界的東西，由此可以推到與康德同。但我們不

必管它，只解析官覺所對的物實是什麼樣即可。

　　公孫龍是承認有外界的，有東西獨立存在的，這東西是什麼
呢？在公孫龍之意，以爲當其不刺激我時，即不與我生關係時，我
不知它是什麼樣。然而必有一個東西在。不然我何以能有知識呢？
然而在其不與我生關係時，卻不能知它是什麼。一個東西即是在外
界存在的一種分量（quality）。至於這量有無屬性，我不知道；即
便有，也不知其是什麼樣。所以有無屬性，暫置不論。可是，這個
東西具著一定的量在時空中一定要動的。它這種運動，刺激我的
心，即與我生關係，便生出種種的屬性，於是才知道它有種種的屬
性。這些屬性即附於「這個」上，便以爲這些屬性是它的，我們所
以認知它，也只是認知這些屬性而已。假設沒有了這些屬性，換言
之，即不與我生關係，我即不能認得它是什麼了。從此看來，「這
個」東西可以是離了一切屬性而存在；但一有了屬性，則此屬性便
不能獨立，非附於「這個」東西上不可。這並非說，在知識中究有
無屬性的東西。要知既說在知識中，即是與我生了關係，即是有了
屬性，所謂無屬性而獨立存在，即是說，不與我生關係而承認有東
西在。至於那個東西不與我生關係而有屬性否，則是不得而知。如
是，一個知識中的實體，不只是屬性的集合，不是如唯心論者那樣
只知有觀念而不承認外物。屬性即是觀念，是具有普遍性的。譬如
一個橘子這實體，它有其屬性，如色、味、形等。而這些屬性乃是
那個東西與我生關係後而有的，乃是人命名於它的，如說它是紅
的、圓的、甜的，而這些紅、圓、甜，可以說，即是意謂或符號或
方式而附於那個東西上以成爲橘子這實體物的。如是，這些屬性當
然是具普遍性的東西。但一個東西，卻不即是這些屬性的集合，具

普遍性的抽象概念，是不會成一個具體物的。所以，一個橘子，決
不只是圓形、甜味、紅色的集合，此外即什麼都無了，所以必有其
獨立存在之本體，而這本體不即是符號，然而符號卻也離不了它。
沒有了它，即產生不出符號。這個本體即是公孫龍子所承認的物，
他這「物」可以「東西」或「這個」以代之，以表示其與屬性有
別，即不只是屬性，是產生屬性的一個刺激者。屬性是具普遍性
的，「這個」是具特殊性的。「這個」即是在此時此地的一個東
西，時空是不住的流行去的，不會再的，不能成爲共相或普遍，所
以「這個」是具特殊性的，而屬性則不然。此時空、彼時空、任何
時空都可用，如是一個實體物如橘子便是這普遍性與特殊性合和而
成的東西，於是才認知是橘子，知識才可能。而此所合成之個體
物，便有其自性，成爲獨特物，決不能與任何物相混同。惟其不
同，所以不是屬性的烏合之聚，不能隨便更移的。必有其統一性，
必有其一個邏輯的結構，不是隨便湊合的。此即是所謂具體的實體
物，也即是眞實的本體，也即是方式與質材之合，也即是公孫龍子
之所謂「物實」。把此段理論明白了，我們再討論他的〈指物
篇〉。

〈指物篇〉上說：

> 物莫非指，而指非指；天下無指，物無可以謂物。非指者，
> 天下無物，可謂指乎？

指者，指而謂之也，即是意謂，即是符號，進一步說，即是共相或
象徵。意謂什麼？即是意謂「這個」而使之成爲知識中之實體物者

也。什麼是意謂？我們可以羅素的話明之。在其《哲學大綱‧言語章》上說：「現在可以拿一個簡單的公式把這種意謂論總括起來。當經過制約反射律時，A 成了 C 的一個原因，就叫做 A 是 C 的一個『聯合』因，而 C 便叫做 A 的一個『聯合』果。於是可說，對於一個特定的人，A 這個字，在其聽見時，就意謂 C，設 A 的些聯合果與 C 的那些緊相似；並且可說，A 這個字，在那人說出它時，就意謂 C，設 A 的說出是 C 的一個聯合果，或者是一種以前曾經與 C 相聯的東西。把這情形更具體的來說，如聽見『石』這個字的些聯合果與看見『石』那個人的些聯合果緊相似，又如說出『石』這個字的些聯合因都是些以前與『石』那個人相連的現象，那末『石』這個字便是意謂那個人。」他這段話也不甚易懂，他用「聯合」果、「聯合」因這名詞，便是表示一個因不是簡單的因，是一羣複雜的現象。一個果也不是簡單之果，也是一羣複雜的現象。譬如一個東西在此（假設它是馬），它發生起種種不同的現象，刺激我的感官，我的感官便有與之相似的種種反應，那末我的種種反應即是一個「聯合」果，那個東西發起的種種現象便是「聯合」因。假設這「聯合」果與那「聯合」因相似時，那便是因果相意謂。假設我所起的反應這「聯合」果以「馬」這字代之，那便是「馬」這個字意謂那東西那個東西的。再如，若聽見了「馬」這個字的些聯合果與看見了「馬」那個東西的些聯合果緊相似時，即聽見「馬」這個字與實地看見「馬」那個東西的種種現象緊相似時，那便是「馬」這個字即意謂了那東西，即是名那東西為馬。再如，若說出「馬」這個字的些聯合因，都是些以前曾與「馬」那東西所發的種種現象相聯相似時，那也便是「馬」這字意謂了那動物，即

是名那動物爲馬，從說出這「馬」字的聯合因，到聽見「馬」字的聯合果及看見「馬」這動物的聯合果，都與那「馬」動物的種種現象相似時，便是「馬」這字眞正意謂那動物了。也即是方式與質料之眞正合符了。這便是羅素講意謂的意義。他又分別聯合果爲受動的意謂，聯合因爲原動的意謂。他說：「在原動意謂上，『字』是由其所意謂的或一種與此所意謂相聯的東西爲聯合因而造成的；在受動意謂上，則字的些聯合果與其所意謂的那些東西近似地相同。」這樣，能動的意謂、被動的意謂、聯合因、聯合果，只要其相似，即可以互相意謂，互相映照。在其〈作爲一種習慣地推斷〉那章上又說：「刺激 A 造成反應 C，刺激 B 亦造成之，以爲聯合的結果。如是，B 便成了 A 的一個符號，意即它造成的行爲近似於 A，凡各種東西都可以爲別的東西的符號。」都可以爲別的東西的符號，便是都可以互相意謂，互相作符號。我們日常生活中，都離不了符號，離不了意謂，一說到意謂與符號，都帶有抽象性、普遍性、歸納性、演繹性。歸納是一個符號意謂兩個東西，演繹是兩個符號意謂一個東西。所以能歸納演繹，便是因爲有抽象及普遍，在生活中互相意謂，才有知識中的實體物相。於是我們再來解公孫龍的話。他說「物莫非指」便是一切東西都由意謂或符號而成，也便是一切東西都可互相意謂、互相符號。此物可爲他物之意謂或符號，他物亦可作此物之意謂或符號。物莫非指，但指卻非指，即意謂不必須另一東西來意謂此意謂，符號也不必須另一東西來意謂此符號。例如「馬」這字意謂那動物，馬與動物可以生關係，即馬是意謂者，動物是被意謂者，但卻不必問你爲何以「馬」這字來意謂那動物。即一個聯合因，引起一個聯合果，而這聯合果要以一個字

來意謂那聯合因時，那是自由定度的，隨便呼叫的。叫馬可，名牛亦可，是沒有什麼理由的。不必問，不能問，便是不須另一東西來意謂此符號，故曰「而指非指」。他這句話很精妙，奧人維特根什坦的《名理論》上說：「圖象可之表象個個實在，其型式爲其所有者，空間圖象表一切空間的，色圖象表象一切有色的，餘類推，但圖象卻不能表其表象型式；但陳示之，圖象自外表現其對象（其觀點即是其表現型式）。因此圖象表現其對象有對或錯，但圖象卻不能自位於其表現型式之外。」他這幾句話，即是公孫龍子的「物莫非指，而指非指」這兩言而已。東西生關係可以相意謂、相符號、相表象，因其互外故也。表象即是表現型式，表象能自外表現其對象；但卻不能在表象型式之外復表現此表象型式，不過陳示之而已。符號即是符號，符號可以在外表象對象；但卻不能在符號之外復表象符號。正因爲「物莫非指」，所以「指才非指」。物莫非指，相外故也；而指非指，不能相外故也。而景昌極先生以爲物即是指，指即是物，豈其然乎？

　　必要物互相意謂互相符號，才可以有知識，才可以有物，故曰：「天下無指物無可以謂物。」沒有意謂或符號，便不成其爲物，至少也不是知識中的物。假若是知識中之物，它必有意謂，必有符號，不成其爲物，並不是不承認有東西，不過不知其屬性耳。不知其屬性，自不能成一個知識中的物；但要必有一個東西在。設無東西，便無關係，無關係便無法有指。故指雖不須另一東西來意謂之；但卻必須有其所意謂的對象——物——與之相映照相宣示，不然這指便無著落了。故曰：「非指者天下無物，可謂指乎？」這明是說物與指不同，而景先生同之，不知從何說起。其不同何在？

曰：

> 指也者，天下之所無也；物也者，天下之所有也。以天下之
> 所有，爲天下之所無，未可。

「意謂」、「符號」或「屬性」都不是獨立存在的，必有所附離。
獨立存在的是物是東西；但只有這些東西，而無意謂，吾卻也不能
知其是什麼，故必有意謂或符號附于其上不可。這個獨立存在的東
西是很重要的。它爲知識之根源，它是屬性之寄托者，它是產生聯
合果的聯合因。所以我們不能說一個存在物，除了屬性而外，別無
所有。假若只是屬性而無其所附離者之存在，則簡直是主觀的唯心
論了。這也非公孫龍的本意。故曰：「以天下之所有，爲天下之所
無，未可。」即不承認物而只承認屬性，是決不可。這明是告訴人
有無不可相等，而景先生偏要同之何哉？

只承認屬性而不承認物固不可；但若以屬性亦是客觀存在，即
不與我生關係亦存在，我的認識只是如一面鏡子的映照或模寫，這
也非公孫龍的本意。「指也者，天下之所無」，早已告訴我們指之
不獨立存在了。又說：

> 天下無指，而物不可謂指也，不可謂指者非指也，非指者物
> 莫非指也。天下無指，而物不可謂指也，非有非指也。非有
> 非指者，物莫非指也。物莫非指者而指非指也。

意謂或符號——指——是不能獨立存在的，也可以說當無關係時就

沒有它。因為天地間只有東西存在，東西與東西生關係，才生出屬
性或符號來，故物不即是符號或屬性。雖不是屬性或符號，然此屬
性卻又都從東西間的關係發生出來而附著於東西上，其附著也又不
是烏合之附，不是隨便湊合的，而有其節奏的，故在知識中，既稱
為物，則又沒有不是符號的。譬如一張桌子，去了種種我們所知道
的屬性外，還有什麼？我們所知道的只此屬性而已。但一張桌子卻
又不只是這些屬性的烏合，要必有一個東西為其附托者，此附托者
即是「這個」，即是此時此地的具體物。所以屬性符號雖不存在於
天下，而物又不是指，然卻不能說即沒有指——屬性符號。因為什
麼有指呢？即因物莫非指的緣故。但是物與物可互相意謂，而符號
卻不能另有一符號意謂而之，故曰「而指非指」。這便是又反應到
頭兩句了。天下為什麼無獨立存在的符號呢？他說：

> 天下無指者，生於物之各有名，不為指也。不為指而謂之指
> 是兼不為指。以有不為指之無不為指，未可。且指者，天下
> 之所兼。天下無指者，物不可謂無指也；不可謂無指者，非
> 有非指也；非有非指者，物莫非指。

因為一個實體物，是質料與方式之合，即有名有實，而成一個具體
的特殊存在；所以這個有名之實物，即不只是符號。因為不只是符
號，所以就不能是符號。既不是符號而仍要說它是符號，它仍舊不
會是符號，因為一個有名之物，還有別的成分，即不純是符號。既
有不是符號的而說它都是符號，那當然是不可以的。然而，景昌極
先生卻說都是符號。不過，他說他的，而公孫龍卻不負責任。

　　獨立存在的有名之物是特殊的、具體的，而不只是符號。而符號則是生關係後所產的屬性，此屬性是普遍的、抽象的，而不能獨立存在，必附於特殊物上。這普遍即是公孫龍所說的「兼」，例如紅、圓、甜等屬性，都是外物與我生關係所產生的些抽象東西。因為抽象，故是普遍。橘子固可說「紅」，而花亦可說；球固可說「圓」，而桃或蘋果亦可說；「甜」亦復如此。設以這些天下之所兼的些抽象屬性，以為即是實在世界，或反言之，以為天下無獨立存在之本體，只有這些屬性，那便是大錯，便是公孫龍所最反對的。我們所知的，固是種種屬性，離了屬性便無所知。但這不過是對知識而言。並且要問：你何以有此屬性呢？難道無緣而起，從天上降下？並且若這些屬性是獨立存在，除此以外，別無所有；那末則此世界也是概念的世界而非實在的世界。其實，還當注意你這概念從何而來。不追求概念之生起，而即以現在之概念為實在而不承認本體，這也不過是忘本之論而已。忘了前半折，只顧眼前的抽象概念而復說只有這些概念，並無實物，這便是巴克萊的大錯，也是唯心論者之通病。一個活動的具體的實在世界是不能否認的，但只有這個，知識也不可能。故必要有生關係後而創造出不變的抽象或方式與之和合，知識才可能；但若只承認不變的抽象方式，而不承認活動的具體世界，也是大悖事實之論。從此點看來，巴克萊倒不如公孫龍了。

　　公孫龍既反對不承認物而只承認指者的理論，他以為符號與物是有別的，符號是不存在的。但雖不獨立存在，也並非主觀所隨意妄造，必在外界有其故的，即內外之互相節約而成的。所以說：「天下無指者，物不可謂無指。」即是說，屬性仍由物出。既由物

出，便是有了屬性或符號；便是互相意謂，互相符號，所以接著又說：「物莫非指。」

五、符號與個體（symbol and individual）（存目）

六、思想作用之重要（存目）

原載《百科雜誌》第1期　1932年7月

說觀念

　　觀念主義或唯心主義，被淺人之流已誤解到不可言喻了。或嘲笑或謾罵，滿坑滿谷，然而我們細心一檢閱，卻實在又不知其鬧些什麼。

　　「觀念」一字在柏拉圖已使用著。今之唯物主義者雖亦反對柏拉圖之唯心論，然其心目中所嘲笑的卻常不在柏拉圖。我疑心，他們根本就不明白柏拉圖思想為何物，他們根本也未接觸到柏拉圖所接觸的問題，所以只是盲目地把他否定了就算完事。

　　凡某種思想之發生必有所對，其立論必為解決某一問題而發。譬如柏拉圖之理型論（即「觀念」一字），乃是對著當時詭辯學派之無客觀真理而發的。客觀、永久而普遍的真理即為客觀理型。除理型而外，其餘皆雜亂而無常。今之反對柏拉圖者何曾了解了這個意思？柏拉圖有知，還不是認為諸公之反對是盲人瞎馬，無理取鬧！再如康德之超越論，乃是對休謨之無必然而發的。必然之可能在乎有先驗之範疇，經驗之可能即在乎先驗範疇之超越的機能。今之哲學革命者何曾接觸了這個問題？康德有知，還不是同樣的發生「孺子不可教也」的感慨！

　　對此二人，哲學革命者雖然也加反對；但究竟有點莫名其妙，

尚不敢十分胡謅八扯。惟對于柏克萊卻嘲笑得不亦樂乎。他們唯一的淺薄的曲解，就是觀念造世界。他們不復知觀念之函義究竟如何。觀念只是他們自己心目中的觀念。他們自己心目中的觀念是心。心是看不見摸不著的東西。以看不見摸不著的東西造出看得見摸得著的世界，他們以為這是不可理解的鬼論。所以他們開始嘲笑了！在他們心目中，觀念論者好像是天神一般，所以他們又開始謾罵了！其實他們何曾了解了柏克萊的問題？柏克萊的理論在哲學史中是甚微而辯的，然而嘲笑的人卻沒有以微而辯的理論駁倒他，只不過是嘲笑自己心目中所造的鬼物而已。柏克萊所反對的及其所建立的乃是哲學史上一個轉關的所在。然而謾罵的人卻沒有把握住他的問題而另與以解答，只不過是謾罵自己心目中所造的幻象而已。

丟開柏拉圖的理型不論，茲稍說柏克萊的觀念。如果我們可說柏拉圖的觀念是理型，則便可說柏克萊的觀念是事物或東西或覺相。請少安勿躁，為諸公一一道之。原來自從文藝復興以後，自然科學日見進步。物理學尤其發達，對於聲色臭味都有確鑿的解析。將質歸量，遂發生一種主張：聲色臭味都非實有，乃是光波振動之大小，光波振動由於電子衝撞。凡此皆為量之關係。由此量之關係解析聲色臭味諸質的現象，遂以為聲色臭味乃為實有之量之振動刺激吾人之官覺而發生那些官覺現象，並非在外實有。這是物理學家的解析。

由這種科學的發明遂發生經驗哲學陸克的物性兩分說，即本性與次性是。次性（亦曰第二性）即物理學家所謂並非實有之聲色臭味；本性即物理學家所謂實有其物的量度大小。前者受官覺影響，後者不受官覺影響。但是哲學家常是徹底于科學家，不以量度大小

為滿足,又于量度大小背後找一本體。本體為哲學家之名詞,非科學家之名詞。于是從此以後,哲學家便大肆其發生問題,與科學家便不大相干了。本體為 substance,這個字又搖身一變,其性質又同 substratum 相似。此字瞿菊農先生曾譯為「托子」,再好也沒有了。由托子一意,又引出可知不可知的問題。結果大家僉以為托子是不可知的,于是本體也是不可知的。可知的是量度大小即本性(亦曰第一性)是。

柏克萊的問題就起于此。他所反對的就是這個不可知的托子,並不是普通所謂物,更也不是哲學革命家所謂看不見摸不著的觀念造世界。

他第一步先證明不可知的托子在邏輯上是立不住的。他的斷案是:知所不知是矛盾。(注意:這個斷案不必成立。有些東西雖不知其為何,然也可承認其存在。知所不知乃為「知其為不可知而仍存在」,乃為「我知道我不知道它」。這種情形于情理可通。哲學雖辯,也要近情。不過,他這斷案不成立,並不能說這托子必須承認。因為那看不見摸不著的東西要它作什麼?有了電子的衝撞也就夠了。)

他既把那不可知的托子除消了,於是他第二步便證明:凡存在的東西都是在可知世界中的,都是顯現的,都是呈現于此的,都是與主體(或知覺或心)發生關係或可發生關係的。于是他又下斷案說:凡存在必須被知;又說:凡存在決不能離開心或獨立于心之外而不發生任何關係。那就是說:凡存在必須顯現或實現。這個意思甚微妙。試思豈有既存在而不顯現或顯現而不存在者乎?這本是一個常識。哲學家多往而不返,想入非非,遂以非非為常,而不復知

眼前即爲常也，故逐以柏克萊爲離奇。存在旣必須顯現，當然那不可知不顯現的托子即無用了，即可消除了。柏克萊千言萬語，無非對付那個托子而證明世界是顯現罷了。世界旣是顯現必在可知範圍之內，因之必與心發生關係，因之那托子必不與心發生關係，因之那托子必不存在。

因爲他常說不離心，與心發生關係，所以人們便以爲心的氣味如此濃厚，于是就說心造世界了，世界在心中了。其實，心是個什麼東西？他如何能容得下世界？他是個筐子嗎？柏克萊雖鬼，不至如此。然而哲學革命家們心目中卻似乎把心當作筐子了！這樣一來，便離奇得不可思議，柏克萊遂成了孫悟空或如來佛！其實，柏克萊之唯心並不在此。他所謂不離心是指顯現可知而言，他所謂在心中是對那在心外而不可知的托子而言。

這層關係旣明白，于是柏克萊便進而再證明：世界是觀念的世界。觀念在柏氏並不是心，心以後另有別用。柏拉圖的觀念是理型，柏克萊的觀念是覺相，是東西或事物。旣然如此，則世界是觀念造的，並不見得離奇，是觀念造並非心造。觀念非心也，乃物也。（物乃物事之物。）若謂此意有本乎？曰：有。請爲諸公證明：「但是，你說，我們吃的、飲的、穿的，都是觀念，這未免太不近情。我說是的，不過我用觀念這字並非普通所謂用來去指示或代表感覺質的聯合，這些感覺質普通叫做是東西或物。我所謂觀念並不是這些物的表象。本來，任何字意若與通常不同，便易于認爲是離奇而可怪。其實並不可怪，所謂吃觀念，飲觀念，不過是說，我們吃的穿的東西是直接被我們感覺所覺的東西。硬、軟、色、味、暖、形等等，結合起來組成種種可吃可穿之物，它們被指示出

只是在心中而存在，而被心所覺知；此即吾所謂觀念；此字，如果與普通東西或物事這字同一通用，則觀念必不比物事或東西更離奇可怪。我不願去討論這些字眼之當否，我只是去討論這個表示的眞理。假設你同意我所謂吃的、飲的、穿的都是感覺上的直接相物，不能夠不被覺知或離開心而獨自存在，則我必將從俗，叫他們是物事或東西而不必叫他們是觀念。假設你問我，然則爲何不從俗叫他們是物事，而偏用觀念這字。我則說，蓋有二故：一、因爲『物事』這字，與觀念相反對，一般總是把它看成是離心而存在；二、因爲物事這字其含義比觀念廣，包含精神，或能思維之物以及觀念。」（柏克萊：《人類知識之原則》，38節與39節。）

讀者試拭目以觀這兩節，必知吾前所解爲不虛，蓋柏氏以爲觀念是被動的，是感覺之直接對相，與心、精神或能思維之物皆不相同，故名之曰觀念而不名之曰物事。觀念是被動，是惰性，是不活動的東西。心、精神，是能動、能思維的東西。「自然之創造者將觀念印在我們的感覺上，這觀念便即是眞實的東西。」於是，能動而刺激我們去覺知觀念的並不是不可知的物質或托子，而是精神、上帝的精神。於是在能動的主因上，柏克萊便以活動的精神代替了那死的硬固的物質或托子。於是世界便成了可知的世界、顯現的世界、觀念的世界、物事的世界，遂之，把世界這才劃一了。覺知這觀念或物事的世界的是人的心、人的精神；刺激我們，即將觀念印在我們感覺上的，便是神的心、神的精神。柏克萊之唯心如此而已。其唯心不在觀念也。人心或神心是能動是刺激者，所以不是觀念。柏氏說我們沒有精神的觀念。因爲精神是最後的故也。在此點上，柏氏以精神代物質，猶之乎來本之以 monad 代 atom 一樣。

　　以上是柏克萊的觀念之意義，哲學革命家們何曾了解這個意思？何曾對這個意思而放砲？你主張的物質何曾有不可知的意思在內？如果沒有，你反對柏克萊作甚？反對也當從作爲能動的刺激者的神心上起，也不能從觀念上起。但是，革命家們又何曾了解了這個原委？今之人以耳代目，一傳千，十傳百，一個中學生也大談其唯物辯證法而蔑視一切，而反對一切，好像什麼都懂似的。眞佩服他們的自信心何如此之堅！

　　　　原載《民國日報‧哲學週刊》第22期　　1936年1月29日，署名「離中」

中國人的具體感與抽象感

一

　　中國人的脾性對于抽象的東西是不感興趣的，這自然有其歷史的根據。洪荒遠古不必說，就從孔子起已是如此，傳至於今，還是如此。有了兩千餘年的傳統，其形成一種脾性，且無往不顯明的表示著，自然是無疑的；且亦唯因有了這樣悠久的歷史，所以說到改造是一時改不過來的。這種脾性也可以有好的傾向，也可以有壞的傾向。中國這方面所發展的，老實說，是在壞的一方面。若把它的責任重大化起來，中國現在之有今日實在是由於這種脾性作祟。這意思並不是說，中國現在要強盛起來，非大家一齊改這種脾性不可，乃是說從根本著想，這種脾性若不改一改，或是加上一點其他成分，這個國家是沒有什麼希望的，是不容易站得住的。但這是民性之陶成問題。民性之陶成或改變總非一朝一夕之故，所以現在要打日本以為非改民性不可，這總不免失之于迂。因為若民性一時改不過來，難道就只好坐以待斃嗎？我決不作這種足以使人悲觀之論，事實也不允許這樣想。因為一件結果常不只一個原因，也許某

某是一個重要的原因，但卻不能說某某是某某的唯一的且充足的原因。中國人頭腦簡單，理智薄弱，每好將事實歸化簡單，說到自己所想到的因必斬釘截鐵以爲是唯一的因、充足的因，旁的都不是，旁人所說的都不對。這個態度就是我所說的不容中態度。我已說明這種態度只是懶的表示，只是理智不康健的表示，讀者可以參看本刊前期。其實這種態度就是沒有「抽象感」的脾性的一種自然流露，所以現在我雖不以改脾性爲打日本的唯一條件，但從國家民族根本上著想，我願指出這種脾性的影響、缺陷及其前途。

沒有抽象感，那末在所有的方面，當然是有「具體感」了。具體感在中國人心身上甚普遍而窮盡：普遍于上下朝野各階級，窮盡于思想言論及一切行動，這是他的勢力。具體感的第一個意思就是只認識那有形可拘，有體可觸，總之官覺所及的東西：凡是不能悅耳目，快口腹，不能手舞足蹈去踐獲，那必冒冒然去之而不顧。隨此來的第二個意識就是使人近視眼，因爲官覺所及總是有限：五步之內可以看見，五步之外便茫然了，結果生活範圍必是很小，小到其肉體所佔的空點爲止，不過此時，此人便有點不久于人世了。隨著來的第三個意思便是只用感覺而不用理智，結果遍天下皆是感覺主義，無一肯用理智去思索，遍天下皆是「感于物而動」的情感主義，無一能不徇于物而用理智去制裁物的。最後第四就是每有行動必藉口實際如此，無可奈何，或汝只知理論，不通世故，或理論雖對，全無用處：結果理論、事實分成兩橛，讀書與作事分成兩橛，各成一世界，互不侵犯，作事者日趨於壞，越壞越好，平時所讀的書，所受的教育，所說的話，無論怎樣好，及其一旦變爲作事的偉人，便可完全用不著，便可完全拋在爪窪國，判若兩人的一幅鬼

臉，每日表演在所謂事業界的舞台上，直至老死爲止。吾誠不知這
種民族何需于教育？何需于文化？吾亦誠不知文化與教育何益于這
種民族？文化與教育豈不等於贅瘤？民族的野蠻豈不是仍舊野蠻？
因爲文化與教育與這種民族相結合，猶如水、油之結合一樣：只是
混合在一起，但卻沒有化在一起。文化所載的東西，教育所教的東
西，總有點系統性、理論性、抽象性；總不是手舞足蹈，耳目聲色
所能接觸到的。所以對于這種東西，只有抽象感的脾性的民族始能
接受它，始能與它化在一起，猶如氫氧之化爲水一樣。經如是化
合，人是文化的人，是教育的人，而文化與教育也是人的文化與人
的教育，決不是空中樓閣的文化，決不是書本上的教育，而人也決
不仍是野蠻的人。這種化合，據布朗寧說，乃是生活的藝術化，即
生活與藝術打成一片。但是，只有具體感的中國人恐永不能打成一
片。不能打成一片，據布朗寧說，這是「自我分裂」。中國人大概
只有走「自我分裂」這一條路了。因爲他不能接受文化，所以只有
文化是文化，野蠻是野蠻。具體感之壞的方面，中國人可謂發揮無
餘矣！

二

　　推源這種具體感，我可以稍微作點歷史的回顧。孔子曰：未知
生，爲知死？死是一個大問題，蘇格拉底喜歡討論它，宗教家喜歡
討論它。孔子也知這是一個頗絞腦的問題，或者也許永遠是沒有結
果的一個問題，所以最好以不能知了之。如是，這個問題便落在
「六合之外」去了。不但死如此，即生亦如此。你若對「生」疑問

起來，這問題也不算小，其抽象性也夠大的；因此也將與「死」一樣，同為不能有結果的問題。如是也只好以「未知」了之，生的問題也落在「六合之外」去了。說到「未知」似函有「尚未知而可以知」的意思，但孔子究竟也沒有費一番功夫進行去知它。生死這種抽象問題俱不必知，便只好去注目日常生活之可見可聞的了。這是具體感的表示。推之，夫子之文章可得而聞了，夫子言性與天道不可得而聞，這也是平居撇開抽象問題不談，只談經世文章，所以門人也只好只聞經世文章，不聞玄妙大道了。夫子對性與天道並不是沒有領悟，只因後生小子不見得能明白，且於世亦無大用，所以玄妙大道便不能當教科書來教授門人。教門人而以無用之大道教之，門人之飯碗將何所靠？所以只能授文章，不能授天道。我常想孔子當時若即以生死天道教門人，則孔子必是蘇格拉底，孟子必是柏拉圖，隨著中國的文化必就是現在所崇拜的歐洲文化。可惜天生聖人，並不一色，孔子只好作孔子了。這且不提。說到文章，據歷來經學家的意思，並不是指詩詞歌賦的文藝而言，這些都是小技，壯夫不為。孔子乃集大成之聖人，駕壯夫而上之，豈肯瑣瑣為之？所以這個文章乃指孔子一切道德事業而言，即孔子所表現的全幅本領是也。道德事業，煥發彪章，文采可賭，故曰文章。猶如胡漢民先生逝世，世人便道德文章恭頌個不止。這個文章就是孔子所教的一類的文章，在孔子時，便就是六藝。六藝即《六經》。故所謂「經」者，即經常通用之專門技術也。孔子以這種通用之專門技術教授門人，使他們在天子諸侯公卿前坐個一官半職，當作吃飯的專業。譬如《論語》「侍坐」一章所論列的就是這個表示。這個專業之獲得即從最具體的最經常的六藝中訓練出。儒家的事業地位以及

思想的路線都從六藝中來規定。有人說，這種六藝就是粗淺的科學。從結果上說，其樣子甚似科學，故這話有幾分眞理。但科學始終是在不斷的探討中，理智的運用無時或休。可是六藝便只有傳授，而沒有探討，這已失了科學的原義與精神了。而何況這種科學又只是幾種手藝與通常的道德訓練？即手藝也只屬於制禮作樂一類文飾太平的東西。所以其樣子四八板，條條不紊，有似科學，但其精神與方向都不在科學的路子上，故中國始終未產生出科學。因爲這樣具體的形而下的六藝只是死板的手藝，不是探討的理論，只可傳授，不可追究；又因爲這種六藝只限於道德禮樂方面，所以對之發生的形而上的理論也只是在那種六藝的圈套內，即只限於六藝的格式而不能踰越一步，並且又只是品題而非理論，享受觀照而非認識與追究。這種形而上的品題就是後來的所謂理學，即中國之哲學。這種哲學，雖也性情理氣天道太極，講來甚爲玄妙，然卻非理論的，亦非抽象的。因爲他們並非理智的產品，乃只是品題的、感受的產品，他們常說天理離不了人生日用，良知只是粗茶淡飯，這便是純具體的、直覺的、感受的表示。所以中國人雖有形而上的妙論，這種妙論卻並不就是抽象感的表示。因抽象總離不了理智理論故。我曾說中國的文化是品題的文化，是感受享受的文化，品猶如品茶賞花一樣，感受享受即感享這種品出來的清福，所以我又說中國的文化是享清福的文化。這種清福甚玄妙而風雅，故表面觀之，瀟灑之至。受這種文化陶冶的民族理當是最文化的民族了，但孰知不然。因爲這種清福背後的形而下的根據實在是簡陋不堪故。簡陋就是不足。徒享清福，不足以延殘喘，必有藉於形而下的具體物。具體物既不足，簡陋不堪，所以一關涉到具體物，便露出那風雅的

尾巴來，便醜態百出，便你爭我奪，便殘刻險惡。中國人一方最文明，一方最野蠻，於此可得一個眞正的解析。文明風雅的時候，便是品題享淸福的時候；野蠻的時候，便是爭口腹的時候。品題只是一種對外之感受，並沒有一種理智的運用，通天人馭外物，一貫的開掘制裁外物的理性人格，並沒有理性的站得住（rational independent）。所謂理性的站得住，就是以理性變物、造物、馭物、用物，而發展一貫的人格，而豐富我們的生活。這種文化是享洪福的文化，受這種文化陶冶的人才能與文化打成一片，變成一個眞正文化的人。這種文化人表面觀之，雖沒有中國人的風雅，但卻也沒有中國人的野蠻，但卻也能時常進步，不像中國人之始終如一。這種理想的文化並不是說就是西洋人的文化，不過西洋人的脾性實在比中國人較近於這種文化；也並不是說西洋人已完全變成了這種文化人，不過他比中國人較似而已；更也不是說西洋人較似於這種文化人，便沒有野蠻的行動。可是我終以爲他們雖野蠻，卻不像中國人這種原始的野蠻，殺戮的殘忍；他們也有戰爭、世界大戰似的戰爭，但他們戰爭的意義卻比較中國高尚一點，豐富一點，進步一點。他們的戰爭爲護教（十字軍東征），爲國家爲自己爭生存爭繁榮（世界大戰），爲爭人權爭自由（美洲獨立、英國大憲章、法國大革命）。這些，縱結果無論怎樣殘，也比中國戰爭有意義。一般人罵西洋人爭權奪利，但人家所爭還是權利，旣有權利如何不爭？可是中國人所爭者卻不在此。大家若明白一治一亂的中國史，就可知中國也在爭，但爭的卻下賤得多了！自己如此，還有何臉罵西洋人？大家又說中國人好和平，其實並非好和平，乃是形而下的具體物不足，沒有力氣來反抗，只好吃啞吧虧！

三

以上是論從孔子的具體感而生出的影響與流弊，現在再從比較近似于抽象感者一方面看中國人。與孔子同時的其他學派，比較有抽象感的要算楊朱學派與墨翟學派了。孟子說天下不歸楊則歸墨，可見楊、墨在當時的勢力之大，必定都是顯學無疑。可是墨子以後尚有流傳，尚有所指。而楊朱則簡直只留下一個空名了，偌大的顯學竟無一可指，只於僞《列子》書中有〈楊朱〉一篇，豈不可惜？二千年來的學者亦無一爲楊朱充實其地位，豈不可歎？友人孫道昇先生足補此缺陷。他在〈先秦楊朱學派〉（《正風半月刊》各期）一文中曾爲楊朱派的主張、楊朱派的作品、楊朱派的人物，一一加以指正與論列，且透闢有據。據他的考證，《墨子》中〈墨經〉諸篇就是楊朱學派的作品，但世人把它認爲是墨家經典；他又證明公孫龍子等人是楊朱學派的人物，但世人卻把他認爲是名家。他說楊朱、墨翟兩派針鋒相對：一主張兼愛，一主張爲我，這是人所周知的。此外堅白石之辯，楊學主張離宗，墨學按其常識的具體感主張盈宗。主離者以爲白馬非馬，堅白石三：白馬與馬不同，可以離；堅白與石可以離。這是很邏輯的理論，很合乎知識論中的問題，其抽象感的興趣比孔子以「不知」了之的態度大得多了。主盈者以爲白馬就是馬，白馬與馬相盈一；堅白不離石，故與石相盈一。這便是常識的具體感了。墨學對於楊學是百思不得其解的。殊不知他們是缺乏邏輯的頭腦與抽象的理論。但是墨學對於抽象感的興趣並不是沒有的，不過在不同的方向發展而已。對於「白馬非馬」的主張

缺乏抽象感，但對於〈天志〉、〈尙同〉等篇的主張卻又十分抽象感。這種抽象感就是對於普遍、公共、絕對、客觀等的希求。其理論的辯證固不如蘇格拉底遠甚，其內容固亦各不相同，但總可引至同一方向、同一性質。墨學這方面的抽象感可以叫做是宗教方面的抽象感，楊學的抽象感可以叫做邏輯方面的抽象感。如果順著這兩種抽象感發展，中國的文化也必爲近似於歐洲的文化。但是天地生人，脾性各有不同，於是，楊學的無所爲而爲的邏輯辯論便無人加以青睞，墨學的雖有所爲而卻在「六合之外」的東西的信仰與希求也無人肯加以顧及。這兩派便因不適而淘汰，從此便算斷絕。

楊、墨而外，復於抽象感的便是陰陽家，陰陽家是觀變於陰陽的，楊學可以發展至邏輯，墨學可以發展至宗教；但自然科學與數學的朕兆卻只能求之於陰陽家。因爲第一、陰陽家常是就自然現象而說話，第二、陰陽家常是信仰術數之定命。陰陽五行八卦九六之變，這些都是陰陽家手中的東西。從這些東西可以發展至數學與自然科學。說到「可以」，當然也函著「未能發展至」的可能，在陰陽家這套發展中，其中有些是幾近於科學的，有些不能算是科學，簡直是烏煙瘴氣。其所以有烏煙瘴氣的成分，乃是因爲其出發的動機與態度不是科學的。陰陽家一般人認爲是騶衍所建立，其實放寬來說，這套東西是有其歷史根據的，也是社會發展中必有的現象。凡六藝所表現的經常日用的現象而外的其他一切怪異偶變不經的現象，都是陰陽家所要對付的。六藝爲人倫日用，有文可徵，有體可睹，故顯明可敎，故曰經。偶變不經，雖事出有因，然不可得而拘，故多神秘不可語，治此等現象之學在中國則曰緯。故緯亦陰陽家學之流也。緯本起於漢，然類乎緯者則古已有之，而且越古越

多。因爲越是原始社會，怪異越多；越是野蠻時代，人類之危險驚駭亦越多。當時政府執政者便用心對付此等現象，於是網羅人才加以研究，各管一種，分門別類，遂成專家。各專家結果皆有對付此等怪異現象之技術，並對此等現象亦加以似是而非、神秘莫測之解析。雖曰似是而非，但也言之成理，並察往之來，有根有據，若合符節。雖曰神秘莫測，但也言因言果，預定推斷，且常表示必然。推其極，凡天文、曆法、律度、算學、四時、十二候、二十四節、三統五德，無不網羅殆盡。於此便足以表示陰陽家抽象力之大，以及對於抽象之興趣。從這個大系統中，發展出來的有些是可以成爲科學的，如律曆、算學是，此外便都是祈福禳災之流，不足入於科學之門。如「巫覡可以憑神，祝宗咸能事鬼。〔……〕宣闕散畜，實通情之妙用；祈福禳災，乃開物之大典。放勳之命羲和，欽天象以正四時；重華之在璣衡，度星歷以齊七政。上下之氣旣通，妖孽之災自滅。桑穀生庭，成湯作善而妖伏，雊雉登鼎，武丁修德而位寧。孔甲瀆神，乘龍飛去；武乙射天，震雷擊死。敬怠之機內形，吉凶之兆外見，《語》所謂禍福無不自求者也。周道大洽，禮文尤備。保章眂祲，掌星氣妖祥之變；司徒土訓，掌方輿圖志之形。宗伯宗人，掌鬼神享祀之禮；大祝女祝，掌候禳禱祠之辭。男巫女巫，掌祓除旁招之事；占人筮人，掌墨坼吉凶之辨。疾醫調生死寒熱之氣，司樂致神示人物之和。疫癘之鬼，方相毆之；夭怪之鳥，哲蔟傾之，皆有史官以記其事。〔……〕故人天鬼物，正變感應，其跡與術，盡在於斯矣」。「然其機甚微，非哲人不能見；其道甚危，必世職乃有據。〔……〕故夫通天變者，馮相眂祲之遺法也。通地變者，職方土訓之遺方也。通鬼神之變者，宗祝之遺法也。通

妖邪之變者，哲蔟之遺法也。通夢寐之變者，大卜之遺法也。通竅藏之變者，醫師之遺法也。通音律之變者，樂師之遺法也。其徵見於事，其志藏於史，聖人取其常者以爲經，存其變者以爲緯，故緯者諸官之世業，而史氏之遺籍也。」（姜忠奎《緯史論微》卷二、卷三）。這些專家皆爲政府設立機關所養成，即所謂王官是也。故諸子出於王官之說，按社會發展史而言，並不是沒有根據的。胡適之反對出於王官，實是不明白社會之發展。亞里士多德爲亞歷山大所養成，《呂氏春秋》、《淮南子》皆由其門下客所作成。故政府養專家爲古今中外之所同，實亦事實使然也。這些專家專對付怪異現象，陰陽家即從這些專家蛻變而成。在政府爲王官，王官失守，散而之四方，便是諸子。他們本其所學，到處應用，解析一切不經現象，專爲世人祈福禳災。這已有點走江湖、賣膏藥的趨向。陰陽家一變而爲江湖術士，則本可以發展至科學者，遂轉而之他離科學愈遠矣。所以中國陰陽家抽象力甚大，其觀點對付自然，這是先天的科學態度，並亦肯用理智且成系統，這是科學的根本條件。凡此諸端陰陽家俱備，其始也雖因知識淺陋，不免神秘怪誕，然隨後社會逐漸開明，怪異漸少，若仍本其固有之態度探討自然，則其前身之神秘怪誕必可變而爲物理世界之因果解析或科學解析也。孰知中國民性不向此方向走，而卻變爲江湖術士、鍊丹道士，於是科學之路遂斬。「抽象感」變爲「具體感」。只想祈福討便宜，只想長生作神仙，這都是自私自利只知求具體感的表示。

於是，楊、墨不合中國人之脾性，旋起旋滅；陰陽家隨著中國人之脾性很自然的變爲江湖術士、鍊丹道士，儒家只限於六藝而守經，行有餘力，亦時發玄理，然亦只對六藝而發，不敢踰越一步。

中國人的民性完全爲儒家及陰陽家這兩個傳統所支配所薰陶。這兩個傳統比較起來當然以儒家爲近情而近理。但是儒家的六藝並不足以制變，故表面經國文章是儒者之學，但那不見人處還是隱隱地拉近陰陽家作制變之助手。儒者只限於人倫日用，對於馭物制物完全不懂，故只好聘請賣膏藥式的江湖術士當專家來利用。有人以爲中國思想表面是儒家，骨子裡是道家，言外間好像道家是不得了似的，其實道家根本無所謂思想。只因儒者馭物無術，江湖術士遂乘機而入，狼狽爲奸，亦可憐也。於此我願再進而論儒家的補救。

四

一個民族都不能不經過原始（野蠻幼稚）的階段，一切都是生長的過程，有其歷史之發展，人類智慧亦如此。陰陽家式的抽象即西洋亦不免。希臘時代的所謂科學家也何曾不荒渺怪誕？即蘇格拉底的對話，辯駁入微，然其「心思」之程度亦實未脫神話意味；當時的所謂哲人，又何異於江湖術士？所以幼稚是免不了的，怪誕亦是免不了的，只要肯用腦，就會有開明的希望。西洋中世紀是不肯用腦的時代，然理性系統的固執仍然存在，故文藝復興一到，便可心花怒放。這一怒放就可以將古代的希臘加以洗刷而漸趨於光明之路。在復興以前，彼與我等耳，復興以後至今，不過三、四百年。三、四百年的程度之差，在歷史的發展上真算不得什麼。這個道理只有梁任公能明白，所以他還能有理性的獨立，不肯一味作奴隸作西崽。至於胡適之、丁文江等人便有點大驚小怪了。中國所差者只在王官失守而後，諸子盛行以來，沒有出個哥伯尼、葛利流、蓋伯

勒，沒有出個路德，沒有出個笛卡兒、尼勃孿，即偶或一出（如漢
之張衡）也因非脾性之所好，亦繼起無人，所以結果都變成江湖術
士式的專家了。不過西洋方面，即使有哥伯尼等人，也不過啟萌而
已，並未臻於大路，只是向大路趨而已。其所想者亦未必盡是合理
有據，廿世紀就是對著他們的一個大洗刷。英國人自威廉·奧
坎、培根、休謨，以至今日之羅素，無不向之作洗刷工夫。科學方
面，譬如物理學、心理學，也是一種大洗刷，而洗刷的趨向又是以
具體為準，把以前無根無據的假設信仰都加以揭穿批駁，使一切觀
念都有邏輯的根據，事實的證明。故邏輯與經驗是洗刷怪誕的利
器，而善用之者莫若羅素。英國人乃傳統的主經驗，重實際，有似
於中國人之具體感。但究竟不同於中國者在於肯用腦，仍屬理智的
理性的故也。故近代的趨勢是從抽象到具體，將怪誕的抽象原理盡
皆剔去。但剔去者乃作為對象的抽象物，並未有消滅理智的抽象
力，故抽象感仍然存在，且繼續加強。因抽象始能有公共普遍之原
則也，而趨向於具體，則是說，凡抽象要必以具體事實為根據。從
趨向於具體方面說，中國的儒家是對的；從不能有科學方面說，中
國的儒家是不夠的。於此我們可得一出路。

儒家重實際，主具體，言經常，不能說是不對，因為我們總不
能以怪誕無根為真理。儒家之所以有流弊者乃在於死守具體感，在
於只存六藝，不肯用腦探討現象再造六藝或其他藝。只能守，不能
創，只能消極的對，不能積極的對。能積極的對者如陰陽家又轉變
了方向，變為江湖術士。故具體的形而下的六藝既不完善，不豐
富，不強固，馭物無術，障礙難除，遂又不得不請求那不以正道馭
物的術士。如是下去，科學決無由生產，祇可在原始狀態中度生活

而已。補救之道還在乎理性的抽象感之提倡。以理智的思索與制造馭物，代替江湖術士的馭物。同時江湖術士還當復其本來面目解析一切向科學方面走；儒家也當用點力再究六藝，重造諸藝，不必終日賞花品茶，聊充風雅。如是，只有向著一條路走（造文化求開明的路），而中國所特有的什麼「家」之分可以再不存在。不以「家」來分，而以方法見地來分，以思想系統來分。因為所見不能盡同，不能不有異，但此「異」卻非中國家與家之異。中國這種「家」實是最討厭、最壞事、最頑固的東西。令人不知其與西洋的學派或主義不同，遂常以學派稱之。其實中國這種「家」大不同於派與主義，在先秦時或可相似，但秦漢而後，幾經演變，乃大似幾種不同的宗教，如耶之與回，回之與佛，故最好仍以「家」稱之，而「家」又時常稱為「教」，此實有至理存在；而這種宗教式的「家」卻必在打倒之列，決不當常以學派或主義等字眼來摩登化之加以掩護。消除了「家」，中國的文化始有前途，中國始有救。未聞西洋人因主義派別之不同而異其生活習慣，但中國之「家」卻各有其生活習慣之一套。吾等對此實厭恨之至，不能不加以攻擊！

梁漱溟描寫中國之路是持中，調和，怡然自得，隨遇而安，以為至高無上，與西洋根本不同，只好各行其是。此說實為「家」張目，未聞有闢之者也。據他此意，好像中國之儒不應走科學之路，也不能走科學之路，只去怡然自得就夠了。我們以為儒家並非不能走向科學之研究，而亦無理由去說儒家就是先天的不能走向科學之路，儒家與科學並非相反，只是不作而已。不為也，非不能也。但是梁漱溟以為是不能，好像一走科學之路，就把那「怡然自得」消滅殆盡似的。我們以為自得是一種生活姿態，不能佔了生活的全

面，若佔了全面，便亦無所謂自得。所以我以爲自得與理智好似晝與夜，睡眠與勞作，男與女。我們有白天的生活，也有晚間的生活。我們不能說中國人的生活全是晚間的生活、睡眠的狀態，也不能說中國人根本不能過白天的生活、勞作的生活。睡眠與夜固然是很怡然自得，心境舒展，爲一種美妙的生活，然不能純是這種生活。所以梁漱溟的理論必須加以排闢。其實中國人有幾人是自得？也何曾不勾心鬥角耗費精力？把這種勾心鬥角的耗費用之於理智的追求有何不可？焉見得勾心鬥角可以與自得相連，理智的追求獨足以破壞自得？其實自得只是一種自己的安慰，處逆境的修養。人生逆境免不了，這種修養自然是可貴的，但不能認爲是與科學路向絕對相反的一條路向。

　　如是，儒者定可走向科學的探討，我們現在必須訓練一種抽象感加於儒者的具體感之上。林語堂只知英國人近人情重實際，頗似中國之儒學；其實有大不同者在，即英國人用理智是也，肯批判是也，有抽象感是也。中國儒者只講天理人情，這是很對的，而且講的玄妙圓通，亦美不可言。但我又要說這只是一種品題，事實上並沒有用理智去思去作，所以中國人的行事能近人情合天理者很少，沒有理智的抽象感，講的無論怎樣妙，結果也只是壞！因爲具體感足以壞事故也。因爲只有具體感，所以只見了利，沒有見到義；只認識人，不認識事；只認識親戚朋友，不認識國家；只認識你我之個人，不認識普遍之全體。蓋義、事、國家、全體，皆看不見摸不著之抽象體故也。因爲如此，所以中國才無希望。第三者的侵略迫害無論怎樣大，不能消解甲乙之對爭。孟子說：「無敵國外患者國恆亡。」現在中國的敵國最多，外患最大，然仍不免於亡，近視眼

之具體感作祟故也。所以我們最根本的工作，最當該陶冶百姓的，便是抽象感之養成。最合理的抽象感就是理智運用經驗，經驗輔助理智。我們免不了抽象，但時常要批判抽象，我們離不了經驗，但不能只限於經驗。有抽象始有公共、普遍，有經驗始能證實公共、普遍，而運行其中者乃為理性的批判。懷悌海說：尋求簡單而不信任簡單，乃是自然哲學之生命的指導格言。此格言乃實是一切進步之原則。吾深願以此促國人深省也。

原載《宇宙旬刊》5卷2期／3期　1936年5月5／15日，屬名「年離中」

覺知底因果說與知識底可能說

序　言

自從美國路易氏（Lewis）發表了他的名著《心與世界條理》，中國張東蓀先生發表了他的傑作《認識的多元論》（亦名曰《條理、範疇與設準》，前名登在《大陸雜誌》第一卷第三、四、五三期；後名登在《哲學評論》第四卷第二、三、四三期）以後，認識論（我則願名之曰知識論）有了新的曙光，以前的人只是很剛愎的、很固執的在牛角裏躦，現在有了這兩道曙光，我想我們可以出幽谷、遷喬木了。

不過他們倆雖都想著將實在論、康德派及唯用論結合起來，雖都對于知識論中的主要概念之本性有新的解說，有清楚的認識，但他們對于知識論的建設理論卻不能十分成功或甚至在不相干的路上發展。這話說的固然太籠統，但是看完了本文就自然可以知道了。

本文就是想把羅素派的覺知因果說與康德派的知識可能說結合起來而與一種新的解析，在另一種不同的路上發展。至於結果，也許在正的方面，也許在負的方面，作者之愚不敢絕然斷定。

在寫正文之前，我有幾個設準，先把它列出來以作綱領：

(i)知識論決不可混同于元學，隨著，知識論裡面的範疇或概念決不可混同于元學裡面的範疇或概念。

(ii)講知識必須承認外界，隨之也必須承認外界的條理。這種承認我可以叫它是先驗的信仰，信仰條理的外在于講知識上並沒有多大的危險或妨礙。

(iii)講知識必須承認主體的心或思維作用，這種承認是事實上的證明，用不著說是先驗的信仰。此處所謂主觀的心採取張東蓀先生所指示的意義：(1)「能知」與「自我」不可混同；(2)「主觀」與作為元學概念的本質的「心」不可混同；(3)主客只在認識關係上。我覺得這是知識論上最有用、最方便的一個發現，讀者可參看他的《認識論的多元論》講「範疇」條之末幾段。

(iv)講知識須把知識看成是一種關係，從這關係所成的結果上再解剖或解說其中的各組織分子。

(v)知識既是一種關係，所以在知識論裡當然不能有唯心唯物的主張。

(vi)知識論是解析「知」這個關係的「生」與「成」的科學。

A. 感覺與思維

A.1 感覺

A.11 「有生才有欲，並不是有欲才有生。」生是根本的，生之過程是根本的，知識是生之過程中所有事，感覺與思維當然也

是生之過程中所有事。

A.12　「生」即是指具體的「生活」而言，並不是指抽象的「生命」而言。

A.121　生既是具體的，必是在時間空間上佔有位置，也必是與其他分子發生關係。

A.122　與「生」發生關係的那些分子是站在時空點上的那個「生」之關係場；那個生即是那個關係場之「焦點」。

A.13　作為焦點的那個生，以肉體作為演員，作為與其他分子發生關係的「資具」。

A.131　這個資具，在知識方面講即是官覺或感覺。

A.14　只有感覺的生活，吾名之曰「赤裸的生活」（bare life）。

A.141　赤裸的生活在事實上當然不見得有；但在邏輯上，我可以先從它講起。

A.142　赤裸的生活是沒有意義的生活，當然也是沒有價值可言的生活。這樣的生活過程只是流轉的過程。

A.15　在這流轉過程中，與外界發生關係的感覺只是一種「感得」（feeling）或「攝受」（prehending）。

A.151　在這攝受關係中，攝者是絕對的客觀真實，無真假虛幻可言；被攝者也是絕對的客觀真實，無真假虛幻可言。

A.152　在這攝受關係中，攝者與被攝者可以說都有其存在，都有其表現其自己的舞台，也可以說都上了呈現其自己的焦點。

A.153　凡上了呈現焦點上的東西都是實現的、真實的、具體的。

A.154　如果這個赤裸的生活不只限于人，則巴克萊的「凡存在即被知」即等於說「凡存在即實現」，「凡存在即被攝或被感」。這樣一來，他這個原則，在人的生活上固然對，但也可以把它推廣而應用于一切。因爲照上所說，赤裸的生在人實無異于在蛆，在狗，在草木。

A.16　在這赤裸生活過程中，感覺引起了外界方面的許多刺激，並引起了內界方面的許多刺激。

A.161　此處所謂刺激並不指外界刺激你，你隨之有感覺之反應而言，乃是指感覺本身就是個刺激，即是說，感覺能引起對于感覺世界的主觀態度。

A.17　這個初步的主觀態度我叫它是「抵回」。抵回是抵回外界方面的許多刺激以及內界方面的許多刺激，空間的或時間的。

A.171　由感覺世界而至于抵回，則此感覺世界必是很複雜的，也必是一個很複雜的過程。所以初步的主觀態度根本即不是一個呈現焦點上的呈現物。若只是這一個呈現焦點上的呈現物，也許永不會有主觀態度發生。

A.172　在最複雜的呈現焦點上，即感覺世界，才能有參互錯綜繁難疑問，主觀態度即在這裡發生。

A.173　初步的主觀態度，即抵回，是赤裸的生與有意義的生的分水嶺。分水嶺的那一方面是無意義的感覺世界，分水嶺這一方面是有意義的眞美善（當然也含著假醜惡）世界。

A.2　思維

A.21　「思維」是第二步主觀態度，是有意義的生活中所有

事。

A.22　有意義的生活可分三方面：一曰眞妄界，二曰善惡界，三曰美醜界。

A.221　眞妄界是由抵回而至觀念。觀念之生是因生活的流轉過程之有疑難或打斷。觀念即是解決這疑難，恢復這打斷的計劃或主意。由此觀念再進而解析世界解決問題，這即是知識問題。這知識問題雖然也是有意義生活中的事，但我願名這個意義是無價值的意義。所以無價值即在其只有眞妄二值，並無美醜善惡之可言。這是科學家的世界，也是知識的世界，康德的現象世界也即是這個世界。

A.222　善惡界是由抵回而至道德理想，此固不離觀念，但不即是那觀念。這個有意義的生活吾叫它是有價值的意義。張東蓀先生的「生活即超生活」，據以上的論據，可以從兩方面看：有知識方面的放大，有道德理想方面的放大。前者爲解決知識問題，後者爲改造現實問題。前者爲認取，爲求是，爲理解；後者爲評衡，爲立應，爲附加（添加人之主張）。兩者固互爲影響，互有補助，但實有分別，不可混同。張東蓀先生講道德哲學時，並沒有把這個分別淸楚。

A.223　美醜界是由抵回而至鑒賞或觀照。此固不離觀念，但也不即是那觀念。這個有意義的生活吾亦叫它是有價值的意義。美也是超生活，也是生活的放大，即吾所謂有價值的意義生活。但此卻不同于道德理想。美亦可爲理想，亦可爲現實之攝取，故曰審美。美是攝取方面多；美是由抵回而把事物意義化、價值化，再實行其鑒賞或觀照。美是離不了具體世界的。美是具體世界的具體關

係之恰好的表意。

A.23　主觀價值即為對世界之品題或體驗。體驗的結果而投于外以使其客觀化則為客觀價值，是謂價值之共通。客觀價值可量可比，主觀價值則否。

A.231　道德，美既是主觀，又可為客觀。及成客觀，則為公共。在此吾只注意主觀，而不注意客觀。因為客觀價值有其他文化學討論之，用不著在此討論。

A.24　道德與知識不能視為同一範疇。知識當然也可以成為客觀價值，當然也可以列入文化大流中；但是這個知的關係卻不是價值問題，卻不是文化學中的問題。知識之列入文化非知與被知這個關係，乃是知之結果。將知之結果價值化而歸于一，以使其與道德同為一文化範疇下的目，這乃是多加了一次工，在其根本上是不相同的。

A.241　本文是討論知識關係，不是討論知識之結果，所以知識之成為客觀價值也不在討論之列。

A.25　于是吾可說：由抵回而至打斷之觀念為知識；由抵回而至改造現實為道德理想；由抵回而至審美為美醜。把這三種觀念以圖表其不同于下：

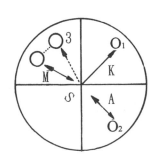

在圖內，S 表示主觀，O_1 表示知識的對象，K 表示知識界，O_2 表示審美的對象， A 表示美醜界；O_3 表示道德的對象，M 表示道德界。在知識界，我們用一向的箭頭，表示只注目于對象的理解，以對象爲轉移。在美醜界，我們用兩向的往復箭頭，表示主觀的鑒賞及美之不離具體關係。在道德界，我們用兩向的往復箭頭，再用一向的箭頭引起出另一超現實的境界，表示對于現實之改造與人生之鵠的。

A.251 這三界的區分其實就是兩界的區分，即前面所謂有價值的意義世界與無價值的意義世界。這個區分其實也即是康德的現象界與非現象界的區分，當然立論的根據各有不同。

A.252 這個區分是必須的，羅素的「倫理之中立」也無非要注意這個區分而已。區分之於講道德沒有妨礙，不區分則于科學有危險。

A.253 無價值的意義世界可以叫做是物理世界；有價值的意義世界可以叫做是倫理世界。

A.254 我們現在解剖知識關係就是指無價值的物理世界而言。思維雖普遍于各界，但在知識界卻是最重要的角色。

A.26 「感覺」是作爲焦點的「生」與外界發生關係的結果；「思維」是作爲焦點的那個「生」之主觀方面與外界發生關係的結果。

A.261 感覺是肉體方面與外界的接觸，這一接觸使雙方都上了呈現焦點。思維是對于上了呈現焦點的客觀存在者加以理解，發現其組織分子與分子間的關係。

A.262 這樣的思維的結果即是科學知識，所以思維在科學知

識上是很重要的角色。我們現在所提出的思維即是在科學知識方面有若何重要的思維，至于在道德界方面則非所注意。

A.27　此處所謂思維即是序言中第三設準所說的主觀。因爲主觀最顯然的表示就是思維作用。至于思維之體、心、自覺、自我等概念可由心理學討論之，或由形而上學討論之。此處之主觀或心只言其對于外界之作用，不涉及作爲本體之心。

A.271　從別方面看，一切可以無心，但從知識上看不能離心。從別方面看，一切可以心化，但從知識方面看不能無物。

A.272　心是知識成立中的重要成分；但心不必是神心。

A.273　從發生心理學上或從形而上學上可以規定心之本體、心之發展；但說知識時不必涉及心之本體、心之發展。

A.28　我們講知識切不可與形而上學混。以形而上學來討論知識是不能解剖知識的。但是我們可用形而上學來看知識本身之結構，即是說，我們可以把知識結構之解剖看成是一種形而上學式的知識解剖學。在英語" metaphysical concerning "與" concerned as a metaphysics or concerned metaphysically "總該有不同的；可是歷來大半都忽略了這個。可能說的建立者康德忽略了這個，因果說的重鎮羅素也是忽略了這個。

B.　純粹所與與顯現所與

B.1　內在關係與外在關係

B.11　感覺將生活之肉體介紹給外界，使內外都上了呈現的

焦點。這一個呈現焦點即表出生活之肉體與周圍關係場發生了因果作用。換言之，因果過程即表現在這個呈現焦點上。

B.12　在這個呈現焦點範圍內，其中一切分子或關係者發生內在關係。

B.121　這種內在關係只是表示生理的或物理的具體事實之有機結合，並不表示外界之可知與不可知或有客觀標準與無客觀標準的問題。

B.122　這個內在關係之整個即是一客觀事實，它即是我們思維或理解的標準或對象。

B.123　這個內在關係之整個即是物界中的一種變化，這是物界本身的問題，不是主觀的思維與這個內在關係的問題。

B.13　物界既是有機的聯絡，則一切關係當然都是內在的。如果不是內在的，則一切物事不會產生，一切物事之特性也不會產生。

B.131　宇宙裡面的東西，沒有一個能有其先天的絕對的固有的性質。一切性質都在關聯中發展中生長著。我們從性質中不能找出一個絕對的標準說某某是本有的，某某是附加的。

B.132　一切性質系列只要上了呈現焦點，它們即都是固有的。

B.133　我們所知的屬于性質方面的很少，關于關係、結構或條理方面的則較多；並且據上面的推論，我們的知識，其目的似乎也不必在性質方面多所追求，所注目的是在外界條理或架格的獲得。

B.134　我們的推斷之根據不在性質之標準，而在條理之標

準；我們所用以制裁自然者還是在條理的知識（即自然律之獲
得），而不在性質之知識。愛丁頓曾屢次表示這個意思，不過他的
說法與此稍有出入。

B.14　我們所以主張內在關係，其目的即在解析性質之出生
與變化。性質是內在關係的表意，因此，性質是後起，是附加，是
上層，是逐形之影。

B.141　因此，性質也是特殊的、常變的，關係是公的、共
的、不變的，這即是我們知的對象，也是我們知識的客觀標準。知
識之所以可能（不同于康德之可能），所以能公，即在我們所求的
是這個公的條理。

B.142　因此，內在關係不影響知識之可能，內在關係與一切
物事之質有連帶關係，質因為內在關係之故而有特，有變；但是知
識卻不因為內在關係之故而變為特殊，變為不可能。這是一方面因
為內在關係是物界或元學上的一個範疇，一方面因為知識所求的乃
是那個不變的條理而不是那常變之質，即是說，所求的是那個關
係，而不是那附隨著關係而變的質。

B.143　因此，我們在感覺上主內在關係，在思維或理解上主
外在關係。

B.15　感覺是肉體的接觸故為內在，因為內在，故可以因關
係者而不同，但此不同只是質的不同，而那個「因此所以」的因果
關係卻並未不同，它不失為一個客觀條理，因此他也不失為一個公
共的標準，而我們所求的也正是這個。只要我們發見了「因此所
以」的因果條理，那就算是我們對於某物有了知識。

B.151　羅素的「觀景說」、伯老德的「感相說」即表示「感

覺的內在關係說」;而懷悌海的「感覺物象說」也正是這個感覺內
在關係的表示。

B.152　可是因著內在關係而有的觀景、感相或物相之隨時隨
地隨各人之不同而變易,乃是質的變易,而不是條理的變易。認定
了這點,我們決不用再問「外物」是什麼樣,「感相」是什麼樣,
這兩者之間的關係是什麼樣。因為照上面的理論,一切東西決沒有
絕對的、固有的性質作標準。因此之故,羅素及伯老德所絞腦的問
題大部分都可解消。當然,他們的話不是完全可以無用,譬如羅素
的「事物」之構造論仍有其價值,但只不可再把它當作公私問題或
主客問題論。公私問題,若著眼于此,永不能得其解決。

B.153　歷來的哲學家大都是在求原樣,求仿本,求原樣仿本
間的關係中討生活。實在論承認原樣,觀念論不承認原樣。知道注
重條理的康德,他卻又把條理拉進內界,而把著眼點又放在內界條
理如何組織外物上,結果鬧出現象與物自身的區分。這種區分所留
給後人的,仍是原樣仿本保留取消的爭論。他雖知求公於條理,但
他把它拉進內界卻又是不是那會事了。我們現在可以跳出以往的問
題說法之圈套,再另起三間屋。

B.154　條理是外界的關係,質的原樣不可求、不必求、亦不
能求,求公即是求條理、求關係。「質」的千變萬化不過是我們求
條理的資具而已。

B.155　質的認識是體認,是滲透,是柏格森所謂的直覺。知
之不為多,不知之不為少。現在的唯物辯證法以為若明白了質量推
移,就算是有了質的認識,其實追求起來若問認識了多少質,必茫
然無以答。所謂質量推移,不過是在說明質的產生或由來或變化而

已，而這產生或變化的了解結果也還仍不過是一點因果條理的理解，豈真認識了質嗎？

B.16　條理的認識是理解或思維。思維與條理的認知關係是外在關係。物理化學的世界，一切關係是內在的；惟理解這個世界裡邊的關係這個「理解關係」是外在關係。

B.161　思維是主觀的一種活動，固然離不了生理的機構或運動，但「思維」這個活動卻未曾影響了條理。生理影響了思維；但思維卻未接觸條理。生理與思維糾結在一起；但思維卻未與條理糾結在一起。

B.162　條理是物界的因果關係，但關係是看不見的東西。他根本無體可具，既然無體可具，就無所謂接觸；既然不能手舞足蹈地接觸之，就無所謂影響，當然也不是內在關係。

B.163　條理不是感覺的，只是思維的；不能以官覺觸之，只能以理解解之。「思維」也不是感覺的，我們沒有接觸過思維，我們官覺所及的只是生理活動。行為主義不承認思維，其根據或許就在此。

B.164　條理與物質糾纏著。思維與心質（即生理結構）糾纏著。唯獨這兩種不可感覺的「條理」與「思維」未曾糾纏著，所以它們不是內在關係。五步之內的條理可以思及，千里之外的條理也可以思及，這不是天地間之奇蹟嗎？未接觸而可思及之奇蹟即是我所謂外在關係。

B.165　關係者與關係者發生關係，關係者與關係不能發生關係，關係與關係更不能發生關係；這是我主張思維與條理的外在關係之唯一根據。

B.17　條理雖不可見，但卻不可說它是內的。它雖無體可具，卻有象可徵。

B.18　條理既屬外界，則我們的思維或理解只有眞妄可言，不可說「塑性」。即便是可塑性，也是我們知識的可能性，而不是外界條理的可塑性。所謂知識的可塑性其實也即是知識的變更性，因爲人不是全知全能的。

B.19　我如果指明了條理是公的，對于條理的理解是外在的，並指明了我們知識的唯一目的是在求條理，則維持此條約的質料是物質也好，是心質也好，是感相也好，是覺相也好，都沒有多大的關係；因此，我的感覺內在關係說也決無礙于知識之可能。

B.2　純粹所與與顯現所與

B.21　這個區分是由張東蓀先生暗示出來的。他把「所與」分爲純粹的與不純粹的，由他這種區分，我便馬上聯想到懷悌海的思想。本節的理論大半都是繼承懷氏的思想述叙下來的。

B.22　自然的世界根本上是事素的世界，關係是事素的關係，流轉是事素的流轉。上面所說的內在關係即是指這種事素的關係而言。

B.221　每一件事素擴及其他些事素，而每一件事素也被其他些事素所擴及。擴及關係即是事素間的根本關係。

B.23　每一件事素與其他任何一件事素若發生了擴及關係，則他們因爲這個關係的緣故便可有一種結聚，因爲這個結聚便可有一種定型。

B.231　這個定型一方面是他們呈現的焦點，一方面是他們呈

現的樣子。由呈現焦點可以窺出他們的因果鍊子，由「呈現的樣子」可以固定我們認識的對象。

B.232　這個呈現的樣子我們叫它是「物相」。「事素」與「物相」在呈現焦點上具備因果關係。物相是果，事素的關係是因。

B.24　在知識上，感覺關係也是事素的關係。肉體方面，我們名之曰「中座事素」。

B.241　中座事素與其周圍的客觀事素也是發生事素的根本關係。每一中座事素因為與其他事素發生擴及關係的緣故，便可與那與之發生關係的事素發生「相配關係」。

B.242　每一件中座事素必與一件與之相適應的事素相配合。這種配合也是一種結聚，也是一個定型。這定型也是「呈現焦點」，並具有其「呈現樣式」。

B.243　這種呈現樣式之定型就叫做「感覺定型」，或亦曰「感覺物相」。

B.244　感覺物相就是體官撲住外界的定型。

B.25　感覺物相就是「現顯所與」；發生此感覺物相的那些事素即是「純粹所與」。

B.251　純粹所與間因為有擴及關係，所以也有因果關係，這個因果關係可以由呈現焦點上窺出。這種因果關係也可做照羅素分它為「內在因果關係」與「外在因果關係」。求這種因果關係即是求世界條理；求的時候我們以作為「現顯所與」的那定型或物相為根據。

B.252　「現顯所與」與「純粹所與」間也是一種因果關係。

這種因果關係可以說是上層下層的因果關係。用《算理》上的話，我們可以下層爲模胎函數，以上層爲引申函數。每一這樣因果關係中的上層與下層即是每一層次或類型中模胎函數與引申函數。這一層的因果關係又好像影與形的關係。影或下層是現顯所與，形或下層是純粹所與。因爲好似影的性質，所以張東蓀先生才說現顯所與（即他所謂不純粹的）在存在上不是眞有的。

B.253　其實上層也是眞實的。我們不能禁止事素發生關係，我們也不能禁止其有結聚有定型。這種上層下層的關係切不可把它看成伯老德所謂感相與其本體的關係，因爲他那種關係始終是原樣與做本的關係；不過這種原樣與做本的關係我前邊已經說過是求不著的，所以我們決不用再向那方面想。

B.26　復次，純粹所與既是那事素之關係與事素之流轉，則此種關係與流轉也即是張東蓀先生所謂相關共變之條理。張先生以相關共變之條理作純粹所與並以之爲實在，這確是一個最新奇的大發見。不過他以後又講到三種條理而歸依到康德，則此發見又成爲暗淡的了。

B.261　我現在想本這個發見的光明一貫下去。我則以爲這個純粹所與，這個相關共變的條理就是物界的眞正條理，除此而外，再沒有另一種條理，我們所求的也就是這一種條理。至于知道的多少，那是知識的有限問題，不是條理本身的問題。

B.262　物界條理不可以多少論。不易知是一回事，實有條理又是一回事。

B.263　張先生又把外界條理分成三種：(1)是原子性；(2)是連續性；(3)是創變性。其實這種講法殊不很妥，這三種特性只是正足

以表示世界有條理而已。條理只是關係或方式；條理不是性，更不可以有三個或四個的區分。這三種性可以證明世界有條理。這三種東西，在條理方面說，總攝起來，其實即是一種因果關係；所以我們在講條理時，只要能找出因果關係，就算指出了條理。三種特性不過表示那條理可能而已。因此，羅素于分析物界時特講因果律，以因果關係解析一切，統貫一切，的是乾淨漂亮。這個因果的世界就是條理的世界。

B.27　我們要解剖這個條理世界不能不根據于那作爲現顯所與之定型或物相。

B.271　那定型亦可叫做典型或格式。這個格式是公的、不變的。事素可以千變萬化，質料可以千差萬異；但是它們成了結聚後所具的格式，若爲我們所認取後，則是公的、共的、不變的。懷悌海叫這種定型曰「永相」（eternal object）就是這個道理。

B.272　我們的知識之根據完全在這個永相上；我們的知識之所以只能求條理、得條理，也就是因此它的根據只在永相上。這一剎那等同於那一剎那並不是因爲事素同質料同，乃是因爲格式同，定型同。

B.273　這格式或定型須知只是事素發生關係後所具的而呈現出來的樣子，爲我們所認取者，決不是內心所造的，也不是柏拉圖的理型世界。

B.274　我們由此公共不變的定型才可進而窺探其他因果關係即世界條理。

B.275　我們由此公共不變的定型也始可進而摹狀世界的本性，形容世界的本性。

B.28　作爲現顯所與的感覺物相是最根本的物相，還是物界的事，因爲它是中座事素與其他事素發生內在的感覺關係所致的。

B.281　由感覺物相之格式的組合可以組成「知覺物相」。這種知覺物相雖距感覺物相很近，但其成也卻大半偏重于許多感覺物相之抽象的聯合，所謂抽象在此只是指物相的格式關係之組合。因爲在知覺物相中有好多情形逃避了感覺的內在關係而夾雜在內。這種藉「感覺的」推至「未感覺的」而一起組織起來所成的「知覺物相」就是格式間的關係之抽象的聯合。

B.282　這種格式的聯合越普遍，越一貫，也越簡單，同時也就越抽象。最後的推概就是「科學物相」之獲得。

B.283　這種抽象的意義即是懷悌海的抽延法之應用，也許我這解析比懷氏自己還實在一點、物觀一點；同時離柏格森的智慧之劈分也就更遠了。

B.284　復次，越抽象越用思維，越用思維越接近世界條理。因爲我前邊已經說過思維是理解條理的。感覺不能供給我們最後的、精密的、一貫的條理。

B.29　本段講「所與」特重因果即是吸收了羅素派的覺知因果說，同時也就是實在論的根據。覺知因果說能證明外界，能證明世界條理。當然我的說法是比較接近於懷悌海的。

B.291　現在知識的對象，知識的所與都已指明了，都已安置妥當了，我們可以再進而注目于內界方面，探討知識之組織作用以吸收康德的知識之可能說。

C. 解析與範疇

C.1 先驗與範疇

C.11 知識的所與已經有了，我們再進而討論解析這所與的思維。解析所與即是思維所與；因為思維與所與的關係是外在關係，所以思維所對的「所與」是獨立的、絕對的客觀存在（當然不是柏克萊所反對的）。我們只能解析它，不能改變它。

C.12 解析的過程即是思維的過程。感覺的內在關係不能使我們的知識成立；感覺器官不能從外界輸送知識給我們。知識的成立完全是在用思維解析「所與」的過程上。所謂對某物有知識，就是對某物有一個概念；可是感覺不能從外界輸送個觀念給你。

C.121 一個概念既不能全由經驗傳進來，那末在解析的過程中必有一種不由經驗傳進來的東西。這種不由經驗傳進的東西必是知識成立的必具條件，並也必是思維可能的必具條件。

C.122 這個不由經驗得來而為一切經驗知識成立的必具條件的東西就是先驗範疇。

C.123 「先驗」之意，只是指其不由經驗得來而言，並不涉及其他意義，如在經驗之前與在經驗之外等義。

C.124 「範疇」是指知識中或說思維中的必具條件而言。形而上學中的範疇不在其內，解析一切事物所用的概念也不是我所謂知識中的範疇。範疇之義很模糊，有些人所用的名之為範疇，有些人即不名之為範疇。這種可是可不是的範疇不是我所謂知識中的範

疇。我們必須找一種絕對普遍、絕對不可變更的東西充當知識中的必具條件即範疇。

C.125　譬如康德的十二範疇就是可變更的，並也不是知識中的。他對於範疇的本性之解析雖然是對的，但他所舉的是錯的。對錯的方向歷來大都如此，就是張東蓀先生還仍也是如此：他所解析的是對的，所舉的是錯的。

C.126　所以如此之由即在其所舉的不是知識或思維中的範疇，而不過是解析一切事物所用的比較根本的概念而已。可是這根本或不根本卻即是隨人而異的東西。

C.127　因為這個緣故，所以就有人主張康德的十二範疇在數目上並不是必然的，是可多可少的；可是既然是先驗範疇，怎麼可以隨便增減呢？因為可多可少，所以又有人主張範疇的數目可以無限；因為可以無限，所以就用不著舉出什麼是範疇，什麼是非範疇。路易士就是這樣的。

C.13　所謂先驗，當然是用來形容那不由經驗得來的必具條件的。所謂必具條件，在此我們須注意，它必是組織實際知識中的東西，換言之，它必是思維過程上的東西。這個意思康德把握住了，張東蓀先生也把握住了，而路易士沒有把握住。

C.131　路易士的先驗不是組織知識中的必具條件的先驗，換言之，即是不在組織知識中顯出先驗，而是邏輯上的先驗，而是在邏輯的界說或邏輯的解析中顯出先驗。他這種先驗顯然是由研究套套邏輯得來的。可是這種先驗只是邏輯間的必然關係之特性，而不是組織知識的先驗。

C.132　路易士解說先驗總是說它是界說上的、解析上的。這

樣一來，則先驗完全是解析或界說時的一種不由經驗得來的特性。路易士對于範疇未曾檢舉，對于先驗如此舉發；其對于範疇先驗之見如此而已。

　　C.133　不過現在由張東蓀先生的路徑，我們可以把路易士的先驗看成是設準的先驗。路易士是新路的啟蒙時期，張東蓀先生是新路的蔚然大國之形成者；作者不敏，甚願尋此路而糾正之。

　　C.14　康德的知識可能說是首先注重知識之機構的。我們必須吸收他這一點。他的可能也即是實現之意。知識如何可能的問題即是知識如何成立的問題。我們下邊就要討論他的使知識可能的直覺格式與先驗範疇。

C.2　時間、空間與範疇

　　C.21　康德把知識分成三階段：一曰直覺，二曰悟性，三曰理性。按吾前邊的分法，直覺即是吾所謂感覺的內在關係，悟性與理性可以歸並于吾所謂思維關係方面。

　　C.22　康德因為有這三階段的分法，所以對于每一階段都有其特屬之形式，並未相混。

　　C.221　直覺因為即是所謂感覺，所以直覺供給材料，悟性制造概念，理性形成推理。

　　C.222　直覺成立之先驗格式為時間與空間；悟性與理性可以合起來，其格式為十二範疇。

　　C.223　康德以時空為「直覺」之格式，不以之為思想之範疇，我們以為按照他的系統而言這是對的。時空與範疇雖可同為格式；但直覺中之時空確不可同于範疇。這兩等級中的格式實有性質

上的不同類之差別；就因為這種不同，我才可以進而討論時空究竟
是否為知識中之先驗格式。

C.224　按照我的感覺內在關係說，時空雖然可說是格式，但
卻不必先驗，也不是知識中的格式，更也不是思想中的範疇。康德
以之為直覺格式，不以之為思想範疇，很清楚地表示出時空不是知
識中的範疇。雖然知識離不了感覺，雖然他說它是主觀的，然在我
們現在看來，這種作為直覺格式的時空確與知識之成立與知識之可
能無重要關係。它可以是其他方面的重要的、必須的範疇，但卻不
是知識中的範疇。在講元學時，它可以是一件事態的必具格式；在
講知識中，可以完全用不著它。要明白這個結論，先看清康德的時
空觀。

C.23　康德對于空間有以下幾種特性之簡舉：

(i)「空間不是從外在經驗中產生出的一個經驗概念。」

(ii)「空間是一種必然的先驗表象，他是一切外在經驗底唯一基
礎。」

(iii)「那是不可能的去想像那兒而無空間，然而一個人可以很好
地想像有空間而無物相充滿之。」

(iv)「空間並不是一種由辯論的推證而得的一個概念，也並不是
所謂事物底關係底普遍概念，而只是一個純淨直覺。」

(v)「我們只能表相一個空間給我們自己；假設我們說不同的些
空間時，我們只是意謂一個同樣的統一空間裡底些部分。」

(vi)「這些部分不能在那一個攝握一切的空間之前，那一個統一
的空間因著它們而被組合成；反之，這些部分卻只能被設想是在那
個統一的空間之中。」

(vii)「空間根本是一個；其中的變形（manifold）及一般的些空間概念，只是依靠限制而成。因此，它是一個先驗的，而不是一個經驗的，它是一個先驗的直覺而伏于一切空間概念之下為其基礎。」

(viii)「空間被表象成是無限的。」

(ix)「空間不能表象事物本身底任何特性，也不能在其相互關係間表象它們，那即是說，空間不能表象那接觸于事物本身上的任何定相〔……〕空間只是一切外感底現象之形式，它是感性底主觀條件，只有在其下，外感始能變為可能。」

C.231　空間如此，時間亦可依此類比：

(i)「時間不是從任何經驗中派生出的一個經驗概念。」

(ii)「時間是一必須的表象，居于一切直覺之下而為其基礎。」

(iii)「在關及于一般的現象中，我們不能移去時間本身，然而我們很能想像時間是一無現象之虛空。所以時間是先驗地被給出，只有在時間中，現象底實現始為可能。現象，一個或一切，可以消滅；但是時間（現象的可能之普遍條件）本身不能被更動。」

(iv)「關于時間關係或一般的時間公理之關係的必然原則之可能也是基于這種先驗的必然性的。」

(v)「時間只有一度；不同的時間並不是同時而是相續，恰如不同的空間不是相續而是同時一樣。這些原則不能從經驗中派生出，因為經驗既不能給我們嚴格的普遍性，復不能給我們必然的確定性。」

(vi)「時間不是一個由推證辯論而得的概念，也不是所謂一個普遍的概念，但只是一個感官直覺底純淨形式。」

(vii)「時間底無限即只是表示：每一決定的時間量若是可能的，只有經過居于其下而爲其基礎的那一個整個的時間之限制始可。所以原始的表象，即時間，必須是無限制的。」

(viii)「時間不是一種東西，它自己存在，也不是附著于事物中而當著是一客觀的定相。」

(ix)「時間只是內感底形式，即只是我們自己及內部情態底直覺之形式。它不能是外在現象底一個定相；它旣與形狀無關，復與位置無關，但與內部情態中的些表相之關係有關。」

(x)「時間是一切任何現象底先驗的形式條件。空間當作是一切外覺底純淨形式，是有限制的；它只是外在現象底先驗條件。」

C.232　以上的引證都是《純理批判》中「超越的感性論」裡邊的譯文，讀者可以細察。

C.24　元學上的本體論範疇或根本存在的範疇不可當作知識中的範疇。時空顯然是一件事情的外範格式。

C.241　康德把時空限于直覺，即是把時空看成是一件事情的外範格式，決不是知識中的思想範疇。

C.242　縱然直覺所得是知識的材料；但這材料因爲是感覺關係的產物的緣故，所以也只是是其所是的直接呈現。時空只是它所呈現的時候與地方，即是所謂時其所時，處其所處。所以感覺關係上的材料即是存在上的一件事情，我們如果說時空是它的格式，那只表示時空是元學上根本存在的一個範疇，不是知識中的範疇。

C.243　我在前面把感覺關係看成是內在關係，看成是物理或生理的結聚過程，即表示感覺關係是眞實的物觀的，絕對存在而無眞假可言的，這也即表示凡上了感覺的呈現焦點的都是在元學上作

爲一根本存在的東西。我們指示這個根本存在的格式或範疇都是元學上的範疇而不是知識的範疇。

C.244　康德的直覺也不過是這麼一種關係而已。懷悌海的「感」（feeling）或「正的攝受」（positive prehension）也是表示這一種關係。

C.245　我們不能禁止物理事物發生關係，我們也不能禁止生理上的五官發生感覺關係，這是一件自然的事實，這是一個物界的過程。時空就是它們呈現的外範格式。我們指示直覺時可以用它，指示一般的物事也可以用它；唯其如此，所以它不是知識中的範疇而是元學的範疇。

C.246　黃子通先生用新的淺近的話解析康德的超越的直覺，我覺得很得正解。他以爲超越的直覺即是特殊本體的形成，即是指示出一個特體如「這」「那」等便是。「這」「那」等特體一形成，時空便具于具上以具體化之。照這種解析，時空也不能是知識中的範疇。

C.25　康德的全部知識論即是元學論。他的《純理批判》，無論是超越的感性或超越的邏輯，都是從兩方面下手解剖：一是元學的解析，一是超越的解析；而後者又以前者爲基礎。今以超越的感性爲例，元學的解析是決定時空概念底性質，並指示出它們是被先驗的直覺所給出。超越的解析是指示出空間與時間如何能使總和的先驗知識成爲可能；換言之，元學的解析是要了解並決定時空之性質；超越的解析則是指示出時空如何規定、結合、運用經驗而使其成爲可能。元學的性質決定了便可以給出時空的超越的性質來。超越的解析在此暫且可以不管，而元學的解析卻有注意之必要。

C.251　康德的本意，其初也許只是以元學的觀點看知識，卻不料結果把知識論看成元學論。

C.252　康德的根本主張本來就是不分開這兩方面的。他的全部哲學的精義即是：知識可能的條件即是知識對象可能的條件。

C.253　它雖然說格式是主觀的、先驗的，但這不過是解剖上的指證，而最後結果上卻是不分內外的。內的格式也即是外的條理，外的條理也即是內的格式。他根本就沒有這種分別；他的問題不是內界的主觀格式如何影響外界，外界如何因而不被知其原樣的問題。他的問題乃是知識如何可能，對象如何可能，隨之也就是世界如何可能的問題。他的不可知並不是受了格式的影響才不可知，乃只是劃分知識界與非知識界的一個極限概念。這樣我們可說，他的物自說原是不可知並不是因受影響而不可知。所以他的物自相只是一個消極的極限概念，並不是實際存在的一個東西。

C.254　這樣，他的現象世界即是我們的現實世界；他的對象如何可能的問題即是現象或現實世界如何可能的問題。這樣一來，知識論不就完全變成元學了嗎？

C.255　站在元學的立場上，時空即是一個特體的直接呈現之外範格式；範疇即是整個世界的一般法則或條理。對象在這種格式或範疇下成立，我們的知識也在其下即變成可能。

C.26　時空，我們既證明了它是元學上根本存在之範疇，然則何以說它是先驗呢？關于這一點，我用諾滋洛普（Northrop）的一個名詞解說之，即「數學的自然說」（mathematical theory of nature）是。他把歷來關于自然的根本原則的見解分成三派：一是物理的自然說；二是數學的自然說；三是機能的自然說。以時、

空、物質三者的關係來說，物理說主張以物質決定時空，如希臘的原子論者第孟克里托、現在的愛因士坦等是。數學說主張以時空決定物質，如柏拉圖、近之愛丁頓等是。機能說則主張時空與物互不規定，而由一更根本的東西規定之，如亞里士多德、今之懷悌海是。

C.261　他沒有說到康德。據我看，康德即可劃歸于他所說的「數學自然說」裡。詳細情形，可以看諾滋洛普的《科學與第一原則》（*Science and First Principle*）一書。這是一本很有趣，很有新奇見解的著作。我將或再寫一專文討論他所提出的問題，在此不想多說。

C.262　康德旣可劃歸于數學說內，則他對于時空的主張都是應有的說法。

C.263　他的先驗說即是以數學說爲基礎的格式論。此可從兩方面說：

（i）從知識方面：所謂先驗是不由經驗來而寓于經驗中爲經驗可能的條件。

（ii）從元學方面：所謂先驗是一件事物，格式作主而爲邏輯的先在，這是使對象可能的條件。

這兩方面按前面內外合一原則是同一的。

C.264　康德的超越邏輯方面的範疇我們暫且捨去不論，現在我們只注意超越感性方面的直覺。我們如果證明了作爲直覺的先驗格式之時空是以數學說爲基礎的一種元學上的根本存在之範疇，則我們馬上即可把它提出知識範圍之外，不能再把它看成是知識中的範疇。

C.265　縱使數學說是對的，隨之，縱然他的先驗格式（指直覺而言）說是對的，但因為它屬于性質不同的另一範圍內即元學領域內，則它即不能成為知識中的範疇。何況數學說不一定對。關于數學說的批評（時空方面），可以注意以下三點：

(i)自然之流轉或綿延；

(ii)呈現焦點的分化作用；

(iii)由分化而起的時空概念之構造即實際的時空之構造。

C.27　康德的時空是屬于三點中的那一點呢？第一點只是流轉，無所謂時空；第三點是他所說的部分空間是後起的概念，也不是他所謂的先驗格式；那末先驗格式必在第二點顯示了。我們批評時可以從這第二點檢討下去以決定時空之性質，但這屬于元學上的第一原則問題，在此可以打住。

C.271　我們不認時空為知識中之範疇，總之可以從兩點說：

(i)直覺是生理的感覺關係，是物理過程；

(ii)時空是元學上的根本存在之範疇。

C.272　時空旣不是知識中的範疇，則康德的十二範疇，雖然在他的數學說之下，雖然在他的內外不分原則之下是可以主張的；但在我們只注意于知識關係的人也就不能承認了。

C.273　問題的起原與解決大半各有所對，康德是對著休謨而發的。休謨不承認外界有條理，康德只不過是從主觀方面推而于外，證明世界有條理；所以講來講去，最後都不是知識關係中的問題。在康德，因為是對著休謨，所以那主張是有理由的；現在我們的問題旣不繼承休謨，所以當然也用不著繼承康德。

C.274　康德的十二範疇已有人不承認其為範疇了，在中國張

東蓀先生講範疇就沒有一個是康德的，所以我們現在用不著在多事批評。

C.275　路易士沒有列舉範疇；張先生舉出四個來：

(ⅰ) 時間；(ⅱ) 空間；(ⅲ)涵義；(ⅳ)主客。

這四個中只有涵義可以說是真正知識中之範疇，其餘三個都不成。時間、空間我們已證明了，以下我們再討論他的涵義與主客。

C.28　涵義是取之于邏輯中的，我想即是數理邏輯中所謂"implication"，此字普通譯為「函蘊」，今仍從之。

C.281　羅素建設邏輯系統以函蘊為推演的根本關係。邏輯的推演即是思想的發展。如是，「函蘊」我可以認為他是知識中的範疇或必具條件。不過張先生講「函蘊」又牽涉到總體與因果的問題，那又使這個知識中的必具條件不純粹了。

C.282　函蘊是套套邏輯的推演之基礎；總體與部分是元學上的範疇；因果律是世界條理的問題，是經驗知識歸納推斷之基礎（當然歸納基礎是有問題的）。這三者不可混講。關此下節再詳細指明。

C.283　「主客」關係不能成為知識中的範疇。其不能成如時間、空間之不能成一樣。

C.284　主客關係由知識關係引出或顯出。以主客為範疇，猶如以知識關係為範疇，這等于不說。

C.285　以時空主客為範疇，猶如地球為人類托足之範疇一樣，殊無意義。

C.29　時空主客就其存在而言，是本體論上的，在知識範圍之外；就其為概念而言，則它是一個完成的經驗。成就這個經驗的

就是思維之發展，或曰知識之發展。

C.291　在這個發展過程中，我們如果能找出其中的必具條件，則此必具條件就是知識中的範疇。這種範疇是眞正的知識中的範疇。下節詳之。

C.3　知識中的範疇與必具條件

C.31　「範疇」二字在中國本是從〈洪範〉九疇而來。〈洪範〉九疇是以幾種概念統馭一切自然現象，並以九種概念統馭一切人事現象。這些概念即是由歸納而得來的些或然原則，用這些比較根本的原則解析一切現象。這是中國開始有有系統的知識，並且中國人歷來認爲這些原則是古聖先賢傳授下來的，所以名之曰「洪範」。

C.311　現在我們以範疇來譯康德的" category "，也即是因爲康德的" category "是組織知識的些先驗格式並是成立對象的自然條理。

C.312　康德名他的範疇常是用「格式」，也常是用「條件」。這兩個名辭在康德思想中固可通用，但因爲我們現在所意謂的知識中之範疇與康德無一相似，故我將分我所謂範疇爲二：一曰「必具條件」，二曰作爲格式之範疇。

C.32　我所認爲知識中的必具條件共有三個：

（ⅰ）我名之曰「非」，以" ～ "表之。

（ⅱ）我名之曰「或」，以" ∨ "表之。

（ⅲ）我名之曰「函蘊」，以" ⊃ "表之。

C.321　這三個必具條件我是採取于羅素、懷悌海合著之《算

理》上的。《算理》上講數理邏輯以「非」或「或」爲不可界說的根本觀念，以「函蘊」爲邏輯推演之根本的基礎關係。這個基礎關係可以由「非」與「或」來解說。

C.322　在推演的邏輯系統上，其選擇根本觀念很可有相當的自由。譬如《算理》系統以「非」與「或」爲根本觀念，而路易士的「嚴格函蘊」（strict implication）系統則以「非」與「與」爲根本概念，而蛇斐（Sheffer）與尼構（Nicod）又以「非」與「或」結合成的「槓子系統」（stroke-system）中的"｜"爲根本觀念。這個根本觀念以符號寫之即爲"p｜q"，讀爲「非 p 或非 q」（either not-p or not-q）。

C.323　不過，無論是《算理》系統或嚴格函蘊系統或槓子系統，他們都是注意邏輯推演的方便問題，在這方面著想很可有相當的自由。但是那絕對邏輯或邏輯本身，或換言之，那思想發展或理性本身卻是絕對的、必然的、普遍的；那些不同的系統不過是表達這個「絕對系統」的工具或樣法。

C.324　表示絕對系統的那些相對系統可以更變，而絕對系統本身不可更變。同樣，那理性自身也不可更變。我們現在要找知識中的必具條件即是要找理性發展過程中的必具條件。

C.325　這些必具條件不可更變，它們必是先驗的、必然的、普遍的；縱或我所舉的有可以出入的地方，但它本身不應有出入。我們可以把它看成是客觀的，我們去發見它。

C.33　旣然如此，我發見的結果，上面所舉的那三個就是知識中的必具條件。邏輯家把它們當作根本觀念和根本關係，但是因爲「絕對系統」即「邏輯本身」就是理性本身，就是理性發展的必

然過程，所以我們現在講組織知識的那思想作用或理性作用，也可以把它們當作知識中的必具條件。我們現在就從組織知識方面講。

C.331 「非」是不可界說的，它是根本的。「非」也不是在外存在可以由經驗得來，所以它是先驗的。「非」是我們的絕對理性開始發展的先鋒隊，所以「非」是理性發展的可能之先驗條件。「非」是我們知識之成立或經驗之成立的必然作用，所以「非」是知識可能的、必具的先驗條件。「非」是我們解說外界時的「否定態度」，這否定態度也是先驗的、必然的，沒有了它，我們的界說或解說便不可能；所以「非」又是解說的可能之必具的先驗條件。

C.332 「或」也是不可界說的，也是根本的。它也是不由經驗得來的東西，因爲外界並沒有一個「或」。「或」是我們理性的分化作用，「或」是我們解說外界時的兩分作用或析取作用。沒有了它，我們的界說或解說還是不可能。

C.333 函蘊雖然是根本的，雖然也是不由經驗得來的，但它可以由「非」與「或」來界說。如果「非」以命題表之寫爲" ～p "，「或」以命題表之寫爲" p ∨ q "，「函蘊」以命題表之寫爲" p⊃q "，則 $p \supset q = \sim p \lor q$

C.334 「函蘊」是由「非」與「或」發展出來的推演關係。這個推演關係是一切推演關係的基礎，是理性的一切發展之可能的基礎。沒有了它，將來的發展便不可能，隨之，解說外界時的思維過程也不可能。

C.335 理性發展的可能之條件即是解說外界時思維發展的可能之條件，但不是外界對象可能的條件。對象的範疇或條理不同于知識中的必具條件。

C.336　隨之，「函蘊」也不可與總體部分間的同一律與外界的因果律相提並論。總體律與因果律都是經驗的，由它們我們可以作歸納的推斷，可以證實我們的設準（設準後邊再論）。函蘊是理性發展的必具條件。前兩者給我們事實的根據，「函蘊」給我們論理的根據。

C.337　張東蓀先生講「函蘊」的本性都對，唯與總體律、因果律合講便不對了。

C.338　「非」、「或」與「函蘊」是知識中理性發展的必具條件。由此三個必具條件，我們還能邏輯地推出其他些必然的、先驗的法則。這些法則也即是理性本身的發展，同時也就是解說外界時的知識中的思維法則。這些法則我可以用「範疇」之名表示之。這樣「範疇」與「必具條件」意義不相同，所指亦不相同，雖然它們都是由必具條件發展出。

C.34　除去必具條件而外，知識中的範疇可有以下十六個，茲簡易說明並用符號表之。

C.341　範疇 I.「同一原理」（principle of identity）。此原理即是邏輯中的「同一律」。同一原理是我們理性發展中的肯定態度，在解說外界時，它負指定之責。這決定是我們思維時的法則，決不可認爲是對象上的法則。我們思維時第一要遵守這個法則，不然便不能思維下去。其式如下：

　　　★1　　　⊢.p⊃p

"★"表示序數，"⊢"表示主張

C.342　範疇 II.「矛盾原理」（principle of contradiction）。此原理即是邏輯中的「矛盾律」。矛盾原理是「非」與「或」引出

後「是非」同時主張的禁止，因此它也是思維上的而不是對象上的。我們的思維也必須遵守這個原則，不然，思維也不能發展下去。其式如下：

★2　⊢.～（p～p）.

p 與 ～p 之間的方點表示「與」或「和」。

C.343 範疇 III.「拒中原理」（principle of excluded middle）。此原理即是邏輯中的「拒中律」。拒中原理是「非」與「或」引出後「是非」二分的主張。這是二分法邏輯的根據，也是我們思維發展中必遵守的法則。普通有于二分以外，還主張三分、四分以至無限分，以為這可以代替二分，二分不是必然的。但是據我看，無論你幾分，總離不了二分邏輯的根據。二分邏輯的思維法則是公的、普遍的、絕對的，是理性本身。因此，它不能被否認。否認它即是證明它。其式如下：

★3　⊢.p∨～p.

或　⊢.～p∨p.

C.344　範疇 IV.「托沓原理」（principle of tautology）。其式如下：

★4　⊢.p∨p.⊃.p.

C.345　範疇 V.「再非原理」（principle of double megation）。其式如下：

★5　⊢.p.≡.～（～p）.

C.346　範疇 VI.「簡化原理」（principle of simplification）。其式如下：

★6　⊢.p·q⊃.p

或　　　├.p‧q⊃.q

C.347　範疇 VII.「能主原理」（principle of assertion）。其式如下：

★7　　├.p‧p⊃q..

C.348　範疇 VIII.「歸謬原則」（principle of the reductio ad absurdum）。其式如下：

★8　　├.p⊃～p.⊃.～p.

C.349　範疇 IX.「添加原理」（principle of addition）。其式如下：

★9　　├.q.⊃：p∨q

C.3410　範疇 X.「交換原理」（principle of permutation）。其式如下：

★10　　├.p∨q.⊃.q∨p.

C.3411　範疇 XI.「朕珠原理」（principle of syllogism），即三段論法。其式如下：

★11　　├.q⊃r.⊃：p⊃q.⊃.p⊃r.

或　　　├.p⊃q.⊃：q⊃r.⊃p⊃r.

或　　　├.p⊃q‧q⊃r.⊃.p⊃r.

或　　　├.q⊃r‧p⊃q.⊃.p⊃r.

C.3412　範疇 XII.「輸出原理」（principle of exportation）。其式如下：

★12　　├.p‧q.⊃r.：⊃p.⊃.q⊃r.

C.3413　範疇 XIII.「吸入原理」（principle of importation）。其式如下：

★13　　⊢.p.⊃.q⊃r：⊃：p·q.⊃.r.

C.3414　範疇 XIV.「組合原理」（principle of composition）。其式如下：

★ 14　　⊢.p⊃q·p⊃r.⊃：p.⊃q·r.

C.3415　範疇 XV.「摻進原理」（principle of factor），即參加因子之意。其式如下：

★15　　⊢.p⊃q.⊃p·r⊃q·r.

C.3416　範疇 XVI.「可寶原理」或曰「金玉原理」（praedarum theorema），即可貴重的金科玉律。其式如下：

★16　　⊢.p⊃r.q⊃s.⊃p·q.⊃r·s.

C.35　以上是知識中的三個必具條件及十六個先驗範疇。所列舉的數目並不是毫不可增減；但自問這些範疇在知識論上說是很恰合的，決不像康德所舉的那些牛唇不對馬嘴的範疇。

C.351　康德注重知識可能的問題即知識的機構問題是千古不滅的眞理；他所講的先驗性、超越性也都是很對的，都是值得我們注意的。唯獨他所舉的範疇不對，他的講法不對，這是我們現在所當注意的，而其關鍵，據我看，還是邏輯本身的問題，還是因爲對于邏輯的看法不同的緣故。

C.352　康德所吸收的邏輯是亞里士多德的邏輯中的看法。亞氏對于邏輯的看法是本體屬性的關係的看法，是關及于外界的一種判斷的看法，總之是一個眞實命題的看法；所以他叫他的論理學是《工具學》（Organon），這即表示他的論理學是在實用方面著想，而不在理解理性本身的發展。他的十個範疇就是關于對于外界的判斷力方面的根本概念，也就是關于命題種類的些根本概念。

C.353　康德的十二個範疇就是亞氏的十範疇的變相。在亞氏十範疇是關于判斷外界的；在康德因爲對付休謨的問題，所以便把那些關于判斷外界的範疇使其搖身一變，變成知識組織上的先驗範疇了；又因爲亞氏的十範疇原是關于外界的判斷的，所以遂形成了「知識底可能的條件即是知識對象可能的條件」的康德哲學的精義。

C.354　自佛列格（Frege）、皮亞諾（Peano）到羅素、維特根什坦，對于邏輯的看法變了。認爲邏輯是理性本身的普遍必然的空架子的，無關外界的命題函數的推演，而不是講關于外界的判斷或眞實命題的學問或「工具學」。總之，用專名說，命題函數間的必然的推演關係與命題函數之應用而成爲對于外界之判斷的「眞實命題」是兩會事，不可混爲一談。

C.355　從亞氏到康德是混爲一談的看法，所以有康德的「知識可能的條件即是知識對象可能的條件」的結論。現在我們的看法改變了，我們當說：「理性本身發展的可能之條件與範疇即是思維解說外界或理解外界時的可能之條件與範疇。」這是畫時代的兩個遙遙相對的結論。我不敢說這是我的發見，我只能說這是新邏輯應有的結論。

C.356　因爲這是古今邏輯看法的不同，所以現在講知識論如果要找知識中的範疇，便不能不以理性本身發展的法則爲知識中的範疇，便不能不把古人關于判斷外界的些範疇、似是而非的範疇、牛唇不對馬嘴的範疇、或元學上的範疇加以否認。

C.36　有人說你這樣以邏輯中的法則爲範疇，有什麼希罕？豈不是在講邏輯嗎？我說不然。說到希罕，本沒有什麼希罕。唯其

不希罕，所以才普遍，才客觀，才無人不遵守。我以這種無人不遵
守的邏輯法則爲範疇亦並不是講邏輯。只要理性本身發展的法則可
能了，人人都遵守了，那就是我們知識可能的根據或標準。理性本
身的法則就是組織知識使其可能的法則。

C.361　知識的可能就是因爲爲人人所遵守的那理性法則是可
能的。我們找知識可能的條件與範疇就當向理性本身的發展法則方
面找。

C.362　這樣找法康德是對的，他找的方向是錯的，他所找的
也是錯的；然而他能給我們以找的方法，這就是他最大的價值了。

C.4　先驗與超越

C.41　我們講知識是以知識關係這個整體爲對象。我們要解
剖這個整體，這種解剖就是打開（broken up）的工作。

C.411　將這個整體打開而解剖其中的組織成分，我們發見有
一種先驗的成分在。所謂先驗即指不自經驗來而言。

C.412　這種先驗的建立是在知識的組織上說，不在知識的來
源與發展上說。講知識的來源與發展者，謂心如白紙，知識皆由經
驗來，這也有道理，因爲我們剛生下來是什麼都不懂，這就是英國
經驗派所執持的主張；謂心非如白紙，乃具有天賦觀念，這是大陸
理性派所執持的道理，這似乎也有相當的道理。但無論如何，這兩
派的論證法都不是解剖知識，都不是解決問題，不過是在講心理
學，從心理方面追溯其源而已。這種追溯其源的推問方法結果就是
康德所批駁過的武斷法，由這種武斷法，理性派說得的天賦觀念並
不是我們所謂「先驗」。我們這種得先驗的方法完全是康德的批判

法。

C.413　批判法得的先驗是在知識或經驗之成立上著眼。即是說，從知識之組織或知識如何可能上，我們看出有先驗的成分在。這樣的先驗當然不是時間上的先，而是論理上的先；當然也不是知識的來源與發展的問題，而是知識之組織與可能的問題。

C.414　我所說的先驗的必具條件與先驗的十六範疇，其所謂先驗都是這個意義。

C.42　在解剖知識而發見出有先驗的成分時，我們對此先驗條件與範疇可從兩方面來解說：

(i)元學的解說（metaphysical exposition）：此種解說決定先驗成分的性質，指出它們是先驗的，並指出它們是什麼樣的一種先驗。

(ii)超越的解說（transcendental exposition）：此種解說決定先驗成分在組織知識中的作用，指示出它們的優越的地位，並指示出它們附著于知識中而爲知識可能之條件並爲解說對象可能之條件。

C.421　關于元學的解說，我們對于先驗的成分如何領悟之證明之？曰：用「純粹直覺」（pure intuition）或「先驗直覺」（a priori intuition）。所謂「純粹」即不雜任何經驗成分之意。在此「直覺」有其地位，直覺主義的數學派也有其地位。邏輯派是言明數學發展的本性，直覺派言明其意義（指系統內的意義而言）之證明與領悟。我這個說法不必同于康德與布羅維（Brouwer）。

C.422　關於超越的解說，我們不主張知識可能的條件即知識對象可能的條件，所以我們也不說先驗條件規範知識限制知識。我們只能說它組織知識，使知識成立，使解說可能。我們的經驗知識

是無限制的，先驗條件與範疇決不拘束它們，決不給它們劃定界線。因此，康德的「現象界」「非現象界」以及「物自相」都是不必有的。

C.43　先驗條件與範疇可以自其本身看，也可以自其應用看。自其本身看，它是一個「托沓邏輯」（tautology）；自其應用看，它是一個「工具學」（organon）。

C.431　從它是一個托沓邏輯方面看，它是超驗的（transcendent），它與經驗無關，它無真假可言，它只是絕對的真，它只有系統內的意義，而沒有系統外的意義，它是「純粹概念」（pure concept），它是命題函數間無矛盾的必然關係：它是一個邏輯世界（logical world）。

C.432　從它是一個「工具學」方面看，它是經驗的，應用于經驗上的，它與經驗發生關係，它把它自己因著經驗而變成一個真實的命題，它又使著經驗能成為一個真實的命題，這時它有系統外的意義，所以它有真妄可言。這時它是一個命題的格式，而經驗所得即「所與」是這個命題的內容。所謂它有真妄可言，並不是指那格式本身有真妄可言，乃只是指它這時系統外的意義，它與「經驗所與」合起來形成一個命題，這個命題對「所與」即「內容」而言有真妄可言。它這一應用，能使我們對著「所與」造成一個「經驗概念」（empirical concept）。這種應用就是先驗範疇的「經驗現實性」（empirical actuality），也就是它的「客觀有效性」（objective validity）。

C.44　這種區分當然是類比于康德的「超越理想性」與「經驗現實性」而來的。不過，在「經驗現實性」上到沒有大差池，唯

在「超越理想性」上，吾與康德則大有不同。

C.441　康德因爲主張「知識可能的條件就是知識對象可能的條件」，內的格式即是外的條理，所以他可以反對柏拉圖的「超越的實在論」，而主張他的「超越的理想論」，以爲離了經驗它只是「虛無」，它只有理想性而無現實性，同時現象世界也就不能成立，而知識也就歸于烏有。

C.442　不過在吾，「知識可能的條件就是解說可能的條件，而與對象的條理無關」，則理性本身發展的先驗範疇，若不與經驗有關，則它就是一個托沓邏輯；我們只能說它是一個「邏輯世界」，康德的話都不適用，與柏拉圖也無關。這是兩個系統根本不同的一點。

C.45　在本段，極力吸收康德的方法與康德的精神，把範疇兩方面的意義圖表如下，以便醒目：

$$範疇\begin{cases} (i)\ 妥沓邏輯 \begin{cases} (1)純粹概念 \\ (2)純粹直感 \end{cases} \\ (ii)\ 工具學的 \begin{cases} (1)經驗概念 \\ (2)經驗直覺（即感覺關係） \end{cases} \end{cases}$$

C.451　下段就論妥沓邏輯應用于經驗怎樣造成經驗概念，其中還有什麼成分等問題。

D.　設準與眞妄

D.1 類化與彖象

D.11　本段主要的論據是在藉設準把範疇與所與關涉起來或牽連起來。

D.12　類化亦可叫做經驗的普遍化。類化的可能或根據完全在 B 段所說的現顯所與上，亦即在那由結聚而有的「定型」上。這個「定型」在 B 段亦叫做「永相」，永相即是使類化可能的根據。

D.121　永相可以形成一個層級（hierarchy）。一個層級即是一個系列層，在此系列層中，每一層是一個類型。

D.122　最低層的類型我們叫它是「感覺物相」，這種物相當然也是個永相。感覺物相我們名之曰「基礎層」。

D.123　純粹的感覺物相是不常有的，差不多都是組織在知覺物相裡。

D.13　每一系列層當然可以有好多層次即類型包在內。每一層次當然也包有好多分子在內。

D.131　不過在此我要遵守巴克萊的反抽象原則以及懷悌海的具體原則，我要主張有限論。具體世界內一切都是有限的。

D.132　層級內所含的層次在數目上說是有限的，每一層內的分子也是有限的。無論它們怎樣多，也不能成為數學或邏輯上的無限，因為它們是具體事實故。這是我的概念與事實的區分原則之應用，我在〈矛盾與類型說〉一文裡已用此原則揭穿了芝諾與布辣得賴的辯證原則。有限論因著辯證原則之揭穿而得進一步的證明。

D.133　我們對于永相的看法，在邏輯上雖然可以無限，但它

本身不能無限。邏輯層次的無限不能混同于永相層次的有限。

D.134　這種有限論，辯白得最清的莫若巴克萊，他的「低限感相論」（theory of minimum sensibilia）是最有趣並且也是最有依據的。可惜他不懂數學或邏輯，所以他不能了解無限。

D.14　每一永相即是一個類。永相間的組合即是類間的組合，類的組合便是類的普遍化。

D.141　定型或永相可能即類化可能。

D.142　類間的組合，其最大關鍵在乎「相似」之獲得，或在乎「合同」（congruence）之可能。

D.143　懷悌海說合同基于重認。再重認的東西只有「永相」或「定型」，除此而外，任何其他東西皆不會有「再」，皆不會被重認。這樣一來，重認的可能在乎永相，反過來，永相使重認可能；重認可能，我們即可在永相間發見合同。于是合同的可能是建築在永相之可以被重認上。

D.144　重認與合同可能了，我們即可討論類間的組合，也即是永相間的抽象的組合。

D.15　在永相間的組合上，我們有兩個概念須注意：一是「彖」，二是「象」，此兩名詞原出于《易經》，現在用來，我以爲最恰當不過。

D.151　「彖」是斷定永相的內性與外性；「象」是以彖所定之永相爲根據藉「合同」關係而類比其他。

D.152　須知「彖」並不是沒有根據的，並不是憑空去固定永相的。實際上，「彖」與「象」常是互相爲用的，爲解說上的方便，不得不分開來說。

D.153　因此,「彖」與「象」在知識上雖是重要的,但不是居在基礎的地位,更根本的乃是永相、重認與合同。

D.154　彖與象乃是類化的居間過程:對著「彖」而言,「象」即是懷悌海所謂「象徵的推度」(symbolic reference);對著「象」而言,「彖」即是「象徵推度的標準」(the standard of symbolic reference)。「象」即是合同關係的擴大;「彖」即是輻輳律(the law of convergence)的應用。

D.155　由彖象可以得到理想的簡單,可以得到抽象的普遍化。點、線、面、一切空間的構造及一切時間的構造、全部的幾何學基礎,完全由永相、重認、合同、彖象這個基礎上建築起,這是白頭教授最拿手的好戲,我們不能再有所置喙了。

D.16　這種類化過程完全是經驗的,彖與象包括全部的歸納推斷過程。歸納推斷的基礎在永相、重認與合同上,這也是經驗的。

D.161　經驗科學之所以為經驗科學即在歸納推斷的基礎是經驗的。經驗科學只須用彖象的方法去類化永相而發見外界之條理,它不必問及內界的成分,它也不必問及在它的思維過程中那是先驗的,那是經驗的。知識論者則要用批判的方法指明之。

D.162　彖象是由相似合同而至經驗上的類比或推斷;組織或支持這推斷作用而使思維理性化的,則有必具條件與範疇;運用或指使這推斷作用而使思維有始有終完成其自己而實現一個概念者,則為經驗中之設準。

D.163　設準就好像航海的指南、船上的把舵者,下節就論這個把舵者的使命。

D.2 設準與象象

D.21 那把舵者的作用是在對于外物之解說或界說上顯。象象之成立一方固在物界之永相，一方也在內界之設準。

D.22 設準的特性是思想運用過程中的指導作用，它是主觀態度表示的焦點。範疇是我們理性思維的法則，設準才是眞正的主觀態度。

D.221 沒有了它，經驗的思維，象象的推斷便不能有所起點，對于外界之解說或界說也不能成功。

D.222 因此，凡設準也必是先驗的；離了它不行，因此它也是「常自有效」的。

D.23 這種表示主觀態度的設準，最顯然的就是「如果怎樣，則就怎樣」的形式，簡化爲「如果則就」。

D.231 「如果」所引出的命題就是設準所在的地方，它是一個標準，「則就」所引出的命題是經驗的，對著這個標準它始有意義。

D.232 「如果」所表示的是先驗的指導形式；「則就」所表示的是所解說的經驗內容。

D.24 設準與被設的東西常在一起，然而卻不是沒有分別的。設準總是先驗的、主觀的，被設的則常是經驗的、客觀的（但也許有先驗的，但此甚不易指）。

D.241 康德的十二範疇，張東蓀先生所舉的那些設準，其實就是所設的東西，這些東西很難認其爲先驗。

D.242 一切經驗的東西即經驗概念都可作設準的工具即所設

的東西。「如果花是紅的，則它必是有顏色的」，「紅」是被設的概念，它是經驗的。「如果前行的是因，則繼起的是果」，康德隨休謨之後認因果關係為先驗的，但在我們看起來，「前行的是因」，「因」雖為被設的東西，但不能認為它是先驗的，唯一的原因就是它是指示「前行的東西」。前行的是經驗的，我們所注重的是那「前行」與「後繼」的關係，而不是「因」與「果」這兩個空洞字眼。這兩個字眼或許是人造的，但我們講知識的先驗不能以這種造字眼的能力為先驗。

D.243　有人說設準是經驗成立的指導，而設準又離不了所設，所設既不是先驗，那末第一個經驗之成立用什麼作所設呢？這固然是個疑問，但設準是用在解說或界說的思維上，而不用在那物相的感受上。一個最簡單的經驗概念，例如指示某一對象的句子，並不必須要設準的解說始可成立。設準決不在這個地方顯出；但是只有那個簡單的指示句子也不能成為有系統的知識。設準只在需要解說而成為有系統的知識時始顯現出。

D.244　現在我可以用懷悌海的名詞表示這幾個階段的不同。我所說的內在的感覺關係可以用他的「正的或積極的感得」（positive prehension）來代表；我所說的對于物相間的「合同」之獲得可以用他的「負的或消極的感得」（negative prehension）表示，此種「消極的感得」也可以用他的「重認」（recognition）或「概念的感得」（conceptual prehension）來表示，這一階段最大的表示是在「象象」而不在「設準」。設準的出現是在對于外界的解說或界說上，而不在「感得」上，設準施行所成的是「一個理論」（a theory）。如是，設準所表示的是理論的篆成階段，是有

始有終的系統階段。

D.245　如是，施用設準時，最初所設的是重認的東西，是感得的概念，是象象所得東西，使象象過度到一個理論，這是設準的功能。「世界上一切東西是原子集合的」，這是一個理論；「世界上一切東西可以用因果律來解析，可以用同一的本體來解析」等，這也是一個理論。

D.246　設準即在這一套一套的理論上表示，而所設的東西都不礙其爲經驗的。先驗的只是那個設準作用，只是那個「如果則就」的形式，具體化這個形式的那些內容都是經驗的。

D.247　最初所設的東西是象象階段中的。解說即用象象所得爲根據用設準的指導而過渡到一套理論。

D.25　如是，我們論設準決不必列舉什麼是設準，張東蓀先生所舉的那些設準其實就不是設準，而是設準所設的東西。

D.251　所設的東西旣是經驗的，我們即不能列舉它們作爲設準，我們只可以舉它們爲例來說明設準。設準只可舉例說明，不可列舉。列舉的不是設準，而是設準所設的。

D.252　設準只在「如果則就」這個形式關係上表示出來。設準是解說關係上的先驗立法性，而非所立之法。所立之法之爲先是邏輯上的前提之先，而非組織知識之先驗性。

D.253　路易士與張東蓀先生所說的設準可以替換，其實即指所設的而言。因爲所設的是經驗的，所以才有替換，才有便利與不便利。如果知識中的設準即指這種所設的東西而言，則決不能有康德所說的那種超越的先驗的普遍立法性，也決不能盡了組織知識中的先驗指導者之責。

D.254　所設的東西之爲先只不過是邏輯上的前提之先，這種先在的東西是隨時可以變更替換的。因此，我們講設準時，只當指出知識中「如果則就」這個先驗立法性而已，用不著同範疇那樣列舉那些所設的東西。

D.255　這樣，設準才能表示其爲知識中的先驗的超越的立法性。路易士的「先」沒有這種特性；張東蓀先生很明白這種特性，但他沒有指示清楚，分辨明白。

D.26　設準一方面牽範疇，一方面顧「所與」而施行其解說以製成一套理論或經驗概念。

D.261　「範疇」、「設準」與「所與」是組成知識的三個獨立的因子，概念或理論是結果。三個因子無眞妄可言，唯作爲結果的概念或理論始有眞妄可言。

D.3　概念與眞妄

D.31　本節所說的概念是指經驗概念而言，即由範疇設準組織所與而成的概念。這種概念即是由解說事實而成的一套理論，與拖沓邏輯中的無所說的純粹概念不同。

D.32　眞妄即是這種概念上的問題，而不是純粹概念上的問題。

D.321　概念之成立與概念之眞妄是兩會事。成立了，不一定眞，也不一定妄。

D.322　概念之成立可以叫做是概念之實現；概念之眞可以叫做概念之爆炸；概念之妄可以叫做概念之擯棄。

D.33　概念之實現即是所設的東西之實現。

D.331　所設的東西在以前曾經爆炸了，在將來的新概念上不一定能爆炸。

D.332　所設的東西是新概念的根據，新概念之實現與爆炸即是舊概念的擴大，舊概念沒入於新系統中。

D.333　這樣，概念是一層一層的套合：每一概念是一套，包括其他分子；每一概念也必力求沒入于另一高層中而爲其分子以成一較大之系統即成一包括較廣之系統。

D.334　這種互爲套合即是概念之所以有意義，也就是眞妄所在的地方。概念之有意義即概念必在一個相對的系統中；概念之眞妄即是設準所設的是否能爆炸。

D.34　于是眞妄之條件當有以下四點：

(i)要有意義即必在一系統中。

(ii)要相融，即必互爲套合，一貫說被吸收在內。

(iii)要與外界相應或一致，實在論的主張被吸收在內，此即羅素所謂直接的。

(iv)要能爆炸或證實或有效，或如爾所期，此即羅素所謂間接的，這是唯用論的主張。

D.341　這是眞理論最近的一種新趨勢，在中國金岳霖先生講的很詳細，但他還沒有發表出來。此外可參看羅素的《哲學大綱》二十四章講眞妄，他吸收唯用論與批評唯用論都很清楚。

D.342　一貫說只知套合，不知外界的原因與將來的結果，所以它沒有標準，結果只是講觀念的套合，而與概念之眞妄沒有關係。相應說只知一致，也太簡單；唯用論只重間接的結果，不重直接的原因，只重將來，不重現在與過去，所以也不是完滿的學說。

D.343　必須三派相絜合始能完成真理論；但如羅素與金岳霖先生等人只講這種絜合而不知對知識作批判的解剖，其真理論也必顯得無根。我們前邊的那些討論是知識論的主文，真理論是知識論的圓成。

D.35　經驗概念的真妄是概然的、常變的、相對的、唯用的。拖沓邏輯中的純粹概念與外界的真實事實是絕對的、必然的，但也無所謂真妄。

D.351　理性的範疇之推演若不應用于經驗，那只有康德所謂理想性（類比地說來），只是無所說。

D.36　所與、範疇與設準，這是組織知識的三個獨立的不可還原的因子，概念是結果。這樣我完全同意張東蓀先生的多元論，但是概念卻在擯除之列。

原載《哲學評論》第6卷第2/3合期　1937年9月

陰陽家與科學

一

　　《漢書・藝文志》云：儒家者流，蓋出于司徒之官。道家者流，蓋出于史官。陰陽家者流，蓋出于羲和之官。法家者流，蓋出于理官。名家者流，蓋出于禮官。墨家者流，蓋出于清廟之守。縱橫家者流，蓋出于行人之官。雜家者流，蓋出于議官。農家者流，蓋出于農稷之官。小說家者流，蓋出于稗官。此言先秦諸子出于王官。近人章太炎亦宗此說。胡適之首破此說，著有〈諸子不出于王官論〉。其言曰：「夫言諸家之學說，間有近于王官之所守，如陰陽家之近于占候之官，此猶可說也。即謂古者學在官府，非吏無所得師，亦猶可說也。至謂王官爲諸子所自出，甚至以墨家爲出於清廟之守，以法家爲出於理官，則不獨言之無所依據，亦大悖於學術思想興衰之迹矣。」胡氏之言美矣，而未能通古今之變。其所爭論，在于「出」字未有一定之意義。夫就諸子百家之思想言，固爲一二特出者之創發。若謂其思想于王官有所承受（如傳某某學之承受），或其思想即有所受于王官中之專家，或居于王官中之專家皆

必有某某思想，或已有如此諸子之思想，如以此訓「出」，則固膠柱而不通，想亦無如此作解者。然若就歷史之事實以觀諸子百家之衍變，則出于王官之說，雖不必有思想之淵源，而實有歷史之演變。觀思想之統系，則注意個人之創發；觀先秦諸子之歷史，則注意史實之演變。自前者而觀之，謂其不出于王官，固無不可；自後者而觀之，謂其與王官不無歷史之淵源，自亦有據。《漢書》所謂「出」，蓋亦後者之意也。若嚴格而衡之，則可議者多矣。豈獨如胡氏所云而已哉？

時人馮友蘭氏據後者之觀點，頗默契于王官之說，而予以新解析。馮氏言：儒家出于文士，墨家出于武士，道家之學出于隱士。此外，陰陽家者流，出于方士；名家者流，出于辯士；法家者流，出于法術之士。（參看馮著《中國哲學史》補：〈原儒墨〉、〈原名法陰陽道德〉兩篇。）馮氏所論爲儒、墨、名、法、陰陽、道德六家，餘者無關宏旨，略而不論。亦司馬談論六家要旨之意也。其所謂新解析，亦即觀歷史之演變。于觀演變也，于王官與各家之間而注意某某士之作用，蓋以某某士爲過渡之橋梁也。某某士，言社會上種種職業專家也。自某某家言之，似與王官職守無關；自某某士言之，則與王官不無史實之演變。某某士何以成爲某某家？又何以與王官有關涉？其關鍵不在小。須提示之以觀中國學術之特性。

自某某家之出于某某士言之，則其爲「士」非泛言之，乃爲與某某家遙相應之士也。與某某家遙相應之士，自其爲職業之專家言，亦非今日社會之自由職業，乃與當時六家有呼應之職業。此種職業，與該期歷史社會有關，非泛論也。此某某士之職業，何以與王官有關涉耶？曰：古代政治，學在官府，非吏無所得師。專門知

識在官府，故專門人才亦出于官府。此不獨中國爲然。即在歐西，亦是如此。如亞里士多德不依附亞利山大，實難集諸科之大成，亦難啓後來學術之軌範。出于王官之說，即於于此而得其眞義。古代政治爲封建制度，亦爲貴族政治。非官府不足以備諸門之專業，非官府亦不足以養專業之人才。各專其業，即各專其知；各專其知，即各成一專門之知識。試取《周官》一書而觀之，天文、地理、人事、政治、禮樂、敎化，乃至醫卜、星相、巫祝、術數，莫不有專家以司之，所謂某某人者是也。（《周官》一書無論其成書年代如何，要於歷史有根據，非一人所可憑空杜撰。）各專一業，是其職業也。於其職業，知之旣深，則本末精粗而條理之，即爲知識。此種知識即專門知識，近人所謂科學知識也。至其所知之深淺，成就之精粗，則有時代以限之，不可因其淺而粗即謂其非專門知識也。所謂王官，不必只爲周天子之官守。其所封建之諸侯，亦儼若一小王。每一小王亦可有其官守，因而亦有其專家。此等專家，其所事之知識可以至於科學，亦可以不至於科學。然至與不至，乃在司之者之內外緣具備否，不在其本身之不足。其本身之特性實足以發展而至乎科學也。然官府專家，又實未成科學。其故何耶？此問題之解答，有待於官府專家何以變爲某某士，由某某士又何以變爲某某家一問題之解答。

官府專家何以變爲社會上某某士，由社會上某某士又何以變爲思想上之某某家，其故無邏輯關係，而有歷史關係。若封建制度不搖動，貴族政治不崩壞，則王官不至失守。官不失守，則日積月累，或可有具統系之知識。（此亦就該期特殊史實言，非是一普遍之理由。）乃至春秋以降，王綱不振，籍去官亡。官府專家，散而

之四方，流落民間。或本其所有以謀生，或適應環境變其所本創發新業以謀生，此所謂某某士也。由官府之某某專家變而爲社會上之某某士，如儒士、武士、方士、隱士、辯士、法術士是也。由社會上某某士，特出者就其所業，發而爲思想上之某某家，則儒家、墨家，乃至名、法、道、陰陽等家是也。自其爲家言之，固與其所從出之王官無關矣，甚至與其直接前身之某某士亦無關矣；然自史實之演變言，則又有其淵源也。此種史實之淵源，只爲歷史關係，而非邏輯關係，故謂其不出於王官亦無不可。本文目的，不在此問題之考證，乃在就此問題以明中國學術之趨勢。

二

前言官府專家，可以發展至於科學。然雖可，而究未實現，其故何耶？此處所言科學，吾意偏指自然科學而言。陰陽家善談陰陽五行，觀天地之變，察物理之奧，最宜至於科學，而究未至於科學，終爲術數之方士。其故蓋可深思。官府專家，本爲應用而設，非必專爲知識而知識。即其由職業進於知識，亦是粗而不精。雖有條理，而未能至乎抽象之極致。要者在乎能繼此而增進，不在其已得之成就。若其停於此而不進，或因外緣不備而終止而轉向，則其已得之知識，亦終歸於粗疏無用而已矣。本爲應用而設，今復官失其守，自又不得不隨順環境而致用。致用者，所以謀生也。始也爲用，終也爲用，而爲知識而求知識之探討，缺而不備，宜其不至於科學也。

儒士教書相禮，所教者，禮、樂、射、御、書、數也；相禮

者，昏喪祭祀之繁文縟節也。此即儒士之職業，亦即禮樂之專家。
（儒士非儒家。儒家起自有一番抱負與理想，故當時即有君子儒、
小人儒之別。小人儒，蓋即儒士之謂也。莊子常譏曾、史，而孔、
孟則別有一番氣象，是則孔、孟為儒家，而曾、史則不免為儒士
矣。）武士執干戈以衛社稷，助弱小以禦強權，墨子之徒是也。此
即武上之職業，亦即仗義之專家。游俠之士亦其流風也。辯士合同
異，離堅白，然不然，可不可。窮人之口，不足以服人之心。苛察
繳繞，使人不得反其意。專決於名，而失人情。此即辯士之職業，
亦即口辯之專家。法術之士措意乎政治，游心於君術。削貴族，集
君權。愚天下，一號令。應時而起，參謀政術。上與貴族為敵，下
與平民結怨。孑然一身，獨立於天地之間，而惟以窺君意、成君術
為務。此蓋官失其守，成為無業之游民，而純以智術為業者也。此
即法術士之職業，亦即成君術之專家。方士「別天地之終始，日月
星辰之紀差，次仁義之際，列吉凶之符，語數千言，莫不順理。」
此《史記・日者列傳》語也。日者即方士，亦即術數專家也。《墨
子・貴義篇》載：「墨子北之齊，遇日者。日者曰：帝以今日殺黑
龍於北方，而先生之色黑，不可以北。」此日者即《史記・日者列
傳》之日者。民間之術數家也，此即方士之職業，亦即星象之專
家。隱士避世遠害，獨善其身，《論語・微子》篇所謂「鼓方叔入
於河，播鼗武入於漢，少師陽、擊磬襄入於海」是也。此本為魯三
家之樂官。此音樂之士也。或因魯政腐敗而他適，如「太師摯適
齊，亞飯干適楚，三飯繚適蔡，四飯缺適秦。」此仍以樂官為業
者。或因憤世而避世，則上文所謂入於河，入於漢，入於海是也。
此即所謂隱士也。隱士無所業，或農耕，或漁樵，長沮、桀溺亦此

類也。道家之思想即鬱發於此矣。由儒士、武士，乃至隱士，即所謂社會上之某某士也。《莊子‧徐无鬼》篇云：

> 知士無思慮之變（戀，慕也）則不樂，辯士無談說之序則不樂，察士無淩誶之事則不樂。〔……〕招士之士興朝，中民之士榮官，筋力之士矜難，勇敢之士奮患，兵革之士樂戰，枯槁之士宿名，法律之士廣治，禮樂之士敬容，仁義之士貴際。

此亦足徵當時之士也。

官府專家本爲應用而設，今散而之四方，復爲謀生而致用，其能至於科學知識者鮮矣。由某某士，中有一二特出者，就其所業，發爲思想，言之成理，持之有故，即爲某某家。一至乎家，則有學術可言矣。然此學術何學術耶？儒家不離禮樂人倫，順其固有而至於極，則人生哲學也，形上學也。墨家則爲實利尙儉，以其禦侮製器，故可有數學、物理之知識，讀《墨經》者可以知之。然其主旨不在此。無有求知之眞誠，遂流於游俠，而不成爲科學。至其所持之思想，尙有待於今日胡適之先生之發揮，則其淺陋不足道可知矣。法家要義在政術，政術非政治學也，故社會科學亦未立其基。名家之辯，近於邏輯，然繳繞名字，未臻實理，終未能成邏輯。蓋其辯說，不爲知識，而在致用。《公孫龍子‧跡府篇》云：「欲推是辯，以正名實，而化天下焉。」此其論辯之動機，故在致用而不在眞理也。以致用爲主，而知識爲副。百家之學，皆如是也。其中有可以引至學術者，皆其主旨之副產品，連帶及之耳。名家如此，

陰陽家亦然。墨家、名家可以至名數，而終未能至名數。陰陽家可以至自然科學，而終未能至自然科學。陰陽家觀天地之變，察物理之奧，浸潤日久，大可奠天文、物理學之初基；然籍去官亡，不能終其業，散而之四方，遂不得不流為術數家。由術數家終於為陰陽家，而不為物理家，此中國學術之大不幸也。方士不能成科學，徒為江湖之術士。此大可惜。然其所注意之對象，固為自然現象，與夫生理、物理之變化（不管其對此現象看法為如何）。然其究也，終為醫、卜、星象，而不為醫學、生理學、物理、化學，此豈不可惜耶？此其故何耶？其可以至於科學與不至於科學，所繫在一機之微，而無必然之理據。故吾前云：此為歷史之演變，而非邏輯之關係。今再言之，此為整個歷史社會之總趨勢，而未可歸因於某一點也。道家尤無關於科學，順道家之思想，推至其極，亦可為人生哲學或形上學，老、莊之「道」是也。

由上觀之，六家之學，可以知其梗概。法家為政術，名、墨可以至於名數，而中道而斬；陰陽家可以至於科學，亦中道而斬。所餘以支配中國學術思想者，唯儒、道兩家耳。儒家自正面言。道家自反面言，道家為儒家之反動。二千年來，只為正反兩面之相摩盪，後來參以佛家，亦為儒家之反動，其於儒家之作用，與道家同。是以言中國學術，必以儒家為主幹，而以佛、老與之摩。正反兩面或相悖而不並立，或相融而相消。以此觀中國，中國學術得其統矣。吾今不言此正反兩面之相摩盪，而言名、墨、陰陽之可以至於科學者之消息。名、墨、陰陽實未至於科學也。而吾人今日又不能不吸納歐西科學學術，此又為斷然不可疑。吾二千年來為儒與佛、老之相摩，而名、墨、陰陽則湮沒而無聞。今後將歸儒、佛、

老之相摩爲相融（或竟不能相融而至有所汰除），由其相融而爲一端。此端者，即吾立國精神之究極觀念也，亦即文化傳統之形上指導原則也。然徒有形而上，不足以維持其民族之生命；而其形上之文化如無形下之文明以實之，則本末精粗不能一，政治社會亦終無由健康其生命，發揮其光彩。吾民族之自力更生，亦永爲虛言，而不能成事實。是以融儒、佛、老爲一端（一言及融，必有面目之改變），復應融名、墨、陰陽爲一端以實之。名、墨、陰陽者，象徵之語也。名、墨、陰陽固未至於科學，而名、墨、陰陽固已死絕。所謂融名、墨、陰陽爲一端以實之，非謂先秦之名、墨、陰陽即科學也，亦非謂乞靈於先秦之名、墨、陰陽即足以實吾形上文化之精神也。今所言者，只以名、墨、陰陽爲足以成科學之符號，故云：名、墨、陰陽者，象徵之語也。治史者，彰往察來，推原湮沒之跡而恢宏之。恢宏之者，使其與現代科學文化相啣接也。視吾今日之治科學，原來即爲吾名、墨、陰陽精神之繼續光大而漸至於科學也。此種精神即爲吾之所固有，而非爲外鑠，則科學亦必爲吾自家本分事，而可不至視爲外來品，或驚駭，或乖隔也。吾原本儒、道可以恢宏吾之形上文化之傳統，吾豈不可原本名、墨、陰陽之精神與其所考究之對象而恢宏吾之科學文化乎？今之問題已爲哲學與科學之融攝，端在如何恢宏科學學術以充實吾之形上文化之傳統，與夫如何恢宏吾之形上文化之傳統以融攝科學學術而使其滋長與光大。是則名、墨、陰陽之疏導爲不容已也。

三

　　前言中國學術以儒家爲主幹。儒家敎人以六藝，儒家思想亦在六藝，所謂《六經》也。《六經》大義，《莊子‧天下》篇道之甚諦：「《詩》以道志，《書》以道事，《禮》以道行，《樂》以道和，《易》以道陰陽，《春秋》以道名分。」總持言之，《易》與《春秋》爲其宗，而孟子發其蘊，以爲兩者之樞紐。其積蘊則在本末之一貫。由末顯本，以本貫末。末者何？自政敎言之，政敎合一，進而政治以敎化爲本，由敎化復推至人倫之極，而明人之所以爲人之理，孟子性善是也。仁義內在，心之所同然之理也義也是也。此即至於本矣。本者何？性命之理，善立其極以爲道體者是也。康德所認道德形上學即自此而言也。《春秋》以道名分，即政敎合一也。而《春秋》推顯以致隱。顯者何？政敎之末也，名分之不可亂也。隱者何？禮義是也。《春秋》者，禮義之大宗也。由禮義而至於隱，不歸於孟子之性善，乃至其所謂仁義之內在，不可得也。然則所謂推顯以至隱者，即由政敎名分之末，上窺理義之本心以立形上之根據也。《易》本隱以之顯。隱者，形上之體也；顯者，生生之用也。本隱之顯，承體而言化育也，所認稱體起用之學也。《易》之一書，範圍天地之化而不過，曲成萬物而不遺。剋實言之，「元亨利貞」四句敎也，亦即天道變化，各正性命之奧義也。《春秋》之顯爲政敎，《易》之顯爲生化。而其隱則孔、孟發之矣，所認儒家一貫之學也。《詩》、《書》、《禮》、《樂》貫於此矣。故《春秋》推顯至隱，隱者至於孟子，以孟子所言爲本

也。《易》本隱之顯，則本孟子所言之本以窮神知化也。孟子所言，形上學之本體論也；《易》之所贊，稱體起用，則形上學之宇宙論也；《春秋》道名分，則全體人類克己復禮，所謂文化哲學也。宋明諸儒於此皆有闡發，而視爲一大事；難爲凡愚道也，今則應有新煥發。此中國學術之骨幹。以一言賅之，曰「經」也。經者，常造也。自末言之，曰人倫；自本言之，曰道體。天變地變，人倫不變，以不變故爲常。天變地變，道不變，以不變故爲常。道體、人倫一也，本與末一也。王陽明所謂即本體即工夫，即工夫即本體也。儒家所言只是經常，只是倫常。復爲其人倫常道立一形上之根據，並本其形上之根據以實現其倫常，則所謂爲天地立心，爲生民立命也。此即道德形上學之全體大用也。

　　然有經有緯，有常有變。經與常，儒家所言也；緯與變，陰陽家言也。《易》之爲書，自其簡易精要者言之，則窮神知化，各正性命之學，上所謂稱體起用而言化育也。攝于道德形上學而爲宇宙論，則全體成用，全用即體。儒家于此而寄其崇高之理想。自其繁富之象數言，則天地之變，物理之奧，變化不經之現象之學也。此所謂自然哲學也（即物理學，牛頓時名物理學曰自然哲學）。攝于自然哲學而爲宇宙論，則循順知識之所窮究，而闡明自然現象之變化與法則。陰陽家于此而寄其深遠之好奇心。兩者似相反而實相融。前者爲經，後者爲緯。經建其骨格，而緯橫織于其中以實之。此爲一大問題，非一二言所能了，吾今不暇詳辨也。茲仍單就陰陽家而言之。官府專家，有專研討此奇變之現象者，旣散而之四方，流爲江湖術士，亦以控馭奇變現象之術爲生。後轉而爲陰陽家，其所注意而侈談者，亦在此奇變之現象。漢有緯書，緯者對經而言。

經所言爲常道（人倫爲本），緯所言爲變道（自然爲主）。是其所言亦此奇變現象也。于此奇變無常之現象，尋其條理，而統馭之，此即知識之形成，亦即科學之初階。名、墨所附帶論及之名數，已斬絕而無聞，而陰陽家之勢力始終與儒家之經學並行而潛流。蓋儒者內聖外王，注意乎內之心身，而外物之探究忽焉；關心乎外之王事，而自然之詮釋忽焉。是以廟堂之上，儒者據之，坐而論道，周旋揖讓。而知物不審，故馭物（自然）無術。一遇奇變之現象，即束手而無策。既無科學以爲之解，只有求之于陰陽家之術士。此陰陽家之所以常潛流而不廢也。故廟堂之上爲儒家，而社會內幕爲陰陽家，其勢力之大亦可見矣。于以知吾民族晶瑩朗潤于上者，實貧乏而不充實于其下。吾有極高之聖人，復有愚頑之黎氓；有形上之文化，而無形下之文明。兩不相應，百病生焉。廟堂之人求其所輕忽不屑爲之，陰陽家以爲其形下之生命之維持，此既可嘆，亦復可憐。

前言陰陽家出于方士。即當時所謂日者，而日者則爲官府專家之流落民間者。《史記・日者列傳》云：「司馬季主卜于長安東市，與宋忠、賈誼談。分別天地之終始，日月星辰之紀差，次仁義之際，列吉凶之符，語數千言，莫不順理。」此漢時仍有日者，而其由來久矣。此日者所談，亦正陰陽家之所談也。由方士而至陰陽家，其首出者爲騶衍。《史記・孟子荀卿列傳》載騶衍故事云：

〔……〕乃深觀陰陽消息，而作怪迂之變，《終始》、《大聖》之篇十萬餘言。其語閎大不經。必先驗小物，推而大之，至于無垠。先序今以上至黃帝，學者所共術，大並世盛

衰，因載其禨祥度制，推而遠之，至天地未生，窈冥不可考
而原也。先列中國名山大川，通谷禽獸，水土所殖，物類所
珍，因而推之，及海外人之所不能睹。稱引天地剖判以來，
五德轉移，治各有宜，而符應若茲。以為儒者所謂中國者，
于天下乃八十一分居其一分耳。中國名曰赤縣神州。赤縣神
州內，自有九州，禹之序九州是也，不得為州數。中國外如
赤縣神州者九，乃所謂九州也。于是有裨海環之，人民禽獸
莫能相通者，如一區中者，乃為一州。如此者九，乃有大瀛
海環其外，天地之際焉，其術皆此類也。

騶衍之書不傳，如此所記，則騶衍者真中國之亞里士多德也，科學
之祖也。政治、天文、地理、動植，無不談及，亦可見其想像力之
豐富，故齊人有「談天衍」之頌。而其所談亦正儒者所不談也。而
騶衍之談天說地，在當時即不為人所重視。陰陽家為齊學，齊地濱
海，其人較多新異見聞，不見不聞者則視其所談為荒誕而迂怪。孟
子云：「此齊東野人之語也。」莊子則曰：「齊諧者志怪者也。」
可見戰國諸子談及荒誕，即目為齊人之說。齊人之誇，自古然矣。
《漢書·地理志》云：「齊地虛危之分野也。〔……〕至今其土多
好經術，矜功名，舒緩闊達而足智。其失誇奢朋黨，言與行繆，虛
詐不情。」曹丕《典論·論文》評徐幹時有齊氣，即指舒緩闊達
言。司馬遷亦謂騶衍「其語閎大不經」，又云：「騶衍之術，迂大
而閎辯。」又曰：「作怪迂之變。」然又云：「必先驗小物，推而
大之，至于無垠。」是太史公尚能知其雖大言而有徵也。一則曰推
而大之，再則曰推而遠之，三則曰因而推之。然則其閎大之辯，豈

無根哉?不得云其全為不經也。先驗小物,推而大之,正是歸納之推斷。蓋究奇變之自然現象者,多因小物,加以想像,而推測至于無垠。儒者不論奇變之自然。見其推至于無垠,窈冥不可考而原,遂以荒誕怪迂、閎大不經目之,此不追求知識者之陋也。孟子以野語隸齊東,莊子假齊諧為志怪,此荒誕不經之評也。曹丕有齊氣之說,此舒緩閎達之評也。降至後世以至今日,南人稱山東人曰「夸子」。「夸」即《漢書》「誇奢朋黨」之「誇」。誇即誇大,亦即荒誕。然則夸子之稱,亦古評之流變而簡縮者也。然諸君亦知夫誇大荒誕者即生命充沛之象乎?生命不充者,不能越其軀殼之範圍而有超逸如飛之想像也。儒家發原于魯,故今人有魯學之稱;陰陽家發原于齊,故今人有齊學之稱。中國文化實即齊學、魯學之並流。魯學居其顯,齊學居其潛。魯學馭物無術,又不能不求助于荒誕怪迂、閎大不經之齊學。治學術史者,又何能不注意此潛流耶?

陰陽家發源于騶衍,騶衍書十萬餘言,占即不傳,吾已為之惜。然騶衍書雖不傳,而此派由日者相傳之學與術,卻繼續流傳而不墜,且益滋長而光大。今剖測觀之,此一閎大不經之龐雜統系可分四方面言之:

一、律曆與數,乃至天文等可以為「學」者,實由此流傳而滋長。

二、醫、卜、星象之術數家仍承日者之風而為「術」。

三、陰陽消息,五德轉移,引生讖緯以觀政治與歷史,此亦陰陽家言之擴大。

四、合一與三而有卦氣之配合以成象數之易學,此繼承陰陽家而起之整個宇宙論也。

此龐雜之統系，如此繁富而闊大，實由於漢。漢人之學術思想即此四方面之學術思想也。因此思想之瀰漫，影響於經學，遂有今古文之爭。設明陰陽家之流傳與原委，此爭亦太半可休矣。本文暫不及此。又上列四端，第二端純為方術，研究中國社會者須注意及之。本文不能論。第三端須專論，非一二言所能明。第一與第四，吾曾詳為疏導抉剔，載於吾《從周易方面研究中國元學及道德哲學》一書中。此書將來須改作，書名亦須別題。惟於此書中，吾於第一端所列之律曆數曾有原則之討論，系統之陳述，而于天文則未道及。本文以下將專就此點而記述之，以補此缺。律曆與數，吾即不論矣。蓋牽涉太廣故也。

四

騶衍開談天之始。惜乎其對於天體之窺測，《史記》不載，不得而知也。自歐西言之，哥白尼以前，自希臘畢塔哥拉斯起，下逮柏拉圖、亞里士多德、托萊梅等皆有天體之窺測。中國自騶衍而降，歷代史書天文志所載，亦具有天體之窺測。其為科學前期之臆測，與歐西哥白尼前天體窺測之不成為科學同，而與之相較亦並不更為幼稚可笑也。然自科學史觀之，則同有歷史之價值則無疑。又中國言天文，亦不能純集中於天體之窺測，而星象之感應居大半，是以即言星象學亦不能脫離占星術而獨立。此其所以為科學前期而不能成為嚴格之科學也。然天體之窺測，絪縕於其中而發展，是又可以為科學之先聲。故不得不予以疏導也。

《晉書·天文志》云：

古言天者有三家,一曰蓋天,二曰宣夜,三曰渾天。漢靈帝時,蔡邕於朔方上書言:「宣夜之學,絕無師法。《周髀》術數具存,考驗天狀,多所違失。惟渾天近得其情。今史官候臺所用銅儀,則其法也。立八尺圓體而具天地之形,以正黃道,占察發斂,以行日月,以步五緯,精微深妙,百代不易之道也。官有其器,而無本書,前志亦闕。」

此古史所傳之天體三說也。漢張平子曾作渾天儀,是張平子亦主渾天說,其人必有關於天體之推測。然其書亦不傳,故其說不可見。然二千年來固皆以渾天爲可信,精研乏人,無有繼起而續之者。是中國之終於渾天,亦猶歐西哥白尼前之奉信托萊梅天文也。然歐西終有哥白尼,而中國無其人,此豈不可惜耶?然渾天說不主地靜,是又愈於托萊梅也。且先述蓋天。

《晉書‧天文志》云:

蔡邕所謂《周髀》者,即蓋天之說也。其本庖犧氏立周天歷度,其所傳則周公受於殷商,周人志之,故曰《周髀》。髀,股也;股者,表也。其言天似蓋笠,地法覆槃,天地各中高外下。北極之下,爲天地之中,其地最高,而滂沱四隤。三光隱映,以爲晝夜。天中高於外衡冬至日之所在六萬里。北極下地,高於外衡下地,亦六萬里。外衡高於北極下地二萬里。天地隆高相從,日去地恆八萬里。日麗天而平轉,分冬夏之間日所行道爲七衡六間。每衡周經里數,各依

算術，用句股重差，推晷影極游，以爲遠近之數，皆得於表股者也，故曰《周髀》。又《周髀》家云：「天圓如張蓋，地方如棋局。天旁轉如推磨而左行，日月右行，隨天左轉，故日月實東行，而天牽之以西沒。譬之於蟻行磨石之上，磨左旋而蟻右去；磨疾而蟻遲，故不得不隨磨以左迴焉。天形南高而北下。日出高，故見；日入下，故不見。天之居如倚蓋，故極在人北，是其證也。極在天之中，而今在人北，所以知天之形如倚蓋也。〔……〕」

以上蓋天之說，雖多不可解，而解析不爲不詳。若能推度考究而批判之，自有改進之發展。惜乎中國學者，多不屑問也。蓋天爲最早之說。後人不同意者，即其天圓地方之想像。然所謂「每衡周經里數，各依算術，用勾股重差，推晷影極游，以爲遠近之數」之算法，則無人予以考核而改進或固定之。又「天左旋，日月右行，而復隨天旋之疾而左轉」之猜測，亦無有予以精密之考察。夫一學之成，不在其是否爲眞理，而在其是否能得該學之分內事。如上所述，蓋天之說，不可謂非窺天體之分內事。如爲分內事，雖有乖錯亦無傷。若能繼起層層考核而改進之，今之天文物理學亦將爲吾之所必至也。

該志又記宣夜云：

宣夜之書云【編按：「云」當爲「亡」之誤】，惟漢祕書即郗萌記先師相傳云：「天了無質，仰而瞻之，高遠無極，眼眘精絕，故蒼蒼然也。譬之旁望遠道之黃山而皆青，俯察千

仰之深谷而窈黑。夫青非眞色，而黑非有體也。日月衆星，
自然浮生虛空之中，其行其止，皆須氣焉。是以七曜，或逝
或住，或順或逆，伏見無常，進退不同，由乎無所根繫，故
各異也。故辰極常居其所，而北斗不與衆星西沒也。攝提、
塡星皆東行，日行一度，月行十三度，遲疾任情，其無所繫
著可知矣。若綴附天體，不得爾也。」

此宣夜之說也。此說未至蓋天說之依勾股重差以算每衡周經里數，
故其計測具體處不如蓋天。然其對於天體一般之想像，則較近理於
蓋天。「日月衆星，自然浮生虛空之中。其行其止，皆須氣焉。」
試思「氣」之一念，甚足發人深省。又云：「遲疾任情，其無所繫
著可知矣。若綴附天體，不得爾也。」須知衆星遲疾運行即是天
體。而蓋天與常識所想，則認「天」如幕蓋，衆星附綴其上，是
「天」自身爲一物，有其獨立之存在。此實陋見。須知言辭中所謂
「天」，徒爲名言，而無實質。有實質者，衆星之運行也，故云
「天了無質」。衆星自然浮生於虛空之中，其行其止，皆須氣焉。
遲疾運行，無所根繫焉。「氣」即其根繫也。讀者試就「無所繫
著」與「皆須氣焉」而合觀之，宣夜說之根本原理，不尤近於天文
物理學之基本原理乎？質實言之，其所謂「氣」很易使吾人聯想吸
引力與以太。無所繫著，「氣」即其所賴以維繫者。至其所謂虛
空，則希臘原子論者所設之虛空，亦即牛頓之絕對空間之意也。惜
乎只爲大體之想像，未能循質測而逼近，故無統系中之嚴格意義
也。須知此非比附之言。蓋一學之成，有本有末。推至其本（即最
高原理），東西常相通。惟其成科學者，其本不虛懸，有嚴格之考

核以定之，復由具體之測度而揭露之。無此步驟即不足以成科學，中國學術是也。然雖未至此，而智者憑其直覺之靈光，有見乎其大本大原，則此本原固相同也，固常一眞而常眞也。不可因其無測度之步驟，即謂其本原之理非此實事也。西人自科學而發爲玄談者，層層上進而爲賅括之言，其愈賅括愈普遍，即愈爲世人所易認所易曉，雖非科學家，亦足以喻其意。是以談原理者，歷理與原理通，不爲比附，以其所談本爲大本大原也。惟以爲原理相通，隨即認歐西之學，吾盡有之，則非愚即妄。宣夜之說，實有其所見。蔡邕斥其絕無師法而鄙棄之，亦不肯用思之過也。科學之成，在數學之應用於經驗。宣夜之說，其經驗之觀察可謂智矣，惜乎未能陳之以數學計式也。

該志又記渾天云：

> 天如雞子，地如雞中黃，孤居於天內。天大而地小，天表裡有水。天地各乘氣而立，載水而行。周天三百六十五度四分度之一。又中分之，則半覆地上，半繞地下。故二十八宿半見半隱，天轉如車轂之運也。

又云：

> 諸論天者雖多，然精於陰陽者，張平子、陸公紀之徒，咸以爲推步七曜之道，以度歷象昏明之證候，校以四八之氣，考以漏刻之分，占晷景之往來，求形驗於事情，莫密於渾象者也。張平子既作銅渾天儀於密室中，以漏水轉之，令伺之者

閉戶而唱之。其伺之者以告靈臺之觀天者曰：「璇璣所加，某星始見，某星已中，某星今沒」，皆如合符也。崔子玉爲其碑銘曰：「數術窮天地，制作侔造化；高才偉藝，與神合契。」蓋由於平子渾儀及地動儀之有驗故也。若天果有如渾者，則天之出入，行於水中，爲的然矣！

宣夜於天體之基本概念，頗應理地；渾天於天體之描述，尤較進步於蓋天。視天體如圓形，亦爲不刊之論。雖云地孤居於天內，然不云靜而不動，是又勝於亞里士多德、托萊梅之天體論也。天大而地小，天包外，地處中。如其所謂天能確指爲衆星系（如太陽系），則天固大而廣也。惟以地小而處中如卵中黃，則似以地爲中心，稍違於今日之天文。然亦無傷於大體。蓋據地而觀，以地爲準，固應有此順俗之論也。「天地各乘氣而立，載水而行。」此意亦不違；惟該志云「天之出入，行於水中」，則措辭甚不妥。失木了載水而行之意。故王充據常識以駁之云：「如天轉從地下過，今掘地一丈輒有水，天何得從水中行乎？信不然矣。」渾天說未確定「天」之意義，而王充更視「天」爲一物，遂愈談而愈失。天不行於水之駁斥固謬，而天行於水之原意亦誤會而乖眞。是知中國學人於其所論之概念實不思之甚矣！信口而談，雖有一二眞義，亦爲其所混亂而誤引。吾每爲此而長嘆息也。

蓋天、宣夜、渾天三說，實爲天文學進步之表示。其所論亦得其分內事。後人若能據之而精益求精，不徒作無謂之猜想，則其成學，必有可觀。而乃無求知之人，遂停滯而不進。惟晉時尚有三說之想像，足爲此學之點綴。然衡之前三說，則又等檜以下矣。三說

者，一曰虞喜之安天論，二曰虞聳之穹天論，三曰姚信之昕天論。
語多無謂，純爲猜想。讀者取《晉書‧天文志》觀之可知矣。故
《晉書》謂其「非極數談天者也」。然即此鄙陋者，亦不多聞。平
子而後，繼起無人。故張平子出，是學雖具規模，而亦死于此矣。
天文學遂仍歸于星象之感應，而天文志展轉相抄，純成災異之書，
此眞令人廢書而嘆也。《明史‧天文志》開端云：

> 自司馬遷述〈天官〉，而歷代作史者皆志天文。惟《遼史》
> 獨否，謂天象昭垂，千古如一。日食天變，既著本紀，則天
> 文志近于衍。其說頗當。夫《周髀》、《宣夜》之書，安
> 天、穹天、昕天之論，以及星官占驗之說，《晉史》已詳，
> 又見《隋志》，謂非衍可乎？〔案：《隋志》于天體幾全抄
> 《晉志》。〕論者謂天文志首推晉、隋，尚有此病，其他可
> 知矣！

此可見中國學人對于天文學之觀感。利馬竇來中國，亦未能激起此
土士人之好奇心。長夜漫漫，終古如是矣，而今其醒乎？

五

　　陰陽家考究自然，是外以了物也。外以了物，始有知識。天文
學爲其表現之一端，律與歷則爲又一端。名與數爲其表現之工具，
亦隨之而俱起，是皆隨乎外以了物而簇生者也。專有事于內心，則
無須乎此矣。無奈中國文化傳統，其高度之工夫，又全在從事於內

心。佛學輸入，軒然波起。宋明諸子起而與之對抗，本為儒、道之
相摩，復增一釋而為儒、釋、道之相摩。其相摩相盪也，遂將全幅
精神集中於心性，而以往學術之精英亦皆提練之集于此而為哲人才
士發揮心思之場所。用力之勤，言論之富，境界之高，至矣盡矣，
蔑以加矣！神鬼神帝，生天生地。百練金剛，而為萬流砥柱。此吾
中華民族所貢獻於人類者也。然主強而賓弱，內重而外輕，一棒一
喝，解粘去縛。凡有事於外者，如秋風掃落葉，遂皆迴向而內注。
利之所在，弊亦隨之。深閉固拒，呼吸之門封焉；精氣內斂，亦有
窒死之虞焉。不食者，不知易牙之味也；不學者，不知宇宙之奧
也。曲高和寡，與天為徒，俸於天而畸于人，則所以報汝者，即為
生命之死絕。此吾民族所以顛連困苦而有今日者也。然則外以了物
又豈可忽乎哉？知識者，生命之門戶也，呼吸之孔道，血肉之源
泉。吾曲之高也，生命之昇華也。與天為徒，豈必畸於人乎？吾內
之重也，所以主乎外也。外以來者，豈必傷吾內乎？不有乎外，安
見乎內？不有乎人，何有于天？外之門不可閉也，吾于是肯定生
命。既有生命，必有滋養。滋養之物曰知識，一切科學在厚生（滋
養生命），一切哲學在潤生（調節生命）。潤生之學，聖哲已為我
垂教矣。吾今暫舍而不論。厚生之學，隱微而不彰，吾不能不為之
疏導焉。

　　留意乎物，即有外物之了解。稍留意，稍有了解；多留意，多
有了解。留意之時淺，了解淺；留意之時久，了解深。久久而留
意，即有深深之了解。真積力久則入。入乎其中，出乎其外，表裡
精粗，而條貫之，曰知識。每一層入，即有一幅自然之圖象。自然
之圖象即解析自然之概念架格。科學有一次成就，吾即有一幅宇宙

之架格。層層深入，架格亦層層逼眞；科學之發見無窮，架格之層出亦無窮。此隨乎科學者，故常變而不已也。陰陽家稍一留意焉，不期而有一幅宇宙之架格。《易》之爲書，與天地準，故能彌綸天地之道。象數之學順《易》而觀天地之變，察物理之奧，亦隨而有一幅表象宇宙之圖象。雖其所陳，不免迂陋，措辭抒義，多所荒誕，然其對外之鑽研，則無可厚非也。雖不至乎科學，而若前進焉，則總有至乎科學之趨勢。儒者於此全不屑爲，故即此迂陋之圖象，彼亦無能爲力。自彼觀之，此跡象之末，視爲術數而鄙棄。亦若詩詞歌賦，雕蟲小技，壯夫不爲。此實士大夫之陋見，不可以爲法。而陰陽家之學，唾棄之餘，遂居潛流而任其泛濫。雖有一二眞義，亦爲其怪迂之外衣而蒙不潔。然吾以爲欲吾之生命滋長而不墜，則舍此一路無他途。此吾所以亟亟然以陰陽家學爲意也。

　　《晉書》「極數而談」，其義特深。吾今爲之作一新解，而曰「極數」者，理論之極其嚴格準確，盡其整然之條理，出之以邏輯之辨解，而表之以原委不亂之概念也。中國學人考物論事，永不能越乎官覺之具體事象。以囿于具體，故永爲粗陋之描述或想像，以此亦永不能進於抽象而至概念。蓋止於描述，則不能進于分解。不能進入分解，其想像未有不粗淺者。故其想像亦多爲幻想，而於知識無所增益。故中國學術有具體而無抽象，有事實而無概念，有描述而無分解。徵諸上述天體諸說即可知矣。夫知識須有歷史之發展，須有時間之累積，其初也爲疏略，爲具體，爲描述；其繼也，則必本其疏略而至於精深，本其具體而至於抽象，本其描述而至於分解，然後可離官覺而進入理智矣。至乎此，方可語於極數而談。此西人之所長，而爲吾之所缺也。故中國學人考事觀物，只有最低

與最高之兩端,而無中間之分解與條理。最低者,如安天、穹天、昕天是也;最高者,憑其直覺之聰慧,妙符實理,但亦為渾然之相應,而無邏輯之辨解與概念之統系,此如張平子之主渾天是也。而此只能贊其術數窮天地,制作侔造化,高才偉藝,與神合契,而不能啓後人以思解之軌路,繼續而光大,此其所以停滯而不進,而庸碌之輩復又返於最低之一端而為無聊之廢辭。《晉書》所謂「極數」,指其最高者言也;斥彼之非極數而談者,則最低之一端也。吾人今日所須之極數,則應為中間之分解,概念之系統。前日之極數實為靈光之一閃,此固不可缺。然徒有此,而無條理以濟之,其道必窮。吾人外觀外物,靈光起處,目擊而道存,其大體之所見時或全謬,亦時或全眞。進入分解之域,一成科學,則隨科學而發揮道理,不免為概念系統所限定,故進入科學時期,其對於自然之解析,有時反不若科學前期之大體泛觀者為合理。然吾人不能以此自傲也。吾亦不能因此貶哥白尼以來之科學發展,而反歸哥白尼前之大體泛觀也。吾人如不進於科學則已,如其進之,即不能停于直覺之泛觀。直覺之泛觀乃欣賞之觀照。《易經》窮神知化,宋明諸子觀物明理,皆非自然之科學解析也。吾人欲外以了物,進入科學之門,則隨科學所成之自然圖象,雖或不能契合眞理,吾人亦必歷之而前進。讀者試觀哥白尼以來以至今日之科學史,即可知自然圖象之屢變屢更而漸逼眞矣。其間某一圖象,雖或不如希臘之泛觀,而發展至於今日之圖象,則固非泛觀所能比擬也。陰陽家學即為初期之泛觀,其解析自然之圖象,自本原處言之,或已冥符眞理,然如其外以了物而進入科學,則必不能止於此。亦必須坎陷其自己,而進入死板之分解。死裡逃生,方是眞生。

　　吾前已言之，名、墨、陰陽者，象徵之語也。吾今疏導此支，而究其義，實以其足爲成科學之符號。非謂其本身即已爲科學，亦非謂取此即可代科學。律曆數與天文，其本身實已具學術之規模。然吾既不能繼長而成熟之，則仍爲歷史之陳跡。已死殘骸，久埋黃土。雖有神手，不能肉白骨。然吾仍不已於言者，亦曰取其象徵之意云耳。

原載《理想與文化》第1期　1942年12月

純粹理性與實踐理性

一、緣起

　　嘗與友人閒談，談到哲學的究竟。問題是：純粹理性是最後的，抑實踐理性是最後的？且先不解答誰是最後的。因為這需要艱苦的參究，並非一、二語即能說明。以我個人的見解，是肯定實踐理性統馭純粹理性，實踐理性是最後的。而且形上實體亦只能由實踐理性來把握，這個問題是旣根本又重要。這是整個哲學系統的事，是一個大題目；是一本書的問題，不是一篇短文的題目。本文取此題目，不在詳細討論這個題目，即是說不是想由論證或分解而得到一個斷然的結論，而是隱然已經有了結論（自我個人言），而且達到此結論的極繁富極艱難的長途旅行也已經有了相當的經歷，所以只想把這經歷中所牽涉的問題，以及解決這些問題的方法與路數，作一個只是當然而不是所以然的陳述或指示。所以這篇文章只是一個概論或提供。我想凡是作哲學思考的人，他如果眞遊歷了哲學全體的領域，而且當其思考時，他曾遊心於系統的融會，他必然會接觸到這個問題。而且無論他最後所取的態度如何，凡於解決此問題

中所牽涉的那長途旅行中的一切問題，他都不能不過問或解決。哲學問的是「如何」。哲學的思辨是對於一問題起「如何可能」的疑問的思辨。如果他只作一個斷然的肯定，那就無話可說。如果他要作一個哲學的思辨，他就不能不接觸到那些問題而思解決之。

　　我常與友人談，結果大體都會知道西方的傳統是以純粹理性為主，為最後，居於優越的地位。所謂西方的傳統是指希臘的傳統言。柏拉圖與亞里士多德都是純粹理性的。中間有一個異軍突起別開生面的，便是康德。他是以實踐理性為最後，認其居於優越的地位。可是這一型態卻不大合西方人的胃口，西方人亦不易領悟之。康德有如此崇高的地位，在哲學界放了幾無倫匹的光芒，然而很難找一個善續其學。或善於發揮此路數而修正之，擴充之，圓融之，引其所可能有或所應有之結論而達之於至善的人。就在德國本土，亦是如此，黑格爾的學問亦是別開生面，然他並不是康氏的批判學。照他的《大邏輯》論，據我看，還是以純粹理性為主的，縱然其所用之方法有殊異。順黑氏學下來的英國的布拉得萊，亦是以辯多異式的純粹理性構造其形上學。叔本華盛言意志，然亦不甚正道。降至尼采，則已入魔，各種新康德派亦未能善續其學而臻至善。（至善自不易言，究竟誰是至善亦難斷定。）可見日耳曼精神亦並未將康氏學發展好。再看現在。現在的精神是復古，是反康德，是歸於康德前的大傳統。又是以純粹理性佔上峰。現代哲學中，有兩個特出的人物，不可不注意。一是德國的胡塞爾，一是英國的懷悌海。前者的現象學是想構造一個純粹理性的本體論（或云體性學），後者的機體哲學是想構造一個純粹理性（英國式的）的宇宙論。他們倆都是復歐洲之古。懷悌海且明言：康德、黑格爾的

傳統是哲學的墮落，又鄭重宣示他的哲學是歸於康德前的理性主義的大傳統。至於胡塞爾，更顯明，柏拉圖、亞里士多德的名詞是常見而不一見的（尼古拉·哈德曼亦順此路講本體論不待言）。現在的趨勢是康德走厄運。可見西方人的胃口實在是不易欣賞康德的。

反觀中國恰相反。中國哲學的大統始終是以實踐理性爲究極。中國人護持這個傳統，恰如西方人之護持希臘的傳統。西方人在純粹理性方面的成就，亦恰如我們在實踐理性方面的成就。他們的成就固不壞，而我們的成就亦不弱。這兩個靈魂眞是這個世界的支柱。可是我們的成就，現在的中國人已經模糊了。如果這個靈魂還有他應生存的價值，還不致成爲死去的古董，則如果要繼承下來，我不能不以實踐理性爲究極，在一個哲學系統中，我不能不置實踐理性於優越的地位，統馭的地位。如是，康德的路子，我們得與以相當的尊重。惟有康德的系統才是兼顧到這個兩個靈魂的系統。對西方人不大合胃口，但是對於我們卻有十二分的親切有味。

在這兩個靈魂的問題上，從其牽涉的問題方面想，我舉出以下幾個大問題，至於小問題則不暇舉。

一、實在論與批判學如何融攝？如何安頓實在論？如何轉換批判學以融攝實在論的長處？

二、科學知識之經驗論與批判學如何融攝？如何安頓經驗論之說統？如其所說之一面不純是假，當如何安頓之？如何轉換批判學以融攝經驗之眞實性？

三、辯證學與批判學如何融攝？康氏批判學中不能言辯證，黑氏辯證學中不能言批判，如何融攝之？此是一大問題，吾今再如此問：辯證學如何可能？於何分位始能言辯證？於何分位不能言辯

證？此爲人所不疑者，但吾有此疑。如何轉換批判學始能融證辯證學？如何充實批判學始能融攝辯證學？

四、假若實踐理性已獲得其優越的地位，如何護持之？

言至此，已不是實踐理性與純粹理性之爭，而是儒佛之爭。此或爲一永不得決之問題，然其中必有其不同之關鍵。吾意此可由表詮與遮詮而明之。此是最後之問題。我承認我不能以理論解決之。此或是實際問題，或是理論問題。如是前者永不得解決。如是後者可以解決。

以上四問題是四大骨幹的問題。以下約略提示而說明之。惟第四問題，本文不願討論。

二、從實在論說起

柏克萊的觀念論是有所對而發的。如果在柏克萊手裡叫做觀念論，而在現在人手裡，和這相同的思想可以叫做實在論。柏克萊觀念論的形成自知識論說起。他所反對而剔去的是那不可知的本體。這不可知的本體，以前的人叫做物質，這是刺激人心的最後原因。柏克萊以爲既是不可知，就沒有假定的必要，知所不知是矛盾。所以是不可能的一個概念，當該剔去。我們且不管這種辯論方式本身有效否，而那種知識上的「本體」之假定，總是不必要的。現在的趨勢，凡是經驗主義的知識論，大都已經不再眷戀這塊雞肋。就是承認有刺激，也不必進到形上的物質本體始能說明刺激。而這種趨勢，在某些型態裡，可也叫做實在論，經驗現象的呈現就是實在，不必進到形上的物質本體之假定才叫做實在論。然則柏克萊爲什麼

叫做觀念論？

　　柏克萊由外面不必要的假定剝起，剝掉形上的假定，而只剩下一個現實的、呈現的、具體的事實世界，清一色的現象世界，在一條船上的自然現象，這還不一定就是觀念論。柏克萊明明說，他所說的觀念就是普通人所說的東西或事物。現在的唯物論依據此種東西的客觀存在建立其唯物論。如果從此言唯物論，柏克萊就此點上說也可以是唯物論。如果你了解他所說的觀念就是你自己心中所想的事物或東西，那麼吃觀念穿觀念也並沒有奇怪。

　　柏克萊的觀念既是普通所謂事物，而偏要說觀念，則是有防閑的意思。第一、沒有離開人心，在心外而永不被知的東西，如抽象的形上本體。第二、凡存在即被知。須知這兩個主張都是對不可知的物質本體言。讀者要細細參究他的問題與主張的來歷，若離開他的來歷便不相應。第一個主張，就認識論說，柏克萊並沒有流於狹隘的唯我論，也並沒有成為「唯心所變論」。就不是唯我論言，這個廣大的現象宇宙，以我短短的生涯自然不能完全為我所覺知。我沒有覺知到，自然不能說它不存在，柏克萊並不想達到這個目的。然而我沒有覺知到，那沒有覺知到的東西卻不就是永不被知的抽象的物質本體，此就是說它仍是現實的、呈現的、可覺的。柏克萊說縱不被我知，亦被他知，不被人類知，亦被其他存在知，不被一切有限存在知，亦被無限的神心知。所以就認識論上說：他沒有成為唯我論；而我們就認識論的立場上，我們當依照「現實的」「呈現的」這個意思去領悟他的知識對象論；並且亦就在此立場上，我們還可以暫時說他是知識上的實在論。就沒有成為「唯心所變」言，柏克萊顯然主張觀念是東西、是對象、是被動、是為心所覺的。不

過人心覺知此觀念，不是不可知的物質本體刺激我，而是神心以這些觀念呈現于吾心。在此我們看出，柏克萊以神心代物質。然無論人心覺它，或是神心覺它，而觀念或東西總是客觀存在的，總不是心所變現的，它是通過心的覺，而不是心所造或所變。第二個主張：凡存在即被知。這個命題，若對我們各人言，自然不易成立。然柏克萊說此話是在一個極寬泛的根據上。如果我們了解他不是唯我論，再了解凡存在總是現實的呈現的這個意思，這個主張並非不可通。

柏克萊承認他心神心以補救唯我論之狹，以神心代物質，以免掉認識上物質本體之假定，這當然最後的根據是在一個形上原則上。進到形上學，當然是一個大問題，柏克萊亦沒有告訴我們神心如何可能。他進到神心，便完成其觀念論：由認識上的主觀觀念論（此名不恰）進到形上的客觀觀念論。如果神心已可能，則柏克萊的形上原則、客觀觀念論，亦並非不可通。心通過一切存在而覺之，心與存在（觀念）永遠一起呈現而凝一而不離。這種理論並非不可思議。讓讀者自己去參究。

現在就認識論上說，主觀觀念論一詞何以不甚恰？柏克萊費了很大的力證明我所知的一切現象（觀念）都不能不受我的知覺所影響，都不能不依待于知覺而如其依待的樣子而呈現，此即普通所謂知覺現象。他的《視覺新論》以及幾篇對話，所說的都是集中於這個主題而證明之。在此我們當有一個簡別：如果「受知覺的影響」中的「知覺」是指生理機體的知覺言，則柏克萊的思想都沒有錯，現在的思想沒有不承認這點的。讀者豈未聽說「帽子底下的哲學」一詞嗎？我所知的豈能外於我的腦神經？如果柏克萊的知覺是這種

知覺，則還不能說是觀念論。生理機體歷程是自然現象。自然現象與自然現象相遭遇，當然有它們內部的關聯。所覺的現象都在生理機體制約中的現象，亦恰如地球在太陽吸引的制約中的地球。你離開太陽吸引中的地球，你還向那裡另找一個光禿禿的地球？此理易明，讀哲學者當能悟之。然而我們不能於此言唯心。如是，我們當有「心覺」與「生理覺」之別。於生理覺不能言唯心論，而於心覺，若不是唯心所變論，亦無所論唯心論。一切存在都在心的覺知中（此是寬言之），然心之覺並沒有改變或創造他所覺的觀念。

認識上的存在本就是所覺知的存在。就認識論上說，「凡存在即被知」，雖有毛病，而「所覺知的就是所覺知的」，「所覺知的就是存在的」，卻沒有毛病。因為前者以存在為首出，後者以覺知為首出。而現在的實在論也就是依據這種所覺知的實在而言的，並沒有超過此而推比其他不必要的假定。這種實在論的知識論我們得承認之，我們也覺得這與柏克萊的主旨並沒有衝突。

這種實在論還有一個主旨，就是這些知覺現象間有它們自己的關係（無論對這關係如何形容）。假定我們也承認這個主張，則這種實在論我們如何安頓之？如何融攝於批判學中？如何轉換康德的批判學而容納這種實在論？如果連這點實在論的精神都不接受，我們的經驗知識是很難說明的。讀者於此必須細細參究康德知識論的貢獻與缺陷。我們於了解康德，不可問是否有一個獨立外在的世界。因為康德沒有這個問題。康德所問的是經驗知識如何可能？但在此我們卻可問：經驗知識所藉以成立的經驗所與是否有它自己的關係（事實關係）？康德的假定是沒有，我們的主張是有。有與沒有，讓讀者去經過。如果假定有，康德的知識論不能不有極大的轉

換，雖然其路子可以無問題。如是，我們轉到經驗論。

三、經驗論的知識説統

康德說明其經驗知識如何可能一問題之前提是休謨的經驗論。休謨經驗論是不承認經驗所與有關係的。此便是有名的感覺論原則。康德受了這個原則而不知考核此原則本身之如實否。然他知道如果只是休謨的這種感覺論，科學知識便不會有妥當的根據。他在此轉了念頭，遂發現了科學知識的基礎之所在，即「理解」自身所自給的範疇（法則或概念）。這便是有名的主觀論原則。

休謨的感覺論是否是必然的？這是從根上問起。如果是必然的，必流入康德的知識論。否則，康德的知識論必改變。我們現在所講的是認識論。要考核休謨的感覺論是否為必然，應當與休謨在同一範圍內說話。若站在不同的範圍上，當然可以破掉它。但這還不是一種恰當之論。我們可以站在認識論的立場上，與休謨同其範圍來考核感覺之本身是否如休謨之所主。我想這其中是有個解答的。如何考核，考核的結果如何，讓讀者自己去解答。

現在假定我們已肯定了上段所述的實在論之精神，並亦肯定了「經驗所與」有其自己之關係。這是科學知識最小最原始的兩個前提。現在的問題是：如果肯定了這兩個前提，是否必反對批判學？如果承認批判學是否必反對這兩個前提？以我個人觀之，俱是不必。

且觀根據這兩個前提而進行的經驗論之說統。經驗論立言的態度總是依照科學知識之實際進行之歷程而描述的。實際科學知識之

獲得是一個歷程。所以經驗論的方法大半是發生法。發生法的敘述
歷程就是知識獲得之歷程：根據、歸納、證實、概然。這是經驗論
裡邊的知識說統之問題。實際知識之進行只是如此作。作的結果是
關於事實知識之獲得，這便是發見。經驗論就照其「作」而描述經
驗知識之本性及限度。它沒有反省這個「作」自身於其進行時所自
具的條件運用或手續。它也只看實際所發見的存在如何，而並沒有
反省到存在本來如何，如胡塞爾所作的現象學的化歸法，以明存在
的本來（先在）型式或體性，以為科學知識之先驗根據。經驗論的
說統沒有這兩步的反省，所以是經驗論。凡作這兩步反省的必是先
驗論或理性論。這兩步反省，第一步我們叫它是主觀方面或理解自
身方面的反省。第二步我們叫它是客觀方面或存在方面的反省。第
一步我們說是康德式的反省，第二步我們說是胡塞爾式的反省。第
一型的反省是知識論（批判學的知識論），第二型的反省是體性學
（本性論，知識論中的本體論或體性學）。

　　科學知識如何可能，是康德的問法。可是這個問法，於兩種反
省都可適用。如何可能，或只限於主觀方面的說明，或兼通於客觀
方面的說明。康德的說明是起自內而通於外，是一箭雙鵰的。這本
是本休謨感覺原則而來的歸結。然吾以為這個一箭雙鵰是不必的。
起自內，就主觀方面反省理解自身所具的條件手續或運用，不必可
以通於外。不通於外，而這方面的反省亦仍可以說明「如何可能」
一問題。所以起自內與通於外，在這方面的反省上說，沒有邏輯上
的必然連結。打斷這種連接，也並非就不可以說理解自身的條件。
康德的意思是說：理解的條件既是知識可能的條件亦是知識對象可
能的條件。我名此說曰理解條件之兼成說。我以為此種兼成說是本

著休謨的感覺原則來，是不必如此的。如果不必如此，我們即得到了批判學與實在論經驗論相融攝的通路。但批判學的知識論必須有改變。改變的辦法讓讀者自己去解答。

如果承認了上述實在論的精神，理解條件方面的反省必有一個新面目。如果承認了上述那兩個經驗論的前提，而理解條件又可以不兼成，則批判學即與經驗論相融攝。因為經驗論雖然無反省，而其所述之歷程總是一事實。不管怎樣，經驗知識之進行總是歸納的，其成果總是概然的；而如果反省方面的結果與這事實相衝突，或不能說明此事實，或無法與此事實相接頭，則其反省的哲學必有弊，而與經驗論亦不能相融洽。反之，如果承認了經驗論的兩前提，我們仍然可以反省理解自身的條件，仍可以進至於理解。經驗論始終不肯至理解，是其成見作怪。進至於理解，可以言反省，言先在（主觀方面的）；融攝經驗論，可以言歷程，言歸納。兩者相融的新天地，讓讀者自己去思考。這裡邊所牽涉的其他艱難問題亦太多，最重要的還是邏輯一問題。作這個思考的人必須經歷之。

我們再轉而論第二型的反省。

四、知識論中的體性學

第二型的反省，不是自主觀方面反顯理解自身所具的條件，而是自存在方面尋求存在的型式或本質（亞里士多德界說中所說的必要特徵的本質），型式亦曰理型，柏拉圖式的理型。型式或本質就是存在的體性，先在之有。這種「有」「體性」，以是型式故，也叫做「型式的有」或「型式的體性」。專研究這種體性的名曰體性

學，亦即型式的體性學。體性學即通常所謂本體論，以型式爲存在之「體」或即其「自性」之所在，故譯曰體性學。此種體性學是知識論中的體性學，亦曰屬智的體性學。這是用純粹理性可以推求而把握的，只要以經驗爲引發即可。其所以是知識論的體性學，則以歸到這種先在的型式之有，科學知識即有其可能的客觀基礎故。

但是這種反省有兩個問題。第一、這種體性學的成立不是批判學的路子，以其並沒有注意到理解自身的條件。第二、這種體性學以其是知識的體性學，如以此爲最後的，則永不能達到實踐理性的範圍，以其所說總止於爲科學知識找基礎故，所以最後不得不是科學的。

就第一問題言，凡是批判學的路子，總是主張理解的條件只限於理解的知識，只能用於現象界；反之，凡是理解知識總是在條件叢叢的限制中，而超越的知識則不受此條件的限制，而超越知識所應的本體界（非現象界）亦非條件所能適用；那就是說，凡是本體皆不可以條件的限制加之於其上，本體不是現象，本體不在條件中。凡是批判學，無論其對於理解條件如何講法，這個主旨總是不變的。至於其所保留的本體界，無論其心目中所意謂的爲如何，但總是留了一個理解知識或純粹理性所不能及的世界，這是批判學的要義。這個要義是批判學的普泛精神。它隱示純粹理性不是最後的，屬智的體性學不是眞正的體性學。第二型的反省沒有這種批判學的精神，所以它不是批判學的路子。因爲不是批判的，所以有兩個歸結：第一、對超越理念言，它或是獨斷地肯定它，或是取消它；第二、如果取消它，則所餘的只是屬智的體性學，而不是眞正的體性學。這兩個歸結都非吾心所能安。這卻並不是說這種體性學

不可講，吾只謂這不是最後的而已。

如果雖不是最後的，而仍可以講，我們如何安頓之？如何融攝於批判學的骨幹中？我們如果細案康德的講法，則覺在他的系統裡，這種體性學是不能講的，或是至少也無法說到此。所以或者犧牲這種體性學，或者改變康德的批判學。如果可以講而想融攝於批判學，則康德的批判學必須有轉換。將見融攝這種體性學與融攝實在論經驗論同。我們前面說，那種最低限度的實在論的精神是必須容許的，而容許了這種精神亦並不妨礙講批判學（雖然批判學的內容有改變）。又說批判學與經驗論亦可以相融攝。如果批判學吸收了這兩種精神，則推進一步即是這種屬智的體性學。因為我們所吸收的實在論也並不是離開官覺（生理覺）或心覺而光禿禿存在的實在，而這種屬智的體性學所研究的型式的有或型式的體性也就是在官覺或心覺中的存在之型式的有或型式的體性。所以胡塞爾的純粹現象學亦叫做純粹意識學。純粹意識亦曰純粹心覺。凡覺必有所覺。型式的有即是這種純覺中的所覺之型式的有。純覺與其所覺之純覺之型是意識的一般結構。如果能吸收實在論，這種體性學的吸收也無理由說不可能。反之講這種體性學也無理由說必不能講批判學。批判學與屬智的體性學之融洽又使我們開闢了一個新天地。

可是這種體性學並不是最後的。如不能容納於批判學，而認為是最後的，則吾人無法進到實踐理性之範圍。這就是上面第二個問題。一個整個的哲學系統須把人性的全體內容表白之，須把一切經驗予以至善之解析與安頓。由於這一番經歷而達到一個最後的形上學。每一個形上學都自以為是說明一切。然這其中卻有個分別，不可一概無賴。有各級的一切，有各種立場上的一切。科學也可以說

解析了一切，從科學中抽出一個原則來也可以解析一切。然這是科學立場上的一切。假若我們的經驗成分不外知、情、意，那麼不管知也好，情也好，意也好，它總是一個「有」，如其是個「有」，總可化歸出它的型式的「有」。這也是解析了一切。然而這種解析卻仍是屬智的。雖然無遺漏，結果卻總是有遺漏。形上學最後總不免有點無賴。然無賴卻是有賴的無賴，而非這種一下子總是「有」的無賴。如其只是屬智的，則只是在智的級上的一切。在智的級上說話，自主觀方面言，智只是理智的活動，或再說一句是心覺的活動，自客觀方面言，這種活動有其活動的對象，它可以把一切東西作為它活動的對象，而此對象無論是什麼，如一變為智的對象，它總是屬智的，如是雖然解析了情與意，而結果總是消滅了情與意，這便是有遺漏。如其有遺漏，便不是最後的。智的活動總是把一切看為同等的客觀事實。就是這個態度使它有遺漏。所以我們說屬智的體性學不是最後的。如其有遺漏，它所遺漏的就是實踐理性中的事。在它的範圍內，永遠是純粹理性支配一切的，一切皆可以純粹理性來把握。然而它永遠進不到實踐理性的範圍。要進到這個範圍實在不是容易的事。我常為這個問題所苦惱，使得我好多年不敢談形上。若如時下一般人所談的形上學，我早已經過了。然而我不能停於此。

　　如果屬智的體性學是科學的，它即不是形上學。以科學非形上故，「科學的」亦非形上的。說它是科學的，並不是說它就是「科學」。他們雖可說這不就是科學，然而這卻是科學的。如是科學的體性學，即不是真正的形上學。如果這種體性學是純粹理性所能把握的，而其所把握的又不是形上的，則真正的形上學必不是純粹理

性所能把握的，它必在實踐理性範圍內。

五、實踐理性的體性學

　　實踐理性的體性學亦曰道德的形上學，或曰屬行的體性學。依照這種體性學，形上的實體非由實踐理性去把握不可。為什麼需要這種形上學？形上學為什麼一定是如此？這種形上學或形上實體是何函義？形上學為什麼是這種函義的形上實體的形上學？這些問題，我都讓讀者去思考去解答。

　　現在假定我已肯定了這種形上學。我們且看這種形上學當該如何講。我們說西方的大統是以純粹理性為最後，中國的大統是以實踐理性為最後。以前有人說，西方人立言是自己在外的，中國人立言是自己在內的。說這話的人，自然有其體會。但其確切的意思似乎並未捉得住。以我觀之，自己在外就是以純粹理性為最後的態度，自己在內就是以實踐理性為最後的態度。自己在外，反過來就是自外觀；自己在內，反過來就是自內觀。自外觀，觀自己也是外的；自內觀，觀他人也是內的。屬智者一往向外，屬行者一往向內。科學一往向外，哲學一往向內。哲學的方法是「反身」，形上學的方法尤其在「反身」。屬智的體性學有遺漏，屬行的體性學無遺漏。其所以無遺漏即在「自己在內」。

　　理智的活動有其利性或向性。官覺有所覺，心覺亦有所覺。設理智的活動說為心覺，或單言覺，則覺總有其利性或向性。心就是覺，心的另一作用是思，思亦有所思，所以亦有其利性或向性。隨其向性，必有定性。定即置定或陳置。它會把任何東西同等的陳置

之，置之為客觀的事實，它會把任何東西都當事實看。而覺或思自身又只是覺或思，它無任何責任可負，它所負的責任就是覺或思。依此我們說思或覺是無色的。以無色的覺，隨其利性而置定「事」，則其所置定的事亦是無色的。這種無色的特性就是智的活動的特性。所以屬智的體性學亦是無色的，科學的。在這種無色的活動下，我們見不出形上的意義來。這個無色只是科學的無色。讀者不要誤會這是最高的形上的境界。也不要誤會這就是如如。最高的形上的境界也是無色的，最後的「如」也是無色的。但這個無色不同的那個無色。這個無色可以說是一個境界，而那個無色根本無所謂境界。屬智的無色，其所以無色就因為它無所謂境界。如有人就此屬智的無色而可以說什麼境界或什麼如如，吾必以為這是無意義。因為他所讚嘆的都是無根據的。這是一種攪亂。他想說意義，而不知進到所以說此意義的根據。哲學中的每一步概念都要有所通過的。不能有遺漏，也不能偷偷地無端跑進來。

屬智的活動得不著形上的實體，而由覺自身亦不能得著形上的實體。因為覺只是一用，無色的用。由它自身不能引出任何東西來。覺之覺還是覺，總是一個覺。胡塞爾以為從純覺可以引出一個純自我，吾則以為不可能。「純我」是一個超越的概念。從覺的活動以發見「型式的有」這個現象學的路子中得不出這個概念來。從純覺（言無經驗成分在內）自身也推求不出這個概念來。在此，或者不必要「自我」，純覺就夠了；或者只是一個假定，斷然的置定即是了。「純我」這個形上的真實概念一定有它真實的意義，一定有獲得它的確定源泉。可是屬智的體性學並不能進到此。從其不能進到此言，它不是最後的；從其還有純我方面言，可見還有最後

的。可是一進到這個最後的，便不是屬智的體性學。「純我」是個
實法，它有責任的，它不只是一個用。覺是用，是虛位。「純我」
一定是實位。我們的先哲常說「覺」，常說明覺的心，無論其函義
同於屬智的體性學中的純覺否，而自我觀之，覺與心同，同是一
用，一虛位，這其中的問題極複雜極微妙，本文不便多言。我只認
「純我」是實位的實法。它的真實意義與存在當由實踐理性去把
握。實踐理性當是獲得這個實法的確切路子。這卻不是看輕
「覺」。覺的關係甚大。歷來中土聖哲特在「覺」上發揮，有他們
的作用。然如我現在的意思，覺只是用，是主觀的（此詞有殊
意），而實法一定是「體」，是客觀的。覺這個用，它自身無色無
責任，它可以隨別的轉：在屬智的體性學中，它外用；在屬行的體
性學中，它內用。胡塞爾常於「覺」上言靈光，言直覺，這個靈光
或直覺與其所化歸的「型式的有」相遇相印證。然既是屬智的體性
學，這種靈光或直覺也只是屬智的。中土聖哲所言的「覺」或「明
覺」當是屬行的體性學中的覺。這卻不是說「覺」自身有不同，乃
是它所覺的東西不同了，背後把舵的不同了。這就表示說「覺」自
身是無色無責任。前面說覺有利性有向性。一切東西通過它的印證
即是客觀的。形上的「實我」也要通過它的印證，也是客觀的。它
可以使一切東西放得下。放得下的就是實法。我們說「一理平鋪」
或「一體平鋪」，這個平鋪是最後的一個「如」，一個「圓成
實」。所以放得下而平鋪，一則因為它是實法，有放得下的可能，
而重要的還是在它通過覺的印證或認可。覺關所以重要就在此。但
這其中卻要有個分別。當其在屬智的體性學中，它所放下的是智
的，是科學的，是無所謂境界的（如上段所說），是屬於「是」

的，是「無意義的」（此詞有殊義）。可是在屬行的體性學中，它所放下的便不同了，因而它的作用也就不同了。此時它所放下的不是科學的；不是智的，是行的；不是屬於「是」的，乃是屬於「義」的；此時有意義可說，有境界可言。這其中的意思，要充分無漏地說出來，光是本段這幾個概念還不夠。現在所說的只是從外面逼進去，讓讀者去參悟。本篇全文都是用批判的方法逼進去。不過我在此順提出兩個原則來，以為認識一切實法的法門。一是直覺原則，一是邏輯原則。就本段說，由直覺原則認識「覺」，由邏輯原則認識「純我」。這兩個原則應用極廣。

現在須簡別一下康德的「理念」。實踐理性的體性學是由實踐理性把握形上的實體。這個命題極端重要。它隱函著說：形上實體只能由實踐理性去認識去把握去規定，純粹理性不但不能認識它把握它，而且也不能去提供它規定它。這是一個極大的轉變，對於康德的最後轉換就在此。康德對於形上學的見地必須如此轉換，批判學才能發展擴充至於至善的境地。康德只說純粹理性不能證實超越理念之為實，但能提供超越理念，並能規定出來。它能提供出來，規定出來，但不能證實之。能證實之者是實踐理性。此處所謂「證實之」也不是真的能把它放得下，只不過說它有了意義，有了人生上的意義。所以結果還是假設（設準）。所以他的所謂「證實」還是空的證實，不是實的證實。光從「實踐理性證實之」這方面看，還不見出有若何毛病。因為這句話表面上是可以說的。毛病是在「純粹理性提供它規定它」一思想，這個思想極壞。學西學的人以及西方人若參不透這個關，決不能得正眼法藏。純粹理性是智的。它既不能認識把握實體，它何能提供規定實體？它所提供的，為知

不是個虛構？它所規定的，焉知就是實體？焉知不是一個不相應的
假法？復次，純粹理性既是智的，則它所提供的還仍是智的：已證
實的是智的概念，不能證實或永不能證實的還是智的概念。不過因
爲它所提供而規定的，超越我們經驗限度，無有「經驗所與」以證
之，所以說不能證實之。現在假定一旦證實之（自然不能）又如
何？難道它就不是智的概念嗎？它是與證實的概念同質的，在一條
線上引出的，不過有證實的未證實的罷了。胡塞爾提出「相應」
「不相應」兩概念以類比康德的意思，我們在他那裡很可以看出是
屬智的概念。相應的型式的有，其自明性有「所與」，不相應的，
其自明性無所與。而「不相應的」之引出，是由對於「型式的有」
施以理性的套合或圓滿的發展，由此而成一個圓滿完整的綜體。這
個綜體未證實時是超越的，證實時是內在的。然無論證實不證實，
它是屬智的概念。我們不能以此當作形上的實體。康德從條件的追
溯而至一無條件的完整，正是這種屬智的概念。此種純粹理性所提
供而規定的不能當作形上的眞實實體。這種概念，縱然證實了，我
們也說它是智的。因爲它是屬智的純粹理性所規定而提供的。最
後，純粹理性所提供的這種概念必是一個囊括一切的圓滿完整的綜
體，到此這個世界就封住了。好像對於宇宙畫一圓圈把它圓整起
來，純粹理性有此能力，且能提供而規定一個理念恰好與此圓圈相
應，然而這卻不是理解知識所能作到的。這種綜體的概念本是西方
宗敎精神的表現，他們總希望上帝來圓整這個宇宙。所以他們論到
形上實體總喜歡以這種邏輯式的「全體」來充當。即有不採取康德
那種論的路子的，亦是以一個綜體式的全體來作實體，譬如以內在
關係而求證全體，或以部分的現象必消融於一全體中始得安頓而有

意義，因而即以此全體為真實。這種辦法都是以邏輯的推證來推比出一個全體，所以是純粹理性的，所以也是一個智的概念。可見西方人以這種智的綜體式的全體為形上實體實在是一個通病。中土時彥習而不察，糾纏於其中而不能自拔。這是一個屬智的體性學中的概念，不是一個形上實體。當其分位，本無過患。康德一方面講實踐理性的形上學，實在是超人一等，可是一方面又以純粹理性所提供而規定的「理念」（綜體式的理念）作形上實體，則確是極大的過患。這樣一來，不是由實踐理性來認識來把握形上實體，而倒是實踐理性為純粹理性服務，純粹理性所以提供而規定這個理念也是為實踐理性服務，這叫做湊搭題，雙方來夾逼這個掛在空裡的東西，這是什麼實體？這種實體，演變的結果，實在不必一定須要實踐理性來服務，純粹理性自己也許就可以擔當得起。所以胡塞爾也就以他的「理性現象學」來表明這個東西，所以也就歸於屬智的體性學中了。因為它本身是屬智的概念。我們如果要講實踐理性的體性學，我們必不可以這種屬智的概念作這個形上學中的實體，在這種形上學中我們必須剝掉這種從「綜體式的全體」之智的概念以規定實體的路子。剝掉這個，才能迴機向上，悟入形上的實法，才算真正作到了實踐理性的體性學。我們此時才可以說由實踐理性來認識來把握形上的實體。這是批判學的全體統系最善而且必有的一個發展與轉變。我如保持康德的功績，我必須這樣轉。否則，只有像現在（西方）的向下降，不能保持康德的向上一機了。康德的那部極可愛、極警策、極光輝燦爛的「超越辯證」，雖在歷史上不可少，而現在實在不必要。

　　本段的意思只說到此。

六、批判學與辯證學如何相融攝

　　我向來不喜歡談辯證法。以前唯物辯證法盛行的時候，我即批判他們說：辯證法不能自經驗事實或自然現象（總之所謂物）上講。因為科學事實世界不受這個指揮的。自然現象儘可以變，儘可以相關聯，但卻不是辯證法的。即使勉強用之，不是改變辯證法的意義，即是比附譬況之辭。雖足解頤，而不應實理。所以，凡是科學或科學的，只能言因果關係。凡講科學世界的自然現象的，也只能說個因果關係。問題就在「物」字上或自然現象上，物與辯證法是連不在一塊的。但這卻不是說它必與「心」或其他什麼東西連在一塊。這不是心物的問題。根本的乃是辯證法所成的辯證歷程不能放下而平鋪在外面，即不能擺在那裡。此即是說，它不是客觀的。我們說自然現象或經驗事實不受這個指揮，所以若說自然現象是辯證的，那便是把辯證平鋪在外面了。這個意思懂得的便相契，不懂得的便千言萬語也難使之悟。我以前便是根據這個意思批評唯物辯證法。但是這樣一來，問題又出現了，即：有沒有辯證法？如有之，它既不能在自然現象上講，當該在那裡講？它既不能鋪在外面？它應當放在那裡？總之就是：如有之，它如何可能？此問題甚不易答。凡擺在外面平鋪下的，皆不能說得通，亦皆無必然性，我也並不能找出它的真實意義。因為凡這樣講，都不過是個變把戲的玩藝，我如何能看重它？我所以不喜歡就在此。因為我沒有找出談它的意義來。我為此煩悶很久，不得解決。近來我知道這個問題是與形上學有關的。我漸漸進入形上學，我覺得它一定有足以沈醉人

的地方。但我覺得恐怕不是它本身的魔力，一定是在用之以表示一個什麼上。近年來常與友人唐君毅先生談。他治黑格爾下來的一派學問很精。他不空拘拘於辯證法那個形式。但他契悟實理，層層深入，津津有味，常常表現出辯證的精神來。所以一定不是它本身的魔力，一定是在藉以表示什麼上。由此我悟入：它如何可能？它應當在那裡講？它的意義在那裡？這些問題實有解答的可能。但是「它不能平鋪在外面」這個主題仍是對的。這還是辯證法本身的問題。它自然並不能成學。我又看康德的批判學實無以講辯證，黑格爾的辯證學又實無以講批判。這是一個大問題。須有以解決之。我現在提出以下幾個主題以明此問題之解決：

1.辯證歷程不能平鋪在外面而為客觀歷程。

2.像黑格爾、布拉得賴等人的辯證學不能安頓科學。

3.辯證學不能獨自成學，一定要有所依附而於某分位上顯其用。

4.辯證法不是最後的。一定在某分位上彰其用。

5.辯證法的使用有兩處：一是在破除理解條件的限制上彰其用，一是在實踐體性學中破除習氣而復「性理」（暫借用此兩字）上彰其用。這兩處使用所顯的辯證歷程都不能平鋪在外面而為客觀歷程。辯證歷程只是一種「用」（借用），因為不能鋪下，所以不能是一種「體」（亦借用）。

6.辯證歷程是「虛」：因為它所對治的如「限制」如「習氣」皆是虛，所以它也是虛。「虛」的作用在見實。實若見，虛便廢，所以不是最後的。

7.辯證的作用只在對「自」方面講，不在對「他」方面講，所

以不能擺出去。如「限制」「習氣」皆是屬於我自己的，隨我的知識與生活而發出的些虛作用。辯證歷程恰好正在對治這些「虛作用」上而表現，而可能，而有深義。

8.辯證法在「實」上絲毫沾不得。經驗事實、自然現象、形上實理等等，皆是「實」。凡是「實」的，皆是平鋪的，皆可放得下。辯證法正在破虛以見實，而卻沾不到「實」上去。古人云：「有事于習，無事于性。」辯證法正在「有事于習」上彰其用。

9.依此，辯證法于一切皆妨礙不得；于俗諦眞諦皆不相礙。凡能讀《大般若經》者皆可悟此正是辯證法之實義，凡能熟習禪宗的表示法者也可了解這種辯證法的實義；禪宗的方法以理論文字說出來就是《般若經》，《般若經》的反覆遮撥，邏輯地辨解出來就是辯證法的使用。（但須知，這只是表示辯證法的可能、意義與使用的分位，其他皆無關涉。）

可是，就是這種辯證法，在康德的批判學中也不能有安頓。在他的哲學裡，無法可以使我們講辯證。所以我們必須對康德有一個大轉變。我們上文所述的那些轉變正好可以使我們講辯證，容納辯證學。我們不是專爲講辯證而轉換康德，乃是全體轉換後正可以講辯證。因此逐解決了批判學與辯證學不相容的大問題。辯證如何可能？如何融攝於批判學？我們于此皆得了解答。讀者于此必摸不著頭腦。這實在是一個大煩悶。然本文的範圍實在不能再說下去了。

我們如果建立了實踐理性是最後的那種實踐理性的體性學，我們如何護持之？這是一切學問辨論最後的一個問題，也就是對佛家的問題。實踐理性的體性學必否決佛家。最後是儒佛之爭，不是中西之爭。我開頭便說，這個問題或許是永不能解決的。我又說：如

果是理論問題可以解決，如果是實際問題（即生活態度問題）永不能解決。我現在再作一個理論問題的考慮：佛家的一切是否能自足無待？這是可以辨論的。如果能無待，不得解決；如果不能無待，可以解決。如果不能無待，而又有此「一切」，則又歸于實際問題，只好靜待實際來解決。吾在理論上不能有辦法。正好像一個人一定要自殺，吾其奈之何。這個問題我現在不願多說。本文止於此。

原載《文史雜誌》第3卷第11/12期　1944年6月

論純理

本文為拙稿《理解、理性與理念》一書〈理解部・純理章〉。
繼本刊三、四期拙文後，可以證本文。

第一節　思想三律

統覺部言統覺所現，就其所現而描述之，故賅辭之法為描述
法。然統覺只為直覺之審識。直覺之審識不足以成知識。知識必起
于思想之解析或詮表。思想之解析或詮表即理解。故由統覺而至知
識，必考理解。言統覺，吾所注意者為統覺所現，吾意在描述
「所」。（此「所」乃隨統覺而現之所，必繫屬於統覺。）言理
解，吾所注意者為理解之「能」，吾意在反顯「能」。能非所，不
可以描述。吾須用反顯法以露之。反顯法即先驗法。考核理解，即
用反顯法內透理解自身所具之條件。條件有二：一曰理，二曰能。
理吾意其為純理，邏輯之理也。純邏輯之所表也。能吾意其為格度
與範疇，理解解事之先在條件也。本章言理，下章言能。言理曰顯
理，言能曰起能。顯理起能皆須用反顯法。

顯理，顯者顯示，即反顯也。於何處顯示耶？通言理為理解自

身之條件，亦爲理解之內能。是以即於理解顯示也。吾故曰：理者，顯於理解而歸於理解。顯於理解，明其並非無來歷；歸於理解，明其並非無安頓。起處即其止處，出處即其入處。外乎此而求理，未有不落空者也。此爲吾言理之大義。詳辨見吾邏輯書。今撮其要而發揮之。

理解爲一事實，此蓋無可疑者。吾言理意指爲純理，而純理又意指爲邏輯之理，即純邏輯所表達之理也。今欲明理爲顯於理解，只須明純邏輯之所達與所依必宿於理解而不能外陳即足矣。是以顯理者即全部邏輯之何所在之規定。純邏輯之所達，即一純粹推演系統之所達；純邏輯之所依，即此純粹推演系統之純理根據也。純粹推演系統所依之根據，亦可自一系統之原念與界說而言之。此爲一符號系統之人工根據。後文將論之。今所欲言者爲純理根據。純理根據者何耶？曰思想三律。純粹推演系統即以此三律爲純理根據流衍而成之純理統系也。今即明此爲宿於理解，而不能外陳，亦即須於理解之運行而透露之，以明此純理之所在。明純理之所在即規定純邏輯之所在。

三律者，一曰同一，二曰矛盾，三曰排中。此皆思言之所具，理解運行之所顯，而不可涉其外在者也。

先言同一律，同一律之直接第一義爲思解運行之所顯，顯之名爲律以轄吾之思。是以同一者自吾思解而言也。人或曰：事象遷流，無所謂同。又曰：事象遷流，雖至變至殊，而異中必有同以貫之。前者自事象以否定同，後者自事象以肯定同。此皆思出其位，外涉存在，同一律不在此也。夫同一既稱爲律，決非指陳一殊事。夫律既稱之以思想，決非隸屬於存在。此理之至明者，何多惑而罔

覺？蓋此理之爲物，不可形指，宿於內而不具於外。然其默運於思
解之中，常藉資具而表露。蓋吾人實際之思考，當有所取而有所
謂。表露於有取有所謂之實際思考中，即謂藉資具而表露。以其藉
資具而表露，故不能不形於外。人見其形於外也，遂就外而外想。
由外想而涉事，由涉事而外在，由外在而外觀，以爲此理眞在外
矣。常情如此，反者有幾？展轉於事象之中，籌度之於推比之內。
否定者就事象以遮撥，而不知其不屬事也。肯定者就事象以建立，
而不知其不外在也。善反則當下便是，外取則終古迷惘。是以此理
乃理性之則，由思解以透露。宿於思解之中，所以成此思解。由思
解之運行以透露，非眞在外也。夫同一者何？即思解運行，是非之
自肯也。自反面言之，即吾之立是佉非，須一以貫之，而不容有衝
突。衝突者即矛盾。設思解運行而有矛盾，則必全盤歸消，一無所
有。亦即思解不能進行，而等於無思解。是故是非之自肯，貫穿於
運思之全體，同條共貫，不可須臾離。故名爲律。律者，則也；同
者，自肯也。言「則」所以遮殊事，言「肯」所以遮外在。此理性
之則也，內也，而非外也。此須透露之，反顯以察識之。何以謂言
「則」所以遮殊事，言「肯」所以遮外在？歷來舉同一律之式曰
「甲是甲」，或「甲等於甲」。「甲是甲」爲一句式耳。直言之，
一辭耳。辭中有一主詞「甲」，有一客詞「甲」，復有一斷詞
「是」。「甲」爲一符。既爲一符，自可隨意代之以殊事。如「孔
子是孔子」，「桌子是桌子」。設不明同一律之原義，徒由「甲是
甲」、「孔子是孔子」而追逐之，則未有不思出其位而迷惘者。甲
與孔子只一殊事。自其爲殊事言，自不能於其至變至殊中而見同。
然則甲是甲，孔子是孔子，尚有意義耶？且不論對此殊事如何論，

於「甲是甲」一辭而涉想外事，總爲出位之思。由此而追逐而沾
執，永不能得同一律之原義。吾人對外事之觀論，自可不一其途。
然或謂其有同，或謂其無同，總爲一背反之矛盾。謂其無同，以其
出位而涉事，亦不足以謂其能破同一律。謂其有同，以其出位而外
取，亦不足以謂其能救同一律。同一律之原義與位置決不在此也。
持辯證觀以融之，曰異中有同，同中有異，則旣爲形上之原理，亦
就存在而爲言，亦無與於同一律：旣不能就此以言同，亦不能就此
以破同。是以言同所以遮殊事，言肯所以遮外在。抑不只此而已
也。復不應自一句式而追尋。同一律非一辭也。自其爲一辭而觀
之，則同一律涉事外出而凝固矣。吾人破其涉事，破其外出，且須
破其凝固。言則言律，不特遮其爲殊事，亦遮其爲句式。句式爲一
方便之表示。以指指月，意在使其見月。如追指而忘月，則爲指所
沾，爲指所縛。沾於指，縛於指，永不見月。吾須解汝沾，去汝
縛，令汝見月。如執句式而追逐外事以明同一律，則其沾縛逐塊不
足以見同一律與不見月同。吾須解沾去縛，令汝反顯。同一律不在
外事之此，外事之彼。任執一事而追之，皆爲迷惘。

　　同一律最易歧出。歧出云者，不自思解而透露之，卻自外事而
追逐之。或自外事之殊變而否定之，或自外事之異中同而肯定之，
此皆外乎思解而以外來之形上原則以析之，故曰歧出。然矛盾律則
解者或不至乎此。人皆知其爲一必然之邏輯律，而不容否定者。蓋
彼深知吾人之思解運行不容有矛盾。然則矛盾律亦捨自思解之運行
而透露，無他途矣。矛盾律即矛盾之禁止。自反面言之，思解運
行，立是黜非，必歸乎自肯之自同。自肯之自同，所以黜矛盾，而
矛盾律亦所以證自肯。兩者言出一轍，思出一位。如矛盾律爲必

然，同一律亦必爲必然。如矛盾律自思解運行言，同一律又何得獨
歧出於外事？人皆知統系中之命題不得有矛盾，然鮮知其不得有矛
盾乃因貫穿于思解運行之統系中之一貫。空頭言命題，故無所謂矛
盾與否也。如自事象言，且亦本不能有矛盾。譬如休謨所雅言，日
自東出與日不自東出，皆爲可想者，並無其一爲必眞，蓋此兩者並
無矛盾也。此其意即指事象之可能言。然於吾思解統系中，如吾以
論證而主日自東出或日不自東出，則於此同一統系中，即須自肯日
自東出或日不自東出之執持，而不得有矛盾。是即明矛盾律之本義
與位置必須自思解統系中之必須一貫而透露，而所謂命題不得有矛
盾亦非空頭之命題，乃實言乎一思解系統中之命題。凡所謂不得違
背邏輯律之命題，實皆一思解系統中之命題。如離乎統系，則即無
所謂矛盾不矛盾，亦即無所謂違背邏輯律與否也。以其本不在邏輯
域中也。譬如吾單言一殊事命題，指陳眼前一生起之實事，前無古
人，後無來者，思解不起，統系不立，即無所謂矛盾不矛盾。此種
命題即所謂空頭命題也。吾人言 A 與 O 爲矛盾。須知此矛盾關係
之成立，亦即在一統系中：如吾主 A 爲眞，則 O 爲假。此其爲矛
盾亦在乎肯斷之統系中。如空頭兩命題，不在關係中，即無所謂矛
盾與否也。是以矛盾律即在肯斷之統系中而透露也。一思解統系，
以其有所謂，主者持其「故」而成其說，「故」爲特殊者，然貫穿
其中之邏輯律則爲普遍者。此普遍邏輯律（如矛盾律），即理性之
則也，內也，而非外也。吾須自思解統系之必須一貫而透露之，而
不就自外在之事象以論謂之或遮撥之。矛盾律除唯物辯證法論者，
鮮有懷疑之者。此即較同一律幸運多多矣。然如吾今日復進而切實
指出本義與位置，則反對者亦必恍然自失。矛盾律與同一律同。吾

人須自其爲「則」而觀之，須自內透而識之。亦須破其外出，破其涉事，破其凝固。執持反對矛盾律之說者，其理論亦須不矛盾。破之亦須用之，而終於未曾破。矛盾律正在此。所謂善反則當下便是也。

排中律之幸運又不及矛盾律。不獨唯物辯證法論者反對之，即近來直覺派之數學論亦反對之。荷蘭人布露維首倡此說，且爲其數學論立邏輯，名曰無排中律之邏輯。德人海丁（此派巨子），演其緒而益臻完密，盛論「可能」，而斥非眞則妄之二價，是又與路加西維支之三價邏輯漸接近矣。此議旣出，愈演愈繁。討論者多，莫得其原。羅素且詳論之於《意義與眞理》一書，而言不中肯，遂成難題。吾已詳評之於本刊第三、四期，茲不煩言，數語而已。夫排中律之能否成立，單在就其原義與本有分位而考核之，明其是否爲虛爲妄。若移其分位而措意於某殊事或某殊題，或自某殊事或某殊題而論之，則排中律固可一時無效也，亦可一時不能適用也。此雖曰破，豈得謂之爲破乎？或曰：於某殊事某殊題，可一時而無效，是即不能具邏輯之普遍與必然。曰是不然。夫邏輯律之邏輯普遍性，有所對而言也。處其分位而對某事爲普遍，非空頭無對而普遍也。譬如人莫不飲食也，此對人而言也，豈謂瓦石亦飲食乎？通常自某殊事某殊題而論排中者，可分兩端：一、自一名項而言之；二、自一命題而言之。自名項而言者，爲一名項 X 可分甲、乙兩部（亦曰名項），而於此甲、乙兩部可以言排中。而此排中之成立，又須依據條件而始然。條件有三：一曰甲與乙須排斥；二曰甲與乙須窮盡；三曰甲與乙二部合之須等於原來之 X。滿足三條件，始得爲排中。否則，不得謂排中。此爲部分二分之排中。如此言排

中，則排中律之成立須依種種限制而撰成，基於一特殊構造而後起。如此特殊構造不成立，排中律不成立；如此種種限制有疑問，排中律有疑問。此自一殊境而言之，非排中律之本義。此只為排中律之應用處，非即為排中律之所在處。排中律之應用與排中律之自身，必須分別觀。自命題而言者，此中之命題當為知識之命題，言於一知識之命題是否可以言或真或假也。此謂真假二分之排中。羅素所盛言者，即自此而言也。自此而言之，排中律自有種種之疑問。此亦自殊境而言之，非排中律之本義。排中律之成立不在此也。部分二分之排中，是謂排中應用於名項（或曰類名）。真假二分之排中，是謂排中應用於命題（知識命題）。兩者皆混排中律之自身與排中律之應用而為一。然無論混不混，排中律必基於二分法。部分二分之排中所基之二分法自類名而言之：排中基於種種之限制，二分亦基於種種之限制。真假二分之排中所基之二分法自命題而言之：排中有種種之疑問，二分亦有種種之疑問。吾人以為排中律不當自類名言，亦不當自知識命題言。二分法亦如之。二分法吾定其為肯定、否定二用之二分。此為二分法之原義。排中律之原義，即基此二分法之原義而成立。是以排中律承同一、矛盾二律而來也。其意義與位置皆一貫而成立，三者不能有參差。同一律為思解運行中一貫之自肯，矛盾律為維持其自肯而不得背，排中律為於肯與不肯中析取其一而成就其自肯。初一為「同一之持續」之指出，後二為此「同一之持續」之護持。理性之思解運行，不得不然也。三者唯是內透，而不能外陳；恆是超越，而不能陷溺。即就排中律而言之，唯在顯是「是」非「非」之自肯，非言乎事象之相容與否也。吾人運思而成統系，必有一取；而承同一矛盾而言之，其

取之可能只有兩端：或爲肯定，或爲否定。排中者即此肯定、否定二端之取其一。是「是」非「非」之自肯，即肯乎其肯定，或肯乎其否定。是以排中者，唯在顯一「肯」耳。其爲律則也，全就理性之思解而內透。其爲律則之普遍與必然，亦就其內透而護持一自肯而言也。於理性思解中，三律皆爲普遍而必然，亦必爲先驗而如此。凡先驗而如此者，必用反顯法而透之。是以不能自殊境而論之也。若自一對象言，則其所具之謂詞大可相容而不排拒，亦可使其不相容而排拒。而排拒不排拒，全視吾之觀點與界說而規定。以其由觀點與界說而規定，故亦無必然。此非排中律之本義。故自對象而駁斥排中律，亦正明排中律之並不自對象建立也。

第二節　純理系：純理之純理根據：二用與三律

　　思想三律爲純理之純理根據。純理者，即一純粹推演系統所表達者也。純者，理性自身之自見，而毫無經驗成分涉於其中也。純理爲一純粹推演系統所表達，而其自身之意義，則可曰理性之自見而成理則者。今以思想三律爲純理之純理根據，此爲直指純理言，是純理系也。然純理必由一純粹推演系統而表達，此言乎表示純理之純邏輯，是謂推演系統系。純理爲無形之系統，今名曰不可符者，即不可以符號記取也。推演系統爲有形系統，今名曰可符者，即可以構造之而成爲符式也。依不可符原則，認識純理之自身；依可符原則，認識純邏輯之推演。兩者相表裏。吾人由表以至裏，由裏以定表，然後理之爲理，與夫純之爲純，皆豁然矣。

　　茲先言純理系。思想三律爲純理之「純理根據」。所謂純理根

據即理性之根據或邏輯之根據，此吾詮表之辭也。實則即以其自己
為根據，非謂純理尚有一根據。吾人言思想三律為純理之純理根
據，然思想三律之純理根據又為二分法。二分法，吾已定其為理性
自見之二用。二用者何？肯定、否定是也。二分非指對象之分類
言，乃指內透之思解運用言。思解運用亦即理性思解中理性之起
用。蓋此時言思解必為理性之思解，而理性又必宿於思解中而自
見，非能離思解而獨存。故肯定、否定之二用固可云思解之運用，
實亦可云理性之起用。理性之起用，亦曰理性之自用。思想三律以
此二用為根據，然則二用與三律亦純理之純理根據也。吾已定純理
為理性之自見而成理則者。理性必自見而後可知其為理性，不見則
一空念耳。而見又必為自見，非有物使之見。如有【編按：疑脫一
「物」字】使之見，則純理為不自足而有待，其自身即不能為純
理，亦不得為先驗。蓋如其為理有物使之然，理在彼不在此。今反
顯此理即是理之自己，其本身即是理，非有待而後然，故其見必為
自見，而非有物使之見。如其見為自見，則其自見之二用即為肯定
與否定。由此二用，理性自己遂自見而成理則。理性只是一理，只
是一則。其自身即為圓足者。二用雖為純理之根據，實即純理之自
見而自用。三律雖為純理之根據，亦實為「純理自見」之自示（自
示其狀）。二者以根據言，乃吾詮表之辭也。二用與三律，義有不
同。二用為理性自見之自用，自用即理性呈現其自己而為自己所起
之運用。三律為「理性自見」之自己昭示。自己昭示者，昭示其自
見之狀如此如此也。如此如此者，如三律之所述也。是故雖言三律
為純理之純理根據，實則為純理自身之所示；二用雖為純理之純理
根據，實即為純理自身之自用。凡此所云，皆所謂循環論證也。然

反顯純理，非循環不可。惟循環始能表純理之為純。循環者，循環無端其若環，令人直取純理自己，直識純理之無始無終，自足無待。理性自己無有始，無有終，只是一理。起處即其止處，止處即其起處。止若起皆理之直呈也。理固不可分始終，亦不可別首尾。一三段式，自前提至結論，有始有終，有首有尾。然始終首尾言乎命題之排列也，而此排列所顯之一理，則固只一理耳，無始終首尾可言也。理非一物，吾能將其分割而成片段乎？是以知理無始無終也。無始無終，自見若此，故自足無待。設不能以外來之原則論謂之，吾人之詮表只有為循環。循環者，直言純理自身不可論證，自己而若此，只有反顯而直識之，以其自身之自見詮表其自身耳。

依理性自見之自用言二分。

依理性自見之自示言三律。

理必自見，理必自足而無待。然理不動，何以自見？自見云者，得無令人意其自動而展現耶？曰：此大不然。理之自見非其自身善動而自見。動者非理，乃思解耳。思解運行即一活動之歷程。理性憑藉思解之動而展現其自己，是謂理性之自見。是以自見云者，非自動也，乃藉一動者而自見耳。自見之自用，亦非自動而起用，乃藉一動者而成其用（自見之自示不生此間）。此思解之動必為理性之思解之動，故能反而成就理性之自見與理性自見之自用。吾人即由此理性之思解而透露此純理，故云顯於理解也。即此所顯之理，自足而無待。蓋吾人即於理解而反顯之，知其必為先在也。凡先在者自足而無待。

理不可以動言。吾人此時言純理亦如此。如視純理之自見為自動，則即引吾人視之為不動之動，或能動之理。然不動之動或能動

之理，為一形上之實體。此已超出吾人之範圍。即在形上之範圍，理亦不可以動言。當吾人言不動之動，或能動之理，吾意此中必含有二事，合而為一具體之單一體，且自其為整全之單一體而言之。吾將引三範疇以明此問題：一曰純理，二曰踐理（實踐理性），三曰生命。不動之動，或能動之理，吾意乃踐理與生命之融一。此非本章所能及，茲且置之。今自理解言純理，則純理之自足而無待，仍為必然者，且亦永可如此說（即於理解與形上皆成立）。

第三節　推演系統系一：質量系統

推演系統系即言唯是表達純理自身之一純粹推演系統也。吾言純理自身為不可符者，推演系統則為可符者。純理自身為一實事，吾人單自思解運行而反觀此實事以默識其性相，則為純理之實事觀。今言推演系統，則為純理之符式觀。一純粹之形式推演系統如何造成耶？吾人已定純粹為不雜有經驗之內容，且不能意向經驗內容而陳辭。即此純粹形式推演系統，固不能有經驗成分函其中，且絲毫不能參雜以經驗成分而撰成。形式之為言，吾人已知，自符式系統言。凡此系統中之命題皆為無所說無內容之空洞句式，亦即所謂其值不定之命題函值也。吾名此為無向命題。邏輯中之命題為無向命題。如其中之命題有所說而非其值不定之命題函值，則即為有所說之命題之推演。有所說之命題之推演是謂言之成理、持之有故之學說系統（或知識系統），是即已失純粹之本性，且亦無以異於其他有內容之殊學。有所說之命題，吾名曰有向命題。知識中之命題皆為有向命題。是以純粹者立其應當之條件，形式者實現此應當

之條件。推演系統者即純粹而形式之系統，非是其他持之有故之系統。讀者於此必感大惑。無內容，無所說，又非持之有故之系統，試問此純粹而形式之推演系統將依何而成耶？蓋因有所說，方能成系統；今既無所說，系統何由成？汝將自何處而成系統耶？曰：此誠難題。此邏輯學之所以難講也。然而古今邏輯，縱有殊異，卻無不向此無所說處而成系統。人或自其中之命題而意其有所說，此其意之之誤也。邏輯本義並無其所意之有所說。然則此無所說之推演系統究依何而成耶？如實有此系統（今已實有之），此系統又將何所示耶？讀者試由適所云云，步步進去，必得一大悟而後止。無所說，無內容，□【編按：此字原件無法辨識。】然而又成系統。此其為系統，必不同於有所說、有內容、持之有故之系統。其為系統之所示，亦必不同於持之有故之系統之所示。然則其為系統必為「只是一理」之系統，其所示者亦必為「只是一理」之開展。其為系統必為只依是理之開展而成立，別無所依。然則此推演系統之成就，固無足怪也。推演系統即表示純理之開展。純粹而形式之推演系統即為唯表純理之開展，而別無所表。

此唯表純理開展之推演系統如何構成耶？驀然遇之，誠大難事。人必以為此實無頭腦，無著處。然邏輯學之出現，幾在兩千年以前矣。其歷史亦幾近兩千年矣。人莫不飲食也，鮮知其味也。邏輯學之為事，亦如飲食之為事。自其為事而言之，早有如此之事實。然鮮知其味也。有如此之事實，即有如此事實之品題（論謂）。然見仁見智，各有不同。對於如此事實之品題，未必真能「如」此事實而應之。邏輯學之為事，本已明明為唯表純理開展之推演系統也。然品題者未能真如其分而論謂之，是以不免有歧出，

是以知知味之難也。亞里士多德為初期邏輯學之集成者。今言邏輯，斷自亞氏。吾必謂此首先發見邏輯學之偉人，其總持力、抽象力與夫反顯力，皆必極高也。否則，彼不能注意此事實，彼之心思亦必全為經驗事實或存在現象所誘導。彼之心思凝固於組組殊相中而追求之，足以成殊學（所謂科學），而如不能透脫而自拔，則必不能成邏輯。邏輯之成，必由剖解而反顯。所謂反顯，等於反省。吾意反省之時，即是消化之時。人之心思常為外物所誘導而追求之，此與猛虎撲食同，亦與人之飢餓思食同。此求知欲也，亦所謂為學日益也。當夫為學日益之時，必不見有邏輯學（縱彼已用之）。追求不厭，未至飽和。一旦飽和來臨，漸臻於消化之域，遂可以剖解而反省。此時不是追求，而是反顯。追求是為學，為學故日益。反顯是為道，為道故日損。邏輯者，為道日損之事也。邏輯學之出現實為「為道」精神之表現。亞氏學富五車，遍研事象。而其《邏輯學》之寫成，必在為學日益之後也。然彼雖能作之，未必真能如其分而自覺之。蓋所謂反省消化之精神，正可向多方運用也。是亦即對於邏輯有許多歧出之品題。凡此歧出，吾皆評述於邏輯書。

　　吾今就亞氏邏輯如其為邏輯之分而論謂之，以觀其系統之構成。所謂觀其系統之構成，即指出其純粹而形式之推演系統所依以成立之基本概念也。亞氏邏輯所函成分至多。今單就 AEIO 之推理言，則固可視為一純粹而形式之推演系統也。吾人即問此系統依何基本概念而撰成。此符式系統之事也。吾意亞氏邏輯，其推演系統之撰成，唯依兩組基本概念：一曰質組，二曰量組。質組者，肯定、否定之二用也。量組者，全體、部分之二稱也。前言理性自

見，唯依二用而開展。亞氏邏輯，反顯不足，尚不能唯依二用而撰
統系，故須取全與分之量概念以助之。蓋囿於通常之言語句式故
也。然其總持力、抽象力與反顯力亦可觀矣。吾人追求事象，常欲
將其所得表之以直述辭，所謂命題也。任何命題，即就其為言語句
式觀之，隱若顯莫不有肯定、否定之二用。有此二用，以表吾人對
於外事之肯斷。命題有多種，隨事屈曲而陳辭。自邏輯而分言之，
命題與判斷非一事也。命題多而判斷一（見下〈比知篇〉），然其
表於言語之外形皆辭也。唯自理解歷程言，其歷程之結束而總於
一，曰判斷。而此歷程中，指陳事象以為最後結束（即判斷）之事
實根據者，則常以命題表象之，因而即於此言命題。大抵判斷為命
題之聚，命題為判斷之散。於理解歷程中，分言之雖有別，而寬言
之，其表於言語之外形皆為辭則同也。於理解歷程，將吾研究所
得，表為理論而成知識，其表象之資具，皆言語句式也。亞氏即取
此最方便之言語句式以為其邏輯之工具。此種工具，一用於邏輯
中，則曰邏輯句法，所謂主謂句法也。當此句法，於理解歷程中，
表象事實以為知識，則為知識中之命題，亦曰有向命題。當其脫離
理解歷程而為邏輯句法，則為邏輯中之命題，亦曰無向命題。亞氏
邏輯中之命題即以主謂句法為其無向命題。惟此主謂句法之構成，
徒有肯定、否定二用，尚不足以藉之成推理。即自實際言之，研究
所得表為理論，其中之有向命題亦不惟有肯定、否定之二用。徒此
二用，而無所涉範圍之規定，其理論之統系無由成。正面言之，理
解歷程常欲將其研究所得期圖普遍化，此即其所涉之範圍也。表之
以命題，即此命題所涉及之全分之量也。普遍化有歸納為根據，而
全與分則為基本之邏輯概念。於有向命題中，普遍化雖可以引導吾

人使用全與分兩概念，而全與分卻不因普遍化而成立。至於無向命題中，吾人之使用全與分，更不必念及普遍化。是即明全與分爲一組基本邏輯概念，肯定與否定爲一組基本邏輯概念。主謂句法即依此兩組基本邏輯概念而構成，以爲邏輯中之無向命題。以此兩組概念限制吾人之命題，遂展轉而成推理。於推理歷程中，一實際理論之表白，固亦可不離此兩組基本概念，否則不足以推成其理論。然此兩組基本概念，於實際理論中，要必有所依附而顯其用，亦即要必有所凝固而隨之轉。其所依附所凝固者，即吾研究所追求之對象也，亦即實際理論中命題之所指陳也。命題中主詞之所指陳謂詞之所論謂也。此所指陳與所論謂，即爲吾所研究之一組殊象。實際理論中之命題罔不有所謂，有所說，此所以成殊學。然一邏輯系統，則並無所謂，無所說。其中之命題亦無殊指，無殊謂。其主詞與謂詞純爲一符號，毫無作用於其中。吾人可全不注意而忽之。吾人所注意者，只爲兩組基本概念所限制之句法。是即明此兩組基本概念並無所依附，亦無所凝固。此時吾將其所凝固所依附之內容（殊事），盡行剔去，剝落無餘。所遺者唯兩組基本概念所限制之句法。此種句法所成之統系自爲無所說之統系。以其無所說，故其無統系只爲一純粹而形式之推演統系。此即邏輯自身也。其所表示者，亦即理性自己也。

　　一切邏輯（指可符者言），皆爲藉句式之推演以顯理。句式非理，而惟藉之成推演以顯理。任採一句式，皆可成推演以顯理。如亞氏邏輯中，除 AEIO 統系外，尚有假然推理、析取推理、雙支推理。假然推理取「如果則」之句式，析取推理取「析取」（或）之句式，雙支推理則爲假然句式與析取句式之絜和。每一句式而可以

成推理，必依成之之基本概念而始然。AEIO 統系依質量，假然推理依函蘊，析取推理依析取，雙支推理則依函蘊與析取之兩者。此基本概念名曰成句之規律。依此成句之規律而成句，則此句法之意義即因此規律而獲得。有向命題因其有所說而有意義，是謂具有外面之意義。無向命題無所說，故無外面之意義，其意義即在成之之規律。此為吾之構造句式之理論。構造句式即構造邏輯中之命題，引申而曰構造一符號之統系。吾為此說，有二要義，皆所以遮撥羅素之理論。一、不自知識命題中引發邏輯命題。二、所謂代替、結合、普遍化，三原則之運用以構造一邏輯（亦指符號系統言），非是基本之關鍵，因而外延原則與原子原則之討論（如羅素所作）亦為不必要；縱然須用之，亦非問題之所在。隨吾人之構造論，此皆為有統有宗，亦為已函之事實，只須申明之而已耳。此皆隨基本概念而來之工作歷程中之手續，無何問題可言也。（羅素之討論，參看本刊三、四期拙文）。

　　吾之構造論，通一切邏輯句式而有效。惟自符號統系言，某句式以某概念故，其推演統系有擴大與縮小，有繁富與簡單。如亞氏邏輯中，AEIO 統系即比餘三者為擴大而繁富。然或擴大而繁富，或縮小而簡單，皆為符號系統事，而其同為顯理則一也。理自身無大小之別，無繁簡可言。惟符號系統愈擴大愈繁富，理亦隨之愈見其開展，吾人亦愈於此而得識純理。此邏輯之所以必為推演系統之密義也。吾於此而斷曰：基本概念與句式是成符號統系之要素。惟此須大費匠心。亞氏邏輯全部推理統系，其句式雖依基本之邏輯概念而成就，而其表現之行事實囿於通常言語句式而未變。其推理即攜此通常言語句式而前進，故其符號系統不擴大不開展，未能極整

齊而嚴格，此其所以簡陋而爲原始也。吾人之句式不必囿於言語之
原形，尙可進而脫離言語形式之羈絆，而爲純粹之邏輯句式。成句
之基本概念不必表現於言語形式中，且可依一邏輯形式而表現。又
基本概念亦不必囿於言語句式而啓發，尙可進而就純理自身以建
立。近代邏輯即漸實現此事實。下節述之。吾今所欲言者，亞氏邏
輯之句式與基本概念即囿於通常言語形式而爲言，亦須予以應得之
善會。

　　第一、其句式雖爲通常言語形式之主謂式，然於此質量主謂式
所成之推理，卻不必引進本體屬性之討論，亦即不必引至本體論之
根據（即存在根據）。亞氏本體屬性固亦由主謂而論之，而其主謂
定界固亦有本體論之根據，然此實爲其論界說中之所有事，而界說
論固不同於 AEIO 之推理論。兩者並無必然相連之關係，故亦不應
混而不究其分際。言各有當也。或曰：以取主謂句式，故有周延原
則。以有周延原則，遂不得不有殊共之別。主詞所指爲殊相，謂詞
所述爲共相。殊相、共相與本體、屬性通，是謂不得不至存在之根
據。曰：此中有邏輯概念與存在概念之別，不可混同。縱亞氏混
之，吾人不應混之。縱亞氏未曾自覺而分之，吾人亦應自覺而分
之。以周延原則而有殊共，而此時之殊共亦可只爲邏輯概念，而非
必即爲存在概念。因殊共而至本體、屬性，而此時之本體最應定爲
因明中所謂前陳之「體」，屬性則應定爲因明中所謂後陳之
「義」。如其爲體爲義，則其爲本體、屬性亦只爲邏輯概念，而非
存在概念。此皆不必有存在之根據，亦即皆不必視爲論謂「存在」
之存在概念也。無論亞氏本人如何想，如欲使其邏輯爲純邏輯，即
應有此不一之分別。近人每喜以亞氏之主謂句式論證殊共，證明其

相之先在，並進而謂邏輯句式（即一普遍命題）所示之形式即爲存在之形式，即爲存在之共相，由之而進於柏拉圖式之理型，進於所謂潛存世界，所謂形上可能性之領域（即玄學之可能世界），此皆既不明邏輯爲何物，復謬陳形上之實體，此必須予以遮撥者也。

第二、其句式雖爲主謂句式，而又有全分之兩稱，然切不可因此兩稱而推度其主詞之存在與不存在。如其句式視爲純粹而形式之推演中之無向命題，而此無向命題又依構成之之基本概念而有意義，則即無由以及乎此。夫既爲無向命題間之推演統系，則觀其推理式原委間之必然連結以顯理即足矣，何事而需乎追問主詞之在與不在耶？何事而需乎考究存在之命題爲如何，不存在之命題爲如何，復因之而生影響於推理耶？如此追問，則無向命題變爲有向命題，且復因存在原則又增加一外面之意義。如有外面之意義，則推演即不純，且自亦觸途成滯，疑竇多端也。夫存在否非絕不可追問也，唯不當於此追問耳。吾人非泛論命題也，而亦無空頭之命題。命題之取用與意義，皆各有所繫屬。屬於邏輯者爲無向命題，屬於知識者爲有向命題。本爲無向者，而參之以有向之論謂，即爲非分之攪擾，無向變爲有向矣。如是，屬於邏輯者又不屬於邏輯矣。依質量概念而成之主謂句法，其中有三對概念：一曰全分之量，二曰是非之質，三曰主詞之「體」，謂詞之「義」。問題起於一三，不起於二。例如凡人有死，有人不死。凡與有示全分之量，傳統所謂全稱、偏稱也。「人」一主詞有二用：一指概念，代表一共相（非全稱）；二繫屬於「凡」或「有」，則指示散殊之個體（即個個人）。於此句式中，第二義爲殊勝。謂詞「死」代表義，或性質，或形式，或理型，與主詞爲異質；或云只有其第一義，而無其第二

義。依此分析，試看「凡人有死」之意義。以符號示之，爲「凡 S 是 P」。試看此無向命題之意義。依傳統，本名此爲定然普遍命題，不視爲假然普遍命題也。依定然命題而解之，則「凡 S 是 P」等於「所有 S 個體皆有 P 之性質，或皆隷屬於 P 之形式或模型」。（以形式模型足以決定類，而其自身非類。）或等於「在所有 S 個體上，S 有 P 之性質」。此爲視之爲定然命題之定然解析。依此解析，全稱之「凡」亦指及散殊之個體（即個個分子），偏稱之「有」亦指及散殊之個體。同涉個體，不得云偏稱涉存在，全稱不涉存在也。皆涉存在也。單言「人」爲概念、爲共相，而言「凡人」則及乎個個分子矣。「凡人」即等於無窮個人之絜和。全稱與共相不同也。解者忘其有二用矣。何得進云全稱命題即爲一無有分子之空類？視全稱命題爲不涉存在者，復有一解，即解爲一絕對普遍之原則也。依此而言，定然者須解爲假然。依此「凡人有死」等值於「在所有 X 上，如 X 是人，則 X 有死」。此如果則之函蘊式，即表示此命題爲一普遍之原則而無存在或分子之涉及。然一經審視，亦復不然。「如 X 是人，則 X 有死」，此爲一普遍原則，而無所涉及。然其前復有「在所有 X 上」一限制，此限制之所示，復涉及分子矣。「如 X 是人，則 X 有死」，亦可視爲一形式、一模型或原則。「在所有 X 上，如 X 是人則 X 有死」，即等值於「所有 X 個體皆滿足『如 X 是人則 X 有死』之形式」，此即關於前面定然之解析。是以單注意「如 X 是人則 X 有死」，固爲一原則，此則同於一共相，而不知復有一全稱所涉及之個個 X 也。「有人有死」則等值於「有些 X 滿足『如 X 是人則 X 有死』之形式」。所有 X 滿足此形式等值於個個 X 滿足此形式之絜和。

（Ｘ數無窮，其絜和亦無窮。）是以全稱、偏稱皆同於上面定然之解析，皆涉及散殊個體也。在則同在，不在則同不在，不得有分歧。既涉個體矣，然則此無向命題豈不因外事（個個分子）而有意義耶？豈不又變爲有向耶？曰是不然。曰：然則此存在是何意義耶？曰：徒有邏輯設置之意義，而無實際存在之意義，是以 SP 皆爲符號也。吾人並不注意之，可全忽而不問也。此句式亦不因 SP 即獲得一外面之意義：SP 在推演中毫無作用也。SP 純爲邏輯之設置，於全稱、偏稱中所涉及之 S 個體（個個分子）亦隨此 S 之設置而設置。世間縱無此個體亦不妨：有與無皆不生影響，是即於此句式之意義無干矣。吾名此邏輯之設置爲遊戲存在論。是以此句式依成之之質量概念而有意義，其推理亦即爲質量概念所成之句式之推理，故曰質量系統。

第三、就質量統系言，每一三段式皆爲藉質量所限制之句式以顯理。每一如此之推理式皆爲顯理之推理式，非可以論證視，亦非可以知識論。設問大原已得證否，此即爲出位而乖本。由此起問，遂視推理式爲丐辭。此以知識論證視推理，亦由逐物而生疑。蓋此時所置之大原非表象外物之知識，不應就此而起論證之疑問。吾人之知識固亦可表示爲推理，然其推理爲有所依附有所凝固之論謂推理，故可得而考究其成立之根據，與夫致問其是否已得證。然一純粹而形式之推演，則在唯顯理則，不表論謂，是以不應有此疑。此唯顯理則之推演，既根本亦終極。此爲理則之直呈，亦即理性之自見。無雜染，無內容。由思解顯，還成思解。純粹而形式之推理式直表達之，而別無所表，唯達此理，而別無所達。丐辭者知識論證事，而無與於純粹之推理。是以敬告善思維，凡純粹而形式之三段

推理式，皆所以顯此普遍之理、終極之則，而不可謂其為巧辭也。此本乎無向命題即可知也。

　　第四、推理所以顯理，而推理亦即此理之流衍（自見之開展而表於推理式者），純由理之內出而成此推理之必然。是以不可涉對象（無論實或虛之對象）而撰推理。由對象而綜撰，即由對象而推明。設面壁危坐，靜觀三點。由此三點而得一綜體，由綜體之連結而檢取一結論。設由此以明推理，雖可得必然之連結，而涉於對象以明之，則即為歧出而逾越。此以推理為末位而置於外，非明推理之道也。夫汝之觀三點以得結論，即汝之推理之流注也。當汝觀三點成一推理式，推理即已隱於背後而成立矣。此即推理矣，何須由三點之綜撰以明之？是故此理定由內顯，不由外陳。故謂其為根本而終極，非可歧出而推明。根本者，一切思解活動皆有此理宿其中而貫穿之。終極者，凡歧出外向藉一外事以明推理，即已落末位，而此理自身此時實已顯露而先在。汝之向外以明之者，實即此理之外投而外在化。以其為根本而終極，故為先驗，故須內顯。不獨質量句式之三段推理而如此，一切純粹形式之推理皆如此，皆為理性自見之表現。依此，邏輯句式（即無向命題）依構之之概念而有意義，如此句式所成之推理依理性自己而有意義（理性自己即是一種意義）。有向命題依經驗而有意義，知識中之推斷依其所論謂而有意義。

　　第五、凡純邏輯中之推理皆為純粹而形式之推演，如此推演乃所以顯純理。不應視為知識論證中之推斷。此為上述第三點所已明者。依此，如自純邏輯中之推理言之，則凡組成推理式之命題皆不應視為表象知識之命題。其中之命題，如離開推理式而孤言之，則

其個個自身便無所謂眞不眞。即以亞氏句式所成之推理式論之，其中之命題只爲質、量兩概念所限制之句式，其於外物毫無所說，是以自其自身言之，只一空空之句式，無所謂眞不眞。然如此空空句式，組而成推理，則爲必然而不可疑。此必然而不可疑者何意耶？吾人切不可視其爲一知識之確眞，亦不可視此必然不可疑由於其中每一命題之爲眞而始然。於一推理式中，其中之命題，泛而言之，固須眞，但其所謂眞只是吾之肯置或置斷（如羅素《數學原理》中每一命題前之主符是），非表象知識之命題之爲眞也。然則此必然而不可疑者，必非知識之必然而不可疑。其必然者，理自身如是也。其不可疑者，自身如此之理也。每一以空空句式所組成之推理式皆爲顯此理，而空空句式所組成之推理式之爲必然而不可疑，亦非由於其他外來之意義而始然，乃直爲理之自見而始然。如是，吾人可說：此推理式全體之成立（非個個命題之成立），因其爲純理之自見，自見而如此，故其成立（亦即必然而不可疑），乃無理由者。以此理自身即爲理由也。吾人覺此理，非以理由而覺此理。自其非以理由而覺之言，吾人實已直覺而覺之。吾人所以能以直覺而覺之，乃因當夫此理之自見，吾人自身實已處於此理中，蓋此理之自見，即見於吾自身之理性思解之活動也。吾人固有不自反而不自覺者，所謂日用而不知也。然一旦自反而自覺，則此自覺即爲直覺而覺之，非能以外來之理由而證之。當吾人謂純邏輯中一切推理皆爲無理由成立者，吾人只應謂其爲理性之自見。以爲理性之自見，故一切推理之成立皆爲無理由者。此其爲無理由，並非言其以直覺爲理由，乃實因此理自身即理由。吾人言直覺而覺之，實只言須承認之而已矣，殊無其他理由可言也。如不明一切推理式爲理性之自

見，因理性之自見而成立，而徒謂其無理由，以直覺而成立，則是
其成立之理由在直覺，非理性之自見。如此而言，即為反理性。設
或所謂以直覺而成立，又不限於純邏輯中之推理言，而自知識論證
之推理言，或視純邏輯中之推理亦為知識論證之推理，由此而普泛
之，以為一切推理之性質及推理中之命題，皆以直覺而成立，則尤
混擾而謬誤。吾為此言，實有所指。英人約德者，私淑於羅素與柏
格森者也。撰有《物質、生命與價值》一書。時有新雋之見，而器
小不能大就，管窺不能宏通。其書第三章〈論思考為潛存事物之了
知〉一節，中有一切推理皆為直覺之說。彼所謂推理正知識論證中
之推理也。彼以三段推理為例。其論證之線索如下：凡人有死，孔
子是人，故孔子有死。此中結論有二可能：或含於大原之內，或不
含於大原之內。換辭言之，此中結論，或非新，或雖新而不必真。
如其含於大原之內，則非新。如此可能而□【編按：此字原件無法
辨識。】，則大原中「凡人」之「凡」必為吾所周知之「凡」，即
吾人須將一切人皆一一試驗而計算之，因而孔子亦必在計算之內。
如是，「孔子有死」之結論實已含於大原中，故不得為新。然剋實
言之，吾人並未舉且亦不能舉全部之人而盡數之。如是所謂「凡」
者實為吾人所已知者之普遍化，據其已知概其所不知。然如此推概
有據否耶？不能無疑也。推概而成之「凡」，能證實耶？亦不能無
疑也。然雖不能無疑，而吾人實已肯定其為真。約德即依此而言此
大原之為真即為直覺而不可以理辨。就第二可能言，結論不含於大
原中，故為新。既為新，則可問：此將何以知其可由大小二原推演
而得耶？此亦無理由以解之。吾人但知可以如是推得而已耳。是故
結論之為真實為直覺而不可以理辨。約德此說，實不可為訓。此中

之問題亦複雜。就其所論之推論而言之，實爲知識之推斷，亦爲歸
納之問題。論者亦多方，今不詳陳。然吾可總持而分之：知識命題
間之推斷與邏輯命題間之推斷實不同，不可混一而論之。一推理
式，如視爲純邏輯中之推理，則爲一事，其意義如吾上文所說。如
視爲知識論證中之推斷，則爲另一事，其意義又不同。如自知識論
證之推斷言，則其中之命題皆爲表象知識之命題，此自可以言其眞
不眞，以其有向故也。然其眞不眞，□【編按：此字原件無法辨
識，疑作「既」。】非無理由者，亦非只以直覺爲理由。大原之實
證否，與夫從已知推未知之有據否，此本爲歸納問題之癥結。如自
此視大原，則大原之如此確立，固有甚長甚長之來歷與夫甚長甚長
之委曲。此豈得謂無理由可說而純視之爲直覺耶？凡表象知識之命
題，無一而可純以直覺視。何者？以其有外來之意義故也，非一空
空句式故也。若謂此大原本未得滿證，徒由普遍化而得肯斷爲定
然，此定然之肯斷即爲直覺者。此亦不然。若此定然之肯斷爲全無
委曲與來歷，自可爲直覺。然今自知識論證而爲言，則彼有甚長之
來歷與委曲，此即不能視爲無理由。（未得滿證之普遍命題，而得
爲定然之肯斷，此中亦有可言直覺處。然爲別一事，與約德所言者
大不同。吾將論之於〈比知部・由理智至超理智〉章。）若謂論證
之知識須有一不可論證者爲根據，此無不可。若謂知識論證之推理
中之個個命題皆無理由者，以直覺而成立，則不可。此則不但反理
性，且亦反經驗。此本爲歸納知識之問題（約德所言即指此），與
純邏輯中之推理本無關。惟約德視一切推理爲直覺而不可以理辨，
有貌似而多混，故特指而辨之如上。

　　第六、依此，純邏輯中之推理有以下諸點須洞徹：

一、其中之命題依構之之概念而有意義，無外面之意義。此謂無向命題。

二、無向命題，於一推理中，其爲眞假只爲吾之肯斷，無外面之意義，即不因經驗或事實而爲眞假。

三、無向命題之推理依理性自己而有意義。

四、一無向命題之眞假爲邏輯中之眞假，此種眞假由二用之外在化而成立。此意詳論之於下節。

而知識中之推斷則有以下諸問題：

一、有歸納之邏輯根據問題。

二、有歸納之事實法則問題。

三、有普遍命題中之「凡」之問題。

四、有滿證與分證問題。

五、有理智與超理智問題。

此皆非本章所能論。

第四節　推演系統系二：眞值系統

以上所言純粹形式之推演系統爲質量系統，且就亞氏邏輯而爲言。此系統以取通常言語句式爲資具，故其基本概念不能不凝固於言語句式中。而且其基本概念只有肯定、否定之質尙不足，且須於主詞施以全分之量以限制。以此兩組基本概念而成之句式，雖可全剔其內容，使其爲空空之句式，以成純粹而形式之推演，然其句式既未脫言語句式之形式，故對句式言，其構造既不能臻於極其工巧之邏輯形式，而對推演言，亦未能臻於嚴格整齊之境地。此其所以

爲原始而簡陋也。且其爲推演仍爲言語形式之質量句法之推演，尚
不能直應理性自己之開展而推演，故其爲純爲形式乃爲外爲末之
純，爲外爲末之形式，非能直應純理之純而純也。近代邏輯即欲於
此而進一步。今欲吾之符號系統（亦曰有形系統）直應理性自己之
開展而成立，使其「純」直應純理之純而純，既毫不參以經驗之成
分，復亦不須求助於外末者，或表之以外末者，則吾必須脫棄通常
言語句式之資具，吾須直應純理撰爲邏輯句式以爲資具。吾亦必須
不必囿於言語句式而啓發基本概念，且須直應純理而撰基本概念。
又基本概念亦不必表現於言語形式中，且可依一邏輯形式而表現。
此即於反顯識純理後進一步之邏輯之所作。吾人將亦即因此進一步
之邏輯而益識純理也。此進一步之邏輯即直應純理而成立之邏輯。
此直應純理而成立之邏輯之邏輯句式如何造成耶？此直應純理之基
本概念如何造成耶？將見此直應純理之邏輯句式即隨此直應純理之
基本概念而構成。此基本概念何耶？就既成邏輯言，構造邏輯句式
之基本概念大抵如下：一切（全）、有些（分）、否定、肯定、眞
值、假值。大抵全與分爲一組，餘四爲一組。由後一組而成之邏輯
句式，最根本者曰析取，曰函蘊，曰絜和，曰不相容。直應純理而
成立之邏輯句法即由後一組之基本概念而構成。此即吾所謂進一步
之邏輯也。後一組以否定、肯定爲主，眞假由之而引申。本節所論
只限於此。至近代邏輯亦取全分之基本概念而成句，然亦比亞氏之
取用較嚴格而整齊，亦具邏輯之形式，所謂「命題函值」是也。命
題函值之句法與亞氏邏輯之句法相融或不相融，視解法而定。依著
者觀之，並無不可通處。惟此中頗費討論，本文不能詳也。故捨此
而論肯定、否定之一組，依全分概念而成之句法曰命題函值，依肯

定、否定概念而成之句法曰眞理函値（俱云眞假値函値）。今即問此眞理函値如何構成耶？

吾人於明純理自身時，曾謂肯定、否定二用即爲純理自見之自用，亦即理性呈現其自己而爲自己所起之運用。此理性自見之二用即爲直應純理之基本概念所由來。言純理自身，故言肯定、否定爲二用，此所以示理性爲具體而活潑之意也。今言符號系統，以此二用爲基本概念，吾人須稍變其意而外在之、鬆弛之。此即眞假二値也。此時吾人不言二用，而言二値，亦不如亞氏邏輯之凝固於命題之言二質，蓋二質亦猶二用也。如亞氏句式中二質爲強度，全分二量爲廣度，則言二用亦強度也，故具體而活潑。惟以亞氏邏輯囿於言語句式之形式，徒有二用不能成推演，而必賴廣度之二量，是則廣度之用尤顯於強度，而廣度爲外來者，非直應純理自身而撰成，故其推演系統，雖足以唯顯純理，亦非直應純理而撰成。今欲直應純理而成基本概念，並因之而成直應純理之推演系統，則自無所需於全分之廣度。然徒言二用，則爲純理自身之開展，此爲具體而活潑。純示理性自身之眞實性，不可鋪陳播弄而成統系。蓋以其純由思解活動而顯露，即當其依附於亞氏命題而爲二質，尚且不足以成推演，況乃直捉弄其自身，更無著處乎？是以今欲直應純理自身之二用而成基本概念，必須將此二用外在化、鬆弛化。外在化、鬆弛化，即爲眞假二値，亦曰二價，此即強度自身之廣度化，不必復求外來之全分廣度矣。如亞氏邏輯可偏言廣度而曰全分統系（此已有言其根本概念爲曲全公理矣），則今所言之統系即爲二値統系，亦曰眞理値或眞假値統系。亞氏邏輯之基本概念爲外，二値統系之基本概念爲內。其爲外者，非謂其由經驗而來也。直對二値之直應純

理自身之二用之爲內者而言外耳，外故已偏矣。內則眞正無待，故
其系統純而淨。

　　二值以其爲二用之外在化，故必須附著一符號而後可以籌度而
撥弄之。其所附著之符號，即命題。惟此時之命題爲未分解者，雖
亦爲無向，然不得爲句法，以其未分解，故無所謂句法也。此時之
命題直只一符號，以爲二值之托足處，無何意義可言也。一邏輯句
式依構之之基本概念而有意義。此時之命題非是一句法，故無所謂
意義也。然雖無意義，而吾人總可說一命題有眞假。一無意義之符
號，眞假值即是其內容，亦可謂此就是其意義。外此無內容，無意
義。然無意義之符號，旣非一表象知識之命題，而此時所論者又爲
純形式之推演，則其眞假自非一知識命題之眞假，亦非因經驗之證
實而言之眞假。其眞假之值，此時只可爲二用之外在化。二用外在
化依附一符號，即謂此符之眞假值。依此假說二值爲命題（即符
號）之二值，並依此而言命題之眞假。

　　命題旣爲一符號，非句法，無意義，則二值系統必只由眞假值
而構成，眞假爲基本概念，由之可以構成最基本之句法。

　　一、可以構爲一「眞P」之句法。「眞P」即「P之值爲
眞」，或言「P爲眞」。於此句法中，如代之以眞P，則此句法爲
眞。如代之以假P，則此句法爲假。故「眞P」一句法亦爲一函
值，此函值即眞假函值也。一符號P無意義，非句法，而「眞
P」，則於P加以作用，即爲一句法，有意義。

　　二、可以構爲一「假P」之句法。假P亦曰「非P」，或「P
之值爲假」。於此句法中，如代之以眞P，則此句法爲假；如代之
以假P，則此句法爲眞。故此句法亦爲一眞理函值。

三、可以構爲一「不可能」之句法，不可能即 P 無有可能之值：眞亦非，假亦非。於此句法中，如定 P 爲眞或爲假，則此句法爲假。如定 P 之眞假俱假，則此句法爲眞。故此句法亦爲一函值。

四、又可以構爲一「必然」之句法（即套套邏輯）。必然者，一命題之眞亦眞，假亦眞。於此句法中，如定 P 之眞假俱假，則此句法爲假；如定 P 之眞假俱眞，則此句法爲眞。以上爲一命題之句法或函值。

五、又可構爲「P 或 Q」之句法。於此句法中，如定 P 爲眞而 Q 假，或定 P 假而 Q 眞，或定 P 與 Q 俱眞，則此句法爲眞。如定 P 與 Q 俱假，則此句法爲假。

六、又可構一「P 與 Q」之句法。於此句法中，如定 P 與 Q 兩者俱眞，則此句法爲眞。如定 P 眞而 Q 假，或 P 假而 Q 眞，或 PQ 俱假，則此句法爲假。

七、又可構一「P 函蘊 Q」之句法。於此句法中，如定 P 眞而 Q 眞，P 假而 Q 假，或 P 假而 Q 眞，則此句法爲眞。如定 P 眞而 Q 假，則此句法爲假。

八、又可構一 PQ 不相容之句法。於此句法中，如於 P 與 Q 定爲「或 P 假或 Q 假」，則此句法爲眞。如定義 PQ 俱眞，則此句法爲假。

一命題可構四函值，如上所述。兩命題可構十六函值。今只說四，餘不煩言（詳見吾邏輯書）。

如此種種句法，皆依眞假二基本概念而構成，亦依眞假而有意義。每一如此之句法，實爲一眞假之關係。眞假之關係一變換，即

定一句法或函值。此種變換甚有統系，並非凌亂無緒。此種統系名為二值系統之橫面系統。

橫面系統外，尚可構一直線系統。此曰推演系統。於推演系統中，以「非 P」與「P 或 Q」為首出之句法。以此兩者先定「P 函蘊 Q」之句法，再定「P 與 Q」之句法，復由「函蘊」與「與」再定一「等值」之句法。此為基本之定義。此共為五句法。依此五句法再構若干原則，並依據推斷之手續，即可構成一推演系統。此推演系統以「函蘊」而勾連，故曰函蘊系統。而此函蘊句法（亦可曰關係），又以真假關係而規定，故此系統又曰真值函蘊系統。從函蘊之界說而名也。（函蘊意義與界說頗難言，此不俱論。）於此統系，自函蘊觀之，則為推演統系，以函蘊為可以推演之關係故。其為統系，皆滿布以函蘊式。自函蘊之能界之真假值觀之，則此統系只為真假值之流衍。又自其為真假值之流衍觀之，則此統系又全為套套邏輯之必然。是以真假值之流衍與套套邏輯之必然實為此推演統系之暗流。自推演統系言，則純為一推理統系，表象純理自身之開展。自推理統系之暗流言，則知此推理統系為最純之統系，毫無所依附而然之統系。將見此統系雖不能不假借命題以構成，然其構成實不因其中命題之呈為何形式而構為如其所呈之形式之系統，因此中命題並未分解故。故雖為命題之系統，實為真假值之直線關係系統。其表象純理自身也，實為直應純理之自身而表象，亦可云即純理自身之表現也。故吾以為真值函蘊系統乃為直應純理而成之純邏輯。自純理系言，純理自身為邏輯；自推演統系言，此推演統系為邏輯。此即純邏輯，亦曰邏輯自己。蓋以其直應純理而無歧出故也。

　　純理系與推演系兩者表裏而相應，故此推演統系處處爲循環。循環者，循環無端其若環，乃一無終結之圓圈也。此言循環，並非指此推演統系本身自首至尾爲循環。自此推演統系本身言，乃一縱線之推演，無所謂循環也。此言循環，乃指此推演統系之造成言，或指吾之作此統系言。譬如，函蘊本爲造成一推理式之手續。P 眞而且 P 函 Q 眞則 Q 眞。此本爲因「P 函 Q」之補充而成之推理式。然此推理式非由外而空頭以造也。當吾論推理式之形成，而須一可以推演之手續，此推理式儼若自外成，因「P 函 Q」自外補入故。然當此推理式一形成，其本身即表象根本而終極之推理，亦即理性自身之開展，則此使吾人可以推演之手續即非外來者，實不過以理性如此開展者轉而爲可以如此推演之手續。此其所以非由外來而空頭以造也。此推演統系滿布如此之推理式，而滿布如此推理式之推演統系即表象理性自己之開展，而此理性自己之開展又復轉而爲此滿布如此推理式之推演統系所以可能之手續。此即所以爲循環。又如此推演統系中本已演出同一律、矛盾律、排中律，而此三律又實因純理開展所昭示之三律之貫注（亦即應用）而始然，尤以矛盾律爲特顯。矛盾律於此推演統系中而推出。所謂推出即謂由此統系而得證明。而所謂由此統系而得證明，實即爲純理所昭示之矛盾律之應用，是即不啻以其自身證明其自身。蓋所謂因其「如此這般」不能矛盾，所以有不能矛盾之矛盾律也。又如「P 而且 P 函 Q 則 Q」，此本爲推演統系中已得證明之命題。然當吾說：「如其有 P，而且有 P 函 Q，則此時即可以推 Q」，此即爲一推斷原則。所謂推斷原則，即一推演手續原則也。此爲一無形之原則。按此無形原則可以作如此有形之推演。彼已得證明之命題爲一有形命題式，

而此無形者則爲一不在紙上之原則，有成就一切有形式之大用。須
知此不在紙上之原則即純理自己也。以其無形，故亦不可符。此即
無形之邏輯。同時彼已得證之命題式又何嘗不即顯示純理自身耶？
透過有形以至無形，復以無形還而成就有形。是以當吾論或作此推
演統系，無往不循環。此其故即在：一、此推演統系直應純理而爲
純邏輯；二、吾之論之或作之，旣處於純理之中又處於純理之外。
處於純理之外，是吾欲作一推演統系也。處於純理之中，是吾作邏
輯亦不得不用邏輯（即無形之純理）也。此其爲循環即純理系與推
演系表裏相應相依之循環。自知識論證言，循環爲大忌。自純邏輯
言，則以循環爲所尙，是以最純最淨之邏輯即爲繞圈之邏輯。以其
單線自轉故也。此爲不移之理。讀者必悟此，而後可以語邏輯。

　　此繞圈之統系，自其爲符號系統而觀之，實是一推演統系。無
此推演統系，吾人不足以見邏輯。是以吾人不能不謂邏輯爲推演統
系也。旣爲一統系，不能不有構此統系之原念，如否定，如析取，
即此統系開始之原念也。自否定與析取而至函蘊，即爲此推演統系
建立可以推演之手續或根據也。自純理而言之，純理開展無始無
終，蓋舉足落足即此純理自身也。如前第二節所述。然一有形統系
不能無始。惟此有形統系，自其爲推演而言之，其爲推演不同一有
所謂之推演，如幾何或力學之推演。是以自其有推演之「始」而言
之，其爲始亦不同於有所謂之推演所從出之「始」。質言之，此所
謂「始」非「有所謂」之推演所從出之公理（或定理或假設）之
「始」也，亦即此「始」非公理之謂也。「始」非公理，言其非是
思想。吾人言依基本概念而造句法。此概念並非一有所指、有所謂
之思想。如一切、有些，如肯定、否定，吾人不能謂其爲思想也。

雖謂其爲概念，然非代表一思想之概念。譬如康德名範疇曰概念，
然範疇並非一思想。而公理則常爲代表一思想之概念，如幾何或力
學開首之假定皆然。是以純邏輯系統之「始」非公理，亦非一思
想。此一純粹而形式之推演，徹頭徹尾皆爲定然，皆無所謂。基本
概念非思想，故無所謂。依之而成之句法，亦非思想，亦無所謂。
故此「始」非公理。公理有假然之意，而此既無所謂，故亦無假
然；即依此意，言其爲定然。雖有其「始」，始亦定然；徹頭徹
尾，皆爲定然。以其所象唯是一理故也。如以公理爲推演之基礎，
則公理不眞或有變換，由之而推出者亦隨之而妄或有變動。（有時
公理之作用，公理雖可妄，而由之而推出者不必妄。）然純邏輯之
推演則不如此。蓋以其並無所謂也，只爲一理之表現耳。任一有形
系統所表者皆唯是一理。有形系統變，所表者仍唯是一理，故無所
謂妄與不妄也。當成句之基本概念變，其所成之句法變，由此句法
而成之系統亦變，則此系統中之命題或不能配入一新系統中，然亦
不能謂其爲妄也。因爲一有形系統皆無所說，唯表一理，故任何有
形系統徹頭徹尾皆爲定然。否定與析取爲原始觀念，函蘊爲基本定
義，並未謂其爲公理也。此其始爲顯與所謂公理者不同矣。近有人
致疑邏輯是否爲一推演系統，又斥羅素不當視邏輯爲以公理爲基礎
之推演系統，如幾何與力學然。由此遂斷曰：邏輯並非一推演系
統。關此，吾可如此答：言推演系統不必即如幾何與力學，非如幾
何與力學之以公理爲基礎之推演，不必即爲非推演系統。是以吾於
本段之首即肯定曰：有形邏輯是一推演系統，但其「始」非公理
耳。是以不如幾何與力學。至羅素是否視其所作之推演即爲如幾何
與力學，尚不能遽作肯定之斷言，以羅素於此並無顯明之思想。

《數學原理》問世距今已三十餘年矣。首創之始，雖或不免取幾何以喻推演，然取表面少分為喻，不必即謂其視同幾何也。至少如吾所解，此一推演系統與幾何力學實不同。其原始觀念、基本定義，亦與公理不同科。作之者不必即能適當論謂之。羅素之論邏輯，如本刊三、四期拙文所述，即非著者所贊同。然該處亦無視邏輯之推演同幾何之推演之思想。謂邏輯非以公理為基礎之推演系統者是也，然謂其直非一推演統系則非也。蓋邏輯有有形、無形之別，不能不分別以論之。如無此分別，而復謂其非推演統系，則必糊塗而茫然。下文將詳論之。

或曰：汝謂純邏輯之系統，徹頭徹尾為定然，然原始觀念、基本定義為有形邏輯之始者，縱與公理不同科，亦不能謂其為定然，蓋亦可以變換也，而亦實有變之者，焉見其為定然耶？曰：吾言定然乃對假然言，非實然與必然之對也。即定然不可以等視於必然，所而變換者即句法之變換。然變換不礙其為定然，以定然並非必然也。吾固認造成有形邏輯之句法可以變換也。譬如由亞氏句法變為真值句法，即其例也。最純之邏輯，無論其所設立之句法為如何，然當其一經設立，必只為無所謂之句法。並無所指謂，亦不含有思想。藉之以成推理，而其所成之推理亦只是此推理，並非何者之推理；而只是此推理所示者亦只是此純理，外此無所有。所成者徹頭徹尾只是此推理，所示者徹頭徹尾只是此純理。即以此故，說邏輯句法及成之之概念為定然，並非謂此句法不可變換也。然質量句法，吾亦謂其為定然；真值句法，吾亦謂其為定然。並不因由質量句法進至真值句法，遂謂質量句法不定然，或謂亞氏邏輯非邏輯。如有異乎真值句法者，吾亦如此說。句法雖可多端，不主故常，然

吾可持純邏輯爲準繩而衡其是否爲純淨。如其所立之句法含有思想
概念於其中，吾不得謂之爲純句法。其所成之推演系，吾亦不謂之
爲純邏輯。如其所立之句法含有經驗之成分，或有因經驗而起之成
分，吾亦不得謂之爲純句法、純邏輯。如其所立之句法，雖函有思
想概念之成分與因經驗而起者，然並無作用於其中，其用之也爲藉
用，因而只爲一符號，則亦無傷其爲純邏輯。如論關係與類，即非
邏輯，而藉用關係或類爲籌符，則無傷。然究已不純也。古邏輯爲
質量句法，今邏輯爲眞值句法。質量句法，雖有需全分之量，不能
直應純理而建立，然全分之量非思想，故雖爲偏爲外亦無傷也。眞
值句法，以吾前所述者爲至純。現代邏輯皆不離眞值句法，而其中
變換亦甚多。設以至純者爲標準而衡之，則變換不過兩支（就目下
所有者言）：一爲簡繁問題，有歸約羅素之二原始觀念爲一者，有
歸約其五原始命題爲一者。有此歸約，故句法亦須變。然只爲簡繁
問題，仍不離眞值句法。雖變換無傷也。此可不論。一爲更張問
題，譬如路易士之嚴格函蘊是也。此對眞值函蘊而有所變更。然吾
以爲此所更張，實爲杯弓蛇影之舉。又因此更張，遂歸於不純。眞
值函蘊如吾所解（見吾邏輯書），實至純而至淨。路易士不了眞值
函蘊之原委，更之以嚴格函蘊，自吾觀之，徒爲加重語氣而已。此
於邏輯全不必要，須剔去之。嚴格函蘊系統，有可能、不可能、必
然等原始觀念。此亦爲外來者，已足使其系統爲不純。（吾於前文
已言吾人亦可構不可能之句法或套套邏輯之必然之句法，然此兩詞
皆爲對於眞值句法之指述，而非一有作用而獨立之概念，與路易士
之存想異。）然問題之要者，其系統究是否能異於眞值函蘊耶？路
易士定嚴格函蘊爲「 P 眞而 Q 假 」爲不可能。然誠能了徹眞值統

系之底蘊，將見此定義實無以異於眞值函蘊也。眞值函蘊定爲「或
P假或Q眞」，而此定義，據眞值之演算規律，即等於「P眞而Q
假」爲假。然則所差者只爲一言「假」，一言「不可能」。此尙得
謂有根本之異耶？旣不能根本有異，徒爲語氣之加重，自不能獨成
統系也。即是一統系，亦爲不純耳。路易士外，又有三值系統乃至
多值系統，此雖可以擴大有形邏輯之範圍，自有其價值，然自純邏
輯嚴格而論之，皆有不純之成分在。且亦不能不以二值之眞值系統
爲底據。是以吾定二值之眞值統系爲標準邏輯也。須知句法雖可變
換，然成句之基本概念，如自至純者而言之，實不能有若何之多
也。吾前所列者爲一切、有些、肯定、否定、眞值、假值等。若知
構成邏輯句法之基本概念非思想概念，則自不能隨便增加也。若以
思想概念參其內，其多何限？然吾可以知其爲純與不純也。

　　是以由上所論，句法之變換固無傷。然

　　一、不能視句法爲公理；

　　二、不能視句法之變換爲公理之變換。是以

　　三、無論採取何句法，皆只爲徹頭徹尾成推理，徹頭徹尾示純
理，是以徹頭徹尾爲定然。

　　四、句法有不同，而若其所成之系統皆爲純粹而形式之推演以
顯純理，則固即爲此純理之所自見，故亦皆爲純邏輯。是以

　　五、須鑒別句法之純不純，須鑒別是否承思想概念或經驗成分
而造成。句法之純不純，決定系統之純不純。

　　六、二值之眞值系統爲直應純理而成之最純最淨之系統，此即
爲純邏輯，爲標準邏輯。

　　七、句法之變換，如滿足四、五兩條，皆可爲此純邏輯之所

攝。

八、邏輯之有形系統皆為純理之自見，故亦皆為純理自見所表現。有形系統之「多」皆本於無形邏輯之「一」。有形邏輯皆以此「一」而有歸宿、有來歷，亦以此「一」而得簡別為純不純。而有形邏輯之「多」，紛然而雜陳者，固亦不損其絲毫。而邏輯家變換條目，日見新奇，則固此學之光大，吾又何能不善為之所？雖然，有形邏輯雖可多，而要不能無限多。其故蓋在須滿足四、五、六三條也。

九、吾雖不如康德所謂邏輯（指亞氏邏輯言）已成定型而臻圓滿，支節之技巧修改或有之，而基本更張（指變更亞氏邏輯之規模言）則不可能，然如吾所解邏輯之本義，則將千古而不易。無論有形邏輯如何變換，而皆應為只成推理，只示純理，則將為邏輯之絕對義，且將為認識邏輯之不二法門，亦為判別邏輯與非邏輯及其純與不純之唯一準繩。（幾何與力學非邏輯。不純者吾將名之曰特殊邏輯，如為數學而立之種種邏輯即為特殊邏輯。）如不識此義，則就自下言，邏輯

一、必流入路易士所謂相對論、多元論、唯用論，隨之吾人以無判別邏輯與非邏輯及其純與不純之標準，則又必使吾人無由判別邏輯與知識論乃至與元學之差異；由此而降，其差謬將不可究詰。

二、或流入視邏輯並非推演統系，只為推演法則之一部，為如何將推演形式以統系化之指示法。此則進於路易士，而亦似之而非也。

前者無頭腦，後者無眉目。前者為相對，不足以防濫；後者雖絕對，亦不足以防濫。前者之謬，易為刊正，可不多言。茲論後

者。

　　視邏輯並非一推演統系，只為推演法則之一部，或只為如何將推演形式以統系化之指示法，此蓋為維特根什坦之所見。近復見洪謙先生譯韋思曼一文，名曰〈邏輯是一種演繹的理論嗎？〉（此中「理論」二字不妥），刊於《學術》季刊第一期，推明維氏意。原文不得見，譯文大意略可窺。據此說，似能識邏輯之超越性與絕對性，自其極普遍處而為言，不自各種推演統系而涉想。此可謂進一層矣。然自吾觀之，則亦無頭腦、無眉目、無歸宿之僻見。尚不能止於此。該文大意略謂：邏輯根本不是一種根據邏輯定理而形成之命題體系，僅是屬於邏輯的推論法則之一部。韋思曼以為羅素視邏輯為根據邏輯定理而成之命題體系，如同幾何與力學。邏輯定理，於邏輯統系中，為一具有本體性之前提。然韋氏所謂「邏輯定理」一詞，羅素實未用之。而彼所謂「定理」，又隱指「函蘊」言。吾前已言之，「函蘊」實不得視之為「公理」（即定理）。羅素只視之為一基本界說，而界之之「否定」與「析取」又只為原始觀念，亦未曾視之為「定理」。三者雖為有形邏輯之「始」，然皆不得謂定理。至少如吾所解，吾已解之非定理，不得以其為有形邏輯之前提，即謂其為定理，而以幾何與力學類比之。「定理」一詞，不可濫用。至羅素視否是邏輯為依定理而成之命題體系，如同幾何與力學，尚不可得而必。有形邏輯是一推演統系，吾已肯定之。吾又謂雖是一推演統系，而不必即同幾何與力學，而其前提亦不必即視同為公理。惟是否為一推演之統系，尚非重要者，要者在其前提是否為公理。吾可否認其為依公理而成之統系，然吾不能即因此而否認其為統系。然則關鍵即在其是否為公理。吾已明其不為公理矣。如

前所述，此可爲吾之說，與羅素無涉焉。今且考察「僅是屬於邏輯
的推論法則之一部」一語之意義。邏輯不是依據公理而成之命題統
系，此語無論韋氏所隱函之思想爲如何，至少吾於此句文字之表意
上，亦可贊同之，以吾亦未曾如此視邏輯。然則其所謂「僅是屬於
邏輯的推論法則之一部」是何意義耶？此中「邏輯的」一詞爲狀
詞。邏輯的推論法則，言有邏輯性之推論法則。推論法則是何意
義，暫置之，稍後再論。邏輯「僅是屬於邏輯的推論法則之一
部」，此語可有二義：

　　一、主詞邏輯指各種有形邏輯言（如羅素系統或其他）。如
是，此語所示實言：各種有形邏輯僅是屬於推論法則之一部，一部
之爲言即一示例也。言各種有形邏輯只是此邏輯的推演法則之示
例。然此所言乃說明各種有形邏輯，非界說「邏輯」也，恐非韋氏
之原義。如是，

　　二、邏輯是邏輯的推論法則之一部，此即以「邏輯的推論法則
之一部」界邏輯。所界者爲邏輯自己，非各種有形系統也。然所謂
僅是推論法則之一部，則必謂並非全體邏輯的推論法則是邏輯，而
僅是其中一部推論法則是邏輯。然則邏輯之上尚有一界曰「邏輯的
推論法則」也。於此整界中，有一部推論法則是邏輯，亦必有一部
非邏輯。然則「是邏輯」之一部與「非邏輯」之一部，如何區別
耶？乃至此全體「邏輯的推論法則」界是何意義耶？如何規定耶？
謂邏輯爲其中之一部，言之似甚易，而其言此之根據則甚難。適所
提之兩問，如不能答，或尚在未答，謂邏輯爲其中之一部乃無意義
者。如謂邏輯非依公理而成之統系，只爲成統系之推論法則（不言
一部），或如論者所云，只爲如何將推論形式以統系化之指示法，

則較妥。然如此所云，必函有「有形邏輯」與「無形邏輯」之分。
無形邏輯只是此成統系之「推論法則」（不言一部）或「指示
法」。有形邏輯則是依推論法則而成統系，或是依指示法而使推論
形式統系化之統系。韋思曼固已云：羅素眞値函蘊統系並非邏輯，
乃只屬於邏輯之一例。如果有有形、無形之分，眞値蘊函統系無論
如何純，總是已經統系化之統系；而如果無形邏輯亦只是此成統系
之推論法則（此爲用韋氏語而從吾修改之說法），則謂眞値統系非
邏輯，只爲邏輯之一例，亦無不可。

　　韋思曼之思想極動人，非淺嘗者所可比。吾人極願疏導之而考
究其指歸。茲列三義以判其得失：

　　一、眞値統系雖爲有形統系，然非依定理而成之命題系統，亦
不與幾何與力學同（羅素思想不管）。

　　二、韋氏「推論法則之一部」，此中「一部」之思想謬，當去
之。

　　三、「推論法則」之思想甚可取，然如不只爲神秘，而且有歸
宿，可攝入吾之純理觀而明之。

　　以下且略述韋氏「推論法則」之意義。

　　邏輯之基本物事曰推論（同於推演或推理）。所以推論法則即
從一命題而可以推其他命題所依據之法則。此中命題或爲簡單，或
爲複雜。簡單者爲一命題如 P。複雜者爲若干命題之結合，如一推
理式。自一簡單命題言，譬如從 P 推 Q。吾人如何能從 P 推 Q
耶？其間必有足以使吾人過渡到 Q 之法則。此法則即爲推論法
則。但須知推論法則是無形者。依推論法則而成之推論式，則爲一
式之平鋪而有形。假如「P 函 Q」爲有效形式，吾人即可因之從 P

推 Q。但「P 函 Q」並非一推論法則。從 P 與「P 函 Q」而推 Q，平鋪之而爲一符號式，即一推論式，亦非所謂推論法則。但推論法則實可由此推論式而領悟，而亦與此推論式有相應，然而非即此推論式。是以「推論法則」爲無形，而推論式爲有形。如吾所解不誤，則彼所謂「推論法則」，即一有形系統中首示出現而不可以符號列之「推斷原則」也，亦即羅素所謂「非形式之原始命題」也。此推論法則，韋思曼又名之爲指示法 S。是以如欲從 P 推 Q，則下列模式即爲一指示法 S 之基本模式：

$$
\begin{array}{ccc}
 & P & \\
P & D & Q \\
 & Q &
\end{array}
$$

由此指示法觀之，一有形推論式似須兩前提：一爲原命題 P，一爲補充品「P 函 Q」。前一前提與推論無如何關係（雖不可少）。後一前提於推論中方是重要。依韋思曼，此後一前提即爲羅素所謂「邏輯定理」（但羅素實未用此名）。又云：從 P 能否推 Q，亦須以邏輯定理之眞假爲標準；並謂於形成有形推論中，羅素於指示法 S 之外，還須假定一定理爲前提；且以爲此是羅素之謬點。而韋氏則以爲定理實非推論法則之前提，僅是推論法則之補充品。吾欲從 P 推 Q，只須根據「P⋮Q」模式，於虛線處，補以定理「P 函 Q」，即可形成一指示法 S：

$$
\begin{array}{ccc}
 & P & \\
P & D & Q \\
 & Q &
\end{array}
$$

此指示法 S 即爲推論法則，由之而可以成一推論式，即：「P

而且 P 函 Q 則 Q」之符號式，亦即從 P 推 Q 也。任何其他複雜之
推論式，皆可如此作。是以吾人只須根據一模式即「P ¦ Q」，補
以相當之定理，即可形成某推論式之指示法 S 或推論法則，由此法
則即可形成所欲造之推論式。是以韋氏云：定理在邏輯推論中之作
用，只爲將推論法則中所缺少之部分補充之而使之成律則，或云：
將某推論形式補充以相當之定理使之形成一指示法。所以定理非如
羅素所謂爲一切推論法則之前提，僅是指示吾人如何給推論形式以
有效之形式之方法。至於定理之爲眞爲假，其與邏輯推論更無關
係。

　　韋氏之聲述有其精到處，但指斥羅素未必恰。彼所謂定理即指
函蘊言。函蘊只爲一有形推論式中之前提。所謂前提者即是所須經
過之手續或步驟。如果彼所謂推論法則即所謂無形之推斷原則，則
羅素並未謂函蘊爲一切推論法則之前提。而且推論法則亦無所謂
「一切」。推論法則只是一法則，此是最後者，何須函蘊爲其前
提？然則韋氏之指斥近乎無的放矢矣。其所以至此之關鍵即在其視
「函蘊」爲定理，如同幾何與力學之定理。吾以爲此種解析實謬
誤。至彼所謂定理只是推論法則之補充品，則亦須分別觀：若視推
論法則爲無形，爲一無形而完整之法則，則其爲法則自身即爲完整
而無所缺，亦不須吾人之補充，更亦不能分拆之而謂其有缺少，將
須吾人之補充。若視推論法則爲有形，而欲以符號模式指示之，即
以指示法表示之，則所謂以定理爲補充品尚可也。如是，吾可如此
分別而解析韋氏所主之意義：

　　一、無形之推論法則，此則不可以符者。

　　二、以指示法 S 表示推論法則，此則可以模式示，然仍非一推

論式。自指示法而言之，「Ｐ函Ｑ」爲一補充品，但不可視之爲定理。

三、由無形之推論法則，或由有形之指示法，吾人可以作成所欲得之推論式，此爲一平鋪而有形之符號式。自此符號式而言之，「Ｐ函Ｑ」爲此符號推論式中之前提，前提者望其所推得之結論言。此爲有行推論式中之手續或步驟，並非一定理。

由此三條而觀之，「Ｐ函Ｑ」在第二條爲補充品，在第三條爲前提。在第一條之推論法則，旣不可以言補充品，又不可以言前提。羅素所作者爲一有形推演系統。於此系統中，每一推論式自須有前提。然前提非必即公理。自一推論式言爲前提；自全體系統言，函蘊爲首出，亦得曰前提。然不能謂其爲一切推論法則之前提。此實爲韋氏之謬解。羅素並無有形、無形之分，而其所作者又只爲一有形之系統。韋氏遂於此而斷定其函蘊爲定理，並加重此定理之意義，以幾何與力學類比之，儼若函蘊眞爲「有所謂」之定理，而又特加重其眞假之意義，如是函蘊眞成有所謂之定理矣。自吾觀之，韋氏之思想，未必爲羅素所不許，而其所斥羅素之謬點，亦未必爲羅素所首肯（自然羅素亦不必同於吾之邏輯觀）。如明函蘊非定理，又明有形系統不能無前提，則韋氏之指斥成徒然，而其所主張亦可成立也。

韋氏以上列三條之首二條定邏輯，可謂庶幾矣。而定爲推論法則之一部則極謬。前已辨明。今去「一部」二字，單觀首二條之所言，則所謂邏輯必只是一「推論法則」而已。對有形之推理式言，曰推論法則。設泯此對言，自吾說而觀之，則「推論法則」只是吾所謂根本而終極之「推理」也。此推理即推理自己，非是何者之推

理，只是此推理。而只是此推理所示者亦唯只是此「純理」。然韋氏尚未能至乎此，亦庶幾近之矣，再進一步必歸吾說而後已。否則，如韋氏所言，必感落空而無歸宿。引而至於言語句法（依加拿普意，推論法則亦大可轉而爲其所謂句法之轉成規律也），固引之者之塵下，亦倡之者（指維特根什坦言）之不善巧也。（維也納派之思想愈引愈遠，本文不欲論之。）

　　最後所應論者則爲此推論法則與由之而成之有形系統或推論式之關係。夫默想推論法則之自身爲邏輯（如吾說即推理自己），固至矣盡矣。非眞見到者，不能言此。此就是邏輯，不應著跡。一著跡，便不是他。此非有極透脫、極超越、極反顯之心思亦不能至乎此。是以自此上上而言之，則著跡之有形系統（如眞值函蘊系統）自可謂之非邏輯，或只爲邏輯之一例。然此意如韋氏之所會，斥眞值系統爲由定理而成之系統，如同幾何與力學，遂視之非邏輯，只爲邏輯之一例，則非了義。吾以爲有形之眞值系統實只爲由推論法則而成之推論式，亦即只爲推論法則之平鋪。會觀上列三條，即可識此密義。推論法則只是此推理，平鋪而爲推理式亦只是此推理。推理法則與其所成之推理式，一而二，二而一，形影相依，不可或離。兩者所示者皆只爲此推理自己，亦即純理自己而已矣。眞值系統無所說，其所示者亦不過只是此推理。如了吾前所言其爲至純而至淨，直應純理而形成，則雖有形，而於吾所說之只是推論法則之平鋪，或只是此推理，亦可洞然也。如此，默想推理自己，固爲邏輯，而其平鋪之有形系統亦不得謂之非邏輯。由有形而識無形，由無形而定有形。有形者，荃蹄也。既得無形，吾亦何必愛此有形？然亦何必定棄此有形？

附注一：本文只作到辨彰純理自身。至理與數之關係，及其在理解中之
作用與地位，與範疇之關係，以及其形上之地位，皆非本文所
能明。只好另文發表。以本文之量已夠多矣。

附注二：自邏輯而指點到純理，並反而以純理定邏輯，此必須自理解
言。如不能歸到理解，吾人即不能提出「純理」一詞，亦不復
見有「理」字。即可以指點到「理」字，亦為自存在學而言邏
輯，由存在而顯理，此為形上學之論法，亦為古人之態度。吾
以為此是踰越與混擾。如邏輯即是純理之所在，純理亦指示邏
輯之所在，則必須自理解而得其實，不能自存在而得其實。至
彼不能指點到「理」字者，則必視邏輯為普遍之言語。此為近
代之趨勢。即如維特根什坦與章思曼等視邏輯為推論法則或指
示法，是已近之，而如不能歸到理解即不能復見「理」字；如
不能提出「理」字，則推論法則或指示法即是空懸在外面而不
得歸宿者。純粹邏輯家只言推論法則一語，就事論事，亦無其
他責任可負。然彼輩皆不止此也。順是而降，而如歸到言語句
法，此中或為維也納派之思想，或為羅素之思想，皆足以毀滅
邏輯，不可救矣。此中所繫在一機之微。歸到理解而見出純
理，則當下便見安頓，而亦無損於邏輯之絕對性、純粹性、客
觀性，且可以開啟哲學方面之大囗【編按：此字原件無法辨
識，疑作「務」。】。彼輩偏見至深，以為一講到「理」字，
便不免玄學之味道；一提到理解，便不免主觀之味道，所以盡
量往外擺、下向推。然彼輩結果終不免限於種種極壞之形上學
之困難，而如吾所講之純理卻並未至此。彼輩又以為一言理解
便歸到康德式之知識論，以為此是自知識論講邏輯。然而彼等
之講法卻結果無一而不與知識論混在一起而前進，而吾之講法
尚未至此也。吾輩生長中土，切忌隨人腳跟轉，禪家所重在指

歸自己一路。隨人之風而披靡，則是小人之德草也。隨人之偏
見而爲偏見，則又不堪問矣。

民三二年五月廿二日草於成都之寂寥室

原載《理想與文化》第7期　1944年11月

知覺現象之客觀化問題

一、柏拉圖討論此問題

　　知覺現象或感覺現象之為主觀的、變化的，這一事實，在哲學史上，早就被認識。而如果是主觀的變化的，則知覺現象即不能為知識之客觀的對象，而感覺或知覺亦不能給吾人以知識，依是，知覺現象如何能客觀化而為知識之真實對象，乃知識論中必須努力解答之問題。柏拉圖在 *Theaetetus* 篇中曾藉證明知覺不是知識暗示此問題。以下試就 Theaetetus 與蘇格拉底之對話以申明之。

　　T（代表 Theaetetus，下同）：「自我觀之，某人知道某種東西，即是覺知他所知道的東西。是以自吾現在之情形觀之，知識不過是知覺。」

　　S（代表蘇格拉底，下同）：「你所給之知識之性質，實不可輕忽。汝所給者同於普洛塔哥拉斯之所給，雖其述法稍有不同。你須不忘記他說：人是一切事物之尺度，即：『是』之事物之為有以及『不是』之事物之為非有之尺度。無疑，你曾習知此道理。」

　　T：「是，吾曾熟閱之。」

S：「他曾如此說：任何事如是對於我，乃是現於我，如是對於你，乃是現於你，而你與我則是人。彼非如此而言乎？」

T：「是，他實如此說。」

S：「善哉！以彼之聰明，其所說當不至無意義。茲且順其義而觀之。同一風也，當其吹時，有時某人覺其料峭，而某人則不。或某人覺其稍寒，而某人則覺其甚冷。」

T：「誠然。」

S：「然則，吾人將說彼風自己是冷乎抑不冷乎？抑或順普氏義而如此說：風對彼覺其料峭者而為冷，對彼不覺者而不冷乎？」

T：「此甚合理。」

S：「復次，對吾人中任何人，皆如此而『現』乎？」

T：「是。」

S：「而所謂現，意即『覺』其如此，非乎？」

T：「誠然。」

S：「然則，顯現同於覺知。對於熱之事物如此，或任何其他事物皆如此。它們之對於每一人『是如此』，意即其覺之是如此。」

T：「似是如此。」

S：「然則，知覺總是某種東西『是』之覺知，而如其是知識，則覺知之為知識必是『不會錯誤的』。」

T：「此甚顯然。」

以上是「知識是知覺」與普洛塔哥拉斯「人為萬物的尺度」一主張相結合。依此結合，足以表示：知覺現象是主觀的。假若知識不過就是知覺，則知覺之為知識，意即：知覺是對於「是」（意即

存在）或眞實的東西之「無錯誤的」領納。知覺是不會錯誤的，而
如果它就是知識，它必是對於存在或眞實之領納。因惟有能把握住
存在或眞實者，方可說是知識。然則，知覺是否能把握住存在或眞
實呢？以下再就「知識是知覺」與海拉克里圖斯變之主張相結合以
明知覺現象是變的，而且知覺推其極根本不能有所知。

　　S：「居，吾語汝，此一主張甚可注意。依此主張，無有一物
能恰如其自己而爲一物，你也不能以一定之名字而恰當地稱呼之，
甚至你不能說它是任何種東西。反之，如你名之曰『大』，將見它
亦是『小』；如名之曰重，它亦是輕。推之其他，皆然。因爲無有
一物能是『一』物或是『某』物或是任何一定之物。一切東西，吾
人欲名之曰『是』，而實是在變之過程中又不能是。吾人如說其爲
『有』或『在』，實是錯誤，因爲無有一物能『是』，它們總是在
變。〔……〕」

　　此段所述之主張，有兩義須區別：一、無有一種反對能離其自
己之反對面而存在。此義即說：無有一物能恰如其自己而爲一物。
二、一切吾人謂其有「在」之東西，實從未曾「在」或「是」，但
在變之過程中。Cornford 於其《柏拉圖的知識論》一書中，於此
段對話解云：「應用於感覺物，柏拉圖承認海氏之主張〔……〕此
原則，柏氏引之於其感官知覺論。而結果則修改了普洛塔哥拉斯之
陳述：我是『是』者之尺度，凡現於我者即於我爲『是』。在此，
『是』吾人代之以『變爲』。在知覺範圍內，我是那變的東西之尺
度，但從未是『是』之尺度。而普氏之要求知覺總是『是的東西』
之覺知，乃變爲柏拉圖的主張：知覺總是那在『變之過程中的東
西』之覺知。」（39頁）

S：「其學說之其他方面且不論。只問一切東西，如你所述，是在一永遠變之流中。非乎？」

TD（代表 Theodorus，下同）：「是。」

S：「變豈不有兩種乎？一是地位之變，一是質變。」

TD：「如果所有東西在變，此自如此。」

S：「若然，則如果它們只在空間中動而不變更其質，我們自能說它們在此流中動時所具有之性質。汝以為吾不能如此說乎？」

TD：「自是可能。」

S：「但是，因為無有一物能是定常，不惟地位之動，且亦質有更變。在流之物，並非流其白，而是變其白。是以即自白自己而言之，亦必流變而飛入另一顏色。然則吾人能給任何顏色以名字，而且吾之名之也甚恰當，此為可能乎？」

TD：「蘇翁，此如何其可。」

S：「復次，對於任何東西之知覺將如何說，譬如見或聽之知覺？吾人能說它以其自己之本性留住於此而為見或聽乎？」

TD：「如一切在變，此決不能。」

S：「然則，名之曰『見』，無以異於『不見』。即在其他知覺亦然。名之曰知覺，無以異於『不是知覺』。」

TD：「誠然無異。」

S：「可是，依 T 及我，吾人皆說知覺是知識。」

TD：「是你們實曾如此說。」

S：「如其如此，則答何謂知識，亦不能有異『知識即是非知識』。名之曰知識，無以異於非知識。」

TD：「此顯然也。」

Cornford 解云：「 此段辯論，後半討論知覺，似不如前半討論對象之有力。吾人可答辯云：雖然視覺器官及知覺（即視）變無停時，然而並不能因此即說：視成爲不是視而名之曰『 不視 』。T之等視知覺與知識，其意爲：每一單獨的知覺活動是對於某種存在的東西之無錯誤的了知。此義並不能因指出知覺及其對象總是在變而被否證。『 知覺加對象 』這一完整之複體可以變，但如其在任何刹那給予以知識，則即永遠是知識。吾人只是在極細微不同之刹那間而了知極細微不同之對象，但每一新知覺其無錯誤皆與前此之知覺同。變之事實不能使知覺成爲不是知覺，或如果它曾是知識，它亦不能成爲不是知識。但是，極端的海拉克里圖斯主義者不能作此答辯。我之知覺，雖其內容常變不居，然而當其一有『 是知覺與知識 』之特性，它總是可以保留其『 是知覺與知識 』而爲此同一常住之事物。但海拉克里圖斯主義者說：無有留住不變而爲同一者。柏拉圖意是如此：如果一切東西，無有例外，總是在變，則言語不能有固定之意義。在『 知覺是知識 』一陳述中，其中諸字之意義必須永遠變更。是以該陳述不能保留其爲眞，或保留其爲同一陳述。海氏主義者克拉太露斯（ Cratylus ）（ 他曾影響少年時之柏拉圖 ），實已達到此結論。亞里士多德說：視眞實與感觸世界爲一的思想家們歸結說：『 追求眞理實如追求一飛鳥。 』『 他們以爲整個自然世界是在變動中，並以爲關於變之事物無有眞的陳述可作；至少亦可說：關於任何處任何方面都是變之事物，無有一物可以眞地被肯定。〔 …… 〕』柏拉圖所使吾人引出之結論是如此：設於海氏之流外，吾人不能認知某種可知的東西，而且能站住而爲言詞之固定的意義，則無有一種知識之界說能比其矛盾方面爲更眞。柏拉圖在此

是決定使吾人感到型式之必要。如無型式，則如其在《巴門里第篇》之所說，即無論辯。」（《柏拉圖的知識論》99頁）

　　知覺現象如果與普洛塔哥拉斯的主張相結合，則是主觀的；如果與海拉克里圖斯的主張相結合，則是變化的。順「主觀的」一義，則知覺現象不過是我生理器官之變形，是想像之遊戲或幻像，而不能為一客觀之真實對象。順「變化的」一義，則不但是生理器官之變形，想像之遊戲或幻像，而且變形亦不能留住而為一變形，幻像亦不能恰如其自己而為一幻像，真是一虛無之流，任何物不能為「是」，不能有「在」。Cornford 說：知覺為對於某種存在物之無錯誤的了知；如其在任何一剎那它能給我以知識，則此知識即永遠是知識。此義適合於普洛塔哥拉斯「人為存在之尺度」一主張，而不適合變之主張。人為存在之尺度，尚能量出一存在（即有或是），且可說一切所如此量度出者皆為真。知覺之為無錯誤之了知，亦如此。以其為對於某種存在物之了知，是以尚有「是」或「在」可言也。故云：凡現於我者即於我為「是」或「存在」。那怕是一剎那之現，亦是一剎那之「是」。故云：於極細微不同之剎那間了知極細微不同之對象。但應用流之主張於知覺現象，則「是」已改為「變」矣。我是「是」之尺度，乃變為我是「變的東西」之尺度，但從未是「是」之尺度。如不能量出「是」，則即無對象可言，亦即無物可言。對象方面既是一虛無之流，則知覺本身，如聽本身或見本身，亦是一虛無之流。蓋吾人之知覺是以生理器官去知覺，以眼去看，以耳去聽。眼耳諸官本身即變，所謂聽之作用或見之作用亦變。見不成其為見，聽不成其為聽。即以此義，而說「是見」無以異於「不是見」，「是聽」亦無以異於「不是

聽」，「是知」亦無以異於「不是知」。依是，縱使是剎那間之聽
之見之知亦不能有也。蓋一言變，必變到底，決不能說在一剎那間
可留住而爲「是」也。是以變之流必爲虛無流。故從知覺方面討論
與從知覺對象方面討論同樣地有力。復次，即從知覺對象方面亦可
以表示聽即是「不是聽」，見即是「不是見」。蓋對象既是一虛無
流，不能有「是」，則即無所見，無所聽，是即等於聽而不是聽，
見而不是見也。依是，若一切在變，則知識決不可能。若知識不過
是知覺，則知覺決不能給吾以知識。若以知覺爲知識，能知覺現象
不但是主觀的，且必然亦是變的、虛無的。依是，欲使知識可能，
順柏拉圖，則必須於知覺外，引出型式，以及能把握此型式之器
官。看柏拉圖如何引出之。

S：「請告予，汝經由之以覺知溫暖、堅硬、輕重或甘苦之一
切工具皆是身體之部分而非其他，豈不然乎？」

T：「實是如此，而非其他。」

S：「你將同意，經由此器官而覺知之對象不能再經由別的器
官而覺知之乎？譬如，聽之對象可以經由視官乎？視之對象可以經
由聽官乎？」

T：「此自不能。」

S：「然則，如果你對於兩個對象同時有某種思想，你不能即
時有包含兩者之知覺，你只能或經由此官，或經由他官。而無論經
由何官，皆只有一對象之知覺，而不能有包含兩個對象之知覺。」

T：「自然不能。」

S：「設以聲音與顏色爲例。你開始，豈不即時有包含此兩者
之思想乎？即，豈不曰彼兩者皆『存在』乎？」

T：「吾誠有之。」

S：「豈不亦有此兩者中之每一個皆『不同』於其他，而『自同』於其自己乎？」

T：「自然有之。」

S：「豈不又有兩者合之為『二』，而其中之每一個皆為『一』乎？」

T：「是。」

S：「豈不亦常自問此兩者互相間究是否『相似』抑『不相似』乎？」

T：「無疑。」

S：「然則，汝經由何官而對此兩者思維此種種乎？凡同於此兩者者，皆不經由聽或經由看而領納之。此意，可再取一例以明之。假使吾人能研究聲音與顏色兩者究是否為鹹或不鹹，無疑你能告汝以何官而知之。即，顯非以視或聽，但須用他官。」

T：「自然須用他官，即用舌以嘗之。」

S：「甚善。汝可告予，經由何官可以使汝知不惟於此等對象為公共者，且於一切東西為公共者。所謂『存在』或『不存在』，以及適所提出之諸詞，皆何意義乎？汝經由何官，吾人之覺知部分能以之覺知其中每一個字之所指乎？」

T：「汝所意謂非『存在』與『不存在』，『相似』與『不相似』，同與異，以及單一與應用於其上之一般數目，而且汝之問題亦必兼攝奇數偶數以及一切與之同類之概念乎？汝豈非問經由身體之何部吾人之心能覺知此種種乎？」

S：「善哉善哉！汝甚得我心也。此即吾之問題。」

T：「蘇格拉底乎！似並無一特殊器官以覺知此種種也。吾意此心之自己即是其自己之工具以默識彼應用於每一事物之公名耳。」

S：「T！汝誠秀雅人也，決不似 TD 所說之醜陋。蓋在論辨之時，聰慧語惟秀雅之人始能道。汝謂心經由其自己之工具而默識某種事物，其他事物則經由身體器官而知之。如汝於此瑩徹於心，汝之救予於冗長論辨之困厄，汝實秀也，而進於慧矣。汝所說者先得我心矣。雖然，吾願汝之契此也。」

T：「敬願心領神契。」

Cornford 解云：「此段辯論，吾人首先回到前所討論之感官知覺。依前所討論之感官知覺，吾人認主體不過是一堆不同的感覺器官，而感官知覺則只是發生於器官與外物間之一歷程。此義已立。現在復進而指出：於各不同器官之後，尚有一心官，專接受各種器官各自不同的報告，而且能夠反省各種感覺器官之所與，而且因而造成判斷。在此等判斷中，思維之心使用各種名詞，如『存在』、『同於』、『異於』等等。凡此等等，皆非知覺之對象，皆非經由任何特殊器官之通路而達於心，但只是對於一切感官對象為『公共』之物事。心經由其自己之工具而與此等名詞之『意義』相接遇，而非經由身體器官與對象間之交通而相遇。此等名詞名之以『公共』，而與各種器官之私的或特屬的對象相反對。公共之意不過如此。此等『公共名項』切不可與亞里士多德所說之『公共感觸物』相混擾。此『公共感觸物』，依亞氏，則以為是位置於肉心內之一公共感覺器官之對象，即，可為多過一個感官之器官所覺之對象，例如運動、形狀、數目、大小之量、時間等。柏拉圖未曾言

『公共感覺』，但反之，卻只說：他所謂『公共名項』不被任何感官所接納，但只爲思想所領悟。含有此『公共名項』之判斷爲心所造成。心依其自己之思考而造成之，無有任何特殊的身體器官之參助。名曰『公共』之諸名項，並非亞氏意。其意只爲一個名字公共於任何數之個體。依是，『存在』是公共地應用於一切物事；它可以出現於對於任何主詞之陳述中。『存在性』，柏氏告吾人曰，是隸屬於一切東西。此等公共名項，事實上，即是公名之『意義』，亦即柏拉圖所叫做之型式或理型。此段辨論中所提之公共名項之示例，同於《巴門里第篇》所舉之例。在那篇對話中，蘇格拉底以爲芝諾之兩難可以因分離相似性不相似性，多性一性，靜止運動，以及與此相類之一切型式而避免。稍後他又加上許多道德的型式，如美、善等。此恰如此處之所加者。在此篇對話中，柏拉圖極力少說型式，而且極力避免此字。但是所謂公共名項實即是型式。此對於凡稍讀《巴門里第篇》者皆顯然也。因此詞之避免，遂誤引論者以爲型式一詞，此篇並未提及，因而遂誤視公共名項爲範疇矣。〔……〕」（所著書105-106頁。）

　　S：「然則，你將如何安置『存在』？因爲存在一概念究竟是屬於每一物事的東西。」

　　T：「我必將安置之於心自己所領悟之事物中。」

　　S：「相似不相似，同與異，亦將如此安置乎？」

　　T：「是。」

　　S：「然則，榮譽不榮譽，好與壞，又如何？」

　　T：「凡此等等，吾意，其爲『存在之有』亦爲心所思及。當心在其自己內反省過去、現在並瞻望將來時，以此較彼，立即可以

思及凡此諸物之為有。」

S：「止，勿多述。茲可如此述：某種硬東西之硬性及某種軟東西之軟性，將為心經由觸覺而覺知之，非乎？」

T：「是。」

S：「但是，它們的存在性，以及它們兩者俱存在一事實，以及它們之互相反對，以及此種反對性之存在，凡此等等，卻是心自己判斷給我們的，當心反省它們時，以及將它們比較時。」

T：「誠然。」

S：「然則，經由身體而透入吾心之一切印象（感覺）乃人禽之所同，而且從有生之頃，即天然而構成。惟反省之而涉及其存在性及有用性，只有很困難的經由長而麻煩之教育歷程始能獲得之。此豈不然乎？」

T：「誠然。」

S：「然則，一人若不能達到存在，其達到真理，乃可能乎？」

T：「誠不可能。」

S：「若一人不能達到一物之真理，能謂之為知該物乎？」

T：「不也，夫子。彼如何其能？」

S：「如其如此，知識決不藏在印象中，但在吾人之反省此印象中。它在反省中，不在印象中。即此，乃使把握存在與真理為可能。」

T：「此顯然也。」

S：「然則，知識與知覺之兩物，其不同如此其甚，吾人能以同一名字給予之乎？」

Ｔ：「此決不宜。」

Ｓ：「然則汝將以何名字名見、聽、聞、覺冷、覺暖乎？」

Ｔ：「自當以『知覺』名之。尙有其他名名之乎？」

Ｓ：「若將此種種取而總之，汝名之爲『知覺』乎？」

Ｔ：「自必如此。」

Ｓ：「然而此知覺之爲物，吾人已知其決無能領悟眞理，因其決無能領悟存在也。」

Ｔ：「此誠然。」

Ｓ：「依是，彼於知識亦無分也。」

Ｔ：「決然無分。」

Ｓ：「然則，知覺與知識恐不能爲同一物矣。」

Ｔ：「蘇翁，顯不能也。知識必是某種不同於知覺之物事。而今而後，乃知此實甚爲分明之事也。」

Cornford 解云：「此是對於要求知覺爲知識之最後的否證。雖在某意義吾人承認知覺無錯誤，然而知覺仍無知識之第二特徵。此即言：知覺不能領悟存在與眞理。存在與眞理兩詞有模糊不淸處。柏拉圖用此兩詞皆意指眞的實在，即，其所歸給型式而不能歸給感覺對象之眞的實在。如果吾人記住前文所提之意義，吾人可說：即使是最簡單的判斷，如『綠色存在於此』亦必超出知覺範圍以外，即超出吾人對於綠之直接了知以外。知覺能力不能認識『存在』一詞之意義。因爲只有判斷或陳述才能是眞的，所以一切眞理皆必須在知覺能力範圍之外。」（同上所引書頁108）

眞的知識必有兩特徵：一、無錯誤，二、領悟眞的實在。知覺雖有前者，而無後者。實在、存在、眞理、型式，所指是一。不能

及眞的存在，即不能及眞理。不能及一物之眞理，即不能謂爲知一物。是即謂不能有知識也。知覺無力領悟存在，以其所領納者常變不居故。瞬息即滅，非眞實故。因而亦無力領悟眞理。以眞理即實在故。

惟以上順柏拉圖的思路說，只能證明知覺不是知識，只能表明型式之必要，尙不能表明知覺現象之客觀化而可爲知識之眞實對象。柏拉圖在此只能使吾人感覺到型式之必要，而提出理世界。然柏氏之理型是與感觸現象隔離的。如果理型與感觸現象隔離而外在，而不能爲感觸現象之構成之形式條件，則感觸世界仍爲一虛無流。眞實者自眞實，不眞實者仍自若。依是，柏氏的理型說對於吾人之問題只有暗示性，而不能算解答。順柏氏的理型，若想與吾人的問題有關係，則似乎當該說：理型必須內在於感觸現象而爲其形式條件。內在於現象，並非謂變的現象即可因而成爲不變。變者仍是變者，但可因不變者而成爲眞實，而成爲客觀的事象，而成其爲變者。但若理型隔離而外在，則現象不能有此諸義。柏拉圖自富於哲學的智慧，又具有詩人的情味。然後來的哲學思辨則大都順亞里士多德之用心而前進。此並非有愛於現象，而是爲的成就經驗知識。

二、康德解答此問題

柏拉圖雖不能解答吾人之問題，但知識論，甚至整個哲學，卻必須自了解柏拉圖所說的知覺之本性起。那些具有普遍性的概念，即理型，一方不能爲知覺所把握，但一方又爲「知識之可能」所必

須。柏氏首先告訴吾人，假若只是知覺現象，只是一切在變，則無有知識之可能，無有任何一詞能有固定之意義。但是，假若理型不能與現象有若何確定之關係，則柏拉圖之哲學的智慧仍無助於自然知識之成立。只不過是提出一個潔淨空曠的理世界以為靈魂之寄託所。可是，假若理世界不能獲得其真實可能性，則人們又可以自感覺經驗而遮撥之。近代哲學中的經驗主義不是順柏拉圖的線索如何去建立為知識所必須的理型，而是順知覺之本性如何去否定知覺所無能把握的普遍概念。經過了巴克萊及休謨的激蕩，遂產生了康德的批評哲學。巴氏所想極成的是「存在即被知」一主斷，所否證的是那永不被知而卻被認為有存在的物質本體。他為的要去掉這個抽象的物質本體，為的要極成「存在即被知」，他必須以神心代物質。但是，若只限於從知覺上以言「凡存在即被知」，則上帝亦是不能被知覺的。依是，無關心的哲學思辨必以為以上帝代物質只是宗教上的偏愛。（自然巴克萊哲學的最後宗旨必須被極成，但是巴氏本人尚不能避免哲學家的疑問。）如是，巴氏的哲學啟發了休謨。休謨確是守著感官知覺之本性而遮撥一切的。休謨的哲學只是柏拉圖的感覺論（與普洛塔哥拉斯的主張及海拉克里圖斯的主張結合的感覺論）之正面的肯定。假若認此種感覺論為知識的唯一源泉，則凡超出此源泉的東西必然被否定。實則並不須休謨來否定，柏拉圖早已知道徒由知覺不能把握普遍性的東西。但柏拉圖卻進而復知知覺並非知識，而休謨卻認為知覺是知識的唯一源泉，除此以外，再不能有其他源泉可想。若真如此，則柏拉圖必可說「是源泉無以異於不是源泉」。依是，經驗主義終必自身否定，而不能為說明知識之理論。依是，知識之可能必賴於感官知覺及知覺現象以外

之心與理之提出。解答「知識之可能性」一問題，乃至「知覺現象之客觀化」一問題，端視對於心與理如何講。在此，康德提出了哲學史上獨一無二的一種解答。本文吾並不想對於康德的哲學作詳細的陳述。茲作簡單介紹如下：

依康德，知覺現象所以能成其為知識真實對象，端賴於統覺底統一，即是攜著純粹概念（即範疇）而去綜和現象所成功的統覺之統一。一切現象皆在統覺之統一中方是屬於我的。否則，不得屬於我。不屬於我，即表示不在我的意識中，因而亦不能有之。我不能有此現象（康德名曰表象），則現象亦不成其為現象。依是，一切具體而現實的表象必盡攝於統覺中，而為統覺所伴有。原則，在我主體中被表象的某種東西必不能被思想，而此亦即等於說表象不可能，或至少對於我一無所有。所有的表象在統覺中，即表示在統覺之超越的統一中。在此統一中，一切現象有它們的綜和統一。統覺底統一是一切綜和的先驗根據。理解中的範疇所成功的純粹綜和或先驗綜和，亦必含在統覺底統一中始可能。所以統覺底統一是理解底可能性之根據。康德有時說統覺即是理解，有時亦表示統覺使理解可能。順此後者說，統覺不即理解，但可顯示其用而為理解。一切現象統一於統覺中，是表示統一於一個意識中。是以統覺底統一是總持的、獨個的、整一的。但統覺不能不表現為理解，而理解自身又有許多純粹概念。每一概念表示一種綜和之原則，表示一種特殊相狀之綜和。依是，統覺表現為理解即表示其統一雖是獨個的，然同時亦是多式的。從此多式的方面想，統覺底統一是依照概念去統一的。惟在概念下去統一，則理解不但是思一切表象，而且始能知一切表象。依概念去統一表象，則概念必為綜和表象之形式

條件。依是，從概念方面說，概念必有客觀妥實性；從表象方面說，表象方能是對象底表象，即有客觀眞實性。在此，康德建立了內感與外感的眞實性，因而成功了他的經驗實在論。

表象必是某種對象的表象。但吾人經由感性所直接獲得的只是表象，吾人不能有表象所表象的「對象」之所與。是以對表象言，對象只是「某種東西一般」，康德名此曰超越對象，即 X。凡是表象一定是屬於對象的，決不只是我的想像之遊戲。但表象之能屬於對象而有客觀眞實性，卻不能自超越對象方面說，因爲我對此超越是一無所知的。普通是想從對象方面來攝聚對象的表象於一起，但康德以爲此是不可能的。康德是想從表象來決定（雖不是產生）對象。他如何能如此決定之？曰：因統覺底統一而可能。統覺底統一使從表象決定對象爲可能，同時亦即由統覺底統一方面來攝聚對象底表象使之屬於對象。此是將一切表象由經過屬於我而後始可能屬於對象。從統覺底統一方面想，統一，雖是從主體方面說，卻是客觀的統一。惟此客觀的統一，才能使表象屬於對象，而不只是想像之遊戲。依是，此處說之超越的對象（即 X），實由超越統覺倒映而出。因此倒映而置定之，但此置定卻因超越的統覺這個根據而獲得其切實義。因超越統覺之統一而將表象攝聚於一起使之屬於一對象，此名曰「超越的親和性」，此亦不能由感官經驗而獲得。

統覺底統一何以能是客觀的統一？統覺是心底作用，統一是心用所成的綜和。一切綜和都要靠心底活動。但是心底活動追溯到什麼地步才能停住而又可以在此成就此客觀的統一？康德曾言三重綜和：一、直覺中攝取底綜和；二、想像中再現底綜和；三、在一概念中認識底綜和。這三重綜和，都有其經驗的一面與超越的一面。

現在且置經驗的一面而不論。超越的一面則如此說：直覺中攝取底綜和必須是這樣成就的，即，將直覺中的雜多排列在時空形式中，而時空形式是先驗的，故此種順直覺而來的攝取之綜和是超越的綜和。康德說：「每一直覺在其自身中含有一雜多，而此雜多能被表象爲一雜多，只有當心在印象底承續中把時間彰著出來才行。因爲每一表象，當其被含在一個單獨的一瞬中，它不過就是絕對的統一。要使這種直覺底統一能從雜多中發生出（如在空間底表象中所需的），首先這些雜多必須能貫於一起。這種活動，我名之曰攝取底綜和，因爲它是順直覺而起的。直覺誠然能給予以雜多，但除非在這樣一種綜和中，它不能被表象爲一雜多，亦不能被表象爲含在一個單獨的表象中。」但是這種攝取底綜和，因爲是直接順直覺而起，所以它所成的綜和不過是順直覺之所歷而如如地貫於一起以成功一個單獨的表象。而單獨之所以爲單獨，不過是表象在一個時間中或一個空間中。時空雖是先驗形式，然這種綜和卻仍是順直覺之接受性而爲當下之印持的。它尚非心之主動的或創生的綜和運用。依是，吾人再進入「想像中再現之綜和」。直覺所給吾的一切雜多皆留在記憶中。想像把它們再現出來而綜和於一起，此則不限於當下之印持，攝取底綜和，而是進入心底總持運用了。惟康德復以爲再現底綜和尚是順經驗進行的。想像之創生的綜和方是先驗的或超越的。再現的綜和則依於經驗的條件。想像底純粹而超越的綜和，從心方面說，唯是主動的創生的總持作用；從所綜和方面言，唯是時間底純雜多之先驗的結合，亦就是產生時間自身底綜和。此種綜和下面關著直覺而上面通於統覺。它是具體的，而且亦不是帶著概念去綜和。所以它所表現的還仍只是心之動用一面。它雖是對於純

雜多為超越的綜和，或為產生時間自身底綜和，但徒有時間尚不能確定地決定對象，雖然一切經驗對象無有例外皆在時間中。依是，在先驗地確定地決定對象上，在成功我們的客觀統一上，吾人尚不能止於想像底超越綜和，且必須進至能表現「我思」這個表象的統覺，純粹或根源的統覺，亦就是必須進至「在一概念中認識底綜和」。統覺統攝一切表象而使之屬於我。它雖也是心底活動，但它不只是活動。它表現為理解，而依照概念去綜和。所以康德說：「統覺底超越統一就是在一個直覺中給予的一切雜多經由之而可以在一個對象底概念中被聯合起來的那種統一。所以它可以叫做是客觀的統一〔……〕」此句中「在一個對象底概念中被聯合起來」云云，此中所謂「對象底概念」就是關涉於對象的純粹概念，即範疇。當然，統覺也可以拿著經驗概念去綜和，但是此種綜和所成的統一名曰「統覺之經驗的統一」，而不是超越的統一。而由此種統一所成功的對於對象之決定亦是經驗的決定，而不是超越的決定。統覺之超越的統一亦曰根源的統一，唯此才是客觀地妥實的。而它的經驗的統一，則只是在一定的具體條件下從那根源的統一中引生出的，它只有主觀的妥實性。譬如一個字對於此人暗示一件事，對於另一人又暗示另一件事。所以作為經驗的那種意識之統一，對所與言，並不是必然地普遍地妥實的。根源的統一帶著純粹概念去綜和，所以它的綜和不只是一種心之動用，而且即在動用中有「理」（此字代表純概念）。超越的統覺帶著先驗的概念去綜和表象，去決定對象。這種綜和叫做先驗的綜和，決定叫做超越的決定。在此種綜和及決定中，始成功我們對於現象的客觀的統一。

康德順著直覺中攝取底綜和一直向後追溯向裏收攝，至統覺而

停止。他何以能停止於統覺處？我們可以中國學問中常見的語句表示之，即統覺是心理合一之處。（理自是邏輯的，心是認識的。）惟到理處，始可以停止，亦始有客觀的意義，因而說到統一始可為客觀的統一。假若我們暫不追問統覺背後那個「超越的我」，則我們對此心理合一的統覺可名曰「邏輯的心」或「邏輯的我」，亦即客觀的心或客觀的我也。

康德向裏收攝，進到超越的統覺，是把成就經驗以及經驗現象而為其可能之根據的心與理放在經驗的背後。擺在我前面的是經驗現象，這是可以用生理器官去接觸的；但是它們的根據卻在後面，這不是生理器官所能與之照面的，但只可由反顯而得之。此種居在後面而只可由反顯以得之的根據必是先驗的根據。由此根據而決定對象，綜和雜多，必是超越的決定，先驗的綜和。經驗的根據必在經驗以外，而且物質的經驗現象之所以可能之根據必為非物質的，此即是心與理。這種作為根據的心不只是了別之用或觀照的心，而是主動的給出律則的心，理亦不是柏拉圖的理型，單為心所領悟的對象，而是具於心中發出來而構造地綜和現象的律則。此為心與理之哥白尼的革命式之調整。假若心只是「了別之用」的心，理只是為心所領悟的理，則理必與經驗現象隔絕而掛空。依是，柏拉圖是毀棄經驗的，而還歸於潔淨空曠的理世界。康德是成就經驗的，乃是據體以成用。此種據體以成用的經驗論名曰「經驗底形上學」，或曰「內在形上學」。

我承認康德的辦法確實是一種解答，他的路向大體是對的。現在的哲學大都不能還歸這個路向，所以也根本無法解答我們的問題。他們似乎也知道這是一個問題，但他們結果都只是事實之指

出，而不能算解答。現在以羅素爲例，以明近人爲學之態度及趨勢。羅素是在討論「外延原則」之應用上而顯示這個問題（參看他的《意義與眞理》第19章）。

吾人一切知識上的命題，自其最基本處言之，皆與心理生理的條件發生關係。此即羅素所謂「命題態度」。如「我相信孔子是春秋時人」、「我相信凡人有死」或「A 相信 B 是熱的」等，皆是命題態度中的命題（此亦曰內的命題）。但是邏輯或科學中的命題就是要脫離這種命題態度，而爲一客觀的命題，能客觀地說其爲眞或假的命題。客觀的命題就是外延原則能應用於其上的命題，而在命題態度中的命題上，外延原則即無效。那麼，此處顯然暗示出一個問題，即：內的命題如何能轉爲外的命題，即如何能把它客觀化而使外延原則可以應用於其上。這個問題同於我們的問題。但是羅素並不正面接觸這個問題，因而亦不想解答這個問題。他只指出在什麼情形下外延原則可以應用，在什麼情形下不能應用。他以爲一個句子及某些字有兩種不同的非語言的使用：一、作爲指示對象，二、作爲表示心之情態。一個字或句子可以經過它們的表意而出現，而沒有作爲「指示」而出現。這點當它們作爲只是「表示」時即如此。依是，一個命題 p 可以在兩種不同的非語言的路數中出現：a. 指示與表示兩者俱是相干的；b. 只有表示是相干的。當句子作爲一個主斷，因其自己而出現，我們即有 a 條。在「A 相信 p」中我們即有 b 條。此因爲我們所主斷的生起事能完全地被描述而不必涉及 p 之眞或假。但是當我們主「p 或 q」，或任何其他眞理函值時，我們即有 a 條。外延原則只應用於 a 條之情形，而不能應用於 b 條之情形。在「A 相信 B 是熱的」一句子，「B 是熱的」

這幾個字描述那為「B 是熱的」所表示的，即是說，這幾個字並不真地涉及 B，但只描述 A 之情態。依此，我們必然於「p」與「屬某之 p」之間引出一個嚴格的區別。當真地是 p 而且 p 出現，我們能保持外延原則。但是，當是「屬某之 p」發生，則此原則之失效的理由是因為 p 事實上並未出現。在「A 相信 p」中，並未涉及 p 之自身，而只表示 A 之情態，p 即於描述 A 之情態中而被介紹進來。至於 p 之為事或命題，其本身如何，在此句裏並未涉及。所以於 p 本身之真或假，亦未確定。此即所以不能用外延原則之故。羅素對此問題的態度不過如此。但事實上，所有的經驗現象都是繫屬於生理器官的。縱不說是心之變形，亦可說是生理機體之變形。所以在根本上說，假定表之以命題，則命題起初都只是表示的，即說是指示，亦是主觀地指示的。我們如何能使它所指示的有客觀的真實性？如何能使它真成為一個客觀的命題？此則決非徒說「作為指示」即可解答。p 如何能真地是 p 而且 p 出現？在「B 是熱的」中如何能真地涉及 B，而不只是我的情態？此皆需要一個根據以解答之。如果沒有一個解答，則沒有客觀知識可言。徒說外延原則之能應用或不能應用，只能滿足邏輯上之需要，而不能解決真實的問題。近人態度大抵如此，故終無哲學智慧可言也。

原載《學原》第1卷第9期　1948年1月

第三編：論哲學問題

讀《所思》

　　《所思》，張申府先生的滲透集，是近來出版的一本小奇書，結構新奇，文字奧美，此不必提，對於人生亦多精透；人生哲學，吾向來對之持不可說主義，故亦不必提。可是，這本書啓示很大，問題根本，對於科學、科學法有深切的了解，對於中西文化有根本的認識，對於現代的科學及哲學有透闢的領會，對於將來文化的建設有特殊的見解。所以，吾對這方面要說幾句話。

　　本書的中心思想，誠如著者自己所揭示，乃只是：(1)相反而相成，矛盾之諧和；(2)科學法以至純客觀法。第二乃是由第一而引出而昭示出。總之，乃是現代所流行的辯證法之深解者而已。這種辯證的觀念有兩義：(1)具體事實的生成過程之所顯；(2)以此顯示作方法返而解析具體事實之生成。前者便是「相反而相成，矛盾之諧和」；後者便是「科學法」「純客觀法」。張先生所屢昭示者，乃即是這種科學法，乃即是叫人怎樣養成純客觀的態度，怎樣養成科學法的精神，換言之，即是怎樣如實地觀事實而已。如實地「觀」，不要茫然地「推」。這種要「觀」或「構」而不要「推」或「想」的方法，全是由新邏輯、新科學、新哲學而得來。這是時代的精神之趨向，事實是相反而相成。「相反」便是「歧異」，便

是「偶」；用《算理》上的話說，便是「析取」（disjunction）；用元學上的話說，便是「多」（many）。「相成」即是「同」，即是「一」（one），即是「聚」（togetherness）；用《算理》上的話說，便是「契合」（conjunction）。「矛盾」如「相反」，「諧和」如「相成」，異名而一義。這全是具體的事實，自然如此，毫沒有意義，毫沒有價值。懷悌黑教授說，最根本的元學原則是從析取到契合之創進，其意即是相反而相成。科學法即是如實地觀之，如實地解之。不偏不依不固執，如邵堯夫所謂「反觀」，所謂「以物觀物」，這便是「純客觀法」。

具體事實的相反而相成，固然是一句很古舊、很普通的話；但張先生之引出這原則，乃是從近代的相對論、量子論、電磁像、攝引律、張量法等科學上的新主張而引申出的，所以他所引出的純客觀法之意義也有其特殊性。他所謂「成」，他所謂「和」，他所謂「絕對」及「純客觀」，皆是「物事」或「原子事實」（atomic facts）的多元宇宙觀下的產物。如是因之而引出的所謂主客合一、心物凝一之「全」，以及「我執」「法執」之揭破而趨於「圓成實」，皆非佛老之所謂「非全則無」的思想。字可襲用，而意已迥別。佛老流的「絕對」是「無」，是「不可說」，是「神秘」。現代的科學之所示，乃只是如實地觀，如實地解，非「神秘」，非「無」也。佛老的「非全則無」，也是由於揭穿了相反相對的現象而昭示，但他們以為這是虛幻，所以便趨向於超「反」超「對」的不生不滅的真，結果是神秘。此所謂「絕對」「客觀」，也是由於相反相對之揭舉而顯示；但這只是由「多」趨「一」，由「散」趨「合」，由「析取」到「契合」的生成創進，非有幻真于其間也。

這兩種思想間不容髮,而結果謬以千里。從黑格兒到柏老德萊(Bradley)這思想便趨向於「非全則無」了。世之求明「相反而相成」之辯護者,最好如實地觀事實之生成,審其所擇取!懷悌黑教授曾對瞿菊農先生說:「黑格兒的邏輯是靠不住的。」吾亦有同感。

「相反而相成,矛盾之諧和」,其中之「成」與「和」,與懷悌黑所謂「絕對位置」(absolute position)意頗相近,與中國胡煦的生成哲學之「成」亦相似。總之,即是「空時」,用胡煦的話說,是「時位」,凝一體而已。有好多空時系,但每一空時系之所成是絕對的。所以申府先生所謂「成」,所謂「純客觀」,其意即是懷氏所謂一個「滿足」(satisfaction),一個「具體形」(concrescence);用柏格森的話說,即是一個「空間化」(spatialization),但卻不是柏氏系統內的意義。其意乃與羅素的中立一元論相似,並與其解說「物」為一串具有因果線性的事情所構成之意亦同。所以,「純客所證,厥為事情」,亦申府先生之明言。而又說:「純客觀法所得的元學應是一切皆成自事情。」這又是與前語相呼應。這樣,近代的科學之哲學本已含有所謂辯證之意在內,本不用其接觸,但要非黑格兒、馬克司一流的辯證法之誤解的意義。吾想黑、馬二人手中的辯證意義,恐永不會與自然事實相符。因為他們並未如實地觀。相反而相成只是科學哲學中之一因子,只是「析取」與「契合」二概念而已。如新邏輯之包容三段論法式的舊邏輯一樣。

以上所述,乃是事實之生成。至於說到純客觀法,申府先生意,乃只是一個「見地」(standpoint),非同相反事實之實存,

乃是一個「虛構」。例如「我看桌子」這一命題，我若能跳出
「我」之牢籠而看「我」如看「桌子」一樣，則跳出「我」之牢籠
之「我」，即是純客觀的見地。據此見地而看「我看桌子」這命
題，便即是一個「原子事實」或「原子命題」，或說即是一個事實
之「結聚」或「關係」或「緣構」。近代新邏輯之講關係，講命
題，講原子命題，講解析，講事情而反對判斷、主謂、綜和（康德
之義）、本體屬性等舊邏輯，皆是這種純客觀法之結果。求知的人
們，不可不切實地深深地思一思。申府先生說：「他人、外物、世
界、自然之存在，是確實的。西洋歷來的邏輯，如不能證明之，這
只證明西洋歷來的邏輯必有毛病。」（本書頁102）這又是一句含
宏光大的話。試看所謂唯心論，那位不是走舊邏輯的路？舊邏輯與
唯心論正如形之與影。世人徒罵影奈何！

　　以上是相反相成、純客觀法之解析，吾意與申府先生盡契合。
至於「純客觀」這名目，似有問題；但其意若明，作為符號之字亦
無大關。但有一點，吾要特指以貢獻於國人，不知申府先生之意若
何。此點便即是吾歷來所堅持：所謂相反相成，乃只是自然之事
實，毫無價值意謂在也。此點不明，有害蒼生多矣。辯證法，從希
臘之希拉克里圖斯起到黑格兒，以至馬克司及其現在之信徒止，皆
是一脈相傳的誤解，即錯誤的意謂是。此一傳統之過程，全是詩
人、文人及觀念論者（現在流行的辯證法之唯物史觀亦然）之主觀
的贊嘆歌詠及悲觀的詛咒，那裡是科學法、純客觀法？浮騰了的中
國，還不沉靜點、如實點觀一觀嗎？我們既主張由如實、解析、科
學法、新邏輯而得「通」，產生科學，則詩人的歌詠贊嘆豈可奉為
真理？關於此點，我曾作一篇〈辯證法是真理嗎？〉以專門分析這

個問題。在此不多說。由此，對於申府先生的「對戥法」這個名目，吾亦不表同情。自然事實無所謂戥不戥，「力」既沒有，何有於「戥」？「距離間的逼迫」既沒有，何有於「對戥」？至於現在流行的階級鬥爭的辯證法，按著科學法，則更是錯誤，此點亦在那篇文中述之。申府先生不知不覺也受了沾染，未曾注意到這點，所以也說了以下的話：「相反者之統一是有待的、暫的、轉移中的、相對的，而互相拒的相反者之交鬥相爭則是絕對的，如動與演化然。」（本書頁148）世界裡邊沒有「鬥」，沒有「爭」，換句話說，沒有價值，沒有意義，是其所是，現其所現。照物理學的發現是如此；若如實地觀，當亦如此。這也許是作文章時的起興，但解析事實，不可不注意，尤其是科學的哲學家。這是我對於著者的一點建議。但也許申府先生已意此，亦未可知。

　　此外，本書對於中西文化的溝通，也有特見，啟示亦不少。概本其相反相成、純客觀法之根本精神而引出。對於西方思想之特長、中國思想之特點及中國對於將來科學上的責任與貢獻，申府先生以為中國人大有飛騰之餘地，不可一味的沸騰，一味的作奴隸。這都不是隨便亂說的，決不是胡適之先生那樣快樂一時口舌的一兜包與梁漱溟先生那樣的一腳踢之隨便，乃全由科學上而引申出的。讀者參看原書，自可了然。

　　申府先生是研究數理邏輯及科學底哲學的，這本小書乃只是其對於科學法、如實的態度之信仰之解析之宣表。我希望自此以往，繼續作實際的工作，應用其科學法以建設第三文化，以改造科學，以求通而為國人倡，以替學術界、思想界開闢新路。吾想這正是條可走而未走的路，現在是轉變的時機。（此書係神州國光社出版，

每冊定價六角。）

原載《北平晨報，北晨學園》第193期　1931年11月3日

墨子之兼愛與孟子之等差

A. 墨子的兼愛理論及其實現之根據

墨子這種改造社會的理論，我們也可以說，即是原始的封建社會型態下的產物。他立論純以當時的民情之所利害，風俗習慣之所傾向爲根據，既沒有科學理論的根據，復沒有哲學理論的根據。他的理論之循環是由兼愛而尙同，由尙同而天志，復由天志而兼愛。所以他這個循環根據，其實即等於無根據，他這套理論可以簡約成一句話，即順民情之所好惡而以天志爲威脅之條件。

民情是喜利而惡害，所以他就主張「愛」始有利而無害。但若各愛其所愛，則必成爲各利其所利；結果，仍不成其爲愛。所以，不但要愛，而且必要兼愛。兼即是公意、共意或合意，並非如孟子所謂「是無父也」的兼。我現在以孟、墨對舉，並非說孟子有意與墨子針鋒相對。吾意孟子當時並不見得就讀過墨子的書，只不過道聽塗說聞得楊、墨之言盈天下，所以就來個「墨子兼愛，是無父也」的反駁，其實孟子也不過是姑妄聽之，姑妄言之而已。所以，他的理論並不一定專爲對墨子而發，這是要注意的。所以，墨子雖

言兼愛，亦有君、親，不必以孟子之痛罵爲可據也。他們這兩個理論只是兩個不同的論點，其故下面要說。

兼既是對私而言，然空口言兼，是很難發生效力的，所以必須找一個公共的標準爲兼之根據。〈尚同下〉說：「古者天之始生民，未有正長也，百姓爲人（此人爲人倫之人）。若苟百姓爲人，是一人一義，十人十義，百人百義，千人千義，逮至人之衆不可勝計也，則其所謂義者，亦不可勝計。此皆是其義，而非人之義，是以厚者有鬥，而薄者有爭。」此恰如莊子所謂各是其所是，各非其所非，墨子以爲要救此弊，必須立「正長」，由正長而至於君，至于天子，始足以齊衆口之義。但有天子，尚不算極，所以〈尚同上〉說：「天下之百姓皆上同於天子而不上同於天，則菑猶未去也。」必須上同於天，則衆弊始去，天是最後的規範，最後的根據。兼愛爲法天之事，法天而兼愛則有利有福。

天是什麼？墨子以爲就是鬼神，所以又曰「天鬼」。從此可以見出此所謂天，與儒、道兩家所說的大不相同。這種天的觀念，純粹是宗法社會、封建社會時代的思想。天既爲鬼神，所以天鬼是有意志的，所以又曰「天志」。所謂尚同，即是尚同天志。然而其所謂天志，其實不過就是人志。所以他這個天志即是人志的客觀化、普遍化。人有愛之志、有利之心，普遍起來就是天志，就是兼愛、兼利。人就當以這個普遍的天志爲法，而去作實際的兼愛。

天爲什麼兼愛、兼利呢？〈天志上〉答道：「以其兼而明之。何以知其兼而明之？以其兼而有之。何以知其兼而有之？以其兼而食焉。何以知其兼而食焉？四海之內，粒食之民，莫不犓牛羊，豢犬彘，潔爲粢盛酒醴，以祭祀上帝鬼神。」這是多末可笑的理論！

因為天下的人民都祭祀天，所以它即是兼，天志既成為兼，所以它就好像輪人之有規。這樣以來，兼愛就有根據了。既有根據，就含著一種實現其主張的方法。這種方法即是以天來畏之，以天來誘之。以天為畏、誘，則其方法之淺層粗俗可想見矣！所以我在前邊說，他這套理論就只是順民情之好惡而以天志為威脅之條件。這種思想在某種時代或許有相當的效力，但稍微進化一點的人類就會不相信它。所以墨子只知當兼愛，而其兼愛之根據，及其實現之方法，卻都是不健全的，都是不能滿足人類之知、情、意的需要的。所以他這個根據，在現在看來，就等於無根據，其方法就等於不是方法。所以墨子的理論就算是失敗了，然而兼愛這個理想是不失敗的。

B. 孟子的差等理論及其最後的實現

孟子之差等說，即是指他所謂「親親而仁民，仁民而愛物」而言的。其實據吾所見，這個差等並非實有其事，即是說，並不是在元學上有其實際存在的不同等級，乃只是一個實踐的過程問題，乃只是一個倫理的經驗生活之逐漸放大問題。差等與兼愛，不是同一範圍中的不同觀點，乃是兩個性質不同、範圍不同的理論。若把它們比而同之，以為是針鋒相對，則是錯的。吾可以說，兼愛是倫理學上的元學理想，可以看成它是個概念上的客觀存在；至於差等，則可以看成是實踐行為的活動過程，並不必有客觀的存在。

我們講道德系統，大概可分三部：㈠最根本的、普遍的，而有客觀效用的元學根據，即基礎論是；㈡最合理的、合情的，而能奏

實效以使自我與大我同為完全實現之實踐活動，即修養論是；㈢普遍的、共同的，而有客觀基礎的至善之鵠的，即理想論是。道德系統之完備否，惟視此三者而定。反觀墨子，如上所述，則第一其系統即是不完備的、不高明的，即只有理想論，而無基礎論與修養論。

孟子為儒家之中堅人物，儒家在當世之所以有力，並足以支配後來之中國思想，全在其一方有應世之政治理論，一方有客觀的純粹理論。所謂應世之政治理論，即是回應當時社會形態之理論；所謂客觀的純粹理論，即是普遍的科學或哲學理論。道家有純粹理論，而其應世理論則太乖離；墨家純為應世理論，而無純粹理論。所以這兩派都不如儒家的勢力大。儒家既有其應世的理論，所以他們有些觀念，例如天，仍是帶有封建社會之色彩，雖不似墨子之濃厚，然亦嘗有冥冥主宰之意。孟子當然也不能例外。但在此，我們可以把這方面捨棄而不論，只論其純粹理論方面。

先說孟子的基礎論。要論孟子的道德系統，得與《論語》、《中庸》合看；並且要論其基礎，必與其理想合觀，始可得一準確之理解。孟子的基礎論不容說即是性善論。此所謂性善，不必只是與惡相對之善，並包含有純善，即「純淨之善」之意。這大半為正統儒家所公認的，這個純淨之善即是《中庸》上「天命之謂性，率性之謂道，修道之謂教」這一套理論，也正是《周易》所謂「繼之者善也，成之者性也」之謂。「繼之者」即是「率性」，「成之者」即是「天命」。孟子之「性善」即含有此意。見發於外而具於條目，則即謂之四端。但所謂四端，亦只是「端」而已，並非指實而言。唯只是端，所以見出牠是純淨之善；唯其是純淨之善，所以

牠才只是個端。「實成」之善乃孟子所謂「擴而充之」，此與「繼」或「率」相同，也即是後來朱子所謂「發而皆中節」之和。從天命或成性至率性或繼善，即是那個普遍基礎的實現。而其間之擴充過程是需要相當之步驟的，這是修養論中所有事。

修養之可能，修養之方法，儒家皆有論列。我們現在只述說其過程間之步驟。這個步驟即是孟子差等之表現。我們的實際生活，誠如張東蓀先生所言，是起始於一個時空交切點上的，是逐漸放大的。假若我們的經驗生活是經驗的、受時空之限制的、逐漸擴大的，而不是由上帝所賦與，不是先天之已成，則孟子這個差等的實踐論，在事實上，是不可以反駁的，是自然而必然的情形。今人動不動開口就罵這種差等說是封建，是宗法。其實容或有之，但不盡然。這都是不明白實際情形之人的言論。要明白差等說之不可反駁，必須先明白所謂「親」、所謂「朋友」、所謂「愛」、所謂「仁」等字之意義。其實這些字之實現，不過只是在乎關係之密切而已。而關係之密切又只是依於關係之反覆。所謂情絜，所謂情通，所謂忠恕絜矩之道，唯有於密切的關係下始能實現之。而關係之密切或反覆又不能無限，又不能超時空，而乃是受經驗生活之限制，受時空格之限制的。你的經驗生活上的關係是有範圍的，靠近汝之時空交切點的那些鄰近分子，發生關係之次數自然要多，所以其關係密切之程度也自然要加強，而你們間的生活關係，自然也就隨之更加親切，更加通達。其忠恕絜矩之可能，更亦加大。這樣以來，所謂親親、仁民、愛物等層次，乃顯然是不可反駁的事實。你如果不相信先天的親親，你如果不相信上帝教你一下子就會仁民愛物，則即明白為什麼先親親的道理。為什麼？就是因為對於嬰兒，

雙親即是他們的經驗生活之起始的關係者，雙親即是與他們發生關係最密切的分子，雙親就是他們的經驗生活範圍最狹時的關係者。至於民而及於物，乃是後來生活範圍的擴大。在其生活開始時，是沒有這些觀念的，所以你不能站在時空之外，而同時與全宇宙發生密切的倫理關係，所以你也就不能與全宇宙同時為至親的朋友。經驗生活限制住了你的關係場，所以同時也就使你對於宇宙各分子有所通達，並有所隔膜。所以道德律，我們可以說牠是必然的、定常的、先天的；然而要實現牠，則是實然的、逐漸放大的，並且是經驗的。孟子的差等說，就是這個實現的過程，所以也就是不可反駁的。

在孟子為差等，為擴而充之，不可勝用，以至於上下與天地同流；在《論語》，為由忠恕而至一貫之道；在《中庸》，則為盡己性、盡物性，以至於參天地、贊化育。這是儒家正統派的一貫思想，他們都是主張由一個中心點而逐漸向外放大的實踐論。譬如投石於水，石落處為中心點，由此中心點而向外震動，其震動幅逐漸放大，直至於無限、無可放大處，最後也就把那個中心點混融而與全體為一，而復歸於原來之狀態。這個最後的混融，即是參天地、贊化育，即是上下與天地同流，即是忠恕一貫之道。這即是實踐的最後理想，儒家的理想論即是這個一貫之道。至於由混融而至原來狀態，那個原來狀態即是儒家的基礎論。所以這個基礎也就是我們的倫理理想，由基礎而至於理想，其間的震動幅即是實踐的過程，而不是永遠的客觀存在。

C.注意的修正與最後的完成

　　以上所述，可知墨子的方法是不行的，然而其理想是可取的。如果我們把他摻在儒家的系統裡，我們只好把他看成是那最後的理想就是了。儒家的基礎論大都是以那個「互相關聯而生生不息」的「氣化流行」為主題。這個氣化流行即是道。「分於道謂之命，定於一謂之性。」性既由此道而分得，那末率性即是率此道了。率此道而擴充之，這是實踐過程。最後的理想即是參天地、贊化育。把這個實現了，就是實現了道，也就是實現了互相關聯的生生不息。實現了生生不息，即是忠恕絜矩之道，即是情欲的大諧和。

　　這種基礎、實踐、理想的系統，是中國思想的特性。他的基礎是放在這個具體的世界上。這與西洋，如康德，完全不同。他們是從內心，從自己的理性上抉發；所以他們的理想也不過是自我的實現。至於治國、平天下這類大我的實現，他們是少有說到。須知若不從世界的關聯上著眼，則自我無論如何實現，也究竟是不可捉摸的。

　　中國人談心說性，探究自己的理性，乃是在修養論上所作的事，即實踐如何可能的問題。這在上面已經說過，此問題不是本文所能說的。然而我們可以提示一句，即他們以為人性通於道性之故。

　　我們講道德哲學，似乎不必如講知識論、講元學似的，把問題看成是實是的或發生的；不妨把那個實是的世界看成是現成的，把我們的道德系統以之為基礎而建設起來。我們可以首先假設一個互

相關聯的世界爲基礎，再建設實踐論、理想論。不然，則受時空限制的實踐活動之差等就會被看成是實有其事。並且若不先假設那個基礎，則每易於把實踐活動中的經驗生活之起始看爲基礎，並易於造成以我爲中心而創造世界的主張，如費息脫便是。這顯然是個人主義的錯誤。其錯誤是在把實踐活動的過程看成爲元學上實際存在的東西，把修養論看成基礎論，把道德論看成知識論，也即是實然與應然不分。

不把實踐活動之差等看爲實有其事，則差等似乎不是一種道德學說，而只是活動時所不可免的自然事實。如是，就不能甘於差等，也不能以差等爲行爲之鵠的。如是可免去個人主義的錯誤。講社會倫理，似乎這是很好的系統，而社會革命似乎就當用這種社會倫理爲輔翼，以助轉變之意義化、價值化；轉變不當只是物理的，而當膠結上一種倫理的意謂。

我們在 B 段論差等之爲不可免的事實時，曾表示所以差等之故，是因爲經驗生活之所限；然則，從反面看，不能與宇宙全體發生關係，則所謂兼愛、情通就不可能了嗎？曰：此不必然。爲清楚起見，條陳其原因如下：

一、把知識論與道德論分開。知識論研究知識之實是問題，即發生、長成、可能等問題；而道德論則不必如此。知識是求「是」，道德是立「應」。「是」不可以人意而改之，而「應」則可以常隨人而變之。

二、既然如此，則「應」總在「是」後。無論道德觀念發生得怎樣早，或甚至與知識同時發生；然而，現在把道德系統建立在有了知識以後，這在邏輯上是可能的。

三、既然如此，則不妨先從知識上打開了實是之世界觀，然後再建立道德之基礎，以為其道德理想之根據。

四、這樣，則雖在經驗生活上是有限的，是差等的，是逐漸的；然而，在理性上，在知識上，我們已經發見了其共通、其一貫，已經理解了其通關、其全體了。經驗生活雖然不能與全世界直接通關，然而人類這東西決不只是如下等動物一樣，來了刺激始有反應，他還有知識以助其類推。猶之乎歸納不必枚舉，科學律之形成不必盡數一樣。所以在有限的經驗生活上，有知識為之前以導之，並有理性為之後以助之。這樣，雖有限而可以無限矣！如是，兼愛、情通是可能的。但亦如歸納一樣，其實現也，生活範圍愈大愈好。

五、這樣，實踐過程雖是逐漸放大，然而可以一旦豁然貫通，因為他根本前提就先假設了一個互相關聯的世界。此與以自我為中心的個人主義根本不同處。

六、所以，凡主兼愛、情通，必為主知，朱子、戴震、焦循皆然。而今之羅素亦說：「理想的社會是欲望諧和的社會」，而「好生活則是為知識所指導，為情愛所鼓蕩的生活」。

一九三三、二、二十五日晚稿

原載《天津益世報‧社會思想》第22期　1933年4月10日

燦爛的哲學

蒲魯東有《哲學之貧困》，馬克司有《貧困之哲學》，我現在要寫〈燦爛的哲學〉。我要指出哲學是燦爛的，是豐富的，不是貧困的、可憐的。

一、空與無用

有人說哲學是空的、玄的、不切實際的、沒有用處的，我想這句話就是空洞的。在某種情形或意義下，我也承認哲學是空的，但我所謂空卻不一定同於流俗所謂空。然則，哲學究竟怎樣才算是空呢？怎樣才成為有空的嫌疑呢？

哲學的思維是普遍的、無所為的；其所思維的對象是全體一般的，不是部分的、特殊的，而所謂全體一般就是指任何東西（any one）而言，並不是指一定的某一個東西（a certain one）而言。固然，哲學也要分類，也有各方面的不同；但即便如此，也並不足以反對了哲學思維之對象的「任何」性。復次，哲學的活動是一種釐清的活動，其主要的精神在批判在弄清，而結果在求通求明白。

因為它是普遍的、無所為的，而社會人類則總是要求有所為，

所以它是無用的、不切實際的。這是所以爲空者一，也就是所以有
空的嫌疑之一。因爲它的對象是在任何東西而不是某一東西，但人
類所用的總是具體的某一東西而不會是任何東西，所認爲切實際
的，總是與自己有切身利害關係的某一部分，而不會是無所爲的、
無利害關係的任何東西，你幾曾見過人們利用哲學所討論的「任
何」東西？所以哲學是無用的，不切實際的。這是所以爲空者二，
也就是所以有空的嫌疑之二。復次，因爲它的活動在釐清，其精神
在批判，其結果在求通。而所謂求通，就是用批判的精神釐清的活
動，將任何事物從複雜中求簡單，從隔膜中求聯貫。簡單聯貫就是
統馭任何事物的通則。得到了通則就是通，就是明白。然而，這個
通卻又是沒有多大用處的。即便有用處，也不過是遼遠而又遼遠，
間接而又間接，於富國強兵，作官獲利，總是沒有多大幫助的。智
者見之謂之智，所見之智有用於智者；仁者見之謂之仁，所見之仁
有用於仁者；百姓日用而不知，是不知亦並不礙於百姓之日用；然
則，求這種無用於仁者、智者以及百姓之無所爲的通則，有什麼用
處呢？縱或明白了，貫通了，再有什麼用處？還不是鬧精神病的白
費力氣嗎？這是所以爲空者三，也就是有空的嫌疑之三。有這三種
致空的原因，所以人們說它是空，說它沒有用處。

二、不空與用

　　普通所謂空，大概不外是從這三方面著想。其持論的唯一根據
是在不切實際與無用。此處所謂實際，就是指有用或無用而言，並
不是指客觀的事實而言，也不是指感官所及的事實或對象而言。因

為哲學所討論的對象，雖為任何東西，但也為客觀事實；雖有時非官覺所及，但有時也是感官所對，並不完全是看不見摸不著的。但並不因為它是客觀事實，官覺所對，就能合於普通所謂實際。所以普通所謂實際完全是指有用無用而言。所以實際與用完全是一而二、二而一的同一東西，這就是普通所謂空的標準。

不過，空的標準如果就是有用或無用，則此標準完全站立不住。所以站立不住，所以從四方面說：㈠無用的不必空；㈡不空的必有用。㈢有用的不必實；㈣不實的必無用。這四命題，前兩個是從無用方面著想，後兩個是從有用方面著想。

在我們人類社會中，常有好多事物，雖然無用，卻不是空的，而倒是實在的。也常有好多事物，只要它是不空的，雖然當時無用，卻不能說它永遠無用，也許在以後有用了，也許在此處無用在彼處有用了。譬如在石器時代，金銀銅鐵大半被視為無用的、不切實際的，最有用、最切實際的莫若石頭。但在此我們不能說它沒有用，它就是空的，它卻是實實在在有體積、有容量的東西，因為它不是空的，所以石器時代過去了，它們都漸漸有用起來。這就表示說，在當時無用，因為它不空，以後它終於有用了，不但金銀銅鐵如此，就是石頭亦復如此。因為石頭不是空的，石器時代雖過去，它仍是有用的。石頭如此，哲學亦復如此。哲學亦猶之乎石器時代之金銀銅鐵，金銀銅鐵時代之石頭，它不是空的，它終於有用的。然則說哲學是無用的，猶之乎石器時代說金銀銅鐵是無用的一樣，只可適用於一時，不可認為真理也。

我們再說說後兩個命題。在我們人類社會中，我們也常見有好多事情是有用的，但卻不必實在。我們也常見不實在的東西，雖然

當時有用，以後終歸無用。這種情形可以從兩方面表示出來：一方面是我們所信仰的理論、學說或概念；一方面是我們所信仰的對象、東西或實在。前者是指對於事物的解析或觀念或看法而言；後者是指我們虛構的東西而言。前者譬如地球中心說以及其他諸自然科學中的理論皆是；後者譬如鬼神，鬼神不必是實在的，但有時它是有用的。它雖然有用，但因為它不實在，所以它終於無用，地球中心說是很合實際的，是很合常識的，所以好像也是很有用的；但因為它不合事實，所以終究被太陽中心說代替了。所以結果，我們可說有用的不必實在，不實在的必無用。因此，我們不能以一時的實際與否，有用與否，來規定哲學為無用為空。

哲學不是空的，它也不是不合實際的，它不過是不合眼前的某一定範圍的實際而已；它也不是無用的，它不過是按眼前生物學上所必需的衣食住而言是無用的而已。所以說它是空的人，完全是只認麵包是實的人；說它是無用的人，完全是只認麻布為有用的人，這當然有點近視眼急性病的情形存在。

不過，有一種貌似哲學而實非哲學的哲學卻是空的。這種哲學即是佛弟子式的打坐參禪，或只是坐在安息的沙發上讚美神，歌詠善、真、美這種無聊的消遣。這種哲學當然是空的，當然也算不得哲學。我們所謂哲學是一部艱苦的工作，是求知識的終極活動。哲學的重要不在它的結論，而在它的活動。它的活動就是批判的、釐清的活動，它的可貴在此，它的不空在此，它的有用也在此。

三、哲學與社會科學

　　哲學有它本身的範圍與工作，例如知識論、元學論等是。只是
這本身的工作也有無限的問題等待我們的解決，也儘夠我們麻煩
的。不過現在關於那方面的話，我不說。我要說一點關於社會科學
方面的。哲學於自然科學方面所顯示的重要，遠不如於社會科學方
面大。雖然有物理學與物理後學（即元學）的密切關係，但兩者究
竟可以分開獨立研究。至於社會科學則不然。哲學的精神，據我
看，與社會科學的研究是一刻也不能離的；但須知這話並不是說哲
學就是社會科學，社會科學就是哲學，乃是說社會科學的研究總須
是哲學的。有些人簡直不承認社會科學能成為科學，這話固然有點
突兀，但也不為無理。即便它能成為科學，它也不過是一組有系統
的命題，在形式上是科學化了的，至於其內容、其結論決不能像自
然科學那樣的有常性。自然科學的內容固然有時也要變；但其變，
我們可以簡單的說，乃大半是吾人態度的變，我們的概念的變，我
們的解析的變，而不是那自然現象的變。至於社會科學則不然。它
的內容與結論是時時刻刻要隨著實際社會的情形之變而變的，固然
有些現象，在以往、現在都未變，在將來也許還是不變；但有些卻
顯然是變了的或將要變了的。這情形，我可以舉幾個例以說明之。
　　1.我們以經濟學中的「資本」這個概念為例。對於資本的見
解，最顯然的，我們可以舉兩派作例。馬克司派的經濟學中的資本
就是特殊的資本界說，資本主義下的資本解說；而正統派以及現在
的奧國派的資本界說卻是經常的、普遍的，在遼遠的將來雖然不敢

保其不變，但自有史以來以及最近的將來，這資本的界說恐怕是不
會變的。但是馬克司派的資本界說卻是要變的，也許因為資本主義
社會不變，它也不變，但無論在將來它變與不變，在非資本主義社
會裡它總是不適宜的。可是，正統派和奧國派的資本界說卻無往而
不適宜。這樣，正統派的界說較普遍、較不變，範圍較廣；而馬克
司派則較特殊、較變、較側狹，但他們卻都自稱為科學，都合事
實，都有依據。這種不同，當然不是態度的不同，而是社會實際情
形本有此種差別，本有此種不同與變換；然則誰是科學呢？合之則
都是，分之則都非，而互相否定尤其非。從合這方面說，這就是哲
學的作用；從實際情形常變說，這就是它所以不能為科學的理由，
或至少它不能如自然科學那樣的科學。

　　2.我們再以資本與利息為例。正統派以凡能作為達到生產目的
的中間工具或手段都是資本；馬克司則以為惟獨能生產剩餘價值，
並有榨取的成分的才算是資本。這種資本的不同解說我們已說過
了，資本解說的不同，隨著對於利息也有同樣的不同。奧國派則採
取「價值時差說」，馬克司派則採取「勞動榨取說」。時差說特重
時間的經過，資本經過相當的時間而變為滿足欲望的財貨，則其成
為財貨時的價值必大於不成為財貨而作為資本時的價值；這所大的
價值就是那資本的利息，而這利息之所以產生，時間是它唯一的條
件。這即所謂時差說的生利觀。當然這說法是很科學的，不夾雜一
毫情感成分在；但是馬克司派卻反對這學說，並罵之以俗流。他們
是主張榨取說，榨取當然是指在生產過程中勞動力的榨取，譬如借
取二百元為資本，投入生產過程中，經過資本家的榨取，將所得的
利潤一部分歸自己，一部分作利息還債主。這是榨取說的利息觀。

這種說法，若冷眼觀之，科學地觀之，當然與時差說沒有什麼不兩立的地方。所不同的就是一為普遍而經常，一為特殊而待變；但是前者足以包含後者，而後者卻不足以包含前者。吾不知何以必謂自己之必是，而罵人之必非。吾亦不知何以自己必為科學，而人家必為俗流？其唯一的理由是這樣的：如果照著正統派和奧國派那樣說法，則資本制將如自然條理一樣永不可變，這顯然是錯的，所以他們的資本的解說和利息的解說都是錯的，都是布爾喬亞的，有利於資本家的，所以都當該打倒。諸位請看，像這種理由太無賴了。一個是一般的解說，一個是對著資本制而有的解說，吾不知何以能與承認資本制永久不變發生關係？凡馬克司派罵人都是這一類的。只洩了自己的憤恨，卻不料也阻礙了科學的進步。後之人還一代一代的相傳，我看大可不必。我們從這一點也可考明在社會科學方面哲學的研究是必須的，並也可以證明社會科學之不容易成為科學。

3.我們再以經濟學中的「價值」概念為例。馬克司以勞動為商品價值之本體，並以勞動為衡量價值之絕對標準。A 商品等於 B 商品，我們如何知道它們相等呢？因為它們倆所蘊藏著勞力或勞動所費的時間是相等的。這解說當然有其真理在，但也只是部分的、或然的，並不能算是絕對普遍；因為有些工業是需要人工勞動，但有些工業產品卻完全以機器代替了人工。在這種場合之下，勞動價值說就是不周延的。即是說，有榨取人工勞動的，有榨取機器勞動的；有可以人工勞動衡量價值，有可以機器勞動衡量價值的，這即表示馬克司的勞動價值說不是普遍的經常的真理。可是他還罵奧國派的價值說為俗流，為故意避免勞動而不談，為別有用意，其實他何嘗避免而不談？他們不過是不以勞動決定生產物之價值而已。他

們把勞動資本以及其他生產工具或對象都看成是生產料，即原料。生產原料本身無所謂價值，它的價值由其變成生產物而能滿足欲望而被規定；即是說，以生產物的價值規定生產料的價值，不以生產料的價值規定生產物之價值。生產物固然由好多生產料的分子所構成，但其價值卻在這個結構上，而不在那些原子間。那些原子之有價值是因爲那個結構物有了價值而才有的。這學說當然也不能算是最周延、最普遍，但在說明價值之起源上卻是比較普遍而經常的學說。馬克司所解析不了的，這學說卻能解析。馬氏的學說能消融在這學說裡，但卻不能消融了這學說。在奧國派的極限效用說裡，馬氏的勞動說可佔一席之地而予以正當的位置或解析。至於這步批判的工作不是本文所能許的，我們舉此例不過是證明社會科學不易成爲科學，實際情形是常變的，因而其解說也要常變，其規律也要常變。要使其經常而普遍，則必須哲學的研究之，指出何者爲經常，何者不爲經常，以求出比較近是的合實際的結論。

4.此外的例子很多，譬如研究農村社會也是如此。中國這種農村社會在現在受時間、空間雙方的影響，必有其特殊的情形在，我們即就這特殊的事實而研究之而發見出其中的規律。這種研究之所得，雖然在外形是科學的，但時過境遷，所發見之律則又要改變了，所以要想使其成爲普遍而經常的科學是很夢想的事，我們乾脆不要作這種夢，因而哲學的研究法是必須的。

四、哲學研究法

在此我首先要聲明：我所謂哲學研究法並不能如宣傳辯證法那

樣能有一部書的內容（其實辯證法也不過寥寥而已），而只是很簡
單的一種精神，這種精神含有以下幾條意思：

一、批判的釐清的活動；

二、分析與綜和的活動；

三、時間與空間的關聯的研究；

四、諧和與消融的組織，使之各得其所。

所謂哲學的研究法，如此而已。第一條能使我們找出最可靠、最根
本、最簡單的依據；第二條能使我們解剖的認識分子，綜和的認識
全體；第三條能使我們認識歷史的背景與環境的關聯；第四條能使
我們把部分的真與全體的真，使之各得其所，予以適當之位置。這
樣可以免掉狹隘的攻擊與仇視，社會科學要進步，非哲學的研究法
不可。

至於歸納法、演繹法，那是人人所免不了的思維，用不著宣
傳，也用不著反對。只是歸納的可靠與否，則有待於哲學研究法的
考察。

統計法、數學法，那只是準確我們的知識的一個工具；可靠與
否，還得哲學研究法的考察。

歷史研究法，那不過是上邊第三條時間方面的一種考察而已，
也用不著反對，也用不著宣傳，人人到了某種程度都知道回溯以
往。

至於轟動一時的辯證法，其實就是我所說的第三條。所謂辯證
法，那不過是襲用了黑格爾的空殼作外衣而已，我們所需要的是一
種哲學研究的精神，並不是專弄「是──非非──是」就會明白
了真理的，也並不是專弄這一套把戲就算是社會科學。就是馬克

司，也不過是用了點哲學研究的精神而解剖社會，並沒有專弄「是非非是」的把戲。至於說他解剖社會是用的辯證法，我卻不信，他不過是哲學地解析社會的各種性質、各種關係而已。如果他的「勞動二重性」就是辯證法的應用，我則可說：誰人解析事情還沒有這種類似的情形，豈止馬克司而已哉？所以辯證法斷斷成不了研究法，這也用不著反對，也用不著宣傳，關此我在此不想多說。

有人說，照這樣說，還得讀幾年哲學，受幾年哲學的訓練，才能研究社會科學嗎？我說，也須得如此。求眞理原不是急性病所能勝任的。

原載《北平晨報‧北晨學園》第714號　1934年8月7日

附：讀〈燦爛的哲學〉──質問牟宗三先生

高越石

我國學術界近來有一種怪現象，就是一般所謂作家們往往以爲有人對於他們的著述有所批評有所反響，便認爲是一椿了不得的事，是一椿榮耀的事。我們時常聽見人家說某某是因人家的批評而成名的，以爲人家對於我們的著述有所注意，是足以證明我們的著述具有相當價值的。這句話當然有相當的道理，因爲的確有許多人的著述是因爲人家的批評而得到大眾的注意，因而傳頌一時了。不過，這些東西所以能夠被人傳頌一時的原因，一方面固然是因爲經人批評，而得到人們的注意，但其根本原因卻是因爲他的內容本來

是好的、有價值的，經人一介紹，這些好處便為人所知道。如果是一篇不三不四的東西，無論人家如何的批評，如何的捧場，結果也是為讀者所擯棄，這是極明顯的道理。不幸，今日中國的作家們，有的竟不想在自己的著述中充實其內容，而故意的造出許多破綻，讓人家來批評，以有祇要人家這一提，便可以身價百倍，便可以立即成名，殊不知這乃是一種慢性的自殺。牟宗三先生這篇東西是不是根據上述的原則寫成的，我雖然沒有辦法知道，所以我現在所要說的祇照牟先生原文中所說的加以分析，加以批評，並不敢對牟先生的心理有所推測。不過，我自己的態度卻是非常明顯的，我並不是對牟先生的大作有所影響，也不是給他捧場，我祇覺得有這麼一篇怪東西出現，實在是不雅觀的事。所以，不惜花了我許多貴重的時間，來對牟先生的大作加以分析，希望先生此後少發表一些這一類的文章。我對牟先生並不認識，以前讀過他的大作覺得尚好，但這一次卻使我大大的失望，或許這是牟先生忽略的地方。但，無論如何，我總希望牟先生此後少寫一些這一類的東西，多寫一點內容充實組織嚴密的東西。

牟先生大作的標題是「燦爛的哲學」，在這個年頭出來討論哲學的人，在理應當是哲學的內行家，對於哲學必定有相當的研究。研究哲學的人最重要的就是思想哲學化、邏輯化。如果研究哲學的人在他的思想之中，根本就弄來不清不楚，結果必定是一團糟糕。現在，我們無妨來分析一下牟先生在討論哲學問題之中，他的思想的邏輯化到何等程度。

在開頭的引言裡，牟先生的原文是這樣：「蒲魯東有《哲學之貧困》，馬克思有《貧困之哲學》，我現在要寫〈燦爛的哲學〉。

我要指出哲學是燦爛的，是豐富的，不是貧困的、可憐的。」在這
寥寥五十字之中，牟先生竟有許多錯誤的地方，實在使我們有點寒
心。蒲魯東並沒有寫過《哲學之貧困》，《哲學之貧困》乃馬克思
氏的著述，蒲魯東所寫的是《貧困之哲學》，牟先生卻把它倒過來
說，實在是很奇怪的一回事。蒲氏是無政府主義的信徒，他寫這本
書的目的是在說明無政府主義的哲學；馬克思是共產主義的始祖，
他之著述《哲學之貧困》是反駁蒲魯東的，是挪揄蒲魯東的。《哲
學之貧困》和《貧困之哲學》是對立的東西，現在牟先生卻引用了
這個故事來說明他之要寫〈燦爛的哲學〉，是要指出哲學是燦爛
的。這可以證明牟先生的思想是不清楚的，牟先生的思路沒有打
通，牟先生是在誤用著邏輯上的類推方法。自然，牟先生把《貧困
之哲學》說是馬克思作，而把《哲學之貧困》說是蒲魯東所寫，也
是一個極大的錯誤。不過，我們還不敢十分相信牟先生對於這兩本
書根本就沒有研究過，或看見過，這大約是牟先生一時的疏忽，我
們不敢責難。但是，無論如何，如果牟先生知道這兩部書是兩個不
同的人所寫的，而且其中的一個反駁另一個的，則牟先生似乎不應
該把這個故事來和他之寫〈燦爛的哲學〉相比，因為牟先生並不是
在反駁著那一個什麼〈哲學的燦爛〉，而且反駁著那個〈哲學的燦
爛〉的普通概念。牟先生自己說他是要指出哲學是燦爛的。如果他
的目的是在此的話，則牟先生的引用蒲、馬二氏的故事似乎是牛頭
不對馬嘴，在邏輯上並無這種不同情形而能類推的辦法。或許牟先
生可以說他之所以若是提及蒲、馬二氏的事者，並不採取理論的反
駁那一方面，是說他之寫〈燦爛的哲學〉是和蒲魯東之寫《貧困之
哲學》或馬克思之寫《哲學之貧困》一樣。果爾，則牟先生又有

一種錯誤。從字面上說，《貧困之哲學》說是對於貧困所主張的哲學，並不是來指明哲學是貧困的，如牟先生的〈燦爛的哲學〉之指明哲學是燦爛的一樣，所以根本上就不能相比。《哲學之貧困》還可以說是說明哲學的貧困的論著，牟先生之引用《哲學之貧困》可以，牟先生之引用《貧困之哲學》則不可以。這兩種東西的情形不同，引用甲，就不能引用乙；引用乙，就不能引用甲，牟先生竟並用之。如果牟先生之引用這個故事不是採取馬克思對蒲魯東的反駁那一方面說，而是從這兩方面中的任一方面的著述所要說明的目的來講的話，牟先生的類推方法，也是用錯了的。在這兩方面以外，我們就不能找出還有其他那一方面的類推標準。不過，在這兩個類推標準之下，牟先生都是錯誤的，都是不邏輯的。在這寥寥五十字之中，牟先生的思想竟若是之糊塗，若是之混亂，牟先生竟要來討論哲學問題，其勇敢大膽之處，實足令人欽佩。

如何來指出哲學是燦爛的，是豐富的呢？牟先生在他的大作裡除上述的一段引言外，又把這個問題引為三方面來講，第一是討論哲學的空和無用的問題。第二是討論哲學和社會科學的關係，第三是討論哲學研究法。這三個問題合併起來，所得的結論就是說哲學不是空的，哲學不是無用的，哲學是燦爛的，是豐富的。這種結論在我本人看來，是同意的。但我總以為凡是一個哲學的系統，能夠不能夠有堅固的基礎，並不在其結論，是在其所由得到結論的論證的強弱來決定的。所以，我現在並不想批評牟先生的結論，而來分析一下牟先生在他論證中有沒有自相矛盾的地方。

不幸得很，在我的分析當中，我發現了許多不清楚的地方。這些不清楚的地方使我此後不敢再拜讀牟先生的大作。牟先生說哲學

之所以有空的嫌疑有三種原因。第一、「因為它是普遍的、無所為的，而社會人類則總是要求有所為，所以它是無用的、不切實際的。」何以知道它是普遍的、無所為的就是無用的、不切實際的？牟先生沒有解釋。第二，牟先生以為「它的對象是『任何東西』而不是『某一東西』，但人類所用的總是具體的『某一東西』而不會是『任何東西』」。哲學的對象果真是「任何東西」而不是「某一東西」嗎？人類所用的真的總是具體的「某一東西」而不會是「任何東西」嗎？到底什麼是「任何東西」？什麼是「某一東西」？「任何東西」和「某一東西」的界限在那裡？如果「任何東西」是指通則（按：係牟先生本意）而言的話，則我們也未嘗沒有用過通則；如科學家之用科學通則，社會改革家之用社會哲學原則。如果說被我們所用的通則乃是「某一個東西」的通則，已經是特殊的通則，不是普遍的通則的話，則「任何東西」和「某一東西」，「普遍」和「特殊」的標準又在那裡？對於這些問題，牟先生竟不說一語。第三、牟先生以為「它的活動在釐清，其精神在批判，其結果在求通。而所謂求通，就是用批判的精神釐清的活動，將任何事物從複雜中求簡單，從隔膜中求聯貫。簡單聯貫就是統馭任何事物的通則。得到了通則就是通，就是明白。然而，這個通卻又是沒有多大用處的。即便有用處，也不過是遼遠而又遼遠，間接而又間接，於富國強兵，作官獲利，總是沒有多大幫助的。」在這一段話裡頭，除對於牟先生所謂的「釐清活動」這個名詞，未經牟先生解釋，不知其解以外，我認為說得很不錯，不過，我認為這間接而又間接的用處實在就是哲學的用處。上舉三種理由都是牟先生說明哲學所以有空的嫌疑的地方。這當然是真實的。不過，我總覺得有點

不明白，牟先生旣認爲這些地方都是哲學所以有空的嫌疑的所在，
爲什麼牟先生要指出哲學是燦爛的，不是空的，而不從批判這些觀
念著手？在我看來，這些嫌疑的地方畢竟只是嫌疑，我們未始不可
以來反駁一般人的理論。但是，不幸得很，牟先生竟舉出了四個命
題，自以爲是解決這個問題的鎖鑰，而其實是自相矛盾的。牟先生
的論調，牟先生對於哲學是否無用問題的解答，完全是建築在他四
命題之上。爲著時間與篇幅的節省起見，我們不必分析他的零碎理
論，只要將這基本的四個命題加以分析，就可以看出牟先生的思想
是如何的邏輯化了。牟先生的四個命題是㈠無用的不必空；㈡不空
的必有用。㈢有用的不必實；㈣不實的必無用。在這四個命題之
中，第一和第二是不相容的，是矛盾的，第三和第四也是一樣的。
「無用的不必空」，換句話說，「不空的也有是無用的」，旣然不
空的也有是無用的，我們如何能夠說「不空的必有用」？這第二個
命題如何有建立的可能？第一個命題和第二個命題不是自相矛盾的
嗎？第三個學題說「有用的不必實」，換句話說，就是「不實的也
有是有用的」；果爾，則我們有沒有根據說「不實的必無用」？
「不實的也有是有用的」和「不實的必無用」是不同的命題，兩個
不能合在一起講。肯定前者，就得否定後者；肯定後者，就得否定
前者。現在牟先生卻兩者並肯定之，其自相矛盾之處，顯而易見。
牟先生在解釋這幾個命題的時候說：有許多東西，只要它是不空
的，雖然當時無用，卻不能說它永遠無用。不錯，我們不能說它永
遠無用，然而，我們有什麼理由說他永遠有用呢？我們也不能說它
永遠有用。因爲它的永遠究竟有用沒有用並不是我們目前所得知道
的，我們現在沒有辦法證明它的永遠究竟是有用的或是無用的。即

退一萬步說，我們承認它的將來是有用的，但是，我們也不能不承
認它的現在是無用的。牟先生旣說它「當時無用」，又有什麼理由
說它是「必有用」呢？

　　現在，我們姑且承認牟先生所說的「不空的必有用」，「不實
的必無用」（按：即空的必無用之意，因爲以牟先生的意思，不實
的就是空。）是眞的話，這句話對於哲學是不是有用的問題還不能
解決。照牟先生的意思以爲如果哲學是不空的話，則哲學自然也是
有用的了；如是哲學是不實的話，則哲學自然也是無用的了。然
則，哲學是不是空的呢？用什麼來證明哲學不是空的呢？這些問題
牟先生並沒有答覆。牟先生並沒有給我們什麼論據證明哲學不是空
的。在表面上看來，牟先生似乎已經給我們答覆過，因爲他說哲學
不是無用的，不過是不合眼前某一範圍的實際而已。不過，到了此
處，我們又覺得莫名其妙的困難。因爲如果我們問一問牟先生哲學
爲什麼是有用的，牟先生的答覆勢必至說因爲哲學是不空的。如果
我們再問他爲什麼哲學是不空的，他又答覆我們說因爲哲學是有用
的。究竟什麼是「空」，什麼是「用」，牟先生卻一字沒有提及。
這樣雞與雞蛋那一個先來一類的詭辯是沒有辦法領敎的。牟先生費
了許多力量給我們說明哲學是不空的，是有用的，結果，他所用的
論證還不外是「不空」、「有用」兩個名詞而已，實際上，我們是
越聽越糊塗了。

　　其次，牟先生就討論到哲學和社會科學的關係了。牟先生以爲
哲學和自然科學是沒有關係的，而和社會科學則有密切的關係。這
句話我們並不贊同，我認爲哲學和自然科學也是有關係的。實際
上，現在許多大哲學家如懷悌黑、羅素、愛因斯坦等都是由科學的

研究而找出哲學的理論的，同時又用哲學的理論來批判科學的。不過，在本文之中，我只想找出牟先生自相矛盾的地方；所以，對於這些理論上的問題，我們就不加以討論了。何以哲學和社會科學有關係呢？牟先生說因為自然的現象本身的常定的、不變的，只有我們的解釋是有變的，而社會現象本身是變的，因此我得於變之中，尋出一般的、全體的通則，而建立我們的社會理論。牟先生又舉了許多例，說社會的現象是變的，同時附帶的批評了馬克思派的社會理論，以為是較諸奧國學派的社會理論大有遜色。這些例子就是馬克思派和奧國學派對於「資本」、「利息」、「價值」等概念的不同的解釋。牟先生以為馬克思派的理論雖然是眞確的，但是，這個眞確只能在資本主義社會之內是眞確，一到別的社會去，則馬克思的「資本」、「價值」等概念就不能解釋什麼了。奧國學派的理論，則不但可以解釋資本主義社會中的現象，而且可以解釋別的任何社會。所以，奧國學派的理論可以包括馬克思學派的理論，而馬克思學派的理論則不能包括奧國學派。所以，以哲學是研究一般的，全體的「任何東西」這方面來說，奧國學派是較哲學的，同時也較近於眞理。牟先生這段話，實在是太奧妙了。自然現象的本身眞的不會變化，而變化都是我們對其解釋之變化嗎？這只有讀一些自然科學，稍有自然科學常識的人就知道了。然而，我們不必以此來批判牟先生的高見，我們只要看一看他的自身有矛盾沒有。於不變的自然現象之中，我們有變的解釋，而於變的社會現象之中，我們竟欲求其不變，能夠適合任何社會的通則，這不是神話而何？如果社會現象是變的話，則將來社會要變到如何地點，我們是不能預告的。那能知，也不過是最近的將來而已，我們憑什麼可以找出一

個可以解釋一切社會現象的通則呢？如果社會是變的話，則毫無疑義的，適用於資本主義社會的通則，一定不能適用別的社會。這樣一來，說馬克思的解釋，適於一種社會，並不能證明他不如奧國學派的理論。這是極明顯的道理，哲學家如牟宗三先生竟看不出，而矛盾到這步田地，實在是我們所料想不到的。

最後，牟先生說到哲學研究法，據牟先生說，哲學的研究法共有四種：

㈠批判的、釐清的活動；

㈡分析與綜合的活動；

㈢時間與空間的關係的研究；

㈣諧和與消融的組織使之各得其所。

在這四條之中，第一條能使我們找出最可靠、最根本、最簡單的依據。第二條能使我們解剖的認識分子，綜合的認識全體。第三條能使我們認識歷史的背景與環境的關係。第四條能使我們把部分的眞與全體的眞，使之各得其所，予以相當的地位。以上都是牟先生所說的話。看了這幾條，除給予我一個印象，以爲哲學是一個簡單而又簡單的事以外，我們實在不懂得牟先生所說的是什麼意思。釐清活動大約是英語 simplification 的意譯。但這也並不一定是哲學所專有的，凡是一切學問都不能離開批判的、釐清的態度來研究。分析與綜合也是如是。至於第三條，更令我們不知何解。哲學中所研究的時間和空間似非歷史的背景和環境的關係，這是稍有哲學常識的人所知道的。即使我們認識哲學所研究的時間和空間是歷史的背景和環境的關係，但這句話和牟先生自己所說的話也有衝突的地方。牟先生在本文的前面說哲學所研究的是一般的「任何東

西」並不是「某一東西」，現在我們看歷史的背景和環境是什麼東西。老實說，凡是歷史的背景和環境都也是殊相的，都是「某一東西」，並不是「任何東西」，我們不能找出兩個相同的歷史的背景和環境。或許牟先生的意思以為並不是研究某一歷史背景，而是研究歷史背景的一般性質，果爾，則任何學問都是哲學矣，因為世界上沒有一種學問不是求通則，求一般定律的。哲學和其他學問又有什麼不同的地方？諧和與消融的組織也似乎不是哲學所專有的。總之，牟先生沒有舉出哲學和其他學問研究方法不同的地方，實在是一椿憾事。而且，牟先生所舉的似乎不是「哲學研究法」。「哲學研究法」是研究哲學之方法，並不是哲學中所用的方法，牟先生似乎連這點都沒有看見清楚。附帶的，牟先生又說了一些關於辯證法的問題，以為辯證法就是歷史的背景與環境的關係的研究，然而牟先生又說辯證法是在弄一套什麼「是非──非是」的把戲。要知道眞「是非──非是」的把戲，並不是歷史的背景與環境的研究。這也是牟先生自己理論不一致的地方。實際，目今辯證法所研究的不但是歷史的問題，即邏輯、認識論等也都在其研究的範圍之內。

　　牟先生的大作，我們已經分析清楚了，這個分析因為時間和篇幅的關係當然是不完全的，但牟先生思想的大體已經可以看得出來了。我們認為最抱憾的，就是在讀了〈燦爛的哲學〉以後，我們還不能找出牟先生所論的哲學究竟是不是燦爛的，哲學所以燦爛的地方在那裡，為什麼哲學是燦爛的。牟先生連這一點都沒有給我們說明，我認為他寫這篇〈燦爛的哲學〉實在是一椿廢事。

原載《北平晨報‧北晨學園》第714號　1934年8月7日

簡單的答覆

越石先生：

　　你的文章很好，只是與我所論的並不相干。今簡舉於下：㈠蒲魯東與馬克司的書名的顛倒，確是疏忽了，很感謝先生的指正。至若燦爛與貧困的對舉，不過只是字眼的對舉而已，並無其他函義，煩勞先生大辯特辯，精神實在可佩。㈡我並沒有說哲學與自然科學沒有關係的話，請細覆原文。㈢我並沒有說自然現象不變的話。關此也請細察我所講自然的變與不變與社會的變與不變之意義。㈣關於時間、空間的關係的研究。此處所謂時間、空間只是縱橫的類比，與哲學中所研究的時間、空間毫無關係。似這種簡單的意義，似不應發生誤會才是。㈤我所謂哲學研究法只是用哲學的態度或方法來研究社會科學而已，而先生又不知牽涉到那裡去了？此點似亦不應發生誤會。㈥我所說的那三點有空的嫌疑並不見有什麼背理的地方，先生的批評我都莫測高深。先生必欲以罪加之，何患無辭？㈦至於那四個命題的說明，固然粗淺得很，但說是有矛盾的地方，實在不敢領教。矛盾是先生造的，拙搞不敢負此大責。

　　至於其他高論，都令我莫名其妙。一個人有錯，若說作者特作錯誤令人批評以顯自己之大名，我想這實在是無聊的話。以同理反

而敬之於先生奈何？先生其亦聞開刀之說乎？

　　我總覺得近人的批評太容易了，批評基於理解，理解不得要領，批評當然是牛唇不對馬嘴。如果真理尚有其客觀性，中國文字尚能表達出意義。則不妨請先生再讀一過，如果要批評的話。我對於先生的文章莫名其妙，所以我不敢有所批評。只是我覺得先生的批評與我所論為風馬牛不相及，所以特此作覆。

八月十四北大

原載《北平晨報·北晨學園》第718號　1934年8月17日

附錄：〈簡單的答覆〉的簡單的答覆

越　石

宗三先生：

　　午間讀《晨報·學園》，看見了先生的〈簡單的答覆〉，覺得這一篇短短的東西，至少在文章的結構上比前次的好得多了。如「辯證法也不過是寥寥而已」一類的句子已經沒有了，而筆調的幽默更足令人玩味。可喜之至！不過先生所舉的幾點，還不能令我滿意。幾點之中，有的是承認自己的疏忽，有的則否認自己所說的話，有的則謂是我的誤會，有的則認為是我的「欲以罪加之，何患無辭」。其實在的情形如何，只要先生站在讀者的立場對於先生的大作及拙稿加以細讀，就可以明白了，如果「中國的文字尚能表達出意義」的話。至於最後一點，先生認為不是自己的矛盾，而是我

所造出的矛盾，像我這樣清薄的人似乎沒有替先生造出矛盾的天才。關於矛盾的問題，我的話已於前文說過了，茲不贅。總而言之，沒有一點是值得討論的。

我寫那篇東西原不是為著打筆墨官司，更說不到是批評。博學如先生所寫的文章，小子何德何能，敢在太歲頭上動土？先生說近人的批評太容易了。我覺得這句話極有道理。至於為什麼太容易，我想一般騙人的作家們自己心中是非常明白的。批評當然是基於理解，但有一類的作家，自己所寫的文章根本就不能使人理解，此種責任由誰負之！如果作者不負責任的話，那也只好歸咎於中國的文字了。

先生說：「一個人有錯，若說作者特作錯誤令人批評以顯自己的大名，我想這是無聊的話。」然而，世界上就有的是一般無聊的人做出這樣無聊的事，叫我們敘述事實的人，不說無聊的話，其可得乎？

對於先生的答覆本來不想說什麼，因為實在沒有什麼可說的話，而且也值不得說話。不過，這一次的大作的確進步得多，使我高興，因而順便就病榻上草了幾字，想來先生也是樂於一讀的。此覆。

越石。十七午於病中

原載《北平晨報、北晨學園》第720號　1934年8月21日

論文化之合作與分治

　　熊十力先生謂中國元學最大特色在于流行中識本體，在識得即流行即主宰。前者爲「氣化流行」，自《大易》而下至戴東原，無人能否認之者；後者即吾所謂「宇宙條理」是，少有特加注意者。熊先生論此特精闢，語語中的，眞所謂做過「苦參實踐功夫」者也。此兩點實爲吾國元學之特色，戴東原「生生條理」一語，蓋即賅此兩者而爲言。不過此兩者乃爲知的理解或體認，循是而往，必可走得向外理解之路。然中國先哲，目的每不在此，其爲此者乃達其目的過程中無意之流露耳。終極目的在行，在修養，在爲人。儒、釋、道三家莫不如此，人之看中國思想亦莫不如此看。中國思想之正宗爲孔、孟、老、莊，爲程、朱、陸、王；人們亦只知孔、孟、老、莊、程、朱、陸、王，此外不復知也。然而孔、孟、老、莊、程、朱、陸、王，又是極端主行之人。其中朱子或稍有理解，亦被環境所矯揉。是以人遂謂中國無哲學之可言，所謂中西合作、創造新文化新哲學，亦將爲不可能之事。東蓀先生即持此見。渠以爲如其合作，不如分治。求知之學屬西洋，修養之學歸中國。此意有其大部分之理由，蓋修養之學無法與求知之學相融洽也。一部《純理批判》，若參之以治家格言、《顏氏家訓》或先賢言行錄等

書，還成何事體？

　　不過，若謂中國只有修養，而無理解，亦是概括言之。孔、孟、老、莊固無法與理解之學合作，然孔、孟、老、莊之外尚有其他。程、朱、陸、王固少有效於新哲學之創造，然程、朱、陸、王之外尚有其他。吾之《從周易方面研究中國之元學及道德哲學》一書即爲此而作。（其實，於宋明理學中亦可抽出與理解有關之點，不純修養之言也。參看吾書第二分可知。）東蓀先生序云：「惟以爲唯有牟君這樣的研究古籍方法始足爲『哲學的』。而現在一般關於中國哲學的著述，其實質只是考據，所以是『史學的』，並不是『哲學的』。」中國之學非修養即考據，哲學的研究是向理解之路的唯一法門也。宣傳科學之國故家，其何足以語此！將距科學而愈遠也。吾書〈自序〉亦云：「所謂實際系統又不可只認爲言之成理持之有故而已。要必指出此系統之何屬。其系統不屬哲學，雖或言之成理持之有故，亦不得謂之爲哲學系統。〔……〕本書極力從行的實踐中抽繹其知的理論，此理論一屬自然之理解曰元學，一屬人生之理解曰道德哲學。本書最大目的在確指中國思想中之哲學的系統，並爲此哲學的系統組一形式系統焉。」然則，中國思想並非純爲修養之學明矣。不過，人習孔、孟、老、莊以爲常，不復知他求耳。此蓋非求之于《周易》一支不爲功，而又非專注意于《周易》本文者所能爲力也。吾將此支具形於書，世人或可有尊循乎？此並非云中國已有寶藏，爲我發見，盡天下之人才皆集中于此寶藏已也。但只云中國確有對于宇宙理解之學，使世人不可不注意已耳。

　　西人亦非只鑽研柏拉圖即可萬事俱備。柏拉圖本人了了耳。不徒柏氏然也，即亞氏、笛氏、陸克、休謨，亦何獨不然！然分之則

了了，合之則不了了。由舊以引新，由新以歸舊，層層累集，乃龐然而大觀。所要者在此觀點之自覺與向此觀點而趨耳。吾指出此觀點矣，吾將勸國人循此路而趨也。吾所指者，雖屬了了，雖不足盡天下之精力而赴之，但國人如持研究柏拉圖之意而研究之，亦未始不可由舊以引新，由新以歸舊，層層累集，而至龐然大觀也。如是，孔、孟、老、莊、程、朱、陸、王，向之爲修養之學，無法與理解合作者，今可以合作矣，向之無助于新哲學之創造者，今可以有助矣。何也？觀點轉變故也。哲學問題，本無時空之限制；並不必因其在西洋而特將其歸屬于西洋，曰此西洋之學也，非我之學也；亦不必因其不在中國而必特意造作以與之相抗衡，曰此我所固有也，可與之結合也。是故中西合作，固屬籠統，然畫疆分治，亦未得當。但當就其與理解之學有關者提而出之，使其參加成爲其中之一分子，新哲學自然產生。其爲一分子猶若柏拉圖、笛卡兒之爲一分子同。康德、羅素，因柏拉圖、笛卡兒、休謨，可得新哲學，吾豈不可于柏氏、笛氏、休謨而外，更因朱子、胡煦、焦循，而得新哲學乎？夫是之謂合作。所謂本位者在此，所謂西洋化者亦在此。若時流之洋化、時流之本位、時流之捨短取長等等皮相之論，乃直不相干之牛鬼蛇神而已！

　　國人有一通病，每喜以宣傳作實有。政府日事開會決議，不可謂之爲非工作，然究與蒼生何補？胡適專門鼓吹科學，不可謂之不勤勞，然科學又在那裡？今之本位文化復是一種鼓吹，時過境遷，仍將煙消雲散，與中體西用、前此之東西文化之爭論，同一陳腐，究與中國文化何補乎？夫文化之建設在乎實際創造與表現。若日事鼓吹，以鼓吹代行動，則中國之文化將始終爲八股之文化，爲鼓吹

之文化矣。吾爲斯懼！

　　文化之創造，端在順其自然之勢而利貞之。有個我在，即有個本在。殊不必特指出以何爲本也，亦不必爭論宜中宜西也。研究哲學者，自然有他個人之思想線索，他自然能將其于國中所發見者，與其討論之問題有關者，使其參加，此即所謂本。哲學如此，文學亦如此，政治經濟亦復如此。要在能有所表現與凝固。有凝固，始有定型；定型成，始文化成。此定型之文化安能無本乎？又安能指出其究以何爲本乎？將不復知其爲西也，亦不復知其爲中也。蝴蝶莊周，可謂物化，吾于文化之定型亦云然。然此只可爲實際創造者言，不足爲鼓吹者道也。

原載《民國日報·哲學週刊》第14期　1935年12月4日

讀〈答謝石麟〉

　　中國舊式文人好講家法，好講師承。其實因家法師承之故，多有蔽固不通，談起道理，往往隨口胡說，不復見異別分；而以爲聰明不得了，儼若孔子再世，顏淵復生，儒、釋、道三家將以我而貫穿；結果自潰其藩籬，其初也有家法有師承，其繼也毀家法毀師承，其終也無家法無師承，頭腦昏昏，隨口說說，鬧的烏煙瘴氣，打在迷混陣裡，何有于思想？何有于學術？這總是吃了家法師承之虧，而一股文人氣、八股氣籠罩全身。八股文章東扯西扯，牛鬼蛇神，逞一時之小聰明而以爲皆是聖人之意；腐臭文人，無病呻吟，嘲風弄月，用病中囈語，哼出胸中纖解，以爲宇宙的秘密已爲我宣洩無餘。殊不知胡說八道，曾不值識者一笑。拿來消愁解悶，作茶後餘資，倒也罷了。若當作正經東西箋註起來，研究起來，討論起來，那才是盲人瞎馬一同滾坡哩！居今之世，文人氣十足，八股氣罩身的所謂學者，恐怕要算章太炎及其門弟子了。

　　章太炎大師于治小學而外，藉玄解以自鳴高，讀了幾本佛家經典，遂無往而不附會。以唯識宗解物論久已人所共聞，近復于熊十力先生〈答謝石麟〉一書中，見其以唯識宗說良知，說羅達夫，說王一庵，不一而足，莊生唯識化，宋明理學亦唯識化矣！此即所謂

隨口說說，文人氣、八股氣之流也，宜乎熊十力先生加以痛詆也！

　　佛家思想根本義既不同于老、莊，復不合于孔、孟。茲稍爲道
說如下。莊子齊物論本有二義：㈠等視一切有情，此即邵堯夫所謂
「以物觀物」之意；㈡消滅一切言論，此即「言無固宜，徒加爭
論」之謂。前者本爲一種宇宙觀，是何觀法？曰：純客觀或道觀之
觀法也。後者則爲人生觀，是何觀法？曰：虛無不說話之觀法也。
莊子本意在消滅一切言論，在希求不說話，故曰齊物論。齊物論
者，齊一「物之論」也。齊一物論即含有消滅「物論」之意，所謂
不說話者是。至于等視一切有情之齊物，則雖等視一切之物矣，然
並不含有消滅「物」之意也。山河大地，鳥獸草木，高至人，低至
蟲，雖可等量齊觀，然並不因齊觀而即消滅其存在，更亦不因消滅
「物論」而即消滅「物」。莊子本義在消滅物論，並不在消滅物，
不然則所謂道觀，所謂自然皆無意義。莊子雖未明說存在問題，然
其意固可如此看也。至于唯識，則不但消滅物論，而且消滅物。萬
法生滅，皆由緣起；因緣斷絕，則一切皆寂。不但吾心可寂，吾人
可寂，即山河大地皆可寂；不但一切分別皆是虛幻可寂，即一切被
分別也是虛幻可寂。佛家本義本在斷生滅相也。生滅相與物論不
同。以其斷生滅相，吾故知消滅存在也。存在已可消滅斷絕，則何
有于「物論」？唯莊子則不然。其所消滅者在物論，不在物也。此
即所謂自然主義者是；不然，何所謂自然？以「自然爲芻狗」，亦
無意義之言矣！惟是章氏不明此意，以莊子有「物謂之而然，道行
之而成」之說，遂以八識流轉現諸色相之說解莊子，大肆附會。莊
子唯識化矣。莊子于消滅物論而外，亦可以消滅物矣。夫「物謂之
而然，道行之而成」，乃指謂一切言論。名相皆由人心所造而加諸

物者，名無固宜，約定俗成。馬之名馬，固無必然之理。當其名也，為馬為牛，皆無不可。莊生無非發明此理，而消滅物論，亦即以此為根據也。以此為據而消滅物論，並未以此為據而消滅物之存在也。章氏以八識流轉附會名無固宜，是真隨口說說，道地文人氣、八股氣，如何不是橫通？

陽明良知，章氏以唯識「自證分」比之，熊十力先生闢之甚明。若以羅達夫之「中虛無物，旁通無窮」謂其為窮見藏識，更以藏識恆轉如暴流比擬流行，以我法執比擬主宰，更屬隨口說說之至，而熊十力先生之識見尤為精明而高明。吾年來最佩服熊先生主宰及即流行、流行即主宰之參證。熊先生之體會直可作儒家哲學之《金剛經》讀可也。其言曰：「儒家于流行中識主宰，即于流行之健而有則處，見主宰義。運而不息者，其健也。偏為萬物實體，而物各如其所如者，乃見其有則而不可亂也。驗之吾心，流行不息，應感萬端，而莫不當理，無有狂惑者，即此識得主宰。非別有物為之主宰也。此乃廓然無執，而後識主宰。云何以彼之所謂執，而擬此之所謂主宰耶？即主宰即流行，即流行即主宰。此為無上甚深了義。須深玩《大易》，而實體之于心，做過苦參實踐工夫，方有幾分相應。此非猜度所及也。佛家涅槃談主宰，而不說即主宰即流行。西洋哲學亦有談流行，而不悟即流行即主宰。通變易（流行）與不易（主宰）而一之者，是乃吾先哲之極詣。此固非章氏境界，而實余之所欲無言者也。」藉此通化之妙解，始可遮撥章氏之「橫通」。

至若以唯識之意識意根比擬王一庵之「意非心之所發」而證明心、意為二非一，亦為熊先生所痛闢。此亦本其流行主宰之參證而

施通解也。章氏何足以語此！嘗思立論不同不爲害，唯八股、文人
之橫通則殊爲害。其爲害不在誤其個人，誤其後輩，而在誤用天下
人之精力于無用之地，無絲毫裨益于學術文化也。

原載《民國日報·哲學週刊》第15期　1935年12月11日，署名「光君」

精靈感通論

一

感通的思想在中國哲學家中是很流行的，幾乎無人不承認，也幾乎都能體貼到這種境界。不過，王陽明說得更為一貫，更為透徹。王陽明這種「遍萬物而為言」的良知論，我現在以「精靈感通論」名之，比較更能表現出那種學說所指的意義。這種思想非西洋所謂唯心論，無論是主觀的或客觀的。既不是唯心論，當然也不是唯物論，此不必提，但也不是生命論，或如普通所謂生命哲學。柏格森雖也講感通，力闢窒礙；但從時間方面的生命之盲進上說，其意味便與良知論不同。所以這種思想也不可以柏格森的生命哲學來解析。它自是具有東方味的精靈感通論。當然「精靈感通」是元學上的一個指謂，至于良知論中的其他成分不必包括在這個指謂中。本篇所注意的是良知論者的一套元學理論。

二

王陽明繼承陸象山，是一貫地反對朱子的。但我以爲他們的反對，是因爲他們沒有了解朱子的思想的出發線索。不按照他的線索走，摭拾一二支節，自然與自己的系統格格不相入。因爲不相入，所以便對此一二支節而施攻擊。陸象山是攻擊他的道問學，以爲這是支離破碎，有礙大道。要作聖賢，只須反而求諸心，即所謂尊德性，不必他求或外求。王陽明是攻擊他的格物論，以爲「即物而窮其理」是向物求理，是向外求理；但理不在外，亦不在物。竹子裡邊沒有竹子的理，如何格得出？同理，親裡邊沒有孝的理，君裡邊沒有忠的理，孺子裡邊也沒有惻隱的理。若是，就君、親、孺子而格其理，累病了也格不出來的。所以王陽明遂斷然的說：心外無理，心外無物。心即理，要窮理必反而求諸心。心得斯理得，不必他求，他求便是析心與理爲二。他們說朱子的毛病，即在這個心、理爲二的主張上。

陸、王所攻擊的是這兩點，于是兩家門徒所爭論的也是這兩點。本來是解析世界解析人性的理學，卻一變而爲方法態度的爭辯。關于「是什麽」的問題沒有了，學問的系統也沒有了。人們只知道尊德性、道問學的差異，不復求人性與世界當如何解析了。所以我現在特別注意王陽明自己的理論系統，把這個系統找出了，便是個準確的標準，其他不相干的爭論便不必過問，並且也自然容易解決。

三

　　為什麼朱子的思想能發生被人指摘的這兩點呢？我想朱子的學問是比較博大的，他的思想的來源也是比較複雜的，他所解決的問題與其造成的系統也比較是高級的、綜和的。最顯然的，他是想解決兩個大問題：一是孟子的性善問題；一是《易經》的變化問題。「成之者性也，繼之者善也」以及「天命之謂性，率性之謂道」，將怎樣來解析？「生生不息」、「氣化流行」的宇宙條理，將怎樣來解析？並且這兩方面將怎樣用一個原則來貫通之？這是朱子所對付的問題。我常想：朱子的問題的來歷是從《易經》、《中庸》、《孟子》起，然後到《大學》的。前邊剛述過的那兩個問題便是發生于《易經》、《中庸》、《孟子》中；而《大學》的格物論乃是他的方法學，在邏輯層次上，當屬第二步。先有了解析那兩個問題的元學理論，然後才有達此元學所描寫的境界的方法論。此所謂方法論，勿寧說是修養論較安。

　　生生條理的世界，其所以然之故是值得加以解析的。朱子解剖的結果，遂發見了兩個原則：一是具體流行的氣；二是萬事萬物的所以然之故，此「故」朱子名之曰理。生生氣也，生生而有條理，各如其當，便是有個理在。此理有三個含義：㈠所以然之故；㈡發見可見者之文；㈢顯微無間，徹頭徹尾。所以然之故，又可從兩方面看：㈠從物理方面看，他是生生條理的所以然之故；㈡從人性方面看，他又是血氣心知，發而中節的所以然之故；這個「故」字也可以叫作「性」。發見可見者之文，也可從兩方面看：㈠從物理方

面看，生生條理之井然有序是理；㈡從人性方面看，仁義理智與發
而中節也是理。從此看來，理總是徹頭徹尾、顯微無間的，並且也
是解析一切現象的總原則。

　　由氣化流行生生條理的天道到命到性到情，完全都可用理氣的
原則來解析，並且純粹至善，以及善惡對立之善，亦可解析明白。
這是朱子的元學系統，在此不必詳述，可參看拙著《從周易方面研
究中國之元學及道德哲學》一書之第二分及第四分。這個元學的系
統確立了，于是便轉到《大學》的格物論。世界本是生生條理，如
何不可以即物而窮其理，以求那豁然貫通顯微無間之理？竹子爲何
沒有理？爲何不可于君親求忠孝，于孺子求惻隱？須知所謂窮理，
並不是手舞足蹈，去撫摩，去接觸。理是看不見、摩不著的東西，
而王陽明偏要去摩他、去捉他，如何捉得住、摩得著？如何不累
病？但朱子又何嘗教人去摩他、去捉他？這只是王陽明成了笨伯，
或故意爲難，決不可開罪于朱子。物中有理，窮物理而至於通，無
往不應，如何不是聖賢？（關此問題，我另有專文論及。）

四

　　但是這個道理，卻不爲陽明所理解。他在這方面卻非常之笨，
他向竹子求理，求不出來了，于是他便轉而向內求心。他在竹子上
求是笨的，他在心上求卻是聰明的。這就好像康德求因果于外界，
求之不得，轉而向內，是一樣的。王陽明沒有理解朱子的思想線
索，只在格竹子上碰了釘子，于是便從良知出發。這是從方法學或
修養學到元學的系統，與朱子恰相反。朱子的問題發生在生生條理

及性善，所以他的系統是從元學到修養學。陽明的問題發生在格物上，所以他的系統便從修養學到元學。因為兩個系統的方向之差異，遂造成了元學上不同之主張：一個是一面的精靈感通論；一個是兩面的綜和理性論。以下便討論這種一面的感通論。

1.為什麼以一面來形容呢？因為他是從心這一方面出發立論。因為只顧到了心，所以有人便叫他是心學。其實心是一個籠統的總名詞，而陽明之解說心與朱子亦無大異。所以與其名曰心學，還不如名曰良知之學，更具體而微。

2.心為身之主。主宰把握得住，則萬事具備。所謂「心即理」，只是說求理只須心上求，不必他求，並不是說「心等於理」。「心即理」是反對朱子的「即物而窮理」的一個口號，所以「心即理」與「心等于理」不同，而王陽明也並不主張「心等于理」。

3.理是什麼，王陽明並沒有特指出來加以界說。但據我們的意思，在王學的眼光看來，理可以規定為：「良知感應之至當」。這個「至當」必須從心上求。心是身之主。心之「虛靈明覺」便是良知。良知是心之體，是心之本然。心所以能感應至當，完全在這個虛靈明覺之良知上，所以「心外無理」。理只是良知感應之至當，向外求理不如向內求理。「至當」不在竹子上，而在良知之感應上。

4.良知之本性可以界說為「虛靈明覺」，亦可以界說為「真誠惻袒」，合起來便可說是宿于萬事萬物內的一種「精靈」。這個「精靈」，隨感而應，無不至當。輕重厚薄，毫髮不容增減。這是他的妙用。這個精靈，無方體，無窮盡，語大天下莫能載，語小天

下莫能破。這是他的屬性。他有這樣的屬性與妙用，所以及其發也，無不中節，無不至善，即所謂恰好。

5.這樣的精靈乃是函萬物而爲一，孟子所謂「萬物皆備于我」就是這個意思。所謂「皆備于我」並不是勉強而致，乃是自然流露。于事親自然會孝，于從兄自然會弟，于事君自然會忠。發而萬物皆應，靜而萬有皆函。所以精靈也可以說是感應萬有的一種「可能性」。從這方面講，良知也就是「性」，性可以規定爲精靈感應的「可能」。

6.總「可能」與「實現」而爲一，便叫做「仁」。仁者與天地萬物爲一體。所以爲一體，就是因爲精靈之隨感而應。窒礙不通，不得謂之仁，乃所謂麻木不仁。所以，仁與良知也是一而非二。

7.精靈之有感而發，其發必有所自，亦必有所至。「自」與「至」之間便有「意」發生，「意」必在精靈之感發上昭示出，所以說：「心之所發便是意」，亦曰：「知之發動是意」。凡意必有向，故曰「意向」，在物理上曰「動向」，可以互相發明。

8.有意向必有所向，所向便叫做「物」。客觀由主觀派生出，物由心指定出，由精靈之動向規定出。意向在於事親，則親便是所向，便是一物。推之視聽言動，仁民愛物，莫不皆然。凡精靈之所至，莫不有物爲對。物由意出，所以心外無物，心外無理。

　　附註：此段所謂物由意出，不必牽涉到存在問題。若以此爲存在論，則便是主觀唯心論。從良知方面講，自然可以由意定物；但若從感通方面講，便又不得不承認客觀之存在。在此乃是一個相互關係，不是偏面關係。精靈若當作是一個元學的假設，便是由相互

關係的感通上昭示出。這自是存在論的講法。若陽明之心外無物，還只是窮理求至當的修養致知論，並非存在論。成爲存在原則，還得進一步的轉變。所以此處物由意出，還是知識上的規定，不是元學上的發生。所以不可與巴克萊同論。巴克萊以神代物，取消了物的刺激，而代以神。這可以說是唯心論。但王陽明並沒有以良知作刺激者。若無客觀存在，良知之感應便不可能。物由意出，然「意」有所向，是物已先意而存在矣。所以「心外無物」還是當指窮理求當之宜向內、不宜向外而言。不可當作存在論。「心外無理」亦當作如是觀，不可但求字面也。所以「心即理」不是「心等于理」，而「心外無物」「心外無理」也不是「物不存在」「理不存在」。「窮」的問題與「在」的問題，不可作一面觀。

9.心、知、意、物、仁，皆一實地由一面解剖出來。這只限于人性。以下再看其怎樣變爲元學上的存在原則。

五

1.以我爲主，因良知之感應，天地萬物可以皆備于我。以良知之靈明爲主，則不感時，萬物與心同歸于寂，一旦感發，則聲色臭味一時明白起來。這一個辯論過程是關于窮理問題，關于良知之靈明問題。若從萬有相關看來，跳出「以我爲主」的圈子以外看來，則我又何嘗不備函于萬物之中？我之良知又何嘗不與萬物之良知共同感應？這個辯論過程，便是關于元學存在問題，而不關于窮理問題。

2.這個存在原則旣經建立，則良知或精靈便無往不在。「人的良知就是草木瓦石的良知。若草木瓦石無人的良知，不可以爲草木瓦石矣。豈唯草木瓦石爲然？天地無人的良知，亦不可爲天地矣。蓋天地萬物，與人原是一體。其發竅之最精處，是人心一點靈明。風雨露雷，日月星辰，禽獸草木，山川土石，與人原只一體。故五谷禽獸之類，皆可以養人，藥石之類，皆可以療疾。只爲同此一氣，故能相通耳。」萬有一體，一氣相通，此便是精靈之感通論。

3.在此，精靈原則，便與朱子的理、道、太極，同一作用。唯陽明不用這一套名詞，偶爾提到，也是以良知爲主，這是他們的系統不同處，精神不同處。陽明以良知爲主，從其屬性觀之，可以解說好多名詞：「所謂心即理者，以具充塞氤氳謂之氣，以其脈絡分明謂之理，以其流行賦畀謂之命，以其稟受一定謂之性，以其物無不由謂之道，以其妙用不測謂之神，以其凝聚謂之精，以其主宰謂之心，以其無妄謂之誠，以其無所依著謂之中，以其無物可加謂之極，以其消息往來謂之易。其實則一而已。」所以良知之靈明是終極原則，其他十二個專名乃是從不同方面觀察他的屬性而規定出。

4.朱子的系統是以理氣爲終極原則，他用此原則可以解析性善問題，可以爲道德必然之基礎，可以爲人生立不易之理想，並可以解析世界之變化，以及變化之條理。王陽明的系統是以良知爲終極原則，而他所特出解析的，在人性方面，卻只是良知窮理之妙用；在存在方面，卻只是萬有相互之感通。這是陽明系統的大體輪廓。在這兩個不同的系統上，我們如果類比的說來，則朱子可以是康德，而王陽明卻不過是柏格森。所以我們說朱子是綜和的理性主義，而王陽明卻是精靈的感通論。

5.精靈的感通論，在窮理上說，好像主觀唯心論，然在元學上說，便不能不承認客觀世界之存在。所以「心外無物」乃是窮理問題，不是存在問題；互相感通乃是存在問題，不是窮理問題。即如巴克萊之存在即被知，好像是從知識上講存在問題，但到他以神心代物質時，客觀世界便也出現。康德以範疇講知識，好像主觀成分大，但康德哲學的精義卻在「知識可能的條件即是對象可能的條件」。這足證明在元學上已經假定一個主客不分的大綜和原則，至這個原則出現時，客觀世界也出現。康德、巴克萊都是從知識論上講存在，好像是主觀，且也有客觀；而何況王陽明之「心外無物」只是窮理問題，不是存在問題，所以與主觀唯心論更不相關。須知良知窮理只是求人心之洞徹與感應之至當，這是作聖賢功夫的修養，與知識論便不相同。所以雖以良知為主，但念念不忘者卻在為身之主的心。所以中國思想始終是致知，而西方思想卻是解知。解知是摹狀事實的一種理論，而致知卻是作聖賢的修養功夫。所以王陽明雖貌似巴克萊，而其實不是。這種毫釐之差，不可忽略。

6.復次，精靈感通論，在元學上，精靈只是一個解析現象的終極原則，與柏格森之生命同其妙用，但與西方之神卻不相同。神可以與宗教相聯，但精靈卻與宗教無關。所以中國思想所詮表的世界始終是氣化流行生生條理的物理世界，只能對此世界加以解析、加以體認，而卻從未加以增減。沒有超越的本體，沒有本體與現象的分別；而卻只是即現象即本體，即流行即主宰。流行乃其變動不居，主宰乃其不易之則，合起來便是「生生條理」。我們只有這麼一個世界。儒家之流，以及所謂理學，無論程、朱、陸、王，都可大體劃歸于這一支的宇宙觀中。

六

于是，我們可以轉而稍微討論元學的支派以結束本篇。羅素曾說過對於世界可以有三種看法：一是科學的看法，二是神秘的看法，三是矛盾的看法。講元學，純科學的看法，最顯然的是羅素自己的《物之解析》；神秘的看法，以柏格森爲代表；矛盾的看法，以黑格爾爲代表。前兩派，講到終極，或者可以結合，或至少不至於大衝突。至於第三派，雖最後也是神秘的，但說法上思路上卻很難與前兩派相融洽。這三派形而上學各有其方法：科學的看法純用邏輯解析法，神秘的看法則用直覺法或體認法，矛盾的看法則是辯證法或叫做遮撥法。這三種形而上學的思維法形成不同的三種元學系統。芝諾、黑格爾、布拉德賴、龍樹菩薩，以及中國的老、莊，皆可大體歸于遮撥法的矛盾系統中。關此，可參看張東蓀先生的〈從西洋哲學觀點觀看老、莊〉一文（《燕京學報》第16期）。此文是一篇求是辨異的傑作，雖然作者在篇末聲明的很客氣。此外我在〈矛盾與類型說〉（《哲學評論》5卷2期）及〈邏輯與辯證邏輯〉（《唯物辯證法論戰》，張東蓀編）兩篇文章中，曾對此問題有詳細的說明與批駁，讀者不妨一同參看。至于中國的儒家之流以及宋明理學，也大體可以歸於直覺法或體認法的神秘系統中。當然他們不必是柏格森的哲學，此點須注意。關於這一支，可參看我的《從周易方面研究中國之元學及道德哲學》一書。至於邏輯解析法的科學系統，最純淨的要算羅素的《物之解析》一書，稍爲勉強一點的，便是懷悌海的《過程與眞實》。

至于本篇所叙述的精靈感通論,當然是神秘系統中的。

形而上學的系統問題是很有趣的,而他們三系統之間的相對同與絕對異的問題也是值得討論的。我想另以專篇詳細論之。

廿四年九月十三日

原載《民國日報·哲學週刊》第16期　1935年12月18日

朱王對話
——向外求理與向內求理

王：晦翁，我很難過，我不能與你在一條路上走！我對《大學》的見解不同于你，我對于求理的見解不同于你，我對于治學的方法也不同于你。總之，我時時刻刻不忍背棄你，但事實上眞理迫得我不得不背棄你。所以我很難過。好了，幸虧我已有了你的晚年定論，我們之間可以契合了。晦翁！你同意你的晚年的見解與我相同嗎？

朱：是的，在某方面我覺得可以與你相同。但眞理的方面是多的，不是一的。在某方面同，在某方面也可以不同，不必發生連帶關係。你說你與我事事不同，但我們可以抽出最主要的一點來作為討論的對象。我想求理一點是個中心問題，我們可以暫且討論它，看看結果怎樣。明兄，在我以後反對我的態度最鮮明的要算你老兄與戴東原了！戴君反對我的是：「理如一物，得于天而具于心」。不過這一點，我近來讀了一本《從周易方面研究中國之元學及道德哲學》，署名曰牟宗三，其中第二分討論到這個問題，替我大加申說，戴君的誤解也一一加以指正，我覺得利我不少，且亦甚公允，不知老兄你見過了沒有？我看這孺子倒很可教，現在我們討論這個求理問題，最好也請他再記錄一下。

王：很好！我看你的致命傷也是這兩點。戴君反對你的「理如一物，得于天而具于心」，已有牟君替你開脫了。我反對你的是你的「即物而窮其理」有析心與理爲二之弊，這點你還有什麼可說的？你自己能解脫你自己嗎？還是再請牟君來給你解脫呢？

朱：不必不必！我們直接可以開談判，只煩他代錄而已！請問我的「即物而窮其理」如何是析心與理爲二？

王：「即物窮理是就事事物物上求其所謂定理者也。是以吾心而求理于事事物物之中，析心與理爲二矣。夫求理于事事物物者，如求孝之理于其親之謂也。求孝之理于其親，則孝之理其果在于吾之心耶？抑果在于親之身也？假而果在于親之身，則親沒之後，吾心遂無孝之理歟？見孺子之入井，必有惻隱之理。是惻隱之理，果在于孺子之身歟？抑在于吾心之良知歟？其或不可以從之于井歟？其或可以手而援之歟？是皆所謂理也。是果在于孺子之身歟？抑果出于吾心之良知歟？以是例之，萬事萬物之理，莫不皆然。是可以知析心與理爲二之非矣。夫析心與理爲二，此告子義外之說，孟子之所深闢也。」這是我以前答顧東橋的話，晦翁以爲然否？

朱：以你的分析，我的「即物窮理」有兩個必然的結論：㈠析心與理爲二；㈡以告子「義外」例證我是「理外」。然否？

王：然。

朱：現代科學家不都是「即物窮理」嗎？自然科學中所發見的規律不都是即物而窮的嗎？

王：是。

朱：然則，這些規律之「理」也是心嗎？不假外求即可得嗎？純致良知可以得出自然律嗎？

王：似乎不能。

朱：然則，理外果非乎？

王：然則，你如何對付我的「親沒之後，遂無孝之理歟」的疑問呢？

朱：一個特體親沒了，並不是天下親都沒了。我的親沒了，你的親還未沒，你的親沒了，你對你的子而言，你本身又是親。如果天下有所謂親者，即有所謂孝之理，試問天下若壓根就無所謂「親」，你的良知內還有所謂「孝」乎？還有所謂孝之理乎？

王：晦翁！你此言甚辯！天下根本就不能無「親」之存在！

朱：是的，我的「如果無親」的辯論，就是對你的「親沒」的假設而發的，你既知天下不能無親，你何必以「親沒之後」來反駁我呢？其實問題殊不在此。自然界裡能找出運動之理，但在「親」裡邊找不出「孝」之理。你以為這兩種「理」是相同的嗎？

王：似乎不同。

朱：在親裡邊找不出「孝」之理，遂以為理都在內嗎？

王：似乎不都在內。

朱：惻隱之理不在孺子，這也是在內，然否？

王：然。

朱：然則，自然界之理在外，孝之理與惻隱之理在內，然乎？

王：然。

朱：然則，這兩種「理」的區別在那裡？豈不是一屬物界之條理，一屬人倫之當否？

王：我想是如此。

朱：然則，在物界一方面，豈不可即物而窮其理，以發見其實

是？

王：然則，你是科學家了。

朱：不然。我若是科學家，中國早就有了科學了，不必現在的胡適出風頭了。我們中國這一方面的聖哲始終就沒有實際即物而窮過理，我也不能例外。現在一般後生小子都說我做過科學家的功夫，其實都是附會，我實不敢當。不過我近來稍涉西學，足證「即物窮理」這個命題不算錯吧了！

王：你既不是科學家，如何說「即物窮理」呢？

朱：主張即物窮理與實際窮理不是一會事。不是科學家，即可以不信世界有條理乎？

王：是的，我當然不能否認世界的條理。世界有條理與否，條理內在還是外在，這是西方人的問題，我們中國的先哲從來不發生這個問題。我覺得討論那種問題是無意義的。

朱：然則，你所謂「理不外在」，「心外無理」，是什麼意思？如果你這兩個命題的意思不是否認「理」之存在，那末，便與我的「即物窮理」不相對了。你以為然否？

王：是的，我不否認理之存在。如果你的「即物窮理」指的是物界之理，那末我的「理不外在」之理與你的理不相同，我並沒有否認你這個外在之理。在這種意義下，我承認我的「理不外在」與你的「即物窮理」不相對。我很抱歉，我不知你還有這層意思。

朱：然則，你的理不外在竟不是理之存在問題，而是理之窮的問題與窮理之修養功夫的問題了。

王：很對，我確是如此。

朱：你以為你這樣修養——致良知——即可得到科學家所得的

理嗎？

王：似乎不能。

朱：然則，你所能得到的蓋是人倫的當否之「理」了。

王：我想該是這方面的。

朱：然則，你的「理不外在」當有兩個結論：㈠人倫的當否之理；㈡這種理之窮即是良知之窮，窮良知即是窮理，良知極至，理之得當自然可到。然否？

王：我想是如此。

朱：既是如此，我又要問：你以為這種「理」即純為內在嗎？

王：非乎？然則又為外在乎？

朱：不然。我並不說它是外在，但我也不說它是內在。我說它是在內外之間。這內外之間又有兩個問題：㈠是它存在的區域問題；㈡是窮它的問題。我們先說窮它的問題。你以為窮它即可以純是內嗎？就可以毫不假外嗎？

王：我想是可以的。因為所謂良知即是不假外求之意。若致良知而至其極，無一毫私欲蒙蔽，則自能隨感而應，無不至當，此即所謂理。故欲當理，只要致良知即可。所以我說「理不外在」，「心外無理」。若不致良知而只向外求，即求病了也得不出理來，也得不出感應之至當。我以前照著你的辦法格竹子，把我格病了，也未格出什麼理來。所以我才有了現在的主張。我的口號是：「致吾心之良知于事事物物」，這是合心與理而為一；你的口號是：「即物而窮其理」，這是析心與理而為二。我們兩人的區別不就是這點嗎？

朱：是的。但是你說格竹子格病了也未格出理來，這個例子又

不恰當。因爲科學家怎末格出來呢？科學家即是「即物窮理」的。然則「即物窮理」錯了呢？還是你未做那部功夫呢？我看，對于竹子，「即物窮理」的辦法倒能格出理來，你的「致良知」的辦法才是徒勞呢？未見致良知，能對于竹子有什麼結果？這且不提，因爲你的所謂「理」不是物界之理，是人倫之至當。所以我們的討論只可限于人倫之至當。同意這個辦法否？

王：暫且可以同意。

朱：照人倫之至當而言，你的良知是可以單獨致的嗎？惻隱之念，人皆有之，是謂良知；但惻隱之當否，則有待于感發，人不皆能之。你所謂「致」是致什麼呢？致那個單純之「念」嗎？則本無所用其致，因爲人皆有之，人皆能之。若致其至當，則離不了感發。因離了感發，無所謂當否。若致那個「念」，則可以不假外，但這有什麼意義？若致其至當，則離不了外。然否？

王：然，因爲我並沒有說單致那個念。良知是離不了感應的。但我以爲良知不只是一個「念」，良知還函有「至當」。因爲人欲固蔽了，所以才有不當，所以才須致而復其本來面目，以使其歸于至當。

朱：你這話不錯。但你說「良知還含有至當」，我以爲這只是一個推證，即由感發而推得。若根本無感發，你還能說它是至當嗎？「無善無惡心之體」，這不是你的格言嗎？然則，「良知含有至當」是一個推證無疑了。然否？

王：我想是如此。

朱：然則，論到良知之至當，不能離感應了。

王：是，我也說「致吾心之良知于事事物物」。

朱：然則，感應可以離事物乎？

王：不可。

朱：感應之至當與否亦可以離事物乎？

王：亦不可。因爲我常說在「必有事焉」上「時時去集義」。

朱：然則，所謂「致良知」亦不可離事物矣。

王：當然不可。因爲我也說在「必有事焉」上去「提撕警
覺」。

朱：致良知不可以離事物，窮理可以離事物乎？

王：似亦不可。（有窘意）。

朱：然則，「即物窮理」怎見得是析心、理爲二？「致吾心之
良知于事事物物」怎見得是合心、理爲一？

王：有是乎？（作深思狀）。

朱：「致良知」豈不是就事物之感發，而時時有所警惕與注
意，以求歸于感應之至當？這豈不是一種下學上達的修養功夫？

王：是。

朱：「即物窮理」豈不也是就事物之感發而時時有所警惕與注
意，始而勉強，久而自然，以歸于一旦貫通而無不至當？這豈不也
是下學上達的修養功夫？

王：是。

朱：然則，我何以是析心與理爲二？你是最反對拘滯文義而不
求大旨的，奈何對于「即物窮理」而竟自犯之？我所謂「即物窮
理」並不是如科學家之用歸納法焉，我只是藉事物之感發而事事警
惕，時時注意而已。所以我的結果是無不至當的一旦豁然貫通之
理，而不是歸納法得的概然之理。所以我也不是科學家。我以爲

「致良知」或「窮理」，在中國的系統之下，只有這種講法始得其解。我是注意于事物方面，所以說「即物窮理」，何嘗忘了心？若無心，如何能警惕于事物？你是注意于心方面，所以說致「吾心之良知」，其實致良知是離不了事物的。離了事物，如何施其警惕？如何能至「至當」之良知？這可見你是心、理爲一，我也未曾心、理爲二。你說你格竹子格病了，那是你以科學之理看我了。你道學家以爲病，但科學家不以爲病。可惜我不是科學家。但「即物窮理」這個命題卻範圍廣得多了。

王：你這一段話很清楚，我承認我對于你有相當的固蔽。但你的「即物窮理」有多少函義呢？

朱：我的「即物窮理」有三個函義：㈠科學家可以應用；㈡我們道學家可以應用；㈢理是普遍的存在，在科學家爲物理，在道學家爲倫理。科學家因「即物窮理」而得概然之自然律；道學家因「即物窮理」而時時警惕以歸于至當。我站在道學家的立場，我何曾「以吾之良知爲未足，而必外求于天下之廣，以裨增補益之」？我之所以道問學以求天下之廣，乃實是在事物上時時警惕，以歸于至當，發而中節而已。人豈可離事物而言警惕乎？

王：自是不可。

朱：然則，在警惕的立場下，道問學有何不可？爲見得即爲支離？人生若非寂滅涅槃，何往而非道問學？不過所道有不同而已。我註《六經》，《六經》註我，所註不同，其爲道問學一也。立言、立功各不同，然其爲立則一也。因立言而無不至當，與因立功而無不至當，所立雖不同，然其道問學則一也，如何能說是支離？道問學只是警惕磨鍊而已。離開警惕磨鍊，尙有所謂空無一物之尊

德性乎?爲有警惕磨鍊而非尊德性乎?(盜賊之磨鍊,技巧之磨鍊,不在此限。)你如果說我治學爲支離,我豈不可說你治兵打仗爲妄作?

　　王:誠然誠然。但你晚年爲何力主張先立其大者?你不是也以先前爲支離嗎?

　　朱:是的,但我以我這是享受問題、涵泳問題,與道問學無關也。孔明略觀大意,淵明不求甚解,都是享受問題。此是至樂之境,但要必由警惕磨鍊而來。時時警惕,時時涵泳,自能貫通至當。孔明出茅廬後,何時不在警惕?然何時離了涵泳?又何時純是涵泳?道問學如何可非?尊德性如何能獨?尊德性是忙裡偷閒,道問學是閒裡尋忙。我晚年所說也不過是「忙裡偷閒」而已!

　　王:透徹之至。現在可以討論我們所謂理的存在區域問題了。

　　朱:時間不早了。現在可以把這個問題簡單化。我們不是說過我們道學家所謂「理」是倫理之理,是人倫之至當嗎?

　　王:是的。

　　朱:然則,它必不在物界了。

　　王:那末可以在內心了。

　　朱:也不必然。孺子未入井,你爲何不動惻隱之心?即入井,爲何也有不動者?即動,爲何也有動之失當者?這可見定不在內。

　　王:然則,內心空無所有乎?

　　朱:內心所有者爲念之端,只是一個虛靈,此即所謂性善。「乃若其情,則可以爲善也。」至於當否,則有待於感發。然乎?

　　王:然。

　　朱:然則,「至當」豈不在時時警惕以擴充其善之端乎?

王：然。

朱：然則，人倫至當之「理」豈不在時時警惕，擴充善端，隨感而應，無不至當之區域乎？這個區域另成一個世界，此即我們道學家所注意者。然乎？

王：甚是！

朱：然則，在這個世界內，向外求理與向內求理還成問題嗎？你所說的心、理為二，還有任何意義嗎？即有意義，你的說法也不能施行于這個世界了。以為如何？

王：我想可以如此。但在這個世界內，你以為有什麼問題呢？

朱：我想這些問題可容留再談，你看牟君已經疲累不堪了！我們可以出去遊觀一番。老兄以為如何？

王：甚好！（同出）

原載《民國日報·哲學週刊》第18期　1936年1月1日

一年來之哲學界並論本刊

本刊上期發表了熊十力先生一篇傑作，即〈科學眞理與玄學眞理〉一文是。該文體大思精，凡學哲學者，皆當細讀。我因著熊十力先生的哲學體系，遂想到年來的哲學界，因此，又想到本刊。對此兩點，我願在此稍加論列。

一、關于本刊

編輯一種刊物，要必有主。主之寄託，在負責人之是否能負。不能負，或能負而不負，皆足失其主。主腦一失，便令人不得要領。此最壞事。本刊年來所報告給讀者的乃是諸邏輯問題之論列。所討論的及隨時提到的，不外以下幾點：

    1.關于邏輯之性質；

    2.關于邏輯之系統；

    3.關于傳統邏輯之講法、修正及其中諸問題之解決；

    4.關于現代邏輯之特色及其中主要問題之討論；

    5.關于傳統邏輯與現代邏輯之統一或絜和。

此等問題之討論充滿了年來的本刊，這個便形成了本刊的主

腦。讀者不但可以知道本刊所討論的問題，並可以知道本刊對此等
問題的見解，也即是說知道了本刊的立場。讀者或可說，《哲學周
刊》成了《邏輯周刊》，未免太狹！這個責難，我以爲卻是不當。
邏輯是哲學中一部分，自然便是我們所討論的一個對象。對象雖然
很多，但卻不能不一步一步的走。於是我們可說只是於某一時期，
邏輯問題佔了主位。其實所討論的東西還不是重要問題，重要的乃
是討論者的見解。本刊所以首先提出邏輯問題來討論，實有二故：

　　㈠時下邏輯本身的混亂；

　　㈡邏輯對於學哲學者的重要。

　　邏輯本身的問題，反對形式邏輯的，如唯用主義者乃唯物辯證
法主義者，固然是個難關，即是在肯定形式邏輯方面，其難關也屬
重重。這兩方面的重重難關，都需要我們來努力。而且這個努力是
必須的，不然，其他一切便無法往下講。關于第一方面的難關，我
們已經打出去了，表現這步工作的便是張東蓀先生編的《唯物辯證
法論戰》一書。既然作過了，所以本刊自然不必再來重複。本刊年
來所作的其實是第二方面的難關之清理。由對于這兩步難關的衝
破，遂刊定了我們對于邏輯的認識與估價。我們的積極主張是邏輯
的標準性、公共性、絕對性；我們所力闢的是相對主義、附庸主
義、無用主義，我們也反對將邏輯前進于科學，後返於玄學；我們
並也反對記號邏輯、數理邏輯、亞里士多德邏輯等等足以亂人聽聞
的名稱。亞里士多德邏輯，老實說，即是正統邏輯，即是有標準
性、公共性、系統性的邏輯，也即是二分法的邏輯，即二價邏輯
是。分別邏輯，當從是否是二價邏輯起。什麼記號、數理、形式，
皆不著癢處。此皆不過一時之方便立名，並不關涉內容。近人遂多

以此爲類名，殊屬皮相。亞氏何嘗不用記號？數理邏輯其實何嘗論
到數理？只有唯用論者及辯證法主義者才反對形式邏輯，然彼輩實
是數典忘祖，每日用之而不知其用者！所以我們對此定須加以批
駁，以顯清光。清光一露，才能有標準以定明暗。世人日論明暗，
但卻反對定明暗之標準，此非數典忘祖，日用而不知其用者而何？

　　學哲學者必須有兩個根基：一爲對外之經驗知識，二即定明暗
之標準。前者是自然科學之探討，後者是邏輯之訓練；前者供獻你
好多學說、理論、見解；後者供獻你批評、選擇、立論之標準。學
者必須有這兩個根基，始能有所建立。因爲邏輯本身的混亂及邏輯
對于學者的重要，所以本刊開宗明義對之必須加以檢討，這是本刊
年來的主腦及旨趣。

　　本刊既是以討論問題，解決問題爲主，所以便也常保持著一種
活的、生動的、迫切的姿態。因此，對於一般教訓式的、教科書式
的、概論式的、八股式的、可有可無、人云亦云、千篇一律的稿
件，不願多所刊登。此或對于投稿者多所沮喪，然而其實是一種鼓
勵。我們願意以問題來激勵讀者的心思，不願意以八股來相勸勉或
教訓，這當然是於讀者有好處的。

　　本刊除對于各問題見解或立場而外，還有一個對于一切的根本
立場或態度。這個態度即是系統主義。這種系統主義的容納性是很
大的。我們很知道各有所見，各有所蔽的道理。我們也很知道三稜
鏡的事實。你看見了那一面，我看見了這一面，你我所見，固然皆
不得其全，然而你我所見，卻亦不能不算是事實的一面。系統主義
就是欲將各面全觀，而各予以適當的位置。這不是普通所謂調和，
而乃是我們所謂系統。一個系統必須把三稜鏡的各面皆予以諧和之

組織，一如事實者然。但是所見的一面如不是事實上的一面，或即是而有所歪曲，則皆在糾正或擯除之列，不能列于系統之內，不然便是調和，而不是系統。試舉例以明之。羅素說，對于世界本有三種看法：一爲神秘主義，以柏格森爲代表；二爲科學主義，以羅素自己爲代表；三爲矛盾主義，以黑格爾爲代表。在本刊的系統主義的立場看來，神秘主義與科學主義可以化入一系統之內。但是黑格爾式的矛盾主義卻在擯除之列。因此，本刊的立場，在現階段，還不能接納黑格爾式的辯證邏輯。這意思即等于說黑格爾所見的一面不是事實上的一面，或即是而也是歪曲的一面。因此我們不能不加以擯除或糾正。科學主義與神秘主義化在一起的可能，遠不必論，本刊上期熊十力先生的宏論便是一個實例。

　　本刊由以邏輯爲主腦將逐漸發展至以知識論、元學的討論爲主腦。

二、關于年來哲學界

　　關于這一點，我並不是想作這一年的哲學史，也並不想每派必列，每家必錄，只是想於我所熟習的，並確有見地能成系統的幾個人，提出來加以介紹，看看中國哲學界到了什麼程度。並且所論的，在時間上說，也並不必限於一年。各人的著作也許在一年以前就已流行著，但此不必太執，只要這幾位現在還仍繼續進行發揮其主張，就把他們集中在這一年來看也不妨。在此所欲提出的是三位：一是熊十力先生，二是張東蓀先生，三是金岳霖先生。這三位大體上說來是代表了三種學問：熊先生代表了元學，張先生代表了

知識論，金先生代表了邏輯。

㈠熊十力先生

對著儒學的傳統及佛教的傳統而言，熊先生確能跳出這兩個傳統而超越之。因此無疑的，亦只于此超越點上始能顯出其爲眞正的哲學家。純粹佛教的傳統，不能算是哲學家，純粹儒學的傳統也不能算是哲學家。把這兩個絜和起來也不見得是眞正的哲學家，要必于此兩者而外有所增益。關此，可舉熊先生所特成者與以往的儒、佛比觀即可明白。熊先生說：「善談本體者，一方面須掃相以證體，若執取現象界爲實在者，即不能見體，故非掃相不可。然另一方面，卻必須施設現象界。否則吾人所日常生活之宇宙，即經驗界不得成立，因之，吾人知識無安足處所，即科學爲不可能。佛家說五蘊皆空，似偏于掃相一方面。《新論》（按：即熊先生所著之《新唯識論》）說本體之流行，即依翕闢與生滅故，現象界得成立。亦復依翕闢與生滅故，說現象界無實白體。易言之，便於現象界而不取其相，即於此而見爲眞體之呈顯。是爲掃相證體。由成立現象界之一方面而言，科學上之眞理已有依據；由遮撥現象界之一方面而言，玄學上之眞理即有依據。」（參看本刊前期）。這一段話便是熊先生的全輻學問，只此便超越了以往的儒、佛，只此便是眞正的哲學家。因爲元學的極致是安體立用，哲學家的極致在通曉天人。著重點在乎理解與說明。哲學家立論必須要貫通，所以得證體；但同時眼前所見，已紛然雜陳，無論你怎樣不喜歡，也須加以說明，所以得立用。佛家只在證體掃相而不能明相立用，這已缺了半篇文章，不能算是哲學家；或能明相立用而不明不立，專以寂靜

言體，對于相用厭惡之至，一字不提，這已是宗教家的態度，不是哲學界的態度，所以也不能算是哲學家。故純粹佛教傳統決不會成爲哲學家，因他總有點不通。但是在此點上，熊先生卻能超越之。

我們再看對於儒家的超越。熊先生說：「孔、佛同一證體，然亦有不似處。佛氏專以寂靜言體，至于四時行百物生的意義，彼似不作此理會。緣他出世主義，所以不免差失。本體是寂靜的，孔子若不親證到此，便不會有天何言哉之嘆。唯其湛寂，無爲無作，故以無言形容之。然大用流行，德健化神，四時行而百物生，以此見大理之不容逆。夫子其至矣夫。」（同上）。這一段話便似老吏斷獄，判定了儒、佛，亦道明了自己的立場。然則孔子是哲學家了嗎？亦究竟不是。因爲他沒有理論故，他沒有說出故。理解則有之，而說明則未也。所以他只能作一個集大成的聖人而不能作一個眞正的哲學家。等而下之，如宋明諸子，亦只是在證體上用力（雖然，其所謂體不必同于佛），對于明相立用，亦甚式微。張橫渠幽明聚散之說，似是對于現象界的一種解析，然亦是小巫對大巫，不能相比。所以儒家的傳統與佛同，同是只作了半篇文章，所差者一成了宗教家，一成了道學家，而都不能算是哲學家，吾于此焉得不特許熊子？「體則法爾渾全，用則繁然分殊。科學上所得之眞理，未始非大用之燦然者也。即未始非本體之藏也。如此，則玄學上究明體用，而科學上之眞理，已得所匯歸或依附。余自視《新論》爲一大事者以此而已。」（同上）。此點確是大事，因爲這是劃時代開新紀元的作品故也。憶此書初出時，湯錫予先生詢余曰：「汝覺得怎樣？」我說：「頗似柏格森，惟其似者在于能解析現象一端，然而在柏氏之解析卻是消極的，不是柏氏之正面文章，算不得什

麼，而在此書卻是不得了！」湯先生說：「我亦有同感。」當時因
湯先生是業師，不便多所發揮。在此不妨加說幾句。因為西方的元
學在柏格森以前，實在未曾明體，即或談體，也實只如熊先生所謂
戲論。至柏格森出用直覺方法，參透了宇宙奧秘，始作證體工作。
這在西方思想史上確是一個新紀元。故柏格森的哲學遂滿城風雨，
轟動了全世界。而其所宣揚的，以及世人所注目的，也只是直覺、
創化、生命、時間等概念；而他對于空間、物質、數學點等科學概
念之解析已無人加以過問，只作等閒視之，好像視同怪論一般。其
實他這種解析也算不得了。唯因反傳統故，又有更不得了者在。遂
不得不有所偏重。故我說它是消極工作，不是正面文章。然這種解
析能在《新唯識論》裡出現，卻不能不另眼看待，卻不能不說是一
件大事。這正因為中國思想與西方正相反，一向只在體上用力，今
忽有此關於現象之解析，如何不說是不得了？其為不得了，與柏格
森之證體的不得了一樣。皆宜滿城風雨，轟動全世界。然而結果即
在國內亦恐知之者少。此著者所以常發感慨，難索解人也。吾于西
方特重視柏格森。特好懷悌海，於中國特費數萬言宣揚一從不被人
提及之胡煦，皆基于同一觀點而認識。吾能用此觀點而認識柏氏、
懷氏、胡氏，吾如何不能用此觀點而認識熊氏《新論》乎？正以此
四子之系統皆能安體立用，證體明相，臻元學之極致也。

　　還有點餘意，再稍加以申說。正因熊先生浸潤佛學日久，故
《新論》中所表現的精神總偏向于佛家氣味。雖立論以《大易》為
經，以儒家為歸，然掃相證體，字裡行間，總是佛家的而非儒家
的。故對柏氏、懷氏而言，吾亦說其較似于柏氏而不似懷氏。正因
佛家比儒家更浪漫，而柏氏亦比懷氏更浪漫故也。故《新論》所表

現的浪漫色彩實比胡煦、懷悌海大。而反觀胡煦與懷氏實老實得多了，具體得多了，活潑得多了。不過這種浪漫色彩，于近年來諸言論中，似已消滅殆盡，即是說，儒家氣味戰勝了佛家氣味。如〈答謝石麟書〉及本刊前期一文，皆表示著一種老實、具體、活潑、圓通的儒者哲學。這個意思不知熊先生以為如何？至《新論》中浪漫色彩也只是數年前讀後感想的遺留，現在此書不在案頭，吾亦實不敢必，亦不能多談。甚願熊先生有以教我也。

談到精神氣味或色彩，實與所用字眼有關。表現新意不能不用新字眼。懷悌海喜造新名詞，然為表示其心目中的新意實不得不造，而正因其造新字眼，所以才能煥然一新，截然不同。譬如extension 一字，在舊哲學中為「廣袤」之意，然在懷氏哲學中卻決無此意，所以譯為「擴延」。試看「擴延」與「廣袤」所表現的意味有如何懸殊！再如 spatial relation 及 temporal relation 若譯為空間關係及時間關係，實不如譯為「空擴關係」及「時動關係」能傳神而逼真。再如 actual occasion（緣起或實緣），實比 event（事情）一字傳神而生動。《唯識論》裡的「流轉」不如《易經》的「流行」來得老實，具體而慈祥可愛。《新論》用生命、活力等字眼，此柏格森所常用者。然以生命活力所表現的，與懷氏以緣起之擴延關係所表現的，意味又迥乎不同：前者玄妙、抽象、單純；後者老實、具體、複雜。《易經》講生成，講化育，講流行，講錯綜，而無生命活力等烈性的字眼。此便是浪漫與非浪漫的不同。《新論》用「翕闢幻現而成動點」解說現象界為科學之根據，「動點」亦柏格森之用語。其表意亦甚單純、赤板而抽象，以之與懷氏的擴延關係、相配關係、配入關係所解析的，胡煦的先天後天的生

成說、來往體卦說、時位說所解析的，相比較，其意味又實不同。
此皆足表示《新論》中的浪漫色彩，而此色彩又實因浸潤佛學日久
之所致。

然無論如何，《新論》的系統是劃時代的，因有此系之宣揚，
中國文化始能**改換面目，始可言創造有前途故**也。而且這種哲學系
統將最易在中國發生而滋長，並將只有中國如能發揮得透徹，了解
得通達。國亡無日，但哲學家能**不動聲色，鄭重的、嚴肅的**講說哲
學系統，這便算是救國、救民族，因已救住文化故也。**民族國家不
獨立，文化不易生長，但今若在不獨立之下而仍能堅苦生長，這豈
非命脈精力猶存乎？豈非猶有立一貫不阿不逐嗅之士乎？**吾甚望熊
先生不必常發感慨也。這是吾最悲痛的呼聲！

(二)張東蓀先生

張先生的作品很多，現在所欲特指的是他的《多元論的認識
論》。此書由世界書局出版，定價國幣五角。

講認識論的，概分之，歷來不過兩條路線。一是英國的知覺因
果說（causal theory of perception），一是康德的知識可能說
（possible theory of knowledge）。因果說亦可說就是從外界到內
界及從內界到外界的一種刺激反應說，上自陸克，下至羅素，無或
越此。可能說亦可說就是思想組織說，因為在知識領域內，指出思
想之機構或組織作用的，第一個人就是康德。思想之機構使知識為
可能，故曰可能說。這兩條路向，因果說證成外界，可能說證成內
界。雖都有所成，但卻不是知識論之圓成。能表示圓成的路向，恐
怕只有東蓀先生這條多元論的路向了。這條路向本由美國路易士所

召發，但東蓀先生的理論在根本點上卻比路易士充足得多了。多元論幾個根本點如下：

1.知識中多元的發見：知識是一種結構，在此結構中有好幾種不同的成分，不能互爲還原。因不能互爲還原故曰多元。歷來不是將心歸物，即是將物歸心，或是心物並存。這幾種看法都不是把知識看成是一種結構，只是在那裡討論實在問題，或說元學問題，所以它們都不能證成知識論，都是南轅北轍的錯誤路向。多元論的看法根本換一個路向，即是說，這個路向不只是一元、二元、多元之差，乃實是一種根本不同的態度。

2.認識論的觀點：講認識論不能不以認識論爲起點，爲終極。以認識論爲終極即是就「認識結構」而說話：由此而解說，而指證，而前進，而推斷。這個態度叫做方法上的認識主義。歷來講認識論的，不是從心理學上起，即是從生物學上起，或是從物理、從邏輯、從倫理學上起。這些起點我以爲都是捨近求遠，不免繞一個圈子，結果看認識論也只是某某學之餘事，所以對于認識論也決不會有正當之理解。多元主義者的態度可以免此諸弊。

3.對于心的看法：因爲知識是一種結構，故結構中不可還原的成分皆個個加以承認，即皆能證成其地位。因此對于心的看法便不同于以往唯心一元、唯物一元、心物二元等主義者的看法，他們皆把心看成是一個本體，即以存在來討論，或說即從元學的觀點來討論。多元主義者不如此看，不把心當作本體，也不牽涉到「自我」等觀念，只看成它是一個主觀作用。因爲知識就是主客間的一種結構，當然是免不了主觀作用的。雖然承認主觀作用，但卻不必進一步把心當作本體，去作元學的討論。

4.主觀作用在知識結構中，有兩方面的宣示：一為範疇，一為設準。對于這兩種東西的特性，東蓀先生都有清楚透徹的解析。惟其所列舉的皆不對。我曾于〈因果說及可能說〉一文中詳細指正過。該文登在《哲學評論》六卷一、二期合刊，讀者可以參看。至東蓀先生還列舉「概念」也是其中之一元，在我也以為是不必要，因為概念是結果故也。詳細情形也當參看拙著。

5.論「所與」一段是最有精采的。他把「所與」分成兩種：一是純粹的，一是不純粹的。純粹的是間接的，是存在的，是條理或秩序，即相關共變是。不純粹的是直接的，是不存在的，即感相是。我曾叫這種不純粹的所與曰「現顯所與」（apparent a given）由這種純粹與不純粹之分，很易至承認世界條理的結論。但東蓀先生於此最有精采處卻一變而弄得沒有精采了。

6.此沒有精采處便是論條理一端。因為純粹所與是存在的，是相關共變，是條理或方式或秩序，所以便不能不承認世界有條理。但是，東蓀先生在論條理的時候，又極其猶豫暗淡，把那點精采幾乎完全抹煞了。他對於外界條理極其懷疑，他以為是很少的。他列舉三種：一曰創變，二曰繼續，三曰原子。這些說法都是不妥。一、既承認相關共變之存在，便不能有所懷疑；二、條理不可以多少論；三、列舉只可當作舉例或例證，不能說就是條理。至于他還說有第四種，即可塑性。這點他也極力聲明，不能算是條理，只是一種負面。其實，這些都不是對著條理作正面文意。第四種，上述的三種，以及懷疑、很少等說法都不是論謂條理所應有的文章。這些話都只能作為知識的程度與限度等問題的討論。所以我以為從所與的主張，很易走到實在論的結論。但張先生卻偏走向唯用論式的

唯心主義。這點不能不說仍是一種「不自然」。即是說，沾染西方偏僻思想日久，潛意識中不知不覺仍有以不自然爲自然的痕跡存在。

　　但無論如何，統而觀之，大綱節目，總算是一個很自然很正當的系統。東蓀先生開宗明義，就提出自然的問題，我以爲這是東方人思想的特性。自然就是近情近理，與眞際翕然而合，毫無勉強痕跡。這種標準在西方人思想中是不常見的。熊十力先生的哲學，那樣的玄妙，但我們覺得他很自然，很近情理。但是在西方思想中卻常有乖僻不經之感。東蓀先生習西學日久，不像那些往而不返之流，一味隨著鑽牛角，還能返躬自問，提出自然與否的問題。我以爲實在是可寶貴的一種態度。縱然在細節上，東蓀先生還未能作到極盡自然。但既有了這種自覺，總可步步趨于完滿。處處注重自然，即是處處加以自覺，加以體認，加以融會貫通，無一毫隔閡于其間。這個便是自然之極致。自然之極致就是必然。我常想中國的思想是尙同，西人則尙異。上自孔、孟，下至程、朱、陸、王，雖然玄妙難言，但字裡行間卻都表示著一種同一的境界，同一的意思。「同一」便表示必然。這個便是由注重自然，處處自覺，加以體認，融會貫通而來。我們這一代人，這種脾性好像是消失淨盡了，這是一種損失，不是好現象。東蓀先生提出這個態度，眞是當該加以寶貴？須知這種態度就是使我們自創系統，自成文化的一個密鑰。至于東蓀先生的系統中的缺點，我在〈因果說與可能說〉一文中都隨時加以指證了。

　　有人以爲多元說仍可還原爲二元論、一元論；多元論是不能成立的。這個見解便是未十分了解多元論對于知識論的看法，以及對

于知識論的起點的看法；還是以那種舊的、元學的看法來看知識論。從元學的觀點上看，自然可以還原爲一爲二，但從方法上的認識主義來看，知識的多元說當然可以成立。這是一種根本改變，不只是一元、多元之差而已。歷來哲學界有兩層混：邏輯與知識論混；知識論與元學，與其他科學混。東蓀先生的方法上的認識主義足以打破第二層混，而第一層混的打破卻不得不歸功于金岳霖先生的努力。

㈢金岳霖先生

金岳霖先生的思想太零碎了，太固執了，太側狹了。所以沒有什麼系統可言。但是他對於邏輯的努力，我們是欽佩的，是受惠不淺的。因爲他沒有系統，所以在此不能多說，只稍說他對于邏輯的態度而已。他說：「從歷史方面著想，邏輯最初就與知識論混在一塊。後來治此學者大半率由舊章，心理學與知識論的成分未曾去掉。自數理邏輯或符號邏輯興，知識論與邏輯學始慢慢地變成兩種不同的學問。〔……〕可是有一點我們應該注意。我們說的是**邏輯學**與**知識論**要分家。這句話或者免不了有人反對。如果反對者的理由是說事實上**邏輯**與**知識**不能分開，我們很可以同情。即以一個具體的人而論，他有物理、化學、生理、心理……等等各方面的現象，而各方面的現象，事實上沒有分開來。但我們不能因爲在具體的世界裡，各種現象有它們的關聯，我們就不應該把他們區別以爲各種不同的學問的對象。物理現象與化學現象可以混在一塊，而物理學與化學仍應分家。邏輯與知識在事實上雖然聯在一塊，而**邏輯學**與**知識論**不能不分開」。（去秋出版的金著《邏輯》第一部第1

頁）

這個態度就是承認有一個公共的邏輯。我們以爲這是必須的。不然，一切言論便沒有標準。在辯證法氣焰萬丈的中國，金先生仍能保持這個獨立一貫的態度，不能不說是一支中流的砥柱。至實際的運用，金先生或者還仍未嚴格遵守這個態度。對於邏輯中諸專題的解說或也仍未臻于完善，但關于這些問題，我皆已隨時批評過，在此不必詳列。

總之，熊十力先生、張東蓀先生、金岳霖先生是現代中國哲學界的三枝棟梁。若沒有這三個人，也只好把人羞死而已。有了這三個人，則中國哲學界不只可觀，而且還可以與西洋人抗衡，還可以獨立發展，自造文化。

原載《民國日報·哲學週刊》 1936年6月24日／7月1日，署名「編者」

機遇律與張大宇宙

　　機遇律所指示之世界爲偶然，因果律所指示之世界爲必然，世界究爲必然，抑爲偶然，此種最後之決定，乃屬哲學之信仰，吾人暫置不論。然無論機遇之偶然，或因果之必然，旣都稱爲律，必有秩序可循，法則可度，此則無可懷疑。

　　許爾丁格曾舉一例說明機遇律，茲述於此。設有一巨大之圖書館，書籍皆置於一定之地位，今有數千好奇之人，未經敎化，不受約束。彼等之來，僅出於無聊之好奇心，欲以參觀書之式樣，但其參觀，並不遵守閱書規則，取書不置原處，隨意擱放，千人千處，萬人萬處，吾知此圖書館原來之秩序，必起變遷，從有秩序變爲無秩序。然天下事殊有出人意外者，即此無秩序之過程中，亦有秩序是也。貌似凌亂無章，然其現象之輻湊，以及時序與空序之關係，皆隱然遵守一確定之規律。茲可進一步而述之。

　　假定此輩偶然烏合之衆，初入館時，有《哥德文集》八十冊，整列于館中某部，經此度混亂，乃發見只有六十冊尙在原地，餘廿冊已散置他處，吾人即于此中有律可尋。吾可預料，在第二星期內，約有十五冊將不見于此列；在第三星期內，約有十一冊，將告失蹤。以後可按此例類推，于是可有一普遍定律，發生于此一群雜

亂現象中，即原書之冊數，因偶然之散失而減少，其將來之散失數亦必隨之而減少。因既假定各書之取下，全出於自由行動，則餘書每冊遭此不幸之或然率，自當隨書數以遞減，此即無秩序中之秩序，亦即所謂機遇律是也。

許爾丁格又舉保險一例，以示秩序之出于機遇。吾人所保之險事，其所賴以發生之機遇甚多，然在保險公司視之，於其承保之房屋，何者將在本年內被焚，承保之人何人將遭意外，固不得而知，但與公司有關係之唯一玫慮，乃考慮受保人中遭遇必須取償之不幸事件者，占百分之幾耳。此項百分率，可從往年之統計而預知，故雖不能預告某人之命運，公司仍可安然以比較微少之保險費，與高出每年付款額多倍之可能的損失相抵。此種按照百分率而預料之相抵，即顯示一種機遇律存在。

機遇律亦稱函數律。羅素用函變以代因果與以機遇代因果同。律既以機遇稱，則現象間之強制性及齊一性殊難保存。既無齊一性，則機遇律之所測，只有或然與近似，而無必然與準確。故顯示機遇律之最大根據則為統計，機遇律亦稱通計律，良有以也。

按機遇律所示之世界，乃為一不可反之世界，即自然世界之進行，乃依不可反之一定方向。不可反亦稱不可逆，一切事件只有新新而無故故。一切現象，向前而趨。一步一趨，一趨一團。此團瞬有秩序，瞬無秩序。具向奔放，從有秩序變而至於無秩序。無秩序實亦即新秩序。故此世界乃一常在增加之無秩序的總平衡之世界，亦可曰無秩序的總平衡之常在增加，所謂張大之宇宙者是也。

此現象與熱力第二律有關。第二律亦稱熵律，其意如下：熱不能從冷體自傳于熱體，亦不能在溫度較四圍物體最低溫度更低之物

體中，變爲機械能，除非消費另一物體之能。此律所述即指示現象之不可逆。如其可逆，熱可由冷體自傳于熱體。如其可逆，則現象之強制性、齊一性必存，而古因果律亦必有效。然此已非事實，故現象爲不可逆而機遇律有效。

　　吾人之世界非一由甲至乙，再可以由乙至甲之世界，乃一層層平衡之張大世界。在宇宙各個分區內或在確定之物質系統內，運動大可趨向高級之秩序。此種秩序之增大，非是其本系統，或本區內自行發展。乃因在其他系統，或其他區內，發生相當之補償。此系統放而消失，彼系統亦放而消失。此系統之所消，即彼系統之所得；反之亦然。彼此相消，彼此相補。故其運動步步向高級秩序奔放。瞬有秩序，瞬無秩序。無秩序實即新秩序。當其根據其本系統之消也，是謂有秩序。但此消，即爲一動，經此一動，則一消二吸，舊秩序已破壞，是謂無秩序。但此無秩序，總歸一不衡，是謂新秩序。故一切現象，其間殊無定制，亦難齊一。純依乎機遇，一順乎錯綜。隨所遇而安定，居其易以俟命，是所謂不可逆之張大世界也。

　　物理學家所稱之物界秩序，甚爲具體。渠等以爲太陽內所藏之熱，當其尚未平均分配于全宇宙而目前仍集中于比較微小之一部分空間內時，實代表維持秩序之不可思議的儲蓄。從太陽輻射之熱，僅有一小部分，傳及吾人。然此項小部分之輻射即爲補償之過程，使地球上萬千生命與萬千運動，皆得其可能性。而此等生命與運動，則往往因此即呈現增進秩序之特徵。據此而論太陽爲儲熱之所，爲維持秩序之根據地。若一旦其熱散盡，即所謂已分配于全宇宙，則大千世界豈非陷於停滯而崩潰之境乎？據科學家之推測，以

爲實是如此。然以無滯礙之哲學觀點論之，則張大之宇宙，將永無已時，蓋所謂張大，非自一有限之儲藏室而外放也。太陽非最後之□【編按：原件不易辨識，似作「儲」】庫，亦非絕對之座標，天下更無放而不吸之理。然則所謂儲熱放盡，蓋亦杞人憂天之說，哲學上不應有此也。此宇宙論云張大，實非張大，只有新新，而無故故，實一機遇律所支配之緣發流而已也。

原載《再生》第51期　1940年10月1日

哲學的下降與上昇

古之學者爲己，今之學者爲人。現在，我們可以這樣說，科學是爲人之學，哲學是爲己之學。己以外即爲物，我以外之人也是物。科學在忘己而取物。就其所對之物而發見其法則，是謂知物。就其所發見之法則而利用厚生，是謂馭物。知識即權力。了解之，然後可以制裁之。哲學在忘物而顯己。顯己之性能，以攝物歸心，攝所從能。使身歸從心，使物歸從我。所謂盡己之性，盡人之性，盡物之性，以至於參天地贊化育，即是顯己之性能以成己成物之謂。所以科學以知始以知終，其功能只在了物。而哲學則必須盡性至命見體立極，發人性之良能，立行爲之準則，所以鼓舞群倫，啓迪衆生。哲學之功能一顯，而後可以知；以知始、以知終之科學，只可爲哲學之工具。所謂利用厚生，必將工具攝於體，始能成立。否則不但不能利用，且可以害用；不但不能厚生，且可以傷生。及至科學歸從哲學，工具附屬性體，則我們可以說不是哲學不背科學，乃是科學不背哲學；不是哲學要合乎科學，乃是科學要順從哲學。這個意思，並不是說科學家當其在研究室從事研究的時候，還要顧到哲學；也不是說，一個哲學家可以去指揮一個科學家。哲學家與科學家正可各自作各自的事業。而我們的意思，也正在表示科

學家有其工作，哲學家也有其工作。他們各有其天地與境界。他們的工作正向著他們的天地與境界而分頭進行。而我們說科學要順從哲學，卻是站在人類文化的立場上講。站在這個立場上，我們說科學所研究的成果定須順從哲學所啓發的性能。我們若能明白了科學與哲學之間的這個分際，然後自然知道哲學定有一番自己的事業的。這番艱鉅的事業決不是跟著科學走，在科學後面放馬後砲，所能作出的；也不是他們所能夢想得到的。

自十九世紀以來，各種科學皆有長足的進步。尤其是物理學，深微難言，益臻勝境。其次數學、邏輯、生物學、心理學，亦皆蒸蒸日上，鮮葩怒放。他們俱著一新耳目的光彩衝進了哲學界。如是，近幾十年來，凡談哲學的書籍，無不涉及種種科學，以種種科學理論爲根據以蒸發其個人之學說。這種種學說遂成了其個人的哲學。而科學家挾其形下之積養，發爲玄談，更其言之成理，持之有故。專門治哲學者反而望之卻步，自慚形穢。這是自然的道理。因爲同自科學出發，則摭拾科學家之成果以發揮道理者，自不若科學家本人發揮道理之有根據與義蘊。所以羅素既擅數學與邏輯之長，而猶以爲未足，遂望愛因士坦而生羨。此種心理早已普遍於現在的哲學界。汝試張目一望，現在的哲學家有幾個不是自科學入手？羅素自邏輯、數學兼攝物理以成其多元主義無論矣。懷海自數學、物理以成其機體主義之宇宙論，此亦矯矯者，人所共知。詹姆斯自心理學出發。杜里舒、柏格森以及穆根等講生機與進化者，則自生物學出發。完形派心理學家焉知又不蒸發其出自完形心理學的哲學系統？科學家出身者，若愛因士坦、愛丁頓、甄斯，此亦有何不可目爲有科學根據之哲學家。美國中後起新進，其風又漸傾向於以生物

機體原則貫通宇宙現象。而治邏輯者，亦未能免俗，江河日下，而眼紅于科學。所謂科學命題之釐清也，所謂言語句法之解析也，在在皆是注目于瑣碎而向下趨。支離破裂，單字剩義。陷于泥潭而不覺，尚以爲此是基本工夫，切實學問。可見隨科學走，依附于科學而發揮道理，正是現代哲學界之特徵。吾非謂從事哲學者不應了解此等學科。然從事哲學是一會事，哲學本身又是一會事。從事哲學是指進修過程言。在進修階段中，有此種種形下的修養自是好事；但以爲整個哲學即在依附科學，則不是好事。因爲依附科學，從科學的根據上抽繹出道理，這無異於錦上添花，仍是錦耳，於錦之本質並無所增益。同樣，於科學根據上抽繹道理，亦仍是科學耳，於科學本身並無所增益。科學何須此輩說漂亮話的人來點綴風光？專以錦上添花，說漂亮話爲哲學，則哲學既不異於科學，世間何煩多此一學？無怪乎淺識者流大嘆其哲學破產、哲學死亡之論。蓋舉世淺薄哲學學子群以依附科學爲至是，亦應有此淺薄之譏諷也。而哲學學子每於遊歷於科學成說之後，無餘道理可以發揮，遂感嘆於哲學前途之暗淡，亦比比皆是。須知哲學根於人性，無此趣而無此才者，正可不問。此非可學而能。若徒在耳目口說上經歷一番，則玩人喪德，玩物喪志，其不至於對其前途生暗淡之感者幾希。而何況近世哲學群以依附科學爲能事，從未肯越雷池一步。其對於學子亦無超拔之鼓舞。薰習既久，則以爲哲學既若是，何用哲學爲？何不直修科學耶？如是，不但個人之前途爲暗淡，哲學本身亦須死亡。所以近幾十年來，哲學界表面上雖呈蓬渤之象，而以吾觀之，其骨子裏實患貧血症。抑且不止貧血而已，其趨勢直是下降與墮落。現代之所以爲現代者，不無因也。

　　我們要挽救這個墮落的趨勢，就必須指出哲學的獨有的天地。這個天地或境界，是不能隨著科學求得的，也不是依附科學而錦上添花所能開展的。他是須要一番翻山越嶺的工夫才能企及的。我們的知識，若依附于科學而無翻越的工夫，則即無哲學。其知識也只是科學的知識。若特出于科學而翻山越嶺，以求我們人性中的寶藏，哲學才出現。所以哲學之有無端視乎能否有這一番經歷，若有便有哲學，若無便無哲學，現代的哲學界正是缺乏這種經歷，所以不成其為哲學。

　　現在以科學為根據而蒸發哲學系統，最光輝而燦爛而圓通者，當然要推懷海博士。在他的系統內，亦充實亦莊嚴。初次見之，極是一體平鋪，到處皆如，不偏于我見，亦不偏于法執。物我雙忘，主客並遺。以緣起關係為底，而建立現實宇宙。數學的秩序，幾何的布局盡納於事之遷流中。語變而不蕩，語常而不固，真可謂周匝圓通之極矣！然而在他的系統內，你見過翻山越嶺的經歷嗎？沒有。有知識論嗎？沒有。見體立極了嗎？更沒有。他只描畫了有數學性的宇宙，而數學本身如何可能，他有解答嗎？亦沒有。邏輯是會什麼事，在人類理解中居何地位，他有說明嗎？亦沒有。這些問題都沒有解答，然則一個哲學系統將何所建立？目光單集中一個自然界，而尾隨科學之後，以發揮道理，這充其極亦不過是個自然哲學，再充其極亦不過是一個宇宙論。整個的哲學決不在此。因為這單只是就經驗所呈露之自然，而解剖其生成條理與組織結構耳。這只是一個現象界，與科學之對象境界無以異。所謂一體平鋪，到處皆如者，也只是這個現象界之平鋪。科學所解析之現象界亦何嘗不一體平鋪，到處皆如？牛頓時之物理學即叫做自然哲學，然則這個

莊嚴充實的哲學系統究與物理學有何根本上的差異？愛因士坦對於
物理世界的看法，實不能不謂如理如量。試思懷海博士的宇宙論豈
不是近代物理世界觀之錦上添花！吾人徒炫其名相之燦爛，出語之
雋妙，而忘其所根據者即爲愛因士坦之物理學也。吾人固不能即以
物理學之世界觀爲哲學也。吾人若爲其神語妙詞所迷惑，以爲此即
是一眞法界，此即是眞體呈露，此即是宇宙實相，以爲哲學即可極
於此而止於此，以爲即可於此而悟至理，超入聖境，則實不啻認賊
作子，其愚不可及也。夫哲學最終，固在極成現界，而現界即爲眞
體之呈露，亦是至高無上境界。但極成現界必有所以成之根據，如
是，即必須先立其所以成之根據而後可。現界即爲眞體之呈露，但
眞體一詞何由出？如是，即必須先立眞體而後可。否則，現界即現
界矣，無所謂眞不眞也。限于科學，無根據可以作此有價值意謂之
稱述。如稱述其爲眞體之呈現，則飲食男女無往而不眞，出處語
默，無往而非道，此必須有體有準而後可。但試問此體此準，在懷
海的自然哲學中立出否？如其未立，則其所陳，一現界而已。不可
于此而認一眞法界也。如于此而炫染色素，以假爲眞，則即是認賊
作子。此不可不察。故懷海的宇宙論，雖依科學而闡發，而在哲學
上，則爲無根之戲論。以其未見體而立極也，未翻山越嶺而經歷一
番也。眞正哲學不在此。寄語善思維，決不可停於此而自封。

　　停于此的哲學只是一種解析，與科學無以異。眞正的哲學則必
須由此而上悟。上悟至道，見體立極。還可以有兩條進路，使我們
上悟。一是認識論進路，一是道德的進路。我們將見這兩條路子並
不是平列的，乃是一條路的兩個階段。道德的進路只是這一條路子
的最高峰。如是，我們可以先從認識論入手。我們最後的境界，雖

是主客不離，一體平鋪，物我雙忘，然而我們不講認識則已，旣講認識，則不能不高抬主體，即不能不特顯主體的特殊性能。而且若不顯主體的特殊性能，亦不能達到最後境界的一體平鋪，到處皆如。如懷海博士，不講認識論，開始即從經驗之所顯露以描繪一體平鋪的自然界，其所謂一體平鋪是與科學無以異的。它是沒有經過一番上悟所達的境界的豐富義蘊的，也沒有到達那個境界時所具的價值意謂。這點已如前述。所以我們不能不特重認識論。惟有從認識論裏，才能顯主體的特殊性能。由此上悟，才能達到成己成物，各正性命的一眞法界。其原委是這樣的。凡有認識，決不只是直接的單純的感覺，感覺只是一個起點。一個完整的認識，必有待於理解。在理解之進行上，我們就能透露出思官的殊能。這個殊能是顯之於思想的機構作用，即其優越的功能。如無此種殊勝的作用或功能，理解即無由而成。機構作用不只是一種作用，而且是一種機構。從機構中顯理則性或綱紀性。這種理則或綱紀即是我們所謂邏輯之理。這是由理解中透露出的。所以我們解析邏輯必須把握住兩句要訣，即：顯於理解，而歸於理解。顯於理解，即由理解以透露，明其並非無來歷；歸於理解，即由理解以顯其機構作用，明其並非無安頓。我們說它顯於理解，此即表明它並不是經驗的，而是固有的。它並不是外鑠的，而是內具的。孟子說良知良能，我固有之也，非由外鑠我也。這意思和我們現在所說的正同出而異名。我們所說的這個固有之理則（機構作用所顯的）豈不可說是性智之顯現？孟子說是非之心智也。理解中的思官進行何一不是智之流行？有機構之殊能的理則，又何一不是「是非之心」之內在的流露？所謂內在的流露即是性智之顯爲有機構性的理則。其外在流露即是辨

是非判善惡的無或爽失。這一層我們且不論。我們於其內在的流露，我們即可上悟道體。這一步工作即是哲學命脈之所在。我們如果攀緣不到這個最高峰，則成己成物、各正性命的話頭都無意義。而即用顯體，即體成用，也是不可能的。所以由思顯理，此理正是機構理解的理，也正是性智內在流露的理。它不是外在的，而是內具的。它不可以外陳，而可以內顯（即透露）。這個理即是我們上通性體的法門。通到了性體，然後可以進到道德的進路。

告子說仁內義外，孟子則說仁義俱是內在，我所固有，非由外鑠。我們現在照孟子的思路向前進。我們可以說仁義禮智是性體之四目，或曰四德。並且也就是行為上的四條道德律。孟子就在這道德律的成立上悟性體。如果我們把仁義禮智看成是道德律，則其所謂「內在」是什麼意思呢？這個問題可以由康德的辨解而得到領悟。如果仁義不是內在，且不是固有，則道德律從那裏建立呢？如果說它是外在，則在外部世界裏，我們沒有法得到一個道德律。我們發見了自然律，而卻沒有發見道德律。如果它不是內部所固有，我們能從經驗上得到或推撰一個道德律嗎？這恐怕無人會承認的。因為既稱為道德之律，則必具有必然性、普遍性。但是經驗所推撰的能有必然性與普遍性嗎？這亦是無人能承認的。然則，道德律一定既不在外，亦非由經驗所能推撰。它在那裏呢？它既不掛在空裏，它一定有個著落。它第一步必須是內在，且為所固有。在這一點上，孟子完全是對的。依照康德的意思，它不但不是經驗的、外在的，且亦不能與個人的格言同科，道德律不是一個格言或座右銘。譬如我要立志，我立志不打牌、不吃煙，我立志要忠恕、要養氣，這等等都可以是個人的格言。這些格言當然是不違背道德的，

而且是極合乎道德的，但它們卻不就是道德律。因為它們是與興趣有關的。凡與經驗或興趣關涉的，都無普遍性、必然性。所以道德律決不能是經驗的或興趣的。道德律既是內在的、固有的，但是再進一步，依據什麼物事才可以建立這種具有普遍性、必然性的道德律呢？依照康德的意思，它必須是意志上的，即必須依據意志才能建立道德律。依照孟子的意思說，它們必須是良知良能（即性體）的顯發，即依據性體而建立。性體，限于人類說，是人心之所同然。心之所同然者何也？謂理也義也。這就無異于說，據性體而建立的道德律是普遍的、必然的。孟子以仁義禮智繫于性體，令我們由此條目直悟性體，由性體而顯發條目（即建立道德律），這比康德徒講意志律具體得多了，實在得多了。因為康德並沒有透露出一種條目令我們尋徑而悟，他只是講意志的無上命令，這當然比較是抽象而難把握。但是孟子卻比康德來得切實。孟子也許可以令人發生誤解，康德也許可以免掉這種誤解，但是若兩者合起來看，能識其端旨，則亦決不至有誤解，所以孟子的道德的進路更容易使我們悟到最高峰的性體。

但是，這有一點須注意，即這種性體的悟到，是因道德律的需要而起的。所以這種形上學也叫做道德的形上學，即形上學的成立和可能完全是依據于道德上的。性體的觀念既是依道德的需要而起，若只限于此一條線的進入，則此觀念亦不過只是一種需要或推度，其真實的實在性仍不易獲得。所以我們必須回轉到前面認識論的進路。我們必須回到顯于理解而歸于理解、且為理解所以可能之紀綱的理則性或主宰性。這個理性的理則性、主宰性及紀綱性是性體的直接呈露。在此，性體的觀念有了真實的實在性。我們可說性

體的觀念即在此有了妥當的建立。性體既有了眞實的實在性，有了
妥當的建立，則道德律即有了安全的處所。此時，性體的觀念，望
道德律言，便不只是一種需要，也決不是一種推度，乃是一個安全
而妥當的保障。我們達到了這個最高峰，我們便到了意志律即是存
在律的境界。在此這兩個世界便不是對反的，也不須費力氣來調
和。因爲它們本來即是一體而轉的，這是我們與康德不同的地方，
這點須要我們以極端的警醒來把握來察識。康德所以成立了意志律
與存在律的對反，又想費力氣來調和而終於未調和好者，是因爲他
沒有把握住紀綱性的邏輯之理，是因爲他將思想範疇作了構造存在
的格式，作了組織經驗界的條件，範疇一落於塵埃，所以它再無法
超越了存在的限制，亦無法與意志律相溝通，更無法談到如一，這
種不調和的兩橛論是康德終身的大缺憾，這點我們在此可不詳談。
我們在此可歸結說，道德的進路只是認識論的進路之最高級，我們
把它們打成一片。我們由這條路前進，翻山越嶺，我們達到了人性
的寶庫。這須要我們大費周折去鑽仰的。我們由此建立了哲學，脫
離了科學的束縛。這種工作將隨著人類的生生而永遠興奮著，新鮮
著。所謂「不廢江河萬古流」者，正可爲此地詠。

原載《再生》第52期　1940年10月11日

幾何型的文化與數學型的文化

關於這兩個名詞，我不能從字面上去解析，也不能從這兩個名詞的分析研究上去抽繹本文所指謂的思想。這兩個名詞純係象徵語的用法。但讀者若於中西文化有根本上的認識，必可知這兩個名詞是最恰當不過的。

我將說中國的文化是幾何型的文化，西方的文化是數學型的文化。普通都知幾何學是研究空間之學，但數學卻不是研究時間的，然而每一個哲學家卻都知道數學是與時間有相當關係的。如是，我們從幾何型與數學型這兩個名詞，可以轉而說中國文化是空間型的，西方文化是時間型的。這種名詞的用法，可以指謂生活之全體，亦即由之可以總觀生活之全相，而不流於偏執或邊見。如普通所謂精神的與物質的，科學的與道德的，動的與靜的，此種種對比皆不無所見，然皆流於邊見而不能總持。故每起誤會，易生無謂之爭論。如說中國是精神的，西方是物質的。但他人即可這樣反駁：第一、精神與物質分不開；第二、西方才是真正精神的。當然這種反對是沒有什麼道理的。因為中國是精神的，此中「精神」一詞，其意義絕不同于與物質分不開的精神，也更不同于西方才是真正精神的中的精神。關此我們可不必深究。但是有一點，即縱然我們真

正契會了「精神的」一詞之函義，而精神與物質的分法也是不能把握著中西文化生活之底蘊的。至于科學與道德之分，更不恰當，可不深辨。動的與靜的亦不甚宜。如不能指出西方是怎樣的動法，中國是怎樣的靜法，徒說動靜之分，是很無頭腦的。黑格爾說中國文化是沒有自覺自我的文化。這也是只見其表，不見其裡。我們若抓住文化生活之底蘊，這些說法統是不對的。若能從全體上抓住其根本點，則這些說法亦未始不可予以適當之地位。文化是一個總體，它代表生活之全面。若從全面中執其一以推其他，無不掩埋眞相而濅至于乖錯。全體的東西，要從全體去看它。我不能從字面上去解析幾何型與數學型這兩個名詞，就是因爲這兩個名詞是象徵生活之全面的。我們須默察中西文化生活之整全的動態，然後可以了解這兩個名詞的函義。

西方的音樂是當作一支文化去研究，所以它是有文化性的；中國的音樂則缺乏這種陶養。然無論有文化性或無文化性，皆足以代表民族文化生活態度則無疑。我聽西樂不很多，也未到過著名的大教堂參過禮，拜過神；然而，聽過幾闋名曲的演奏，也可以彷彿一二。它們所表現的那種力量簡直非中樂所能企及。不但不能企及，而且在中國根本不能有這種情調。它們當抑鬱的時候，可以抑到深淵，其幽深隱微之感在時間上是無底止的，好像我們靜觀濟南的黑虎潭一樣。可是當它奔放的時候，它可以衝到霄漢，其滂薄漫湧之象，是一直的上昇而無底止，好像我們想像中的荊軻刺秦王，長虹貫白日一樣。你們曾聽見火車當開動時，汽笛的聲音嗎？那確是令人感到力量的偉大。當我聽西樂中抑鬱而奔放之時，我不由的說出這是火車頭的文化。這種力量純是上昇的情緒。它能令人生一種嚴

肅之感，不但是嚴肅，而且是一種戰慄。聽說大教堂作禮拜的那種
情緒，是與此同一情調的。你在此當可以悟到這是一種數學型的情
調。壁立千仞，任何搖他不得。這是如何的有強度！如何的有力
量！我們都演算過數學，那是純出於理性的推衍，旁若無人，一直
向上發展而無有底止。這也是一種強度，一種力量。反過來看中
樂。它不是上昇，而是下沉。老子曰：「孰能濁以靜之徐清。」中
樂的使命就是敎你的情緒慢慢向下靜而至于湛然澄淸。如果中樂是
陶冶性情，那麼西樂便是刺激性情。這是兩個相反的方向。中樂要
發展一個和諧的深潭，而西樂要發展一匹磅礡的瀑布。中國的古樂
已經差不多死亡了。在有大皇帝的時候，一切婚喪朝拜祭祀大典，
皆演奏音樂。我們現在已聽不見了。而祭孔大典，常有所聞。這也
許能代表一二。但是它所表現的不是力量，而是肅穆，八音克偕，
和鳴鏘鏘。它是一種十分均勻的配置，它很舒曼的向外散布，它是
既強度而又廣度，它的強度在廣度裡蘊蓄著、彌漫著，個個分子都
是照顧著其他分子，個個分子都是淸醒而有力。如果這是攝強度于
廣度，則西樂便是攝廣度于強度。前者是攝時于空，攝動于靜；後
者是攝空于時，攝靜于動。在此你可以看到流行的說法是多麼的不
對。我們也演算過幾何，也知道一點解析幾何。你知道幾何的主題
是圖形，是座標。圖形講組織，講布置；座標講對待，講方向。此
義尤其深遠。孔子曰：「興于詩，立于禮，成于樂。」這就是攝時
于空，攝動于靜，攝強度于廣度。這是一種莊嚴肅穆的幾何型文
化。在此我不知道：什麼叫精神？什麼叫物質？什麼叫科學？什麼
叫道德？什麼叫動？什麼叫靜？至于還有什麼直覺理智之分，這也
是徒然的。孟子說：「所惡於智者，以其穿鑿也。如行其若無事

焉，則亦無惡於智矣。」然則這個分別還有什麼意義麼？

　　由此你可以悟到爲什麼中國人是禮敎型的文化，西方人是宗敎型的文化。宗敎的情緒就是一種戰慄的情緒。不戰慄，他不能緊張，他也不能興奮。他戰慄、緊張、興奮，是一直向著上帝而攀緣的。太史公司馬遷就說過：「人于疾病困阨之中，未嘗不呼天也，未嘗不呼父母也。」我們在防空洞裡，聞著彈如雨下，聲震天地。剎那之間，破瓦頹垣，血肉橫陳。你看我們那時候的精神是怎樣的戰慄、興奮而緊張。所以我們滿街上的口號是愈炸愈強。我們在此願意大家吸收一點數學型的生活。但是在收拾殘局，重新建設的時候，我們仍須保存我們的幾何型的文化。那時，我們不看天，我們要看人。不必依靠神的支配，而要依靠理的支配。見義勇爲，義無反顧，攝強度于廣度。這也是愈炸愈強。在此，你又可以見到幾何型或禮敎型的文化又是如何的莊嚴而偉大，高邁而有氣魄。此時，我們不戰慄了，不緊張、不興奮了。「謀事在人，成事在天。」「下學而上達。」英國人對付希特拉就是這個光景。老實說，英、德兩國雖同屬西方，而英人較偏於幾何型，德人則是純粹的數學型。大家都知道音樂與數學是德人最擅長的。然而他將敵不過一個攝強度于廣度的英國。一個老謀深算、經驗豐富的人是很可以受一個年輕人的挫折，但是若說這個年輕人能逃出那個老成人的掌握，這卻是很難的。當年的小周郎與諸葛亮就是一個很好的對比。周瑜是數學型的，諸葛亮即是幾何型的。大概我們也可以說，孟子是數學型的，孔子即是幾何型的。我們這樣說下去，就遠了。我們再回來說英國。英國人偏於幾何型，而我們這個純粹幾何型的國家，爲什麼這樣不行呢？其故即在他有一個邏輯的成分，而我們正缺少這

個成分。你須知道幾何型的生活，一念之差，可以成兩個極端。最好的一端是集大成的聖人，最壞的一端是德之賊的鄉愿。一般人則遊於兩端之間，而無所可否，以承受成習之薰陶。若沒有一種邏輯的訓練，則向往聖人的很少，傾向鄉愿的卻不計其數。此孟子所以極急於見性立極也。然見性立極，陳義高而收效少。邏輯的訓練則切實際而收效大。英國人並沒有明心見性，然而他們卻沒有中國這麼多的鄉愿。其故蓋可深思。一個重經驗、善經營、長邏輯的民族，它自然可以屹立於天地之間的。而我們於此方面則顯然太差了。我們若再參加邏輯的成分以立論，則可知西方是數學而邏輯的，中國則只是幾何的。無論數學或幾何，若沒有邏輯為其底據，則數學型的即為盲動，幾何型的即為鄉愿。

日耳曼人對英國言，自是純數學型的；若對中國而言，則又是比較數學而邏輯的。但我們現在仍不妨從德國方面討論數學型。辯證法單單在德國生根，這是一個很有趣的問題。我可以說辯證法的思想地道的是數學型的表現。但是若成為唯物的，則卻半文不值，而一無所有。可是若在黑格爾的說統或布拉得賴的說統，你當可看出辯證法的豐富意義，你又可看出它是如何的影響於日耳曼人的生活或文化。他不斷地肯定自己，否定自己，一直地往上昇，不斷地超越，不斷地毀滅。他要希求那個絕對的圓滿。但是絕對的圓滿是不能達到的，也是永不能實現的。如是，你可知希特拉將怎樣的在辯證法之下成功，又將怎樣的在辯證法之下毀滅。他成功了一切，他毀滅了一切。他所以一起成功的，將於一起毀滅。你看這幕大悲劇將是怎樣的生動豐富而有義蘊。但何以必是悲劇？此亦有故，蓋一種數學型的情緒，辯證法的生活態度，是永遠在戰慄、興奮而緊

張之下的奔波。他將時時刻刻向上超越而得不到一剎那的安定。因
為他們的希望在前面，而後面卻沒有一個根據。友人唐君毅先生曾
向我言，若將絕對放在前面，是永遠不能企及的。這在道體上是說
不通的。他贊成布拉得賴的歸消的辯證。照這種講法，我們一切的
發展都是有根據的。這個根據就是絕對的圓滿。一切的發展都是闡
明此絕對，這就是所謂步步自覺。一切的發展同時也就是歸消于這
個絕對，這就是所謂歸根復本，故擴充即是復初。這當然有點中國
儒家的味道，但這種歸消的辯證必須先明心見性，建體立極而後
可。這點，在日耳曼精神裡，甚為欠缺。他們的思想沒有見到這一
層，而他們的生活也作不到這一步。因為若見到了這一步，則他們
的生活必是步步開展，同時即步步穩定。他有了個主宰。但是，他
們不能。他是一種戰慄的宗教情緒，永遠向上看而無一定停止。讀
者將見注定他們的悲劇的原因，即在他們缺少了一種幾何型的穩
定。若是他有了這個成分，日耳曼不是從其歷史到今日的日耳曼，
他的貢獻與成就將更大，他的政治措施決不在英國下。但是他不
能。我們不能不替他抱無涯之憾。

　　但是，反過來看中國，正與此相翻。中國人是喜歡喜劇的，這
就是他們喜歡穩定的表示。他們有安心立命之處，他們正符合了那
個歸消的辯證。他們的根據在後面，不在前面。他們認識自己，且
亦認識他人。他們自己一切的發展是穩定的，同時他們發展時又必
參照他人。所謂絜矩之道，即表示須在規矩裡面發展。這個規矩不
在天上，而在人間；不在外，而在人類相與之內。這是一種極其優
美肅穆的幾何型的生活。黑格爾說中國文化是兒童期的文化，沒有
自覺，沒有自我，而喜歡渾沌、全體，隸屬而非對待。這種說法若

限於表面或某種特殊時代的現象，也許是對的。但於中國根本精神，則毫不著癢。他殊不知這是一種有座標有方向的幾何型的絜矩之道。我們並非無自我，但是自我必須是在組織中。我們更也不是無自覺，自覺須在忠恕中。這不是服從隸屬，而是眞正的相對之間的和諧。我們要充實並保證我們幾何型的文化須吸收兩點精神：一是不只言擴充，須發揮歸消辯證之數學型精神；二是於幾何型、數學型的合一，須有一邏輯陶養爲其保證。此是中國文化的前途。吾且誌於今日以驗於他日。

原載《再生》第54期　1940年11月10日

寂寞中之獨體

　　嘗記昔人有詩云：「黃梅時節家家雨，青草池塘處處蛙。有約不來過夜半，閒敲棋子落燈花。」（司馬光）大抵有生以來，皆有煩悶。即如此詩，在家家雨、處處蛙的時節，環境是這樣的不分明，不豁朗，一切差別俱隱藏於齊同一色之中。生命的靈活不安分總是想向外凸出，衝破這個齊同一色的混沌。這種衝破，即叫做寂寞中見獨體。

　　順生命走，獨體不得不表現。但既表現了，究竟有什麼好處，這卻難言。因此，對於「獨體的表現」之反應亦有若干種不同的態度。此種不同的態度，且成為究極的人生態度，甚至人類文化型態，從究極方面想，亦由此種態度而形成。試看以下諸義：

　　一、蒼頡造字，天雨粟，鬼夜哭。伏羲畫八卦，亦有類乎此。

　　二、七竅鑿而魂沌死。

　　三、天不生仲尼，萬古如長夜。

　　四、聖人不死，大盜不止。

　　五、宗趣唯一，無餘涅槃。

　　六、誠則形，形則著，著則明，明則動，動則變，變則化。

　　七、寂天寂地即是驚天動地。

第一義，有洩露天機的惋惜，亦有天下從此多事的憂慮。但聰明人到自以為窺破天機之時，常是既喜且懼。所以諺云「庸人多厚福」。由此可以引出三種態度：一是盡量表現聰明，洩漏天機；二是決然反對聰明，讓它混沌；三是難得糊塗，知道而不說破，此是「忠厚留有餘地步」。在中國社會裡，第一種態度常遭天譴，不然亦被人譏為天資刻薄人也。第三種態度是中國的老世故，亦可以說是「小人儒」。第二種態度則是上列七義的第二義，即以不鑿混沌養天趣，此是天生的庸人也。

第二義是莊子的寓言。它可以表示對於「人為的穿鑿」的厭惡，亦可以表示對於「混沌」的愛慕。愛慕「混沌」就是反對表現獨體。

第三義則恰相反，以仲尼出世為大事，所謂「天縱之聖」者是也。「鐵肩擔道義，辣手作文章。」假若人道不立，人將禽獸。孟子已為斯懼。此種態度是極端贊同「表現獨體」的。假若獨體見，則草木變化天地蕃；獨體不見，則天地閉，賢人隱。閉而隱即是長夜漫漫矣！有人以為那得如此嚴重。假若真是「天不生仲尼，萬古如長夜」，然則伏羲、神農都是打燈籠走？作此問者，在邏輯上，吾不能反對之，蓋伏羲、神農已不是混沌也，就是打燈籠走，究竟還是走了也。伏羲、神農與孔子破夜同，而破法則不一。

第四義則又與第三義恰相反。假若真是「萬古如長夜」，大盜也許無法盜。聖人若死，大盜固未必止，但若長夜一旦光明起來，至少於大盜有方便。是則道高一丈，魔高十尺，仲尼之生，比其不生究竟好多少，實是大問題。西方人亦有同樣的困難，即：有基督教究竟比無基督教好多少？此實難答之題也。

　　第五義，亦與第三義反。大抵可與二、四兩義通聲氣。它表示一切歸於「止」。此亦反對表現獨體者。

　　第六義承第三義來，第七義爲第三義之最後境界。

　　由上觀之，盡量崇拜蒼頡造字者，旣無喜，亦無懼，此大概是西方人的態度。他們不但造字，而且神工鬼斧地製造起來。三、六、七三義是儒家的思想，函義雖與「蒼頡造字」異，然卻不相背。二、四、五三義大概爲佛家與莊子所佔有（老子可不在內）。歸約起來，不過是主張獨體與反對獨體二者。

　　獨體之表現與不表現，所關雖如此其大，然究竟應該表現否，我不能作理論的解答。但是我可以從事實上說明「獨體」的意義。我在此過生活，所以我表現獨體。宇宙內一切的「有」，旣然是「有」，也總是在那裡表現「獨體」。我可以順這個「有」之爲「有」而明「獨體」。究竟應該有「有」否，又究竟應該表現獨體否，那不是有｜有」以後的事，而是有「有」以前的事。但有「有」以前的事，不是我這個「有」所能決定的，也不是任何已成的「有」所能決定的。上帝來決定，佛教徒來決定。西方人說上帝主張應該有「有」，萬有俱爲上帝的意志所創生。究竟如何，我不能知。但我旣順「有」而說話，這方面即無大問題。佛教徒則決定不應該有「有」。此事體大，我無好辦法。但佛教徒究竟也是個「有」。我爲成就佛教徒這個「有」，我還可以來說「有」。假若我說「有」，而且主張應該有「有」，我說獨體，而且主張應該表現獨體，因而佛教徒譏我爲順世外道，則我也可以反唇相譏曰：本有「有」，你也是個「有」，你爲何偏偏否定「有」？我若是順世外道，你便是「浪漫的異端」。我想雙方俱無邏輯的理由作判

決，也無一第三者可以作標準。此即辯之有不辯，可以不必相詆矣。然而只是說明者，則仍是可以說。

獨體的表現有層次。本文至此，對於「獨體」尚未下定義。但本文的「獨體」不只是一個邏輯概念，既云有層次，所以亦不是一個同質的概念。今為「獨體」先作一邏輯的定義，然後再順層次而說明之。「獨體」之邏輯定義如下：設有一群現象共時生起於一背景中，而復有一律則將此共時生起之現象統束於一起，而使此群現象互相間皆發生一內在之關係，因而成一統一之結聚，則此「統一之結聚」即為一「獨體」。

此不過是一邏輯定義。然雖是一邏輯的定義，卻能指示以下諸函義：

一、獨體是一個存在的概念，它必指示一「實法」。

二、獨體必在一「成為過程」中而表現，再稍為強度一點說，則獨體必在行動或踐履中而表現。

三、獨體不是一個最後的單位，如所謂莫破的原子，而是律則所統馭於一起的「統一的結聚」。依此，每一獨體皆是一複雜體，然既稱為「獨」，則又必又含有統一性。統一性自律則言，複雜性自律則所統馭之現象言。

四、獨體，依其複雜性，可以消滅，即解體；依其統一性，又不能消滅，可以永在。（佛弟子不認識統一性，但認識其可消滅，可解體，所以即於此而觀空。）

五、假若沒有統一性，即不能成獨體；假若沒有「律則」，即根本不能言獨體。假若律則只可說隱顯，不可說有無，則在某方面，我們還可說：當律則隱而不露時，即無獨體之可言；當律則復

而顯露時，即有獨體之可言。

六、律則是共相，律則所統馭的現象是殊相，而獨體是個體。

七、獨體有背景。對獨體言，背景是同質的；對背景言，獨體是異質的。

以上七函義為該邏輯界說所函攝。以下就人類生活的層次方面說明各層中獨體的意義。層次有三：一、赤裸的生命之情欲方面的蠢動與衝破；二、生命之智慧方面的燭照與欣賞；三、生命之道德方面的實踐與參贊。

生命是從生活中抽出的一個抽象概念，而生活是具體的。生活是生命上加上花果枝葉，生命是剝落枝葉花果後的一個光禿禿的骨幹。返觀我自己，四肢百體，精神意識，是表現枝葉花果的器官。設把枝葉花果暫時去掉，我只有一個四肢百體的軀幹。再從四肢百體的軀幹中作一抽象，我可獲得「生命」一概念。「生命」一概念，頗有神秘咪，我愈找愈不見它，我不能當一個具體的東西來捉住它。我只有從具體的生活中層層把它表露出來。當我把「生命」消滅了，雖有四肢百體，不足以成花果枝葉。若把生命貫注上，四肢百體頓時活現，而花果枝葉也一時燦爛起來。依是，生活如是具體的，生命雖是抽象出的，要不是思想中的一個空概念，依是，它必也是具體的。我返觀我自己的身體，我看到裡面去，我只覺到這架身體是生命所貫注的一套軀殼——四肢百體。四肢百體依著生命的貫注而膠著於一起，而成為一套內在關係之結聚，因而可以動作，可以表現花果枝葉。假若把生命抽去，四肢百體都成零件了。由零件而星散而消滅，不但沒有內在關係，連外在關係也不能有。假若四肢百體是一群現象，則生命貫注進來，就是統束這群現

象於一起，使之成爲一套統一的結聚之「動盪的律則」（動的理）。說得過分一點，則四肢百體之發生內在關係而成套，實即是這個「動盪的律則」之表現。生命的旋律成功四肢百體的內在關係。四肢百體如此關聯起來，是生命表現的通路──器官。生命本身就是動。它自己的命運注定其不安分；它要表現，要衝破。無有能將其壓得住。這個壓不住的先天的動，就是我們所說的赤裸的生命之情欲方面之蠢動與衝破。蠢動自其自身言，衝破自其所處之背景或環境言。生命帶著其所貫注的四肢百體，在環境裡面蠢動，這就叫做環境裡的「獨體」。這是一個起碼的獨體，也叫做生物的獨體。你說他爲什麼要蠢動，要衝破，這是沒有解答的。

我雖然能從生活中抽出生命來，但生命的「根」在那裡，我在這裡找不著。對生活言，我們說生命是生活的根。佛家說某某人的根器薄根器厚，這個根器就是生命，就是生活的根。對生活言，好像這是最後的了。可是這個根的根在那裡，我找不著。我愈深觀我自己的生命，我就愈覺得可憐。我終於說他是無根的。大家必須首先認識生命是無根的。來無蹤，去無跡。不知他怎麼來了。一旦來了，胡鬧一場他又去了，誰能留得住！佛家就於此深深地起了悲感。任何人在此也得悲涼起來，白天生活得有聲有色，三更半夜看到生命的底蘊，總不免喟然一嘆。生命只是四肢百體這套軀幹中所蘊藏的一團硫磺。起始很有強度，後來漸漸變成廣度，由廣度而漸漸消失了，無法再挽回原來的強度。有誰能說這個強度會有永恆的必然性？這好像針端上的露珠，一傾斜便破裂了。有什麼邏輯的理由可以保證他？大地都要毀滅，何況生命？依是，這個生命的蠢動與衝破有何意義？沒有意義。有何安頓徒勞？亦無有安頓。安

頓於地球，地球要毀滅。安頓於太陽系，太陽的熱力要消散。讓他
寂寞不好？這個獨體的表現豈不是？是的。一切都是徒勞，都是茫
然。縱然寂寞未必好，而表現亦未見得比寂寞好。依此，這一層的
「獨體」並沒有得安頓，其表現無有可以使人滿意處。如是，吾人
再進而看智慧方面之燭照與欣賞。

　　當希臘初期的自然哲學家紛紛向外猜測宇宙本體的時候，個個
認為理智的活動，抽象的思考，可以把握住宇宙的本體，人人皆憑
其理智的思考提供一套概念以建造其心目中的宇宙。吾名此為「外
在形上學」，不，簡直是外在形上學的開端，因為西方的形上學徹
頭徹尾是以這種外在形上學為主潮的。那些自然哲學家天真得可
愛，一任其想像之馳騁，而不知其何所據。這個想像的階段不能永
遠的維持下去。到了詭辯派的懷疑論衝破了這種猜測，這個階段便
終止。詭辯派的懷疑論是思想史上的第一步反省。那些猜測有經驗
或知識上的根據嗎？於是，他們反而考察吾人的知識或經驗。考察
的結果，乃是一個感覺主義，休謨的先河。詭辯派只認識了經驗的
至殊至變；常而不變的公共成分，他們沒有找出。如是才有「人為
萬物的尺度」的宣言。蘇格拉底雖反對詭辯派，卻是承續詭辯派而
進行其工作。詭辯派反身考察自己的經驗或知識，蘇格拉底、柏拉
圖也從此中心點建立其理型說。他們以為知識中不只是至殊至變的
東西，實有一不變的成分在，惟感覺不能獲得之就是了。然說有一
不變的成分在，豈是可以憑空說的嗎？必有可以獲得之的路數。蘇
格拉底對話的辯論發見了這個路數。對於事物或概念下定義而期望
有一清楚、準確而一致的認識，便是發見那個公共成分的法門。依
此，所謂至殊至變中有不變，不是憑空說的，而是由系統知識本身

所必函。系統知識的表現即是「重重疊疊的界說」（multiple definition）。西方的思想文化是「重重疊疊的界說」的思路。蘇格拉底、柏拉圖、亞里士多德，三大師一線相承奠定了這個路數。我們吸收西洋文化也是想學習這一套。這一套法門就是智慧的開闢與燭照。我們若經過了這一套重疊的界說，眼前的事物頓然脈絡分明起來，心裡也一貫地清楚起來。柏拉圖對於宇宙本體斷然置定爲「理型」，就是由這套法門所發見的那個「不變的成分」而來的。這套法門是產生科學的源泉。經過這套，可以產生科學，心裡可以清楚，眼前可以分明；不經過這一套，讀了好多自然科學的書，見聞了好多新奇的知識，未見能分明能清楚。蘇格拉底不喜歡研究自然，所以未成一個科學家，雖然他的法門是科學所必須的。他喜歡談人生、道德等問題，而其談法卻是「重疊界說」的路數。他說：從石頭、木頭裡面考究不出眞理來。這就好像王陽明格竹子累病了一樣。王陽明，對朱子言，是打回來。蘇格拉底繼承詭辯派的反省也是打回來。可是打回來所向的地方卻不一樣。且不言王陽明的回向，蘇格拉底、柏拉圖的回向卻只反到知識上，在此表現了「重疊界說」的路數，發見了眞常而爲實體的「理型」。對猜測的階段言，是打回來，而回向於知識本身之考察。然就因此，其形上學仍是外在形上學，因爲這仍是智慧開闢的活動。智慧的開闢發見了客觀而外在的「理型」。可是理型出現了，我的生命枯了竭。世界分明了，建立起來了，而我的生命糊塗了，解體了。「現實的我」完了，「游魂的我」歸到理型世界裡去了。

生命貫注到四肢百體裡，是一團膠固的硫磺。當其膠固極強的時候，尚未開發，可是他本身的動必然要開發。由強度變爲廣度，

就是他的開發。他一開發就要放光，恰如摩電要放光。光就是智慧。光不斷的放射，不斷的照，不斷的開闢。照的結果，世界分明了，豐富了。光漸漸暗淡了，生命漸漸枯竭了，復歸於黑暗。生命的開發是推動機。智慧是一把刀。它的開發帶著這把刀到處斬荊截棘。刀有利性，智慧有利性。鋒利所至，一切皆分明豁朗起來。這是隨利而來的「貞」。這把刀不是隨意亂揮，因為它是理智，所以它的揮動要遵守邏輯的法則，邏輯就在智慧的照耀中表現。西方人崇拜邏輯，以為邏輯可以把握實體，邏輯可以證明理性。但是，遵守邏輯法則的智慧雖然把外面世界的理型建立起來，而發出這個「智慧之光」的生命就是非理性的。他無根，他無保證。理性出於非理性。原來理性也是半途中的東西，究竟也不是根本的。他的「根」在那裡？如果生命得不到安頓，邏輯也同樣無安頓。邏輯算什麼？所以生命的開發加上智慧的開闢，並不能使「獨體」的表現更有意義。因為他的「利性」（或向性）只照到了外面，並沒有照到他自己；他只順他的「利」「貞」了外界，並沒有「貞」到他自己。外面正了性命，而自己倒了。外重而內輕，依然是空虛。

　　西方人順生命的開發消散而不得安頓，始終是外重而內輕。不得已，遂求安頓保障於外面。這個追求外面的保障維繫住他們的生命史，給他們的生命以意義。人生的意義就在這個「利」上，「追」上。一旦停止其利性、向性及追求，便失掉了意義。他們只能向前看，不能向後看。他不能反觀。若深更半夜安靜下來，深自反觀體察一下，定會四顧茫然。他們是戰場上的鬥士，只許前衝，不許反省。稍一反省，便不能打仗。當他們不衝鋒陷陣的時候，也須繫其精神於外境。這便是默禱上帝，對於美的欣賞。當默禱上帝

的時候，是把他自己投身於上帝而融化於神的絕對中；當欣賞美的
理型時，是把他自己投身於「美的理型」而融化於那個純理的世界
中。宗教經驗，美的欣賞，皆須忘己而投身於對象中，消滅了自己
而把自己藏在絕對裡，沒有分別，意識不起，時間、空間一起消
失。此時即沒有獨體，而復歸於混沌，西方人叫做神祕境界。到此
便是「止」，便是「寂」，便是「死」。如果這是我們所嚮往的最
後境界，獨體的表現即不能維繫。一切都向「死」裡走。到了一切
歸於此的時候，便是「宗趣唯一，無餘涅槃」（此語是借用，佛家
的說法與此不甚同）。進到這個境界，不可以再出來。若是一出
來，眼睛一亮，仍是四顧茫然，仍然不免問一聲：究竟這是什麼一
回事？不得已仍復歸於向性、利性而向前追求。西方人尚未主張
「宗趣唯一，無餘涅槃」，這是他不及佛教的徹底處。所以，無論
他是入於絕對，出於絕對，獨體自己始終無安頓，始終未得一永久
之維繫。所以智慧的開闢，以及對於美的欣賞（理智的欣賞），於
「獨體」的表現之維繫，皆不能有幫助。是即明：邏輯的真，藝術
的美，皆不是最後的也。外重內輕，自己空虛。人生固若是其茫
乎？佛教進於西人者，即在其堅決主張「宗趣唯一，無餘涅槃」，
根本反對獨體。而西方人則視絕對為理想，以此為引誘生命開發之
酸梅，藉以維繫生命開發於不墜。實則其生命並未得安頓。此是望
梅止渴，畫餅充飢，騙小孩子的也。所以，西方人究竟還是少年
期。黑格爾天天講獨體，實則還是這個無安頓的生命之開發（帶著
智慧）。不過，我以上所說的以柏拉圖的思想為根據，而黑格爾則
於方向上稍有不同（差異自然也可以很大）。

　　以上所述兩層獨體皆不得其必。再看生命之道德方面的實踐與

參贊。

　　中國的聖人究竟是鞭辟近裡，不同凡響。伏羲、神農、黃帝、堯、舜、湯、武、周公，這一串英雄豪傑用了智慧，用了思考，但始終沒有擱淺在智慧思考上，也沒有斤斤於此，作為講說道理的關鍵。隱或顯，逐漸地皆將目光轉移到生命上來。到了孔子，劈頭戳破，直向這最後關頭上說話。智慧思考不是問題的所在。有了孔子的振作，天人一齊明朗，群聖隱隱約約的線索頓時暴露。所謂「直接堯、舜之統」，所謂「虞廷之訓」，皆成定然而不可移的法語。孔子直接把住了生命，承當了生命，亦安頓了生命。他要直接承當起「生命」的大擔子，剎那之間要使生命光芒萬丈，剎那之間要使生命永垂無疆，他不得不首先予以安頓。安頓好了，放手做去，充塞乾坤，了結萬世。說了，當下即了；說不了，萬壽無疆。這就是獨體的盡量表現，永遠維繫。不是一個強度的生命眼看其開發，眼看其消散。因為他把那個「非理性的生命」（硫磺）予以理性的安頓與潤澤。非理性的變成了理性的，所以一了百了。此時，生命真成了一個獨體，有一個理性的律則將他維繫起來。前兩層的獨體，只是假的。有了個理性的律則，頓時成了真的。這個理性的律則，以前有好多名言來講說他，耗盡了古人的心血。我現在不去細細地規定他，討論他。我現在只說：這個理性的律則是直接承當生命的大擔子所必然出現的，先天存在的，也就是「道德的實踐」（承當生命）所必然依據的先驗條件。我前面說，假若律則只可說隱顯，不可說有無，則在某方面，我們還可說：律則隱，即無獨體可言；律則顯，即有獨體可言。此所謂某方面，我現在可以說就是現在所說的這一方面。這個「理性的律則」，一覺便出現，剎時即

有獨體。不覺便不出現，剎時即無獨體。「覺關」所以重要在此。孔子首先覺到此，所以「天不生仲尼，萬古如長夜。」因爲這一覺，所以堯、舜之統才顯露。否則，伏羲、神農雖不是打燈籠走，卻未見得能立人極，使人類永遠承當生命的大擔子。生命承當不起，天地也站不起，如何不是「萬古如長夜」？

　　承當生命是大事。無悲憫之感的人擔不起。「子擊磬於衛。有荷蕢而過孔氏之門者，曰：『有心哉！擊磬乎？』既而曰：『鄙哉！硜硜乎？莫己知也，斯已而已矣。深則厲，淺則揭。』子曰：『果哉！莫之難矣！』」擊磬者有心，「斯已而已矣」即無心。無心之「果」，如何比得上承當生命之果？桀溺曰：「且而與其從避人之士也，豈若從避世之士哉？」而夫子憮然曰：「鳥獸不可與同群，吾非斯人之徒與而誰與？天下有道，丘不與易也。」將生命的擔子直接承當起。別處又云：「無求生以害仁，有殺身以成仁。」求生害仁，總歸於那個硫磺的生命之消滅；殺身成仁，卻是成就了永恆的生命。成仁即成生。這個生命是有了安頓的生命。

　　孔子於此最後關頭直接戳點得破，「其後卻虧了孟子是個豪傑。他只見著孔子幾句話頭，便耳目爽朗，親見如聖人在前，心思豁順，就與聖人吻合，一氣呵出，說道人性皆善。〔……〕憑他在門高弟如何諍論，也不改一字。憑他列國君臣如何忿惡，也不動一毫。只是入孝出弟，守先王之道以待後之學者。看他直養無害，即浩然塞乎天地，萬物皆備，而反身樂莫大焉。其氣象較之顏子又不知如何。予嘗竊謂孔子渾然是易，顏子庶幾乎復，而孟子庶幾乎乾。若求仁而不於《易》，學《易》而不於乾與復焉，乃欲妄意以同歸於孔、顏、孟也，亦誤矣哉！亦難矣哉！」（羅近溪《盱壇直

詮》）

或問「君子之道費而隱」。子曰：諸君試看《六經》中語道
之文，曾有如此「費」字之奇特者乎？蓋吾夫子學《易》到
廣生大生去處，滿眼乾坤，如百萬富翁，日用浩費無涯，乃
說出這箇字面。善體聖心者，便從「費」字以求「隱」字，
則富翁之百萬寶藏，一時具見矣。故「費」是說乾坤生化之
廣大，「隱」是說生不徒生，而存諸中者生生而莫量，化不
徒化，而蘊諸內者化化而無方。故「費」字之奇，不如
「隱」字之尤奇；「費」字之重，又不如「隱』字之尤重。
「費」則只見其生化之無疆處，而「隱」則方表其不止無疆
而且無盡處。又曰：「聖人的確見得時中分明，發得時中透
徹，不過只在此個費隱，故曰：溥博淵泉，而時出之；溥博
如天，淵泉如淵。」夫時中即是時出。時時中出，即是浩費
無疆，寶藏無盡。平鋪於日用之間而無人無我，常在乎目睫
之下而無古無今。真如鉅富之家，隨眾穿也穿不了，隨眾喫
也喫不了，隨眾受用更也受用不了。君子尊德性者是尊此個
德性，敬畏天命者是敬畏此個天命，樂其日用之常者是樂此
個日用之常，大人之所以不失赤子良心者是不失此個赤子良
心。後世道術無傳，於天命之性漫然莫解，便把吾人日用恆
性，全不看上眼界，全不著在心胸。或疑其為惡，或猜其為
混，或妄第有三品，遂至肆無忌憚，而不加尊奉敬畏，則卒
至於索隱行怪，而反中庸矣！蓋由其不見大用顯行，遍滿寰
穹，便思於靜僻幽隱處著力，謂就中須養出端倪，又謂看喜

怒哀樂以前作何氣象；不見孩提愛敬與夫婦知能渾然天然大
道，便思生今反古，刻意尚行，而做出一番奇崛險怪、驚世
駭俗之事。此豈不是不知天命而不畏，遂至反中庸者哉？
（同上）

我在此須得贊一詞：「夫子學《易》到廣生大生去處，滿眼乾
坤，如百萬富翁」，實是自夫子自己直接承當生命而來的。乾坤
之富是「自己承當生命的大擔子之富」之光彩，乾坤的廣生大生是
「自己承當生命的大擔子之廣生大生」之推擴。這就叫做「爲天地
立心」。假若自己不承當這件「大事」，自己要乾枯，地球要乾
枯，整個的宇宙都要順著科學的指示而毀滅，那裡還有廣生大生的
浩費無疆？可是一旦承當起生命這件大事，則我與乾坤一起登法
界。而且我的富就是乾坤的富，乾坤的廣生大生也就是我的廣生大
生。當我只有智慧的開闢與燭照時，外重內輕。現在當我有顏子之
「復」而承當了生命時，則開頭儼若內重外輕，這是「先天而天弗
違」的氣魄，天地都在腳底下；可是一刹那頃，內外同重，這是
「一起登法界」的莊嚴；又一刹那頃，內外俱輕，這是「輕車熟
路」、「天理流行」的妙境；然而又轉眼間，則「心寒膽戰，恭敬
奉持，如執玉如捧盈」，這又儼若內輕外重，這是「敬畏天命」的
恐懼，「後天而奉天時」的虔誠。此中義蘊，無邊無量，關鍵只在
「復」（覺）。所以羅近溪云：「於是能信之眞，好之篤，而求之
極其敏焉，則此身之中生生化化一段精神必有倏然以自動，奮然以
自興，而廓然渾然以與天地萬物爲一體，而莫知誰之所爲者。是則
神明之自來，天機之自應，若銃砲之藥，偶觸星火，而轟然雷震乎

乾坤矣！至此，則七尺之軀，頃刻而同乎天地；一息之氣，倏忽而塞乎古今。其餘形骸之念，物欲之私，寧不猶太陽一出而魍魎潛消也哉？」（同上）

所以，若能如孔子承當生命，則生命有了安頓，獨體永遠維繫於不墜。你可以盡量表現你的智慧，不怕洩漏天機。神工鬼斧的製造，無幽不燭的暴露，你不必私喜，也不必憂懼，天決不雨粟，鬼決不夜哭，因為這是大德敦化的川流。說天雨粟、鬼夜哭的人，只是那般索隱行怪之人，自己先沒有承當起生命，鬼鬼祟祟，呈其私智，自然宜遭天譴。這其間豈是能含混過的？所以這個大本一立，智慧的開闢，美的理型之欣賞，宗教之虔誠（即敬畏天命），皆得到了安頓與保證。具體言之，科學、宗教、邏輯，乃至哲學上的經驗主義、理性主義、生命哲學、實在論、理想論，俱一起重新得了統攝。

最後我得提出一句箴言：承當生命的大擔子，是「理想」的根源，是「意義」的根源。凡不從此著眼，除了順著科學說科學範圍內的話外，決不能有所說。他要說「理想」，他所說的必終於被剝掉；他要說「意義」，他所說的必終於無意義。不了解那個大根本，中國聖賢大統中的話，一個字不應接觸到，而且他沒有一個字能了解。若是東塗西抹，數他人珍寶以光自己門面，則終歸於臃腫不堪。到了粉飾不著，便會片片瓦解，新顏色頓然無顏色。這就是說，聖賢學問也不是隨便可以亂講的。

承當生命，安頓生命，誠然可以成就獨體之表現於不墜。但是，佛弟子若問何以必如此？我想無邏輯理由可解答。然而我若問佛弟子，何以必然不如此？我想彼亦無邏輯理由可解答。雙方最好

的答覆，我想是孔子答宰我：於女安乎？曰：安。女安則爲之。

華族活動所依據之基礎型式之首次湧現

一、文質之現實的累積：親親尊尊之政治形式之表現

華族之發展活動經夏商而至周代，漸成龐大之局，自西而東，展至於南，圍宋於中，不使橫越。大封諸侯，以為藩屏。既開墾，又殖民。諸侯莫不由周天子出，亦莫不反而繫屬於周天子。既內向，又外擴。一統之局既成，自不能再如部落時代之直接。周公之軍事運用與擴張，固有其雄圖與遠略，而穩定此軍事力量之所擴張者亦須有一政治之形式以組織而維繫之。力能及，而不能凝定之，凝定之者惟法度。力可暫而不可常，能持續之者惟法度。法度者，政治形式也。於是而見周公政治運用之天才。人由個體之直接而至群體之間接，則必有所以及乎群體之媒介。力之達為強度，一鼓作氣，再而衰，三而竭。有其限度，不能永無底止也。力之傳為具體與具體接，雖有所謂風聲鶴唳，草木皆兵，而實力不至，無奈人何。漢高有「安得猛士」之嘆，殊不知守四方固不專在猛士之力也。猛士之力足以及之，而守之必有守之之道。此守之之道即及乎群體之媒介，自形下言之，即政治形式也。形式有涵蓋性與總攝

性，亦有跨越性與形成性。惟此四性，可以足不出戶，而無遠弗屆。

周公指揮軍事之擴張，身當政治之運用，故制體垂統，以安邦國。此所言禮，即廣義之政治形式，而適所言之政治形式之亦即此廣義之禮也。天子之舉措，諸侯之舉措，諸侯與諸侯間之相互關係，諸侯與天子間之相互關係，以及祭祀婚葬，軍旅慶弔，無不制之以禮，使有法度可循。蓋一統之群體既成，自不能不有許多文節。累積既久，統名周禮。周禮之成，非必周公一時之定本。後來公羊家就此體制之演變累積立三代文質之說以解之。人或譏之，實為可有之解析，非妄言也。陳立《公羊義疏》云：「按兩漢諸儒，說殷周異制，多主質文立說，必周秦相傳舊義。魏晉以後，無有知之者矣。」（四十六卷，宣八年「壬午猶繹，萬入，去籥」經傳疏。）此義由來已久，豈盡虛說？惟古籍稱引，多由聯想。往而不返，其指不切。茲略徵引，疏導如下：

《春秋繁露・三代改制篇》云：「主天法質而王，其道佚陽，親親而多質愛。故立嗣予子，篤母弟。主地法文而王，其道進陰，尊尊而多禮文。故立嗣予孫，篤世子。」此言質文，天地陰陽是其所法，親親尊尊是其實；篤母弟，篤世子，是其例。

《白虎通・三正篇》云：「王者必一質一文者何？所以承天地，順陰陽。陽之道極，則陰道受；陰之道極，則陽道受。明二陰二陽不能相繼也。質法天，文法地而已。故天為質，地受而化之，養而成之，故為文。」此言文質，主其所法，並言循環相繼義。

《公羊傳》桓十一年何休注云：「王者起，所以必改質文者，為承衰亂救人之失也。天道本下，親親而質省。地道敬上，尊尊而

文煩。故王者始起，先本天道，以治天下，質而親親。及其衰敝，其失也親親而不尊。故后王起，法地道以治天下，文而尊尊。及其衰敝，其失也尊尊而不親。故復反之於質也。」此言文質，亦言所法，兼及親親尊尊，並攝循環相續義。

《繁露·三代改制篇》又云：「商質者主天，夏文者主地，春秋者主人。主天法商而王，其道佚陽，親親而多仁樸。故立嗣予子，篤母弟。主地，法夏而王，其道進陰，尊尊而多義節。故立嗣予孫，篤世子。」此言質文，與前引同，惟以夏爲文，以商爲質。又云：「王者以制，一商一夏，一質一文。」推之，一商一周，亦一質一文也。

《說苑·修文篇》云：「商者常也。常者質，質主天。夏者大也，大者文也，文主地。故王者一商一夏，再而復者也。」再而復，則周亦文也。

《白虎通·三敎篇》云：「王者設三敎者何？承衰救弊，欲民反正道也。三王之有失，故立三敎，以相指受。夏人之王敎以忠，其失野。救野之失莫若敬。殷人之王敎以敬，其失鬼。救鬼之失莫如文。周人之王敎以文，其失薄。救薄之失莫如忠。繼周尙黑，制與夏同。周而復始，窮則反本。」此又由質文而至忠敬文之三敎，忠敬皆質也，此言文質則自敎法與風尙而言之。

《史記·高祖本紀》太史公曰：「夏之政忠，忠之弊小人以野。故殷人承之以敬。敬之弊小人以鬼。故周人承之以文。文之弊小人以僿。故救僿莫若以忠。三王之道若循環。周則復始。」

《說苑·修文》云：「夏后氏敎以忠，而君子忠矣，小人之失野。救野之失莫如敬。故殷人之敎以敬。而君子敬矣，小人之失

鬼。救鬼莫如文。故周人教以文。而君子文矣，小人之失薄。故救薄莫如忠。故聖人之與聖也，如矩之三雜，規之三雜，周則又始，窮則反本也。」

由文質而至三教，三教不外乎文質。文質之道，本乎天地。施之於人，則尊親也。尊尊義也，親親仁也。故《禮記‧表記》云：「厚於仁者薄於義，親而不尊。厚於義者薄於仁，尊而不親。故多仁樸，其失親親而不尊；多義節，其失尊尊而不親也。」

由上觀之，古籍所解，文質、尊親、仁義，皆自教法風尚而立言；故云承衰救弊，周而復始。凡此所言，雖有可取，而義不切。自現實生活風尚而言之，文質可循環而相救。然現實之發展泯焉，儼若一定之成模，未能透至事實之內蘊。又，單自風尚而言之，限於個人生活而言之，不能切於政治形式而觀之，則亦不能盡文質尊親之實義。故吾前云：尊尊親親是其實，篤母弟篤世子是其例。中有深義，不可不察。吾今以尊尊親親為本文之眼目，而觀華族活動所依據之基礎方式之何所是。

夫夏商之所以為質，正因群體之局不顯，不脫部族之簡陋。其生活為直接，體力尚於節文。多仁樸是也，多質愛亦是也。其所以仁樸質愛，亦正在其生活之直接，天真而混噩，非必夏商之人多仁也。質則親親，篤母弟，亦為應有之聯想。蓋亦生活多直接，未能循乎法度而為謀，故就其親近者而立焉。及乎周代，一統之局形成，越直接而為間接。調度運用之義顯，心思之總持作用（即抽象作用）遂不期而湧發。總持之作用湧發，超越當下限制之形式亦不得不隨之而呈現。形式者，心之所創發。就實事而運用之，因而創發形式以成就而貞定之，是以形式者運用實事之型範也。實事之局

非形式不定，非形式不久。劉勰《文心雕龍》論儀禮云：「禮以立體，據事制範。」此言甚善。故形式者成事之體，定局之本也。而此體與本乃由中出，非由外鑠，以爲創造之心所創發故。而其所運用而貞定之事局，以其爲此本此體所主宰，故亦反而自外至。自外至者，無主不止。其所止處，即其所繫屬處也。此即是爲本爲體之型範。是以歷史演進所興發之社會現象皆是攝「所」從「能」，能以運所，所不散立，無可離能。「能」者即心所創發之型範。此型範一經自覺之解析，即通過理性而建立，因而予以形上之安頓，便是歷史發展之骨幹。如縷貫華，自持其體，曲成史象，恆常不斷。此即是此民族之文化之統。是以歷史演進，有據事制範之禮，此即廣義之政治形式也，亦即周公所創之禮也，而此禮亦爲廣義之禮。此廣義之禮與廣義之政治形式乃只是就現實之運用而興發，並未經過自覺之解析，因而亦無形上之安頓。此時只可謂不自覺，乃順自然趨勢而來之自然創發也，亦猶康德所謂理解之創發範疇不必由於超越的我之自覺也。周公所制之禮，即就政治運用所創發之廣泛的政治形式，即屬於此階段。此階段對孔子之自覺地解析言（見下節），便是華族前期之潛能的階段。

　　在此潛能期，無論爲文質，爲尊親，爲忠敬文，皆是形下的不自覺之方式，若如古籍所解，亦只爲形下的不自覺之教法與風尚。而兩漢諸儒以三正三教（或文質）解古史，雖若有形上之意謂，而實只就形下而描述之。自教法與風尚而爲言，即形下之描述也。然彼諸儒，於此並不自覺，遂並後來孔子之自覺地解析亦混而爲形下之描述而不能辨。故周公之功績何在不能確切而指之，孔子之功績何在亦不能深切而明之。此所以國史之必有待於重反省而再詮表

也。

　　周之文只是周公之政治運用以及政治形式之湧現。教法風俗是其餘事。文必與尊尊連。尊尊只表示政治形式之公性。惟公乃可尊。何者能公？曰理曰道，曰政治形式。尊尊者，尊其所以為尊者。必有「尊者」，乃有「尊之」。何者為「尊者」？曰理道，曰法度。惟理道法度乃公，故「尊者」即「公」也。尊尊者，尊公也，尊理道，尊法度也。政治形式之湧現，必然有尊尊。此文之所以為文之切義也。尊尊之義，用之於帝王世襲，必有大宗小宗之別，因而必篤世子。蓋大宗世子近尊尊也。質家篤母弟，大宗小宗不別，未能跨越所親之直接性，只就其近於己者而與之。此則只依舐犢之私而措施，未能就法度之公而措施；故質必與親親連，而其所顯示者要在政治形式之未湧現。法度之公跨越時空之限制，不問親不親，故文家必尊尊。以尊尊為主幹，親親只所以補尊尊之不足。世子缺乃就近支而補之。然近支之繼統，非依親親義而繼統，仍依尊尊義而繼統。一落尊尊形式下，必為繼大宗。此所以小宗可斷大宗不可斷之故也。政治之公性胥由此見。公性是政治之本質，而政治本質之為公實由於政治形式之為公。故政治之「性」即是政治形式，所謂法度也。篤世子是帝王世襲下政治公性之一變形，亦即尊尊之一變形；故由親親而至尊尊，是現實歷史一大進步。（以近語言之，曰突創之進步。）再舉一例以明之。尊尊之義出，乃有公德私德之別，而公德重於私德。求忠臣於孝子之門，是忠臣必為孝子，而孝子不必為忠臣。由孝子進於忠臣，乃其德之大飛躍，由私轉公乃人格之突創。孝子親親也，忠臣尊尊也。公而忘私，國而忘家。人所尙也。何者？為其超越一己之小限而獻身於大公也。公

德私德之別之出現亦是現實歷史一大進步，而人類精神之表現必在尊尊形式下始可能。

夏商周三代歷史之演進實可視爲現實文質之累積。累積至周，則燦然明備。孔子曰：「郁郁乎文哉，吾從周。」此顯指文物制度而言也。孔子即承認此周文而爲其作《春秋》時褒貶之一據。此「據」即現實的傳統標準也。《白虎通·三正篇》曰：「質文再而復，正朔三而改。」正朔三而改，即夏商周之三正也。三正者，「夏以孟春月爲正，殷以季冬月爲正，周以仲冬月爲正。夏以十三月爲正，色尙黑，以平旦爲朔。殷以十二月爲正，色尙白，以雞鳴爲朔。周以十一月爲正，色尙赤，以夜半爲朔。」（同上）。又云：「三正之相承，若順連環也。」（同上）。實則曆法一定，此連環可不持續。至若文質再而復，則若自敎法風尙而爲言，承衰補弊，自可剝復演進。社會如此，個人亦然。過文救之以質，過質救之以文，可循環相承也。循環相承，所以期於中也。孔子曰：「文質彬彬，然後君子。」此言文質，屬敎法風尙義。若就文物制度言，則不必周而復始也。

二、孔子作《春秋》之創造性：親親尊尊之新的提醒

文質之現實的累積，成爲現實的傳統標準，至孔子時，已屆反省之時。反省即是一種自覺的解析。所謂引《史記》而加王心焉是也。加王心者，即由親親尊尊之現實的政治形式進而予以形上之原理。此形上之原理亦由親親尊尊而悟入。是則由現實的政治形式之親親尊尊，進而爲形上的道德形式之親親尊尊。在此轉進中，親親

仁也，尊尊義也。是以道德形式之親親尊尊即是「仁義」一形上原
理之建立。此形上原理予政治形式之親親尊尊以形上之解析與安
頓。此步轉進與悟入，是孔子創造智慧之所開發。《論衡・起奇》
云：「孔子得史記以作《春秋》。及其立義創意，褒貶賞誅，不復
因史記者，眇思自出於自胸中也。」「眇思自出於胸中」即是智慧
之創造。立義創意，褒貶賞誅，文成數萬，其指數千。此散言也，
固亦見眇思之中出。然總持言之，數千之指固皆匯歸於一形上之原
理，即親親尊尊之提昇而爲道德形上的仁義原理也。《孟子・離婁
下》云：「其事則齊桓晉文，其文則史，孔子曰：其義則丘竊取之
矣。」孔子所竊取之義，散之即數千之指，聚之即此形上的仁義原
理。此乃心之創造，非如文辭之可與人共也。然此創造與周公之
「據事制範」之創造異。周公之據事制範，隨軍事之擴張政治之運
用，而不自覺地創發形下之形式。此種創造是廣度之外被，是現實
之組織。而孔子之創造，則是就現實之組織而爲深度之上昇，非是
不自覺地據事制範，而是自覺地攝事歸心。是以非廣被之現實之
文，而是反身而上提之形上的仁義之理。此是反身的深入之解析，
而不是外指之現實的構造，反身的解析，乃予現實的文質以意義，
乃是一條長龍之點睛。一經點破，統體是龍。現實的文質之累積，
一經孔子戡破，乃統體是道。既經統體是道，則現實累積之文質乃
有其所依據而不漭蕩，而吾華族活動所依據之基礎型式乃確然建立
而不可移。是以孔子之點醒（即反身的解析）乃是型式之湧現，乃
是典型之成立。孔子以前，此典型隱而不彰，孔子以後，只是此典
型之繼體。此謂大聖人之創造（周公之創造只是政治家之創造）。

　　孔子之創造既爲反身的解析，而非外指的現實之構造，則促成

其反身解析之機緣常在現實的文質之落空而失其構造性即失其客觀
有效性之時，故其所悟入之形上原理，在此機緣下，必由批評的褒
貶而顯示。（此非說是必然的原因，而只說是現實的充足機緣。）
故《史記・太史公自序》云：「夫《春秋》上明三王之道，下辨人
事之紀，別嫌疑，明是非，定猶豫，善善惡惡，賢賢賤不肖，存亡
國，繼絕世，補敝起廢，王道之大者也。是故《禮》以節人，
《樂》以發和，《書》以道事，《詩》以達意，《易》以道化，
《春秋》以道義。撥亂世反之正，莫近於《春秋》。文成數萬，其
指數千。萬物之聚散皆在《春秋》。《春秋》之中，弒君三十六，
亡國五十二，諸侯奔走不得保其社稷者，不可勝數。察其所以，皆
失其本已。故《易》曰：失之毫釐，差以千里。故曰，臣弒君，子
弒父，非一朝一夕之故也。其漸久矣。夫不通禮義之旨，至於君不
君，臣不臣，父不父，子不子。夫君不君則犯，臣不臣則誅，父不
父則無道，子不子則不孝，此四行者，天下之大過也。以天下之大
過予之，則受而弗敢辭。故《春秋》者，禮義之大宗也。」禮義之
大宗，兼聚散而言之。聚則為形上之原理，散則為文成數萬，其旨
數千。皆指創義立意，眇思中出而言。至於現實之文質，所謂政治
形式或文物制度者，則因此創義立意眇思中出而維繫而肯定；而此
大宗之禮義，則由此現實的文質之失其客觀有效性，而批評褒貶地
以建立。作《易》者其有憂患乎？作《春秋》者亦然。而現實的文
質之所以失其客觀有效性，依孔子立言之立場，乃因生命之墮落，
人心之邪僻。生命一經墮落，便放僻邪侈，無所不為。任何法度俱
不能受。際此天地閉塞之時，唯有恢復人之所以為人之理而重建價
值之標準。人之價值之確立必賴生命之向上，生命向上即是生命復

位，而人之精神之表現唯在生命向上復位之時，生命向上復位始能
湧現一原理而爲其活動之所依據。其活動能依據一原理，即表示其
活動有法度。活動有法度，即表示生命能創造法度接受法度，而且
擔當法度以實現其理想。假若任何法度不能接受，則橫決漫流，生
命必歸毀滅而後已，何論價值之實現？是以當生命墮落之時，任何
法度不能接受。對治之道，只有從反身的解析，點出人生之本原，
建立價值之標準，使人之生命歸其位，鼓舞踴躍，以「實現價值」
爲可欲。人不能永安於不自覺之渾沌狀態而只自然地以前進。當自
然前進一有歧出，則反身的解析之透入形上原理以確立價值之標準
乃爲必然不可免，而且必爲當然應有者。否則，人類生命之如草木
鳥獸之被淘汰，乃爲極可能之事也。人之透入形上原理以自立其價
值之標準，乃是安頓其生命保障其生命者。此即文化之功也。孔子
之功即在其定文統立人極。此全賴其創造之智慧而眇思中出也，此
自非一人私見之所立；乃羅近溪所謂志力專精以致天不愛道之謂
也。所謂推拓不開，則天地閉，賢人隱；推拓得開，則天地變化，
草木繁；亦此意也。此種創造之智慧即是推拓得開之智慧。鼓舞生
機，復其本有，豈謂聖心而有惑種乎？故當任何法度俱不能受之
時，則轉進悟入，點出形上原理，乃爲救人類於毀滅之中之唯一途
徑。此層轉進既經確立，而後方能言現實法度之斟酌損益。是故此
言現實法度之失其客觀有效性，非云時代所趨中之失效或不失效
也。假若以經濟史觀而言之，以爲法度之失效，乃在經濟結構（或
生產力）之變換，遂斥孔子徒從悟入形上原理以覺世，乃爲迂闊而
不實，墮于唯心論之泥坑；則是只知其一，不知其二，只知一曲，
不知其全，彼不知法度之失效尙有生命墮落之時也。時代所趨，只

能斟酌損益，甲法度失效而代之以乙。然生命墮落，則任何代替俱
不能受。故若立於經濟史觀之見地以斥孔子爲迂闊，乃爲文不對題
者。且彼不知縱隨經濟變換而損益法度，亦須有更高之原理以安頓
生命者而後可能也。此即足示經濟史觀不足以爲了解歷史之原理
矣。曲末之見，姑如是云，則可；其本身不能自足也。至其不能說
明歷史發展之向上，以及人類價值之存在，乃更顯然者。

　　孔子旣爲反身的解析，透入形上之原理，而其時卻爲君不君，
臣不臣，父不父，子不子之亂世，一切制度盡成空懸。現實的文質
旣失其客觀有效性，而悟入形上原理以確立價值之標準，在此時亦
只能空懸而無實效。形上原理之確立正在欲使現實法度之有效，而
現實法度一時旣不能復其功用，則形上原理自亦空懸而莫問。《史
記‧太史公自序》載壺遂云：「孔子之時，上無明君，下不得任
用，故作《春秋》，垂空文，以斷禮義，當一王之法。」垂空文，
以斷禮義，即明其所顯示之形上原理之未能即時有效也。然反身之
解析即是歷史之解析。歷史不能永在不自覺之狀態中演進。而正因
不自覺之演進，不能保人類之時時之向上，因而有墮落混亂之漫
流，故由自覺之反省而建立一價值之標準以確定人類之鵠的，以保
人類之不毀滅，乃爲所應有所必有之轉進。經此轉進，吾華族活動
即自其自身中湧現一形式，此形式復返而指導將來活動之方向。故
孔子之反身的解析即是對于吾華族早期歷史之解析，亦即是吾華族
活動後來依據之方式。故孔子之反身的解析即是吾華族活動史之歷
史哲學，其所悟入之形上原理，亦即是吾華族活動所依據之靈魂。
此就是吾華族活動之不捨自性之骨幹。旣爲一不可捨離之骨幹，則
必時時顯其支持歷史之作用；旣爲所依據之靈魂，則必不離棄其現

實之軀體而常顯其主宰之作用。是以雖一時爲空文，而必千迴百
折，總顯實效。一有實效，則與現實法度統爲構造者；時時有實
效，即時時爲構造者。夫如是，而後能見歷史演進之爲向上發展，
不徒爲相砍之書也。歷史之形上原理旣經確立，則現實法度必受其
指導而具備一與之相應之形式，因而亦獲得其安頓與意義。而現實
法度同時亦即是該形上原理之象徵或符號。現實法度實現該形上原
理於現實歷史中而具體化之客觀化之。是故現實法度有效而不落
空，則該形上原理亦必有效而不落空。歷史總是如此逐步實現。現
實法度縱不盡善，或縱不十分有效，然因有形上原理爲指導，則必
總期向上而無疑。否則，是否向上，很難說也。依是言之，吾華族
二千年來之歷史，實有形上原理，從中作主。是以其現實之歷史雖
迂迴曲折，多災多難，而總歸向上，則不可否認；是亦即云吾華族
之歷史乃有靈魂爲其統緒之歷史。惟賴此不舍自性之統緒，故幾經
挫折，而終不毀滅。至於二千年中，每期實現多少，見仁見智，固
有可爭辨者。如陳同甫之與朱子爭漢唐，便是一例。然要不能謂吾
歷史活動無形上原理以爲其支柱之統緒也。朱子持論雖嚴，然於歷
史之迂迴實現義不甚洞曉，而陳同甫雖欲爲漢唐爭一席，亦不能深
解此中之奧也。關此本文不欲深論。其蔽總在對於孔子作《春秋》
之創造性，即其創發吾歷史活動所依據之基礎形式一義，不能深切
著明。

　　孔子之時爲生命墮落之時，一切法度，盡失其效，故反身的解
析同時即欲使生命歸位而期維繫現實法度於不墜。當時之問題並非
現實文質之宜不宜，乃只是一經墮落任何法度俱不能受之問題。無
論時代如何不同，經濟機構如何變換，亦何至君不君，臣不臣，父

不父，子不子？隨時代所趨而損益法度，豈必即父不父，子不子乎？可見父不父，子不子，別是一問題。此直天地閉塞，人將禽獸之時，將孰從而損益法度耶？欲使損益法度為可能，則必使生命復位而後可，故孔子曰：「必也正名乎？名不正則言不順，言不順則事不成。」任何法度俱不能受，故孔子之問題不在斤斤於現實法度何者宜、何者不宜之錐刀之末節，故曰：「郁郁乎文哉，吾從周。」周公之禮制儘可用，不必於此再紛紛也。要者乃在就此而轉進。孔廣森《公羊通義》云：「君子之為《春秋》，賅《六經》而垂憲。其設刺譏褒貶同乎《詩》；序四序，審五行，同乎《易》；記王者之政，列國之事，同乎《書》。若乃因稅畝用賦，以見田制；因作舍中軍，以見軍制；因卒葬含賵，以見喪制；因公卿大夫士名字之等，以見官制；因西官，以見寢制；因世室武宮，以見廟制；而至於禘郊烝嘗之節，昭穆之位，楹桷之飾，靡不畢舉。蓋兼周公制禮之意乎？」實則並非周公制禮之意，蓋孔子明云「吾從周」。凡此諸禮制皆現實文質之累積。徒因春秋之世，橫決漫流，失其效用，故就之以為褒貶之現成標準，而期反顯轉進以悟入形上之原理，使生命復其位，以期現實法度之仍為構造者。是以孔子並非制禮，乃只於其反身之解析中連帶而肯定此現實之標準。孔子之功績不在瑣瑣然考量種種禮，制作種種禮。此其不同於現實政治家之周公處。

　　其所轉進悟入而透露之形上原理為何？曰：仁也義也。仁義由何而悟入？曰：就現實文質中之親親尊尊而悟入。人皆知《春秋》為禮義之大宗（此偏屬於尊尊者），而不知《春秋》亦仁體之充其量也（此偏屬於親親義。按：《公羊》家謂《春秋》變周之文從殷

之質，實則只是「義」字外復提出「仁」字也）。《春秋》者，深於情而嚴於義者也，於此可見孔子之悲懷（宇宙悲憫之懷）。

義順尊尊入，仁順親親入。《春秋》重元，《春秋繁露・玉英篇》云：「謂一元者，大始也。知元年志者，大人之所重，小人之所輕。」又〈王道篇〉云：「《春秋》何貴乎元而言之？元者始也，言本正也。道王道也，王者人之始也。」本之正以何而正？以道正也。道，王道也。「王者」，體道之人也。王者受命於天，即受命於道。受命於道，即以道爲元爲始。此言元繫屬於王道而言之，即繫屬於政治形式而言之，故元由尊尊推。道尊，體道之人亦尊。是以「王者」之尊以道之尊而尊：非尊其人，尊其所體之道。故尊道尊王義也，皆由尊尊人，言乎公也。莊存與《春秋正辭》云：「聞之曰：受命之王曰太祖。嗣王繼體者，繼太祖也。不敢曰受之天，曰受之祖也。文王受命之祖也。成康以降，繼文王之體者也。武王有明德，受命必歸文王，是謂天道。武王且不敢專，子孫其敢或干焉。命曰文王之命，法曰文王之法。所以尊祖，所以尊天也。」受命者，受之於天也。此純以道而言之。此之謂大始。除道以外，無可爲始者。王者純法天地。誰能當下以道爲始？誰即其現實之統之祖？現實之始由道之始而簡擇。此純由尊尊之義而立道之元，由道之元而立現實之始。道之始與現實之始皆取其具客觀而公之義也，亦即義道也。義道必由尊尊顯。道之始與現實之始皆超越者。現實之始之超越因其受命於天而爲超越。此亦純由尊尊之義而顯者。如其傳之子孫，則其子孫即曰受之於祖，不敢曰受之於天。故《公羊》文九年毛伯來求金傳曰：「繼文王之體，守文王之法度。」繼體即繼祖，繼祖者親親之義也。依尊尊而建立現實之統之

始，依親親而建立現實子孫之繼統。現實之統之始，既純由尊尊立，則可以傳之於子孫，亦可以不傳之於子孫。然在以往自夏商周起，皆傳子孫矣。在傳子孫之形式下，其現實子孫之繼統即依親親之義而建立。此言親親對現實之統之始之由尊尊立而言也。至於傳子孫之形式中，亦有尊尊親親之則。篤世子，由尊尊之義立；篤母弟，由親親之義立。前人有云：「三代之書，託始帝典。人統之正，託始文王。」孔廣森《公羊通義》云：「尊則統人，親則率祖。尊尊而親親，人道之始也。」尊則統人，言文王也。親則率祖，言其子孫之繼體也。孔廣森《通義》又云：「君弒，賊不討，不書葬，以義治也。君弒，子不言即位，以仁治也。二者並《春秋》新意。」以義治，尊尊之義也。以仁治，親親之義也。大復仇，國滅君死之，以及譏世卿，皆以義治也。由尊尊之義立。推之，王者雖法天以為現實之統之始，然不能僭天。天子爵稱，即示其有限制也。此亦由尊尊之義道而建立。體郊特牲曰：「古者生無爵，死無諡。」又言：「天下無生而貴者。」爵與諡皆由尊尊義而創立。人在尊尊中無不有其限制，不能隨意揮洒也。此義《公羊》家亦主之。總之，孔子由尊尊以顯義，皆欲透露一形上的超越而客觀之公理以為準。所謂禮義之大宗，皆匯歸於此也。散之則為種種褒貶進退。《春秋》無達例，隨事宛轉，一是皆以義為斷。聚之則為一超越之公理，以為歷史活動之所本。義剛強有所立，型範之所在也。此孔子由現實之文質所轉進悟入而透露者也。

　　《春秋》為禮義之大宗，亦仁體之充其量。仁者，生命之真幾也。當天地閉塞，人將禽獸，任何法度俱不能受之時，必以復其生命之真幾為首務。義超越之理，仁充實此理，使義為具體者。「人

而不仁如禮何？人而不仁如樂何？」不仁，則禮樂俱是空文。只是空架子，而無客觀實效性。「仁者」與天地萬物爲一體。然而實現仁道，則必自親者始。其實現之之歷程亦非頓，而乃漸也。漸者，擴充義，層次義。蓋仁具體者也，妙萬物而爲一。天地萬物統體是此生機的（仁體），個個殊物亦皆具有此生機，此機極靈極敏，極柔嫩，極活潑。其感通本無限制，本可與天地之廣大而廣大。然而物不能不有形骸。形骸亦具體者也。仁之具體在通，而形骸之具體在隔。人有此隔，物亦有此隔。間隔重重，仁之通之實際表現遂不能不從屯蒙中而破除此間隔。蓋具體與具體接，處處是間隔，即處處是障礙。而仁之表現或實現又必在此間隔中，處於此間隔而又破除此間隔。蓋仁亦具體者也。仁之靈敏，其眞誠惻怛，感應最切者，莫近於孝弟，故曰「孝弟也者，其爲仁之本與」。後來程明道云：「孝弟爲行仁之本，非即仁之本。」此義甚是。蓋行仁者，即仁之實際表現也。孝弟是仁之實際表現之最切近處，故曰「親親而仁民，仁民而愛物」。此皆就仁之通之實際表現而言也。《春秋》內魯，亦親親之義也。由內魯轉而爲王魯，此雖《公羊》家言，然王魯亦親親之義也。王魯者，託魯以明王道也，實亦即引《史記》而加王心之義。何以必託魯？近也，親也，託王於魯非眞王也。（《公羊》古師言多滯板，遂招譏議。）董仲舒《春秋繁露》即以此義說王魯，俗儒何曉曉爲？由內魯推而至於三世，亦由親親義而立也。《公羊》隱元年公子益師卒，傳曰：「所見異辭，所聞異辭，所傳聞異辭。」所見、所聞、所傳聞，三世也。「異辭者，見恩有厚薄，義有淺深。」（何休《公羊注》語）。所謂隆殺也。三世異辭，具體內容，何休注如下：「〔……〕故於所見之世，恩已

與父之臣尤深。大夫卒，有罪無罪，皆日錄之。丙申季孫隱如卒，是也。於所聞之世，王父之臣，恩少殺。大夫卒，無罪者日錄，有罪者不日，略之。叔孫得臣卒，是也。於所傳聞之世，高祖曾祖之臣恩淺。大夫卒，有罪無罪皆不日，略之也。公子益師，無駭卒，是也。於所傳聞之世，見治起於衰亂之中，用心尚麤觕，故內其國而外諸夏，先詳內而後治外，錄大略小，內小惡書，外小惡不書，大國有大夫，小國略稱人，內離會書，外離會不書，是也。於所聞之世，見治升平，內諸夏而外夷狄，書外離會，小國有大夫，宣十一年秋晉候會狄於攢函，襄二十三年邾婁鼻我來奔，是也。至所見之世，著治太平，夷狄進至於爵，天下遠近小大若一，用心尤深而詳，故崇仁義，譏二名，晉魏曼多，仲孫何忌是也。」三世異辭，詳略之旨。無論大夫卒日不日，或內其國而外諸夏，內諸夏而外夷狄，以至夷狄進至於爵，天下遠近小大若一，皆詳略之旨，親親之義也，亦即仁之實際表現之逐漸擴大也。故成十五年冬十有一月會吳于鍾離，《公羊傳》云：「曷為殊會吳？外吳也。曷為外也？《春秋》內其國而外諸夏，內諸夏而外夷狄。王者欲一乎天下，曷為以外內之辭言之？言自近者始也。」此即仁之實現之漸次義，故曰由親親之義立也。《春秋》為尊者諱，為親者諱，為賢者諱，亦由親親義而建立。善善從長，惡惡從短之義也。君子成人之美，不成人之惡，亦仁體之通也。子曰：「吾道一以貫之。」曾子曰：「夫子之道忠恕而已矣。」「一以貫之」之「一」，道體也。曾子之注腳，則就仁之通之實際表現而言也。是則孔子之轉進悟入，仁義並建，故如是其廣大，如是其精微，而又如是其嚴肅也。是乃眇思中出，沛然莫之能禦。所謂心之創造也。

心之創造即仁體之創造。仁之實現有層次，故由親親入，而孔子之仁體即宇宙之仁體。其能轉進悟入，仁義並建，必其仁心統體是仁義而無一毫間隔也。客觀而超越之義理，必由仁心之無間隔而湧現。義理一現，當下即普。蓋義理之本性即具有普遍性也。具有普遍，性即具有客觀性與公共性。而充實之，實現之，則賴仁。仁者能發此超越而普遍之理，故其真誠惻怛之仁亦俱時隨理之超越而超越，隨理之普遍而普遍。仁心湧現理，理亦擴大仁心也。故仁者之心頓時即跨越形骸之間隔，而與天地萬物為一體，通家國天下而為一。故其惻怛之仁非個人之私愛，乃宇宙之悲懷。孔子之仁體乃仁體之充其量。全部《春秋》不惟禮義之大宗，亦仁體之充其量。到處是嚴整之義，到處亦是悱惻之仁。吾故曰：《春秋》者，深于情而嚴于義者也。此非具有宇宙之悲懷者不能也。王魯、三世、以及凡由親親之義而言者，曲折萬端，皆不過順人情而期仁之通之實際表現而已。聖人落于實際境地亦不能背于此人情。矯情不慈其子，不孝其父，而求仁民愛物，是偽也。偽而可以為仁乎？王陽明《傳習錄·下》云：「問大人與物同體，如何《大學》又說個厚薄？先生曰：惟是道理自有厚薄。比如身是一體，把手足捍頭目，豈是偏要薄手足？其道理合如此。禽獸與草木同是愛的，把草木去養禽獸，心又忍得？人與禽獸同是愛的，宰禽獸以養親與供祭祀燕賓客，心又忍得？至親與路人同是愛的，如簞食豆羹，得則生，不得則死，不能兩全，寧救至親，不救路人，心又忍得？這是道理合該如此。及至吾身與至親，更不得分別彼此厚薄。蓋仁民愛物，皆從此出，此處可忍，更無所不忍矣。《大學》所謂厚薄是良知上自然的條理，不可踰越，此便謂之義。順這個條理，便謂之禮。知此

條理，便謂之智。終始是這條理，便謂之信。」然順人情之漸次，不礙聖心悲懷之廣大。所謂「範圍天地之化而不過，曲成萬物而不遺」是也。此廣大之悲懷乃仁義之所湧現處。劉逢祿《春秋釋例》云：「王魯者即所謂以《春秋》當新王也。夫子受命制作，以爲託諸空言，不如行事之博深切明，故引《史記》而加乎王心焉。《孟子》曰：《春秋》天子之事也。夫制新王之法，以俟後聖，何以必乎魯？曰：因魯史之文，避制作之僭，祖之所逮聞，唯魯爲近，故據以爲京師，張治本也。聖人在位，如日之麗乎天，萬國幽隱，莫不畢照，庶物蠢蠢，咸得繫命。堯、舜、禹、湯、文、武是也。聖人不得位，如火之麗乎地，非假薪蒸之屬，不能舒其光，究其用，天不生仲尼，萬古如長夜，《春秋》是也。故日歸明于西，而以火繼之。堯、舜、禹、湯、文、武之沒，而以《春秋》治之。雖百世可知也。且《春秋》之託王至廣。稱號名義，仍繫于周；挫強扶弱，常繫于二伯。且魯無可覬也。郊禘之事，《春秋》可以垂法，而魯之僭則大惡也。就十二公論之，桓、宣之弒君，宜誅。昭之出奔，定之盜國，宜絕。隱之獲歸，宜絕。莊之通仇外淫，宜絕。閔之見弒，宜絕。僖之僭王禮，縱季姬，禍鄫子；文之逆祀，喪娶，不奉朔；成襄之盜天牲；哀之獲諸侯，虛中國以事強吳；雖非誅絕，而免于《春秋》之貶黜者鮮矣。吾故曰：《春秋》者火也。魯與天王，皆薪蒸之屬，可以宣火之明，而無與于火之德也。彼范寧、杜預之徒，曉曉不已，猶矇瞍之不可語于日月之明，繼照之火也。」此言王魯之義甚明，而要者以《春秋》爲火。魯與天王乃薪蒸之屬。薪蒸亦猶筌蹄也，火之德即廣大之悲懷所湧現之仁義也。此是由現實之文質所湧現之人類之光明與型範，亦即吾華族活動所

依據之模式也。所謂制新王之法，以俟後聖。若如吾解，實即後來
歷史發展所依據之型範或基礎形式也。漢人承之，謂之爲爲漢制
法。唐宋承之，亦何嘗不可謂爲唐宋制法耶？凡屬吾華族後來之演
績，皆可謂爲之制法也。又何怪哉？

　　《春秋》託事明義，禮義之大宗；委曲隱憂，悲懷之充其量。
孔子聖人，非彼只從事理智活動之哲學家，故未假概念思辨以建立
哲學系統。然其轉進悟入之高遠，亦正任何哲學家展轉企向所不能
外，非有總持力者不能明其所湧現之「火之德」之價值也。僖二年
春王正月，城楚丘。《公羊傳》曰：「孰城？城衛也。曷爲不言城
衛？滅也。孰滅之？蓋狄滅之。曷爲不言狄滅之？爲桓公諱也。曷
爲爲桓公諱？上無天子，下無方伯，天下諸侯，有相滅亡者，桓公
不能救，則桓公之恥也。然則孰城之？桓公城之。曷爲不言桓公城
之？不與諸侯專封也，曷爲不與？實與而文不與。文曷爲不與？諸
侯之義，不得專封。諸侯之義不得專封，則其曰實與之何？上無天
子，下無方伯，天下諸侯，有相滅亡者，力能救之，則救之可
也。」實與文不與，此《春秋》文實之辨。此足見孔子悲懷之委
曲。實與文不與，乃《公羊傳》得意之筆，屢見而不一見。亦重伯
之意也。孔子曰：「微管仲，吾其披髮左衽矣。」惟仁者能解仁
事。溴梁之盟，徧刺天下之大夫（襄十六年）。其悲懷之隱痛，又
如是其深也。興滅國，繼絕世，其仁心之惻怛又如是其廣遠也。凡
災異必書，爲天下記異，爲王者之後記異。此其仁心之警策又如是
其深遠也。西狩獲麟，孔子曰：「孰爲來哉，孰爲來哉。反袂拭
面，泣涕沾襟。」孔子之泣，乃其悲懷之登峰造極。孰知其惻怛之
心之所泣者何在耶？孔子見麟而泣，與耶穌見耶路撒冷而哭，同一

宇宙悲懷之表現。嗚乎！吾何能贊一詞哉？凡屬有情，默而識之可也。

三、後來之繼體

現實之文質，經過孔子反身的解析，轉進悟入，湧現一形上之原理，以爲吾華族活動之型範。此型範持續不斷，便謂之道統。依此型範而從事各種表現，便謂之爲吾歷史之文化傳統。此一型範與吾歷史之凝一關係，乃孔子所創造。此一歷史形態，乃爲現實世界任何其他民族所不具者，故統之義用在中國特別顯。西方文化不若中國之諧一。希臘獨得科學之秘，希伯來獨得宗教之秘。羅馬帝國以其政治軍事之統一，而欲將兩者糅于一，而終不能一。其自身之羅馬法，只爲現實之社會組織、禮俗。彼亦未能由此轉進悟入而獨發其形上之原理以成其文化形態之諧一。彼所藉之形上原理，乃來自希臘之哲學，來自希伯來之宗教。而此兩者即相隔而不融。經院哲學家欲憑藉希臘哲學以建宗教，總因相隔而失敗。耶穌創教並未與現實政治統于一。凱撒者歸凱撒，上帝者歸上帝。一刀兩面，只取其一，而與其猶大之國家政治亦離而不相即。是以耶穌爲一面，希臘爲一面，羅馬爲一面。三面相處，橫撐豎架，義襲而取，終歸分散。故在西方，統之義用，不如中國之顯也。降至近世，各民族國家依次成立，如英如德，如美如法，皆自有其立國之道，亦自有其民族之特殊性。超越于各該民族之上之西方之統既支離破裂，終歸分散，則普遍之西方之統即云其已不存在，亦無不可。是以代之而起者必將爲各該民族國家自身之特殊性與夫立國之道也。然若就

此而言之，則彼英、德、法、美何堪與中國比？直小巫之見大巫
也。扼要言之，英之統爲經驗主義，德之統爲康德、黑格爾之理性
的理想主義，法之統爲笛卡兒之科學精神，美之統爲實用主義。歷
史既短，陳義又陋。德稍好，而又不熟，故橫決漫流，終致覆亡。
蘇俄欲以馬克司之唯物論爲其統，是又等而下之矣。彼直欲以此變
世界，蓋欲令全人類盡歸物化也。吾人以爲欲拯人類于浩劫，非使
中國文化表現其義用不爲功。孔子所湧現之型範與吾歷史活動如此
其融合而無間，今日雖暫湮沒而不彰，終將表現其作用。中國終必
依此型範建立其國家。中國從此型範中樹立其自己，世界將有所仰
望。西方文化已疲矣，新生機將在中國見。

　　德人凱塞林至中國，辜鴻銘語之曰：老子之智足以見玄奧，而
不能與現實相凝一。孔子既能見其玄奧，又能將其玄奧表現於社會
之組織而浮之於社會之表層。凱塞林不解其意，便謂若誠如君言，
孔子自是無比之偉大。然恐不可能。蓋此非有特殊之生理機構不爲
功。渠以爲可視玄奧與表層之組織爲一「可能圓滿」之兩極，而鮮
能一人兼備之。（見凱塞林《哲學家之遊記·中國部》）凱氏提出
生理機構誤也。辜氏之意非必謂孔子亦兼是實際之組織家，乃不過
就其智慧之形態或德量而言耳。實則孔子亦有實際才，其生理機構
亦實特別。中國聖賢於此並不乏見，更不得云不可能。然縱使如
此，辜氏意亦不自此而言也，是以其所言之兼備實自德量而言之。
孔子之人格實爲凱氏所說之「可能圓滿」之實現，其所湧現之「型
範」亦實爲其所說之「可能圓滿」之型範，而吾華族之文化型態
（活動所依據之型範），亦實爲其所嚮往之「可能圓滿」之型態。
吾前已言之，現實之文質，周公制之。孔子既從周，自不背此，亦

不離此，特由此轉進悟入以為現實文質建立形上之根據。根據既為現實之根據，自不離現實。現實有其根據，始有其意義與價值。孔子之玄奧非漂流遠颺也，亦非一刀兩面只取天國一面也。所謂兼備，只此而已；內聖外王，只此而已；非必謂孔子一人兼軍事家、政治家而始謂兼備也。孔子曰：「鳥獸不可與同群，吾非斯人之徒與而誰與？」深悟仁體，不舍眾生，即為無比之德量，無比之偉大。「朝聞道，夕死可矣。」言道之可貴。不依仁體，而糾纏現實，是癡迷也，顛倒也，奸雄也，鄉愿也，皆亂道也。依仁體，一念不舍眾生，便是無邊之德量。仁體之玄奧豈徒為玄奧而已哉？玄奧而遠颺高舉，彼之玄奧必非仁體也。然則孔、老之玄奧又不可同日而語矣。

　　吾前云：生命墮落，任何法度俱不能受之時，最迫切者莫過於恢復生命之真幾。故孔子之德業只是轉進悟入，不在斤斤於現實制度之討究。然而現實制度之禮不禮亦見之於《春秋》褒貶。「禮義三百，威儀三千」，莫非性情中出，即無不合理者。其過與不及而至不合理，皆其成為風俗之流弊。成為流弊即生命之墮落，禮儀之僵化也。孔子從周之文而轉進悟入，畢竟是大聖人功德之所在，其吸引人處在其轉進悟入所湧現之禮義之大宗與仁體之充其量。孟子畢究是大賢，特在此處發揮。此謂親親尊尊之形上的發展。孟學之特別提高，亦即是宋明理學之繼統。然則孟子以及宋明理學之繼統即繼此形上的發展而發展也。此方面特見精彩，廣大精微，古人已論之備矣。然而孔子既不斤斤於現實制度之討究，則現實文質之發展即只賴現實政治家在現實政治中之損益與補救，而不能如形上發展中之自覺地討論之。此謂親親尊尊之現實的發展，即現實政治上

之運用。此即是漢唐宋之繼體。此兩方面之繼體，即決定中國歷史
發展之型態之何所是。大抵形上方面之繼體，無甚可指摘，只待充
實與光大。現實方面之繼體，則頗有可言者，由此可解中國現實歷
史何以呈如是之姿態，以及今日之局何以如是其困難，而將來進一
步之道路亦可瞭如指掌矣。此爲本文之所開啓，將另文逐步說明
之。

原載《歷史與文化》第2期　1947年3月

代熊十力答敖英賢〈與熊十力先生書〉

此敖英賢先生與業師熊先生之書也。熊先生因一時心緒不佳，懶於作答。特將此函轉示宗三，囑宗三略加案語，附識於後。後得敖先生來函云：

> 昨以《易》參伍錯綜之說，幽明嚮背之例，請教於力公。適公〔……〕無心作答，特轉囑兄細看，並令賢通信請益。賢居處偏僻，猖學無友，又以年力衰邁，歉啓寡識。幸十數年來，承力公不以鄙陋，常加啓迪，稍有進境。尤望吾兄不以素未蒙面之人，心存客氣，不痛加指導，一笑置之。度賢豪之用心，必不爾也。

嗚呼！世不樂學，爭相浮薄，爭相虛驕。而敖先生以六十三之高齡，以能問於不能，以多問於寡，殆所謂詢及蒭蕘者乎？謙謙君子，極深研幾。即此心也，已得《大易》之三昧。宗三晚進末學，更何敢妄贊一詞哉？雖然，不可以不從師命也，不可以不敬老尊賢也。願以誠敬之心報大君子之謙懷。夫《易》者，範圍天地之化而不過，曲成萬物而不遺。開物成務，冒天下之道。小大精粗，莫不

悉備。極條理之能事，盡生化之極致。生化之極致，則生化即神
化。《易》曰：「神無方而易無體」，此探本追源之論也，屬於精
微者也。條理之能事，則象數盡之矣。乾知大始，坤作成物。艮也
者，所以成始而成終也。凡本末終始，內外往來，初上九、六、
二、三、四、五、與夫時位之等，爻雜之文，皆所以象事物生成之
全幅歷程也。生即乾作大始之始，成即坤作成物之成。故〈繫辭
下〉云：

> 易之爲書也，原始要終，以爲質也。六爻相雜，唯其時物
> 也。其初難知，其上易知。本末也。初辭擬之，卒成之終。
> 若夫雜物撰德，辯是與非，則非其中爻不備。

此皆言乎終始生成之歷程也。物之生成延而爲一歷程，則神化之跡
也。象數即於此跡上而彰其用，所以表生成之序理也。由神化而言
之，則有新新而無故故，亦不可以容聲矣！自跡以觀之，則可以積
而繹其脈絡。脈絡留懸，則可以總而狀一物之成，而經此脈絡亦可
以識一物之爲一物。是以脈絡者，「跡之積而綜」所呈之虛架子
也。象數之施，盡在此「跡之積而綜」，故曰極條理之能事，又曰
象數盡之矣。象數所盡者，即此「跡之積而綜」所呈之虛架子也。
此虛架子即曰條理，亦曰序理。象與數有辨。數者，序理也；象
者，凡卦爻皆象也。子曰：「聖人立象以盡意，設卦以盡情僞，繫
辭焉以盡其言，變而通之以盡利，鼓之舞之以盡神。」實則立象以
盡意，即立象以盡數，盡數即盡序理也。自形而下之跡言之，序理
亦意也，然非所謂意之極。意之極，蓋形上之意也。由形下序理之

意以悟形上之意，即由跡而至神化也，故曰：鼓之舞之以盡神。至乎神化，則默識心通可也，故曰：神而明之存乎其人，默而成之，不言而信，存乎德行。故得意忘象。象忘，數亦忘矣。是象數皆筌蹄也。然《易》德之全，不徒在由象數以透入神化，且須由神化以幻成萬物。兩來往，備此迴文；一迴互，賅攝精粗；故曰開物成務，冒天下之道，小大精粗，莫不悉備也。是則象數可忘而不可忘。遺粗者不能盡條理，棄精者不能悟本原。此《易》學之所以難言也。然融條理於神化之中，神化之跡呈現而爲條理，的是《大易》之全德，亦體用圓融之最高智慧也。此爲第一義。此義既定，則象數可得而言。言象數有二途。一爲解經，一爲不解經。解經者亦有二面：一爲由爻變以解經文，如爻體、半象、互體等皆是也。一爲由乾坤爲大父母以遞演六十四卦，如六子卦、十二辟卦，以及旁通相錯之說、京房八純卦之說，皆言六十四卦之演變也。漢《易》以象數解經，常兼此兩方面而發展。大體言六十四卦之演變者初無定說，而皆可以言之成理，然亦無必然之理。蓋說此者常以數學方式而出之。如其演變之通例既定，自有隨此例而來之系統。然通例之定常無準則，故漢《易》於此無善說也。不解經者，欣趣於六十四卦自身之演變，純以數學方式出之，因而成一數學之系統，而與經文無涉焉。此亦可有數種之排列。近人有邏輯趣味或數學趣味者，於此多所構列。復有取邵堯夫之觀點，以爲卦之遞演皆服從代數學之法則，此誠然也，但與經文無關，故只成一數學系統也。順此路而入，自易整齊而嚴格，較之漢人之所爲者自有進步。然無甚價值也。昔人治《易》，緒象數而解經者，以吾觀之，以兩人爲最有成績：一曰焦循，二曰胡煦。焦循立五例以明卦之變化，

由此以勾穿全經，藉以解經文，以爲聖人贊《易》，無虛語，無廢
辭，且語必有當，辭皆不移，極技巧之能事，而不必盡如理。以如
此整齊而嚴格之系統化之詮表，猶覺有穿鑿之嫌。然則企圖構畫一
象數系統以解經，以爲如此如此即可以符《易》之本意者，蓋無從
而斷之矣。此路走至焦循，已近登峰造極之勢，蓋難有加乎此者。
別走一路者爲胡煦。（胡煦固在焦循前，非云胡煦鑒焦循之失而改
創也。）胡煦不似焦循之技巧，亦不似漢人之支離。支離則無統，
技巧則隔。胡氏雖縮象數而解經，然其象數之例則甚簡，是言之有
統也。統之者何？體卦說是也。以此解經，不離爻變之象數，而爻
變之象數不徒爲一隔離之符號系統，皆所以直明宇宙萬物之生成，
是則象數系統與生成實理融合無間。故胡氏曰：「緣聖人畫圖作
《易》，無非發明天地間化育之所自起，與化育流行之妙耳。圖非
實有是圖，皆內外體用之象也；卦非實有是卦，皆萬物化生之象
也。」是則由象數以明生成之理，納序理於神化之中，胡氏確有其
妙合不隔之處。竊以爲順象數之路以治《易》，以胡氏爲最恰當。
惜其於本原處不甚透耳。此業師熊先生之所以奮起也。此爲第二
義。敔先生本船山參伍錯綜、幽明嚮背之理以釋卦變，固可言之成
理也。參伍錯綜所以明錯卦與綜卦，此橫觀六十四卦之對偶也；幽
明嚮背所以明六子卦、十二辟卦兼攝餘卦，此縱觀六十四卦之演變
也。言之固可成統，而不必有當於《易》之本意。蓋此亦有近於以
數學方式推演六十四卦也。藉之解經能不取用他例乎？能如焦循之
貫徹而嚴整乎？且幽明嚮背，於理言之可通也。用之於卦，謂乾之
背面、坤之背面，則無甚意義矣。若謂處於數學方式，姑如是定，
藉以明六十四卦之推演，則自可言之成理，構之成統。然不必有當

於《易》之實理也。竊以爲治《易》似不必再糾纏於六十四卦之推演。若純出之以數學之推演,則無可譏議,然與經文已無關;若欲以之解經文,則鮮有得當者。是以此部可去也。象數解經,吾不反對。然知其爻變之例與義足矣。爻辭陳說每一爻於六爻配合中之德,卦辭則總斷一卦之德。恐人之不明也,於卦又加彖與象以明之,於爻亦加象以明之。每一卦爲一圖象,而卦爻辭以及彖象則皆解圖象者也。是則每一圖象之設(即卦之設)必有其所意指。圖象之意指定於陰陽符(即爻)之運用。而陰陽符之運用之定則,有決定者,有不決定者。其不決定者,非盡能由卦爻辭乃至彖象所得定也,但可作一線索而窺之。因只爲窺探,故說者歧焉。大抵胡煦之說得之。若於此處尋得定例,則反而解經,便有頭緒。《易》之初爲卜筮之書。由卦而卜,則必有其陰陽符之運用之定例。古籍不傳,故卦爻辭乃至彖象之意指亦難索解。胡煦精於卜,其於陰陽符之運用之定例必有默契處。如定例既得,則固可以解卦爻辭乃至彖象,而卦爻辭乃至彖象實亦偶寄之物耳。循圖象之意指以觀化機至賾之理,以觀幾微之動之祕。每一卦是一幾動之勢,每一爻亦是一變動之勢。「神而明之,存乎其人。默而成之,不言而信,存乎德行。」「知至至之,可與幾也。知終終之,可與存義也。」「君子居易以俟命,小人行險以徼幸。」幾之應也,間不容髮。君子契幾,純乎靈也。靈之至,統體是靈,靈無質礙,故能生生。幾不可測而可應,故曰神。統體是靈,即統體是神化也。至乎神化,則不但辭可棄,圖象亦可棄也。此由圖象以悟神化之幾也。雖然,不可誤也。君子見幾而作,不俟終日,非小人之投幾也,非鄉愿之亂德也。圓教固不爲凡愚說也。神化不礙戒懼,生生所以進德。〈乾文

言〉曰：

> 九三曰：君子終日乾乾，夕惕若厲，無咎。何謂也？子曰：
> 君子進德修業。忠信所以進德也。修辭立其誠，所以居業
> 也。知至至之，可與幾也。知終終之，可與存義也。是故居
> 上位而不驕，在下位而不憂。故乾乾，因其時而惕，雖危無
> 咎也。
> 九四曰：或躍在淵，無咎。何謂也？子曰：上下無常，非為
> 邪也；進退無恆，非離群也。君子進德修業欲及時也。故無
> 咎。

又曰：「終日乾乾，與時偕行。或躍在淵，乾道乃革。」此九三、九四兩爻即明既神化又戒懼也，即工夫即本體也。為免幾化之義之誤引，大象儘有最高智慧之指導。乾坤兩〈文言〉以及上下繫固亦解《易》之最後準則也。解《易》之道，不外形下、形上二途。形下自圖象入，胡煦可為津梁也；形上自神化入，圓教其宗極也。羅近溪從胡宗正學《易》，宗正問曰：「若知伏羲當日平空白地著一畫耶？」次日又問曰：「若知伏羲當日平空白地一畫未了又著二畫耶？」一問兩問，問得羅氏無言可答。後來羅氏終由此悟入，沛然莫之能禦。羅氏有云：

> 蓋伏羲當年，亦儘將造化，著力窺覷。所謂仰以觀天，俯以
> 察地，遠求諸物，近取諸身。其初也同吾儕之見，謂天自為
> 天，地自為地，人自為人，物自為物。爭奈他志力精專，以

致天不愛道，忽然靈光爆破，粉碎虛空，天也無天，地也無地，人也無人，物也無物，渾作個圓圓團團光爍爍的東西，描不成，寫不就，不覺信手，禿點一點，元也無名，也無字，後來只得喚他做乾，喚他做太極也。此便是性命的根源。三代聖人，如文王、周公，俱盡心去推衍擬議。及到孔子，又加倍辛勤，韋編之堅，三度斷絕。自少而壯而老，直至五十歲來，依然乾坤混沌，貫通一團，而曰天命之謂性也。居常想像吾夫子，此言出口之時，真傾瀉銀漢，盡吸滄溟，以將潤其津唾。扶搖剛風，轉旋灝氣，以將舒其喘息。又何天之不為我，我之不為天，命之不為性，而性之不為命也耶？自是以後，口悉皆天言，而其言自時；身悉皆天工，而其動自時；天視自我之視，天聽自我之聽，而其視其聽，亦自然無所不時也已，所以率此性而為道，其道則四達不悖，其學也又安得而或厭？修之而為教，其教則並育而有成，又安得而或倦也耶？（《盱壇直詮》）

此由神化入也。《易》之宗極，的在窮神知化，而要歸於天命之謂性。圖象之擬議亦要必會歸於此也。此為第三義。上述三義，就正於敖先生，並請熊師定其可否。

三十六年正月十五牟宗三識

附錄：敖英賢〈與熊十力先生書〉

賢今年夏秋間，復讀船山《易傳》，稍明所說參伍錯綜，幽明嚮背，往長屈伸之義。分別陳說於後，敬求 先生教正。

《繫傳》所云參者，固是乾參一陽而於坤而成震，即震一索而得男，故謂之長男；坤參一陰於乾而成巽，即巽一索而得女，故謂之長女。乾坤互參互融，而六子生成，此參之義也。

伍則諸儒未能實指。船山僅謂同而相偶，陰陽自為行列之謂也。愚意六子既成，則陽卦與陰卦為伍，陰卦與陽卦為伍，陽卦與陽卦為伍，陰卦與陰卦為伍，八卦互相為伍。而又屯蒙相綜，與革鼎相錯；需訟相綜，與晉明夷相錯；乾坤相錯，坎離相錯。得錯卦八，綜卦五十六。然錯亦可綜，綜亦可錯。虞翻不本《繫傳》言錯，而曰旁通。焦循所謂反對卦者，即綜卦也。焦循所謂旁通者，亦即錯卦也。焦循謂講綜必兼講錯，以為比例。是未知船山早已明言。兩卦合用，四卦合體；體有各見，用必同軸。以見陰陽之至足互融，迭消迭長，而非偏勝也。但愚說伍之法，卦象實如此配合，而無他據也。

船山以乾坤六子為六十四卦之經，又以十二辟卦亦為之經。六子固為乾坤互參互入而成，而十二辟卦，愚則以為本往來屈伸幽明嚮背之理而成，所以亦謂之經。如

乾　　　　　　坤
　往≡上　　　　往≡≡上　　此為乾坤之正面，下卦在下，
為　　卦　　為　　　卦
　來≡下　　　　來≡≡下　　上卦在上，所謂數往者順也。

為 來☰下 卦　　為 來☷下 卦　　此為乾坤之反面，下卦在上，
往☷上　　　　往☰上　　　上卦在下，所謂知來者逆也。

乾之反面即是坤，坤之反面即是乾。由坤卦背面之乾卦上爻，
而來正面坤卦之初爻，即成坤上震下之復卦。乾卦正面之上爻，而
往背面坤卦之初爻，則為坤下艮上之剝卦。坤卦背面之乾卦，又來
一陽爻於正面坤卦之初爻，則為坤上兌下之臨卦。乾卦正面之上
爻，又往背面乾卦之初爻，則為坤下巽上之觀卦。坤卦背面之乾
卦，又來一爻於正面坤卦之初爻，則成為坤上乾下之泰卦。乾卦正
面之上爻，又往一爻於背面坤卦之初爻，則成乾上坤下之否卦。坤
卦背面之乾卦，再來一爻於正面坤卦之初爻，則成震上乾下之大壯
卦。乾卦正面之上卦，再往一爻於背面坤卦之初爻，則成乾上艮下
之遯卦。坤卦背面之乾卦，又再來一爻於正面坤卦之初爻，則成兌
上乾下之夬卦。乾卦正面之上爻，又再往一爻於背面坤卦之初爻，
則成為乾上巽下之姤卦。此十辟卦成，而船山所以亦為之經者，蓋
以復剝而統一陽五陰之卦六，夬姤而統一陰五陽之卦六，臨觀而統
二陽四陰之卦十五，遯大壯而統二陰四陽之卦十五，泰否而統三陰
三陽之卦二十。六十二卦雖各有所系，然皆由乾坤至足之陰陽變化
而成。六子與十辟為經，則陰與陽伍，陽與陰伍，陽與陽伍，陰與
陰伍，而以為緯。船山故謂經全設靜，緯次積而動者也。

　　愚謂往來消長幽明嚮背之理，於泰否二卦更足顯明。諸儒於泰
否二卦天地之交與不交，只在二卦之正面講，不足以顯其交與不
交。泰卦上坤下乾，是地在上，天在下，宜乎不交，而曰交。否卦
坤下乾上，是天上地下，宜乎交，而曰不交。何也？是應知卦有往

來消長及幽明嚮背之例，合船山所說每卦陰陽各六，見者半，不見者半，位有十二，方得明其交與不交之理。泰 $\frac{往}{來}$☳☷$\frac{上}{下}$之正面上坤下乾，可見者半也；其反面之錯卦，則下乾上坤，$\frac{來}{往}$☰☷$\frac{下}{上}$，此不可見者半也。

　　以例言之，泰卦之正面下乾，為來為長；正面之上坤，為往為消。來者由背面之上卦而來而長，往者由正面之上卦往背面之下卦而往而消。不然，往從何往？來從何來？往從正面，所以為順；來從背面，所以為逆。非僅在卦象之正面，而可以了別幽明嚮背往來順逆也。泰卦之乾在下者，乃天清剛之氣，入於地中，以鼓地之形質上蒸，是以品物流形，來而且長之象也。地之在上者，受乾陽之氣發生萬物，新新而非故故，所以有往而就消之象。此可見者，地氣上升之理，因是以畫坤上乾下之六畫，以人為依，而人所得見者也。欲知道行於乾坤之全體，若不合幽明兩方可見不可見以觀之，則不知道之全用也。泰之正面，上坤下乾，反面則上乾下坤也。正面之下乾上坤，乃天氣入地，而上出地中之象。反面則上乾下坤，乃天氣下降地中之象。正面之乾，為來為長；反面之乾，亦為來為長。正面之坤，為往為消；反面之坤，亦為往為消也。今此嚮背往來十二位之陰陽以觀，方能見天地氣化升降而為天道之全。是以船山曰：陰陽各六，圜轉出入，以為上下，可見者六，不可見者六。可見之上，與不可見之下而相際；可見之下，與不可見之上而相際。所以往非消滅，來非忽有；嚮背輪周，无淹特，亦无吝留也。故〈彖傳〉曰：小往大來，吉亨，則是天地交而萬物通也。此泰卦天地相交之理也。

否卦則異景。否卦正面_{往來}≡≡_{上下}上乾下坤。上乾則往而就消，是天氣不降也；下坤雖來而長，乃未受天施，無以長也。否卦上乾之反面乃坤。雖來而長，由消而來，天氣之長，似乎不足。反面之下乾，亦往而消，亦當不足。故否之世，非全無生化。陽實不足，陰實有餘也。故〈否象〉曰：大往小來，則是天地不交，而萬物不通也。合泰否幽明十二位爲以觀，則天地交與不交之理，可得而易也。英賢愚謬之說，雖本船山，敬祈　先生明敎，是否合於《易》之本義也。

原載《歷史與文化》第2期　1947年3月

《公羊》義略記

一、天子僭天

昭二十五年齊侯唁公於野井，《公羊傳》曰：「唁公者何？昭公將弒季氏。告子家駒曰：季氏為無道，僭於公室久矣。吾欲弒之，何如？子家駒曰：諸侯僭於天子，大夫僭於諸侯久矣。」陳立疏云：「《考工記》：畫繢之事，其象方天時變。注引《子家駒》曰：天子僭天。今何本無此句。」又云：「《續漢志》引《春秋考異郵》云：天子僭天，大夫僭人主，諸侯僭上。《漢書·貢禹傳》：大夫僭諸侯，諸侯僭天子，天子過天道。《周禮·考工記》云：土以黃，其象方天時變。注：古人之象，無天地也。為此記者時有之耳。《子家駒》曰：天子僭天，意亦是也。彼疏云：《子家駒》曰：天子僭天，諸侯僭天子，大夫僭諸侯。彼云天子僭天，未知所僭何事。要在古人衣服之外別加此天地之意，故亦是僭天，故云：意亦是也。則傳文當有天子僭天語。《公羊禮說》云：天子僭天，今本無此句。兩漢諸儒多引之，蓋《嚴氏春秋》也。漢武帝冊仲舒曰：蓋儉者不造元黃旌旗之色。〈貢禹傳〉：天子過天道。然

未知過天道爲何事，而造元黃旌旗之色爲何證也。及觀《考工記》注：古人之象無天地也，引《子家駒》此天子僭天語；又鄭司農云：天時變，謂盡天隨四時色。知古人無一字無來歷也。」由是觀之，《子家駒》當有「天子僭天」語。天子僭天，即天子過天道，非禮也。而所僭者何事？古人之象，無天地也。如在衣裳，繪以日月，別加天地之意，便是僭也。取法天地可，直以天地自居，則過其分。陳立疏又云：「惠氏棟駁之曰：黃帝、堯、舜，垂衣裳而天下治，蓋取諸乾坤。乾坤即天地也。乾爲衣，坤爲裳，即〈皋陶謨〉予欲觀古人之象。無天地可乎？案：惠說非也。《虞書》十二章，自日月以下，不見有天地。繪以爲衣，繡以爲裳，非徒如《易》之空取象已耳。後王於日月而外，並天地而繪繡之矣。故鄭云：古人之象無天地也。天元地黃，故云盡天隨四時色，土以黃也。惠云：乾坤即天地。古有繪乾坤於衣裳者乎？將以日月爲天，山爲地乎？又非通論矣。」按：陳立駁惠棟之說是也。陳立疏又引《說苑》曰：「孔子與景公坐。左右曰：國史來言周廟燔。孔子曰：是釐王廟也。景公曰：何以知之？孔子曰：皇皇上帝，其命不忒。天之與人，必報有德。禍亦如之。夫釐王變文武之制，而作元黃宮室，輿馬奢侈，不可振也。故知天殃其廟。」作元黃宮室，亦僭天也。是天子僭天，《子家駒》首言之，《公羊傳》首載之。是則當時必有天子僭天之實，而當時儒者亦必以天子僭天爲非禮。非禮，非周公之禮也。《春秋》認諸侯僭天子爲大惡，則必認天子僭天亦爲大惡也。天子雖法天地。何以不能僭天？以自人之爲人言之，任何人不能僭天。天子亦人也，故亦不能僭天。與天地合德可也，而僭天則不可。然天子又不只爲一人而已也。天子爲政治機構

中之首長，不只爲一人，而且爲一法人。旣爲一法人，自是政治機構中政治等級內之一級。旣串於政治等級中，自必有其等級上之限制。凡屬等級，義必如此。此亦爲尊尊之義所必函。政治機構中之政治等級乃尊尊義也。尊尊爲義道。一言義必有分。分即位也。義有限界，以方正之義勝。位有等差，隨界限義而立也。《中庸》曰：「仁者人也，親親爲大。義者宜也，尊賢爲大。親親之殺，尊賢之等，禮所生也。」禮用於政治上之尊尊，即等級也。禮亦以分異勝。故《樂記》曰：「樂者爲同，禮者爲異。同則相親，異則相敬。」天子旣亦列於政治等級中而有限制，故政治之客觀而公共性乃全顯。政治之客觀而公共性由於政治之有客觀形式也。此客觀形式即彌綸於全政治組織中之政治等級也。此政治等級有客觀實在性。以統體是禮也義也。有客觀形式，然後有客觀精神。吾故曰：尊尊形式之出現乃人類歷史一大進步。又曰：人惟於尊尊形式下，始可言精神之表現。政治之客觀形式有實在性，故有恆常性。而套於此政治形式中之個人則是變數也。故《春秋》譏世卿。嚴格言之，推政治之客觀形式而充其極，不但卿不可世，即天子諸侯亦不可世。故民主政治之出現亦人類歷史一大進步。然在以往之歷史尚未能進至此，而就天子世襲之制度期湧現一客觀形式於政治組織中，實爲可寶貴之思想。孔子從周，又主正名，便是此客觀形式之堅決認定者。惟對於天子無妥善之安頓，故雖湧現一客觀之形式，而終不能實現此客觀之形式。此爲了解吾華族歷史一大關鍵。

二、天子爵稱

　　成八年秋七月天子使召伯來錫公命。何休注云：「天子者，爵稱也。聖人受命，皆天所生，故謂之天子。」《白虎通・爵篇》云：「天子者，爵稱也。爵所以稱天子者何？王者父天母地，為天之子也。」天子既位於政治第級中而為一級，自當有爵，與公、侯、伯、子、男同屬位中事。天子不得僭天，以有位以限之。位以限之，即爵以限之也。天子為爵稱，即明示君亦在等級中也。古者生無爵，死無謚。自周及漢，天子有謚，則有爵明矣。《白虎通・謚篇》云：「天子崩，臣下至南郊謚之者何？以為人臣之義，莫不欲褒大其君，掩惡揚善者也。故之南郊明不得欺天也。故《曾子問》：孔子曰，天子崩，臣下之南郊告謚之。」按《曾子問》曰：「賤不誄貴，幼不誄長，禮也。唯天子稱天以誄之。」現實等級中，天子最尊，故稱天以誄之。至南郊而謚之，義亦同也。「明不得欺天也」，即明亦有尊乎天子者。故不得僭天也。天子有爵，乃此義之一串相函者。古《周禮》說：「天子無爵。同號於天，何爵之有？」《春秋左氏》云：「施於夷狄稱天子，施於諸夏稱天王，施於京師稱王。」知天子非爵稱，從古《周禮》說。《周禮》《左傳》主天子無爵，義不及《公羊》。大抵《左傳》重文史，就事實之所趨，順人情之抑揚，而以為禮，殊不知事實人情多非禮也。《公羊》重義，雖多迂闊之論，而多嚴整，猶能極乎禮以為準則。《公》、《左》之差，大抵在是。孟子序班爵之制云：「天子一位，公一位，侯一位，伯一位，子、男同一位。」以天子與五等之

爵並稱，知孟子並主天子爲爵稱也。顧亭林《日知錄》云：「爲民而立之君，故班爵之意，天子與公、侯、伯、子、男一也，而非絕世之貴。代耕而賦之祿，故班祿之意，君、卿、大夫、士與庶人在官一也，而非無事之食。是故知天子一位之意，則不敢肆於民上以自尊。知祿以代耕之意，則不敢厚取於民以自奉。不明乎此，而侮奪人之君，常多於三代以下矣。」顧氏處亡國之後，對於政治制度常有重加反省之意，惜乎未能以此爲專題而深論之。然其主天子爲爵稱亦甚明也。此義雖爲《公羊》家所執持，亦實尊尊形式所必函。孔子雖未明言，而未必不首肯也，孔子雖尊王，乃取其象徵一統之義，未必許其僭天也，亦決不會贊同古《周禮》「同號於天，何爵之有」之說也。是以《公羊》家之深於義而富理之超越感，乃爲《穀梁》《左氏》所不及，實中國思想中之剛健者也。流俗多譏之，何足以語此中之價值？後來學人不能順此路斟酌政治制度以指導歷史，此學人之陋也，思想之貧乏也。此豈孔子所望於後世哉？

三、九世復讎義

齊襄公滅紀，爲其九世祖復讎。《公羊傳》曰：「九世，猶可以復讎乎？雖百世可也。家亦可乎？曰不可。國何以可？國君一體也。先君之恥，猶今君之恥也。今君之恥，猶先君之恥也。國君何以爲一體？國君以國爲體。諸侯世，故國君爲一體也。」襄公爲禽獸行，最敗德。《春秋》對之無善辭，獨善其能復讎。《春秋》爲張義之書，不徒爲記事之書。善其復讎乃因之而張復讎之義，非眞賢襄公之爲君也。然則，不以襄公之惡行而泯復讎之大義，自亦不

能因復讎之大義而遂偏愛襄公也。《公羊傳》於此乃立於較高之層次而為言，據另一標準而為斷。與襄公之私德全無關。是以論此者亦不應牽連於襄公之個人而論之。故《公羊傳》開始即云：「〔……〕孰滅之？齊滅之。曷為不言齊滅之？為襄公諱也。《春秋》為賢者諱，何賢乎襄公？復讎也。」《春秋》為親者諱，為尊者諱，為賢者諱。襄公無賢可諱，徒以其復讎耳。欲張復讎之義，並肯定復讎之為是，故不言齊滅紀，而言「紀侯大去其國」。蓋書滅者，皆示不宜滅也。滅者，亡國之善辭也。對被滅者言為善辭，則滅人者在貶絕之例矣。今欲肯定復讎為是，自不能直書滅而貶襄公也。即以此故，遂書「紀侯大去其國」而為諱辭也。既欲張復讎之義，則襄公之其他動機亦可不論矣（不論者只於此處不論也）。由此而言，《春秋》褒貶進退以張義，淺人觀之，以為似多形式主義，不察實事之委屈，不看動機之善惡。然須知《春秋》張義，非一往為形式主義也。形式主義猶告朔之餼羊，不得已也。形式主義所以全公也。若純以動機論，則齊襄無可諱，而吳以伍子胥故而伐楚亦不得褒矣。然義有層次，事有屈曲，不可一概而論。隨事宛轉，一歸於義，故《春秋》無達例。而何況《春秋》褒貶，以動機論者又多不勝舉，如趙盾弒君即其例也。責賢者備亦其例也。由此而言，又極嚴極苛。豈盡形式主義乎？知人論世，談何容易？非仁精義熟者，孰能與於此？《公羊》於此，極盡委屈之能事，而大體皆有當也，《穀梁》《左氏》不能及其萬一。齊襄之復讎亦告朔之餼羊也。爾愛其羊，我愛其禮，存義為耳。《公羊》明云，九世復讎惟國可，家不可也。此形式主義觀點之判斷實由尊尊立，非由親親立。明乎此，而後可以判前人之論辨，而後可以解《公羊》立義

之深而精也。所謂「家不可」者，何休注云：「家謂大夫家」。陳立疏云：「《周禮‧載師》職：以家邑之田任稍地。注：家邑，大夫之采地。《夏官‧大司馬》職：家以號名。注：家謂食采地之臣也。是大夫稱家也。其實諸侯亦稱家。《孟子‧梁惠王》云：萬乘之國，弒其君者，必千乘之家。趙注：千乘當言國，而言家者，諸侯以國爲家者，以避萬乘稱國，故稱家，君臣上下之辭。《史記》吳泰伯以下，凡諸侯目爲世家。《索隱》引董仲舒云：王者封諸侯，非官之也，得以代代爲家者也，是也。」據此，家有廣義，有狹義。廣義，諸侯亦稱家，以國爲家也。推之，在封建制及帝王世襲制下，天子亦以國爲家。王者雖無外，儼若以天下爲家，然若一有外，則即以國爲家。是則在帝王世襲及封建制下，天子與諸侯之現實之統之世襲，皆與其國爲凝一者也；故皆以國爲家，總稱之曰國家，皆代表國者也。狹義，則家單指大夫之采地言。大夫曰家，不代表國。大夫家何以復讎不可九世？大夫之祿或采地雖可世，而其官職不世，故《春秋》譏世卿。大夫既不世，而諸侯世，故不與諸侯同。是則不世之大夫，不必復九世仇，而其勢亦有不能。然有國者則必復，而且不問勢之能不能，於義皆當復，而且無時間限制，永當復。國君以國爲體，諸侯世，故在世襲中之一切君皆一體也，皆同一於國也。此國之體不容有絲毫損傷。在世襲制下，得爲國故，復其九世祖（君）之仇（此時國與君凝一），在非世襲制下，譬如今日，得爲國故，復國仇。（此時國與全民族爲凝一，非一二人之事。）然無論國與君一，或國與全民族一，得永復仇者，皆自國而著想，重乎公也，客觀精神之表現也。此義全由尊尊而建立，故無時間限制。大夫家之復仇由親親立，有時間限制，故曰五

世其可也。前人駁《公羊》九世復仇者，皆自親親義就個人而立言。言不過五世者，據服爲斷也，此顯由親親之殺而言。厲鶚〈齊襄公復九世仇議〉即如此主。彼所言者亦有理，但就個人言，不就國家言。若混個人與國家而爲一，以駁《公羊》，則無理，故彼不曉《公羊》立說之意也。朱子〈戊午讜議〉曰：「有天下者，承萬世無疆之統，則必有萬世無疆之仇。吁！何止百世哉？」朱子處南宋之世，恢復之念常在胸中，故尚能了解《公羊》爲國復仇之大義。孔廣森《公羊通義》云：「大夫士之義不得世。故《喪服傳》云：父子一體也，昆弟一體也。體所與使復仇者，亦唯父母之仇不與同生，昆弟之仇不與聚國也。」陳立疏引此而續之曰：「按厲氏明乎此，則不牽涉《周禮》、《禮記》辟仇之說，紛紛妄辨。蓋彼經所言，皆指大夫士庶言，與有國者自殊也。」如此點出甚是。是以親親尊尊之辨甚重要。中國人對於親親之感覺甚清楚，而對於尊尊之感覺則隱約而不顯，故散而無統，無客觀精神之表現，是以國不能建也。爲國復仇實只消極之自衛。至其正面之表示，則在國與國間須互相尊重對方之國格；土地不應掠奪，人民不應汙辱，文化不應摧殘。否則，有一如此，便須復仇。國人其醒諸！然魚爛而自亡者，則無可以怨他人，國人其醒諸！

原載《歷史與文化》第2期　1947年3月，署名「牟離中」

《牟宗三先生全集》總目